LES
PROJECTEURS DE CAMPAGNE

Tous droits de reproduction, de traduction et d'adaptation réservés pour tous pays.

Gaston **BRETON**

Ingénieur des Constructions Civiles
Ancien Élève de l'École Nationale des Ponts et Chaussées

Les Projecteurs de Campagne

MANUEL TECHNIQUE ET TACTIQUE

A L'USAGE

des Chefs d'Équipe et des Officiers Observateurs

Janvier 1917

PARIS
Henri **CHARLES-LAVAUZELLE**
ÉDITEUR MILITAIRE
124, Boulevard Saint-Germain, 124

MÊME MAISON A LIMOGES

LES
PROJECTEURS DE CAMPAGNE

PROJECTEURS MILITAIRES.

GÉNÉRALITÉS.

Définitions et considérations générales.

On appelle *projecteur de lumière* tout appareil susceptible de concentrer la lumière émise par une source dans une direction déterminée à l'intérieur d'une certaine zone constituant le champ lumineux d'action du projecteur considéré. C'est à ce champ que l'on donne le nom de faisceau lumineux du projecteur.

Si l'on en croit la légende, c'est à Archimède que reviendrait la découverte du premier projecteur militaire. « Il aurait pu incendier des flottes ennemies assiégeant Syracuse à l'aide d'appareils susceptibles de concentrer la lumière solaire. » Vu l'état des connaissances mathématiques à cette époque, on en conclut qu'il avait pu construire des miroirs capables, en concentrant la lumière solaire, d'aveugler les flottes ennemies qui, surprises, durent s'enfuir par crainte du danger.

Si le projecteur d'Archimède servait de jour, le projecteur militaire actuel opère surtout la nuit. Son rôle principal est d'éclairer suffisamment les buts sur lesquels tombe son faisceau, de façon à permettre la visibilité de ces buts à des distances assez considérables.

La grosse difficulté, pour la création de projecteurs puissants opérant de nuit, a résidé, pendant des siècles, dans la création de sources de lumière capables, sous un volume et un poids réduits, de fournir une quantité notable d'énergie lumineuse.

La solution de ce problème a été réalisée à l'aide de l'arc électrique, qui peut fournir un foyer lumineux à grande intensité; il nécessite un matériel peu encombrant et facilement transportable (moteur à essence, dynamo, lampe électrique à réglage automatique).

Avant la découverte de l'arc électrique, tous les projecteurs utilisés étaient de faible puissance et ne pouvaient être pratiquement employés aux grandes distances pour l'éclairage de buts d'observation; ils servaient principalement à la télégraphie optique ou à la signalisation, ce qui reste encore aujourd'hui le mode d'utilisation des projecteurs à grande puissance dans certains cas.

L'ancêtre du projecteur c'est le phare, qui est d'ailleurs un type de projecteur fixe. Toutes les études scientifiques faites pour augmenter la puissance des phares ont abouti à une amélioration correspondante des projecteurs. Comme les phares, les projecteurs peuvent être de divers types, dont les deux principaux sont :

1° le type lenticulaire ;
2° le type à miroirs.

Pour des considérations militaires de légèreté et de solidité pendant l'utilisation et pendant le transport, le premier type de projecteur militaire a entièrement disparu pour faire place au second (sauf dans les tout petits appareils de télégraphie optique).

Le premier projecteur militaire à grande puissance a été créé en 1867 par M. Louis Sautter. Il était du type lenticulaire, système Fresnel (lentille à échelons), et constitué par un arc électrique du type lampe oblique placé au foyer de la lentille constituant l'objectif. Cet appareil fonctionna pendant un certain temps à bord d'une canonnière l'*Héroïne*.

Ce genre de projecteur avait l'inconvénient d'être très fragile. Des recherches eurent alors lieu dans une autre direction.

Après avoir résidé dans la source lumineuse, la difficulté de créer un projecteur militaire apparut dans la construction pratique d'appareils optiques de concentration de la lumière. On chercha alors à réaliser des miroirs rigoureusement aplanétiques.

Un premier résultat fut obtenu en 1877, avec le miroir aplanétique du colonel du génie Mangin, qui utilisa, à la fois, les propriétés mathématiques des dioptres et celles des miroirs, en créant un système optique ne comportant que des surfaces sphériques faciles à construire pratiquement avec la plus grande rigueur.

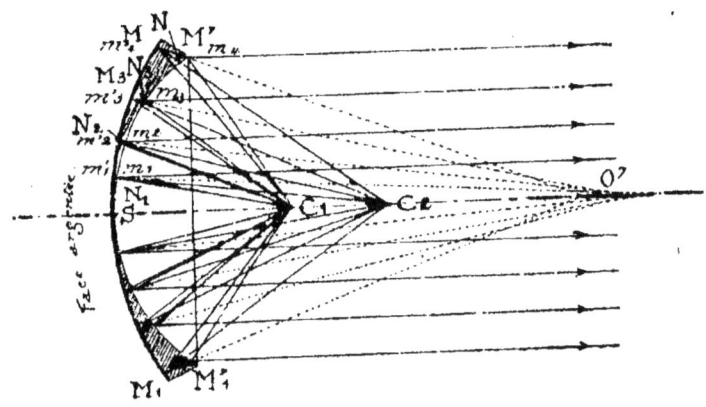

Fig. 1. — *Miroir Mangin*.

La source lumineuse était placée au centre C_1 de la face concave du miroir. La lumière, après avoir pénétré dans la lentille et subi une réflexion sur la face convexe qui est argentée, sort à nouveau de la lentille en un faisceau de lumière parallèle. Le miroir sphérique constitué par la face convexe du miroir Mangin est donc corrigé par l'action du dioptre, qui est plus épais sur les bords qu'au centre du miroir.

Depuis, on a pu réaliser les miroirs paraboliques en verre à deux faces parallèles. Ces miroirs, à parois très minces, sont argentés sur leur face convexe ; ils ont donné, au point de vue optique, les meilleurs résultats ; mais ils ont, au point de vue militaire, le grave inconvénient d'être trop fragiles. Aussi, peu à peu, a-t-on cherché à substituer *le métal au verre pour les miroirs de grande dimension* (jusqu'à 2^m,50 de diamètre).

C'est ainsi que fut utilisé le système Cowper Coles, qui consistait à former une mince couche d'argent sur un paraboloïde convexe en verre, puis à déposer par électrochimie, sur cette couche, une épaisseur de cuivre suffisante pour former le corps d'un miroir que l'on décollait ensuite du paraboloïde de verre, grâce à l'interposition sur le moule d'une matière très plastique empêchant l'argent d'adhérer au verre.

Mais cet argent déposé était très rapidement altéré et perdait son poli sous l'action des gaz sulfurés ou acides qui se dégageaient de la flamme de la source lumineuse, et l'on dut renoncer à ce procédé.

Aujourd'hui, on est arrivé à faire des miroirs métalliques à grande dimension : les uns sont argentés, les autres dorés, enfin d'autres, de composition spéciale, sont dits en métal blanc (alliage B.B.T.). Les plus répandus sont les miroirs dorés. Il existe néanmoins, pour les appareils de moyenne dimension, des miroirs en verre (type Bréguet).

Les projecteurs militaires dont nous disposons aujourd'hui peuvent être classés différemment, suivant le point de vue auquel l'on se place. Ex. :

1º Leur puissance ;
2º Leur mobilité et leur emploi ;
3º Leur destination ;
4º Leur calibre ;
5º Leur source lumineuse ;
6º Leur miroir ;
7º Leur mode de transport.

1º Puissance.

La *puissance* d'un projecteur se juge par sa *portée maximum*, c'est-à-dire la distance maximum à laquelle il est susceptible d'éclairer un but suffisamment pour en assurer la visibilité dans les mêmes conditions d'observation.

Nous pouvons ainsi classer les projecteurs en :

a) Petits projecteurs de très faible puissance ou projecteurs de signalisation ;
b) Projecteurs de faible puissance ;

c) Projecteurs de moyenne puissance ;
d) Projecteurs de grande puissance.

Les projecteurs de signalisation ont pour but, comme le nom l'indique, d'assurer les liaisons au combat par la signalisation et la télégraphie optiques.

Les projecteurs de faible puissance servent à éclairer à des portées comprises entre 200 et 400 mètres. Leur utilisation est tout indiquée aux abords des tranchées, pour assurer la surveillance de nuit des travaux accessoires de la défense et pour prévenir une attaque brusquée.

Les projecteurs de moyenne puissance, opérant entre 600 mètres et 2 kilomètres, participent déjà à la guerre de mouvement. Leur utilisation se prête merveilleusement aux terrains accidentés, légèrement montagneux, où l'on ne peut éclairer à de grandes distances et où des appareils puissants ne trouveraient pas de raison d'être.

Les projecteurs de grande puissance peuvent opérer jusqu'à 4 kil. 500 et même plus de 5 kilomètres, suivant leur calibre. Tous ces projecteurs sont électriques. Vu leur puissance, ils peuvent être utilisés d'une manière plus scientifique que les précédents, et leur emploi fait l'objet d'une tactique spéciale que nous indiquerons d'une manière très détaillée par la suite.

2º Mobilité et emploi.

La mobilité des appareils est une fonction inverse de leur puissance en général. Plus les appareils sont puissants et plus ils sont lourds et difficiles à transporter.

On les classe communément en :

a) Projecteurs de montagne ;
b) Projecteurs de campagne ;
c) Projecteurs de siège et de place ou de forteresse ;
d) Projecteurs de marine ;
e) Projecteurs de côte.

Dans cette étude, nous n'envisagerons pas les appareils de forteresse, ni ceux de marine ou de côte. Toutefois, la théorie que nous ferons ici du projecteur, au point de vue technique, s'applique aussi bien à ces types de projecteurs qu'aux premiers, dont ils ne diffèrent que par la puissance et la mobilité.

3º Destination des projecteurs.

Les projecteurs peuvent avoir pour objet d'assurer les liaisons, de stationner ou de se mouvoir suivant des ordres du commandement soit au voisinage de l'ennemi, soit en arrière des premières lignes, pour l'éclairage des buts. A cet effet on distingue :

a) Les *projecteurs de liaison* (signalisation, télégraphie optique);
b) Les *projecteurs de tranchées*, de stationnement ou *défensifs*;
c) Les *projecteurs de combat proprement dits* ou *offensifs*, qui peuvent se déplacer assez rapidement d'un point à l'autre du front et éclairent à des moyennes ou grandes distances.

4° Calibre.

Le calibre est le diamètre de la base circulaire du miroir réflecteur du projecteur. Ce diamètre se compte toujours en centimètres. Ainsi, on dit un miroir de 60 ou un projecteur de 60, pour un miroir ou un projecteur de 60 centimètres. Cependant, quand on dépasse le mètre, on dit indifféremment un miroir de 1 mètre 10 ou un miroir de 110.

5° Sources lumineuses.

Les sources lumineuses peuvent être très variables.
On peut avoir des projecteurs à :

a) Lumière chimique (combustion d'huile, d'acétylène);
b) Lumière naturelle (soleil);
c) Lumière électrique.

Pour ces derniers, il y a lieu de distinguer les *projecteurs à lampe à incandescence à filament de carbone ou métallique*, actionnés par magnéto, dynamo ou accumulateurs, et les *appareils à arc électrique*.

6° Miroirs.

Les miroirs des projecteurs sont en verre ou en métal.
Les divers types de miroirs en verre sont ceux :

a) Du type Mangin;
b) Du type miroir parabolique en verre (système Bréguet).

Quant aux miroirs métalliques, on en trouve trois types :

c) Les miroirs dorés;
d) Les miroirs argentés;
e) Les miroirs en métal blanc B. B. T.

7° Mode de transport.

La mobilité est assurée, suivant les types d'appareils, par différents modes de transport qui résultent évidemment de leur poids. On peut alors les diviser à nouveau en :

a) Projecteurs transportables à dos d'homme;
b) Projecteurs transportables à bras;
c) Projecteurs à dos de mulet;
d) Projecteurs hippomobiles;
e) Projecteurs automobiles;
f) Projecteurs fixes de forteresse et de côte;
g) Projecteurs de marine.

Vu la complexité des types d'appareils, aucune classification parmi celles que nous avons données, n'est parfaite pour l'étude détaillée de ceux-ci. La meilleure et celle à laquelle nous nous arrêterons sera celle-ci :

1º Etude des appareils de signalisation et de télégraphie optiques ;
2º Etude des appareils oxyacétyléniques ou électriques de 35 centimètres ;
3º Etude des appareils électriques à arc.

I.

APPAREILS DE SIGNALISATION

ET DE

TÉLÉGRAPHIE OPTIQUES.

A) APPAREILS DE SIGNALISATION.

1° APPAREILS DE SIGNALISATION DE 14 CENTIMÈTRES.

Description de l'appareil.

L'appareil se compose de :

1° Un projecteur portatif proprement dit comportant :

Un miroir, protégé par une boîte métallique portant un tube de visée et fermée par un couvercle ;
Une lampe électrique à incandescence à l'azote, avec son câble d'alimentation et un bouchon de prise de courant à baïonnette.

2° Une sacoche à bandoulière avec passants de fixation au ceinturon renfermant :

Quatre éléments de piles, un manipulateur, la prise de courant du projecteur, deux lampes blanches de rechange et une rouge.

L'ensemble est contenu dans une caisse en bois renfermant :

3 appareils complets ;
12 éléments de piles de rechange ;
3 lampes blanches à incandescence de rechange ;
3 lampes rouges ;
2 paquets d'ouate.

Mode d'emploi.

La sacoche étant portée en bandoulière, fixer le bouchon à baïonnette du câble du projecteur à la prise de courant de cette sacoche.
Ouvrir le couvercle du projecteur.
Tenir, dans la main gauche, le projecteur par sa poignée.
Viser l'objectif à travers le tube disposé sur l'appareil.
Faire les signaux voulus en appuyant sur le bouton du manipulateur dépassant la paroi latérale de la sacoche.
Pour le transport, accrocher le projecteur au ceinturon à l'aide du crochet fixé sur le fond de l'appareil.
Le projecteur peut être disposé sur une perche emmanchée dans la poignée-douille du projecteur, lorsque l'appareil est utilisé pour des communications à poste fixe.

NOTA. — *Dans tous les cas, l'appareil étant alimenté par piles, ne doit pas servir pour un éclairage continu.*

Projecteurs.

Afin d'éviter l'altération du miroir et pour protéger la lampe à incandescence, refermer le couvercle du projecteur lorsque l'appareil n'est plus en service.

Fig. 2. — *Appareil de signalisation de 14 centimètres.*

Réglage et entretien.

Pour obtenir la puissance normale du projecteur, il est indispensable que le faisceau lumineux soit aussi peu divergent que possible.

Ce résultat est atteint lorsque la lampe est bien au foyer du miroir.

Les appareils sont réglés dans ces conditions avant leur expédition; mais il peut arriver qu'une lampe de type un peu différent, employée comme rechange, ne se trouve pas exactement au foyer. Il importe de l'y ramener. Pour cela, déplacer le miroir en vissant ou dévissant de quantités égales les trois vis qui le maintiennent. Ces vis ne doivent pas être bloquées.

Contrôler le réglage effectué, en projetant le faisceau sur un mur distant d'une dizaine de mètres. La tache lumineuse obtenue doit être aussi petite que possible.

Si la lumière faiblit trop, changer les éléments de piles.

Si l'appareil ne s'allume pas en appuyant sur le bouton du manipulateur, changer la lampe.

Nettoyer le miroir avec de la gaze ou de l'ouate, en lavant à l'eau pure ou légèrement savonneuse s'il y a lieu.

2° APPAREILS DE SIGNALISATION DE 24 CENTIMÈTRES.

Description.

Le projecteur de signalisation de 24^{cms} est constitué par un miroir parabolique métallique argenté, au foyer duquel on a placé une lampe électrique à filament métallique de faible résistance et de bas voltage, donnant 100 bougies, alimentée par des piles portatives fixées à la ceinture du signaleur.

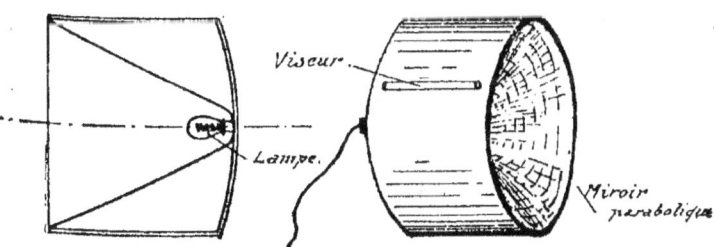

Fig. 3.

Ces miroirs paraboliques sont fixés à l'intérieur d'un boisseau destiné à les protéger contre les chocs susceptibles de les déformer. Les boisseaux peuvent être fixés à l'extrémité de perches de 2^m50, sur lesquelles on peut enrouler les fils reliant les piles électriques à la lampe. Le signaleur porte sur lui le manipulateur, sur lequel il agit pour allumer la lampe. Lorsque le projecteur n'est pas sur la perche, on peut diriger son faisceau dans une direction déterminée à l'aide d'un viseur placé sur le côté du boisseau.

Champ du projecteur.

Le projecteur de signalisation présente un grand champ de visibilité. On retrouve facilement le correspondant, mais il faut prendre soin de ne pas se laisser intercepter par l'ennemi la communication des télégrammes. Ce grand champ de visibilité est dû à ce que la distance focale du miroir parabolique est très faible et la dimension de la lampe placée au foyer relativement grande. Afin de bien connaître le champ de l'appareil, on peut le mesurer de la manière suivante (fig. 4). A l'aide du viseur, on fixe une direction AO, par exemple. A partir du point 1, pris sur cette direction, un observateur s'écarte de cette direction successivement à droite et à gauche suivant la perpendiculaire X'X à AO. Soient 2 et 3 les points où l'observateur, regardant le projecteur, ne perçoit plus son éclat. Le rapport entre les distances 2 3 et O1 constitue le champ de l'appareil, que l'on peut encore exprimer par la grandeur de l'angle α.

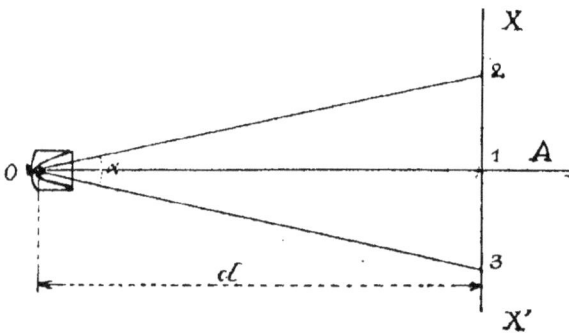

Fig. 4.

Lorsque la distance d croît, le champ de l'appareil varie, et il tend à diminuer peu à peu de grandeur si l'on s'éloigne de plus en plus du projecteur dont la portée atteint, par temps clair, jusqu'à 7 kilomètres pendant le jour.

Pour éviter que l'adversaire puisse saisir la transmission, il faut qu'aucun point du champ de l'appareil ne tombe dans les lignes ennemies.

La lampe de signalisation présente une certaine inertie à l'allumage et à l'extinction. Il faut donc manipuler doucement, si l'on veut avoir de bons résultats et distinguer les traits et les points. Cette inertie n'existe pas avec les appareils à lumière fixe et à organe d'occultation (écran) tels que ceux de la télégraphie optique. Néanmoins, leur maniement facile en a permis la généralisation.

Emploi des signaux.

Les troupes emploient deux catégories de signaux :
a) Les signaux alphabétiques ;
b) Les signaux conventionnels.

Les signaux de ces deux catégories sont constitués par des signes de l'alphabet Morse ; ils sont exécutés pendant le jour à bras, et avec une lanterne pendant la nuit.

Les *signaux alphabétiques* permettent la transmission de dépêches entières.

Les *signaux conventionnels* donnent le moyen de communiquer rapidement des renseignements intéressants se rapportant à des situations qui se présentent fréquemment.

a) SIGNAUX ALPHABÉTIQUES.

La correspondance par signaux alphabétiques est employée quand les circonstances ne permettent pas d'utiliser d'autres procédés de communication, ou quand il y a intérêt à les doubler.

Ce système de correspondance est particulièrement avantageux dans les régions montagneuses ou coupées par des lignes d'eau dont les points de passage sont rares, dans les zones battues par le feu violent où ne peuvent se déplacer plantons ou estafettes, et encore dans le service des avant-postes.

L'artillerie emploie, pendant le tir, les signaux particuliers prévus par son règlement de manœuvre.

Dans les cas exceptionnels où les signaux alphabétiques seront utilisés pour la liaison des colonnes en marche, des instructions précises devront être données au préalable par le commandement, et l'on devra éviter d'une façon absolue d'égrener des hommes en arrière des colonnes.

Dans les circonstances normales, les signaux peuvent généralement donner des résultats satisfaisants jusqu'aux distances approximatives suivantes :

De jour :
    600 mètres sans fanions ;
    1.500 mètres avec fanions et à l'œil nu ;
    2.000 mètres et plus avec fanions et emploi de la jumelle.

De nuit :
    2.500 mètres avec une simple lanterne et en employant au besoin la jumelle.

En principe, les groupes qui doivent faire usage des signaux se tiennent dans le voisinage immédiat des chefs auprès desquels ils sont détachés ; ils choisissent leur emplacement de manière à être vus des groupes avec lesquels ils doivent correspondre, en repérant avec soin la direction et, le cas échéant, en utilisant les observatoires naturels qui sont à leur portée (arbres, meules, etc.). Dans les zones battues par le feu, les groupes de signaleurs se masquent aux vues de l'ennemi en utilisant le terrain et des abris; mais ils n'hésitent pas à se montrer, si c'est nécessaire, pour assurer la transmission d'une communication importante. Ils restent constamment attentifs, afin de pouvoir recevoir ou transmettre immédiatement les ordres ou les renseignements, et ils observent avec soin les événements qui se passent à leur portée.

La *nuit*, à proximité de l'ennemi, on n'a recours aux signaux lumineux qu'en cas de nécessité absolue; on *prend alors toutes les précautions voulues pour que ces signaux ne puissent pas être interceptés ou ne révèlent pas la présence de la troupe qui les utilise.*

b) SIGNAUX CONVENTIONNELS.

Ceux-ci sont employés pour la correspondance en marche, en station et au combat, pour assurer la transmission rapide de quelques communications courtes mais particulièrement importantes.

Personnel utilisé.

Les signaux alphabétiques doivent pouvoir être transmis et reçus dans toutes les armes par le personnel affecté à la téléphonie et à la télégraphie optique; dans l'artillerie, le génie et l'infanterie, par un officier, un maréchal des logis chef ou sergent-major, un fourrier et quatre hommes servant d'agents de liaison ou de transmission par unité (compagnie ou batterie).

Les signaux conventionnels doivent être connus dans toutes les armes, par tous les officiers (active et réserve), par tous les gradés et le plus grand nombre d'hommes possible (en particulier par tous les hommes employés comme agents de liaison ou de transmission).

Matériel de signalisation.

En principe, pendant le jour, les signaux sont faits avec les bras. On peut les rendre plus apparents en utilisant soit des fanions à double face, soit des objets quelconques visibles à distance (képis, bérets, etc.). La nuit, on se sert de lanternes.

On constitue facilement un fanion à l'aide d'un carré de carton assez épais, de $0^m,40$ à $0^m,50$ de côté, portant une poignée en corde et recouvert d'un papier vermillon (le vermillon étant la meilleure teinte au point de vue de la visibilité des fanions).

Le matériel indiqué plus haut, ainsi que les projecteurs à grande puissance servent d'ailleurs utilement à la signalisation, soit à petite, soit à grande distance, suivant la portée des appareils.

APPAREILS DE SIGNALISATION.

Instruction.

L'enseignement des signaux conventionnels ne nécessite pas d'exercices spéciaux. En employant ces signaux dès le début de l'instruction, dans tous les exercices de combat ou de service en campagne, on familiarise rapidement les cadres et les hommes de troupe avec leur utilisation. Cette instruction comprend des *exercices oraux ou écrits* et des *exercices d'application*.

Les *exercices oraux et écrits* portent sur *l'alphabet Morse* et les *indications de service*, sur le *maniement des fanions et des lanternes*, sur l'emploi de la *jumelle* et de la *boussole*. Les *exercices d'application* sont exécutés *en terrains variés* jusqu'aux extrêmes limites de visibilité (le jour avec et sans fanions, la nuit avec des lanternes).

Les signaleurs sont dressés à choisir leurs emplacements, à rechercher méthodiquement le correspondant, et à transmettre des messages dans toutes les positions et en utilisant le terrain. Les difficultés sont progressivement augmentées.

L'instruction est complétée avantageusement par la participation à des exercices ou manœuvres de vitesse de transmission de jour et de nuit. Les signaleurs doivent arriver à une cadence uniforme au bout d'un certain temps de pratique.

Les *hommes affectés aux projecteurs électriques et oxyacétyléniques de petit calibre doivent tous être aptes à remplir, le cas échéant, le rôle de signaleurs*; ils doivent donc suivre de point en point cette instruction, d'autant plus qu'ils pourront s'il est nécessaire, assurer la liaison des projecteurs photo-électriques avec différentes unités, si leurs appareils ne sont pas utilisés. Ils pourront encore assurer la liaison du chef de l'unité à laquelle ils sont affectés, soit avec les subordonnés, soit avec les supérieurs de celui-ci ou encore avec les officiers observateurs.

Règles de service.

a) SIGNAUX CONVENTIONNELS.

L'élément transmetteur appelle, par le geste d'avertissement, l'attention de l'élément auquel la communication est destinée. Lorsque cet élément a répété le geste d'avertissement, la communication est transmise; elle est répétée par l'élément destinataire. Si le signal a été mal compris, l'élément transmetteur l'envoie à nouveau dans les mêmes conditions.

b) SIGNAUX ALPHABÉTIQUES.

RÉDACTION DES DÉPÊCHES. — Les renseignements et les ordres à transmettre par signaux sont rédigés en style télégraphique; ils doivent être aussi brefs et concis que possible. Lorsqu'aucune erreur de destination n'est possible, il est inutile d'envoyer l'indication de l'expéditeur et du destinataire.

TRANSMISSION. — En principe, tout poste de transmission ou de réception comprend deux hommes (un transmetteur et un lecteur) et, s'il y a lieu, des estafettes et vélocipédistes joignant les postes au commandement.

Au poste de transmission, le lecteur annonce tout d'abord au transmetteur le mot ou le nombre tout entier à signaler, puis lui indique successivement les lettres ou les chiffres que le transmetteur exécute un à un.

Au poste de réception, le transmetteur annonce à haute voix chaque lettre et chaque chiffre au fur et à mesure qu'ils lui sont signalés. Le lecteur les consigne par écrit, et annonce à son tour les mots et les nombres dès qu'ils sont formés. Le transmetteur envoie alors le signal « Compris ».

Le signal « Station ouverte » indique qu'un poste est prêt à transmettre ou recevoir.

Avant toute transmission, le poste transmetteur exécute des appels auxquels le poste récepteur répond par le signal « Invitation à transmettre ».

En cas d'erreur indiquée par l'un ou l'autre poste, la transmission du mot en cours ou du mot précédent est recommencée. S'il est nécessaire, le poste récepteur indique le mot à partir duquel la transmission doit être reprise. Lorsqu'un poste se déplace, il prévient ses correspondants par l'envoi du mot « Départ ». (Extrait de la circulaire ministérielle du 4 février 1914.)

EXÉCUTION DES SIGNAUX. — Les signaux sont représentés :

De jour : le point, par l'apparition d'un seul bras ou d'un seul objet ; le trait, par l'apparition de deux bras ou de deux objets.

De nuit : le point, par une émission lumineuse courte (une demi-seconde); le trait, par une émission longue (trois secondes).

Intervalle entre chacun des signaux d'une même lettre : environ une demi-seconde.

Intervalle entre deux lettres d'un mot, entre deux chiffres, avant ou après un signe de ponctuation : environ quatre secondes.

Lorsque les circonstances permettent de transmettre sans gêne debout ou à genoux, les bras, placés horizontalement à la hauteur de l'épaule, peuvent figurer le point (un seul bras) ou le trait (deux bras).

Dans les terrains battus par le feu de l'ennemi, les gestes seront faits d'une rectitude plus ou moins grande; aussi, dans ce cas, est-il nécessaire d'avoir des signaleurs doués de sang-froid et bien exercés, de façon à transmettre le plus vite et avec le moins d'erreurs possible.

APPAREILS DE SIGNALISATION.

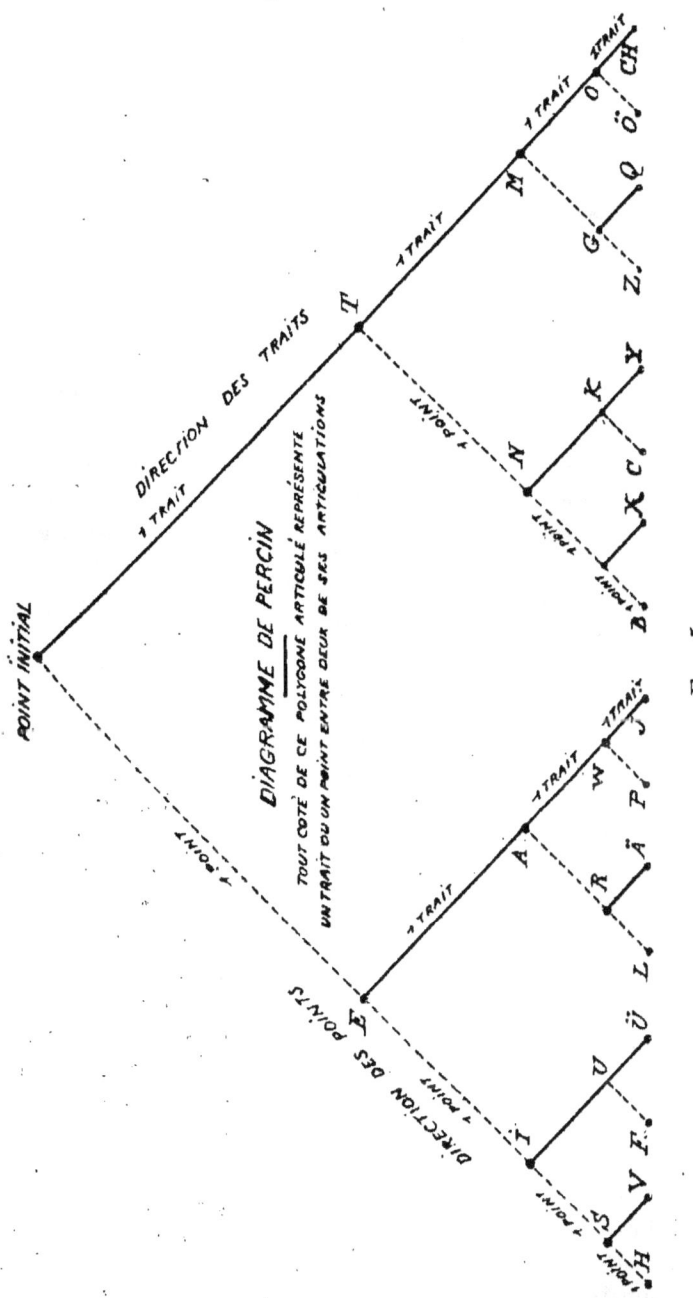

Fig. 5.

Signaux alphabétiques (Morse).

A........	.—	N........	—.
B........	—...	O........	———
C........	—.—.	P........	.——.
D........	—..	Q........	——.—
E........	.	R........	.—.
F........	..—.	S........	...
G........	——.	T........	—
H........	....	U........	..—
I........	..	V........	...—
J........	.———	W........	.——
K........	—.—	X........	—..—
L........	.—..	Y........	—.——
M........	——	Z........	——..
CH.....	————	É ou È....	..—..
Ç........	—.—..	Ö........	———.
Ä........	.—.—	Ü........	..——

PONCTUATION.

Le point...........................	......
Le point-virgule...................	—.—.—.
La virgule.........................	.—.—.—
L'apostrophe.......................	.——————.
Les deux points....................	———...
Les guillemets.....................	..—..—.
La parenthèse......................	—.——.—
Le point d'interrogation...........	..—..—
Le point d'exclamation.............	——..——
Souligné...........................	..——..
Trait d'union......................	—....—
Signal de séparation...............	—...—
Alinéa.............................	.—.—.
Attente............................	.—...
Compris............................	...—.

APPAREILS DE SIGNALISATION.

CHIFFRES.

1. .——————
2. ..———————
3. ...—————
4. ....————
5. .....———
6. ......——

7. ———....
8. ————...
9. —————..
0. ——————.   ou un trait prolongé.

SIGNAUX DE SERVICE.

Station ouverte............	Faire apparaître le bras ou un objet maintenu immobile (de nuit, feu fixe).
Appels..................	Série de points et de traits alternés. Continuer jusqu'à ce que le correspondant réponde « Invitation à transmettre » (.—.—.—.—.—).
Invitation à transmettre..	BR (—....—.).
Erreur...................	Faire une série de points (7 au moins) (.........).
Compris.................	IR (...—.).
Fin de mot..............	Elever les bras ou les fanions verticalement au-dessus de la tête et les laisser retomber. De nuit, masquer le feu de la lanterne pendant 12 temps.
Fin de transmission......	AR (.—.—.).
Changer la face du fanion. *Employer le fanion*.......	} Elever un fanion et tourner plusieurs fois la main en changeant la face du fanion.
Couper la transmission...	Trait prolongé (—).
Mauvais feu.............	Couper la transmission, puis faire une série de points qui indiquent au correspondant de changer la direction de son feu et de vérifier si sa lanterne est en bon état. A mesure que la communication se rétablit, envoyer des séries de points de plus en plus précipités si le feu devient mauvais, de plus en plus lents dans le cas contraire, jusqu'au moment où la communication peut reprendre. Envoyer alors le signal « Invitation à transmettre ».

SIGNAUX CONVENTIONNELS.

Signaux.	Lettre correspondante.	Traduction.
· · · ·	H......	Ennemi en vue.
— — · —	CH.....	Rien à signaler.
— · — ·	C......	Cavalerie ennemie.
· · — ·	F......	Infanterie ennemie.
— — · —	Q......	(transmis de l'avant) : Nous attaquons. (transmis de l'arrière) : Attaquez.
· · · —	V......	(transmis de l'avant) : Besoin de renforts. (transmis de l'arrière) : Renforts arrivent.
— · — —	Y......	(transmis de l'avant) : Besoin de munitions. (transmis de l'arrière) : Munitions envoyées.
— · · —	X......	Allonger le tir de l'artillerie.

SIGNAUX POUR RÉGLER LA VITESSE DE LA TRANSMISSION.

Manipulez doucement.....	MD	*Recevez*.................	T
Séparez-mieux les signaux.	SS	*Urgent*..................	RDD
Comment recevez-vous....	CRV	*Continuez la transmission des initiales*...........	CI
Faites des appels........	FA		

MOYENS MNÉMOTECHNIQUES FACILITANT L'ÉTUDE DE L'ALPHABET MORSE.

Premier moyen.

Classer les lettres de l'alphabet en groupes comprenant des lettres formées de signes analogues : lettres ne comprenant que des traits ou des points, lettres commençant par un point ou un trait, deux points ou deux traits, etc.

e........	·		t........	—
i........	· ·		m........	— —
s........	· · ·		o........	— — —
h........	· · · ·		ch.......	— — — —

APPAREILS DE SIGNALISATION. 25

```
u......  ..--      g......  --.-.
f......  ..-.      q......  --.-
a......  .-        n......  -.
r......  .-.       k......  -.-
l......  .-..      c......  -.-.
```
etc., etc.

Deuxième moyen.

En groupant les lettres dont les points de l'une sont des traits dans l'autre :

```
a......  .-        n......  -.
u......  ..-       g......  --.
r......  .-.       k......  -.-
z......  --..      ù......  ..--
```
etc., etc.

D'ailleurs, en répétant sur un cahier les caractères du Morse un certain nombre de fois (50 par exemple), on sait à peu près à coup sûr l'alphabet. Nous allons donner ici un certain nombre d'abréviations qui peuvent être très utiles pour abréger certaines transmissions.

Abréviations pour télégrammes militaires.

Tous les mots abrégés sont rétablis en leur entier à la réception du télégramme. Les abréviations portent surtout sur les mots dont l'usage est fréquent.

Officier	Off.	Brigadier	Bgr.
Général	Gal.	Soldat	Sdt.
Colonel	Cel.	Canonnier	Can.
Commandant	Cdt.	Cavalier	Cav.
Major	Maj.	Sapeur	Sap.
Capitaine	Cne.	Télégraphiste	Tél.
Lieutenant	Lt.	Intendant	Int.
Adjudant	Adjt.	Adjoint	Adjt.
Sergent	Sgt.	Médecin	Mcin.
Caporal	Cal.	Vétérinaire	Vét.
Maréchal-des-logis	Mar. d. log.	Directeur	Dr.

Chef	Ch.	Batterie	Bie.
Principal	Pal.	Peloton	Pel.
Infanterie	Inf.	Section	Sct.
Cavalerie	Cavie.	Détachement	Dcht.
Artillerie	Artie.	Administration	Adon.
Génie	Gie.	Approvisionnement	Appt.
Gendarmerie	Gend.	Auxiliaire	Aux.
Corps	Cps.	Homme	H.
Division	Div.	Cheval	Ch.
Brigade	Bge.	Gouverneur	Gvr.
Régiment	Rgt.	Gouvernement	Gvt.
Bataillon	Btn.	Militaire	Mre.
Compagnie	Cie.	Habitant	Hab.
Escadron	Esc.	Etat-major	Et.-m.

UNITÉS DE MESURE.

Kilomètre	Km.	Décilitre	Dl.
Mètre	M.	Centilitre	Cl.
Décimètre	Dm.	Tonne	T.
Centimètre	Cm.	Quintal	Ql.
Millimètre	Mm.	Quintaux	Qx.
Hectolitre	Hl.	Kilogramme	Kg.
Décalitre	Déca.	Gramme	Gr.
Litre	L.	Franc	F.

ABRÉVIATIONS GRAMMATICALES.

Nous	Ns.	Perpendiculaire	Pp.
Vous	Vs.	Inférieur	Infér.
Tous	Ts.	Supérieur	Sup.
Sous	Ss.	Rapidement	Rapdt.
Immédiatement	Imdt.	Modèle	Mod.
Quelque	Qq.		

B) APPAREILS DE TÉLÉGRAPHIE OPTIQUE.

Les appareils sont à la fois transmetteurs et récepteurs. On distingue les appareils de campagne et les appareils de forteresse.

a) **Appareils de campagne.**

Principe.

Emission. — La source lumineuse est placée au foyer d'un miroir sphérique M, qui réfléchit la lumière sur une lentille objectif O dont la source S occupe l'un des foyers. La lumière se trouve ainsi sortir de l'appareil parallèlement à l'axe optique commun du miroir M et de la lentille O, que nous désignerons ici par X'X. Ce faisceau parallèle peut à volonté être masqué par une palette obturatrice mue à la main, ou à l'aide d'un déclic à ressort, de façon à donner les émissions courtes ou longues de lumière correspondant aux points et aux traits de l'alphabet Morse.

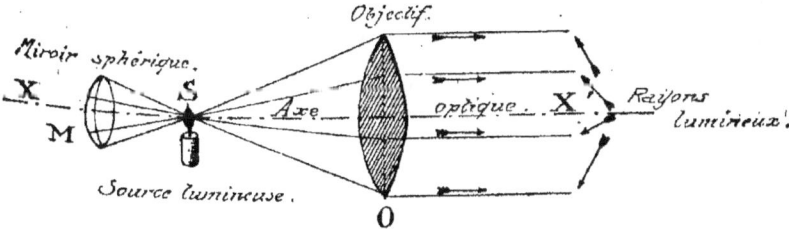

Fig. 6.

Champ de l'appareil. — C'est l'ensemble de tous les points de l'espace où l'on peut voir la source lumineuse. Ce champ est limité par un cône ayant pour sommet le centre de l'objectif et ayant comme base le contour apparent vu de ce point de la source lumineuse. Le champ à la distance D, c'est le diamètre horizontal d de la section droite du cône à la distance D de l'objectif. C'est, en général, 1/25 D pour tous les appareils fonctionnant au pétrole.

Ceci veut dire qu'à la distance de 25 kilomètres, on voit la source lumineuse sur une étendue de 1 kilomètre.

Lorsque l'appareil utilise la lumière solaire, le champ n'est plus que de 1/100 D.

28 LES PROJECTEURS DE CAMPAGNE.

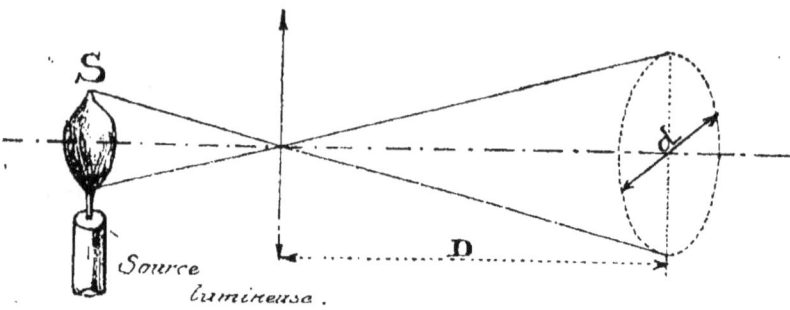

Fig. 7.

Réception. — Le faisceau ou les signaux sont perçus avec une lunette astronomique ou terrestre suivant les appareils.

Description sommaire d'un appareil.

L'appareil se compose d'une boîte en tôle divisée en deux compartiments par une cloison. La face avant contient l'objectif d'émission O. Sur la face arrière se trouve la douille D, ou tube de réglage. La cloison intérieure est percée d'une ouverture circulaire C, destinée à limiter la partie utile du faisceau. L'axe optique de l'appareil passe par le centre de la douille, celui de l'ouverture C et celui de l'objectif O ; il est dit axe d'émission. Une cuvette reçoit la lampe à pétrole mobile dans un plan perpendiculaire à l'axe d'émission, ce qui

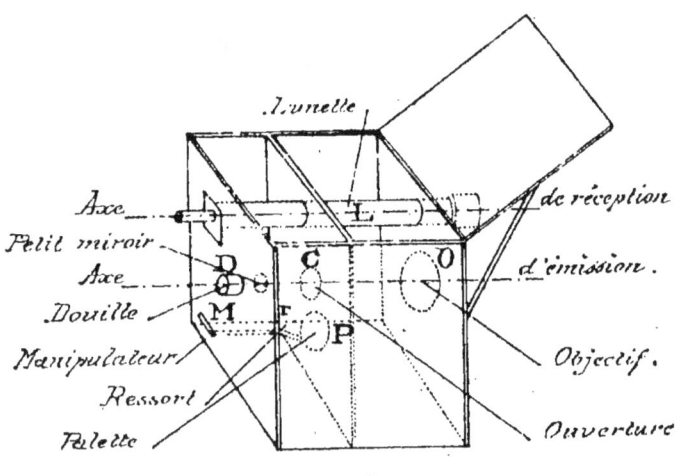

Fig. 8.

permet de placer la source exactement au foyer de la lentille. La palette obturatrice P permet de masquer à volonté le faisceau par l'intermédiaire d'un manipulateur M, muni d'un ressort antagoniste r ramenant la palette à sa position d'éclipse devant l'ouverture C. Un verrou permet de placer celle-ci à feu fixe dans la position abaissée.

La lunette L sert à la réception des signaux dont l'axe, dit axe de réception, doit être parallèle à l'axe d'émission.

Réglage de l'appareil.

Ce réglage se fait au moyen du tube de réglage que l'on enfonce dans la douille D. Il comporte un dispositif de lentilles formant avec l'objectif d'émission un système optique dans le plan focal duquel on peut placer un verre dépoli portant deux traits en croix, que l'on observe avec un œilleton simple ou un réticule muni d'un œilleton à lentille.

La croisée des traits placés sur le verre dépoli, ou celle des fils du réticule, détermine avec le centre de l'objectif l'axe d'émission, et l'appareil ainsi constitué forme soit l'*oculaire à verre dépoli* soit l'*oculaire à fils*.

L'oculaire à verre dépoli sert au réglage de la lampe, celui à fils sert au réglage du parallélisme des axes d'émission et de réception.

a) *Réglage de la lampe à pétrole.*

Il faut amener exactement la lampe au foyer principal de l'objectif d'émission. Pour cela, il faut régler la position de la lampe à l'aide de l'oculaire à verre dépoli. La flamme de la lampe doit avoir une hauteur de 3 centimètres environ, ce que l'on obtient avec une mèche plate taillée avec soin. On place la lampe sur son support, le petit miroir enlevé, et on introduit dans la douille le tube de réglage, le verre dépoli à l'extérieur. On déplace ensuite la lampe à pétrole de manière à amener son image sur le verre dépoli aussi nette que possible et sur le trait vertical du verre dépoli. On tourne la lampe sur elle-même, de telle sorte que cette image soit aussi mince que possible, la partie la plus brillante étant au croisement des traits. On fixe la position de la lampe en serrant l'écrou de la cuvette. On peut alors retirer le tube de réglage et replacer le petit miroir dans sa douille. En regardant par l'objectif d'émission et en faisant tourner le miroir on cherche à superposer la flamme et son image donnée par le miroir, de manière à renforcer la lumière.

b) *Réglage du parallélisme des axes d'émission et de réception.*

Nous avons vu plus haut que l'oculaire à fils servait au réglage du parallélisme des axes d'émission et de réception.

Pour obtenir ce parallélisme, viser avec la lunette que forme l'objectif d'émission et l'oculaire à fils un point éloigné (2 kilomètres), de manière que l'image vienne au croisement des fils, agir ensuite sur

Projecteurs.

le dispositif du réglage de la lunette de réception pour amener cette image au centre du champ. Si on regarde dans la lunette de réception on doit percevoir le même point.

b) Appareils de forteresse.

Les appareils de forteresse se divisent en deux types.

1º Le *type à lentilles*, analogue à celui des appareils de campagne;
2º Et le *type télescopique*, que nous allons décrire.

Appareils télescopiques.

Dans ces appareils, la lumière de la source est concentrée en un point a par une lentille l. Le point a est le centre optique du sys-

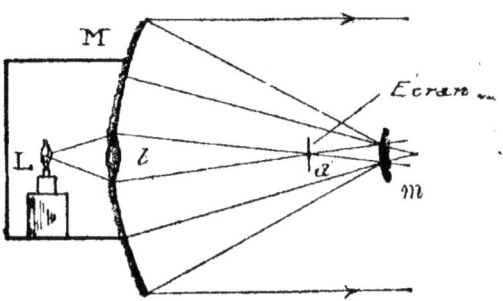

Fig. 9. — *Appareils télescopiques.*

tème formé par un grand miroir concave M et un petit miroir convexe m. Au point a se trouve un diaphragme interceptant la lumière à volonté, grâce à un obturateur mobile également à volonté.

Caractéristiques des appareils utilisés.

DIAMÈTRE DE L'OBJECTIF EN CENTIMÈTRES.	POIDS EN KILOGRAMMES.	PORTÉES EN KILOMÈTRES.							
		Pétrole.		Acétylène.		Oxyacétylène ou électricité.		Soleil.	
		Nuit.	Jour.	Nuit.	Jour.	Nuit.	Jour.	Nuit.	Jour.
Appareils de campagne { 10	20.3	10	3	16	5			»	10
14	40	14	5	25	8			»	14
24	45	24	8	40	11			»	24
30	50	30	12	50	18			»	30
Appareils de forteresse à lentilles { 40	151	40	15	60	20			»	40
50	280	50	18	80	25	120	40	»	50
60	330	60	20	90	30	140	50	»	50
télescopiques { 35	130	35	12	55	18			»	35
45	174	45	15	70	23			»	45
60	200	60	20	90	30			»	60

Nous voyons ainsi que l'on peut se servir, de jour, du soleil comme source de lumière. La lumière solaire est amenée dans la direction de l'axe d'émission au moyen d'un miroir plan ou concave. Le réglage de la source fait ainsi introduire à refus le *tube solaire* contenant une

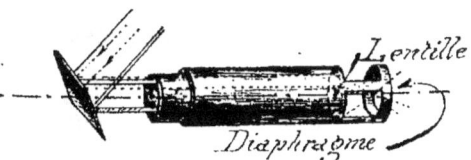

Fig. 10.

lentille qui concentre la lumière au foyer de l'objectif de l'appareil. Régler l'inclinaison du miroir pour que la petite image solaire, concentrée sur le diaphragme, disparaisse bien par le trou central qui y est percé. Si le miroir ne peut recevoir directement la lumière solaire, placer sur l'appareil un petit miroir auxiliaire. En raison du déplacement du soleil, retoucher toutes les trois minutes environ la position de l'un des miroirs.

On peut encore avoir recours à un héliostat monté sur l'appareil. Avec l'héliostat, il suffit de modifier la position des miroirs environ toutes les heures. Un mécanisme d'horlogerie imprime à l'axe de l'appareil un mouvement de rotation de 1 tour, en 24 heures environ,

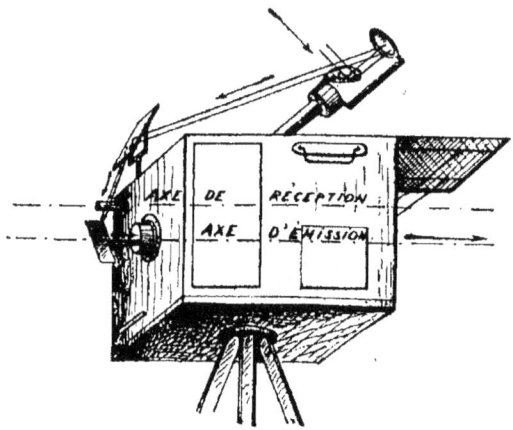

Fig. 11.

en sens inverse de la rotation de la terre. On donne d'abord à l'axe de l'appareil une inclinaison égale à la latitude du lieu, que l'on peut lire facilement sur les cartes, et on donne à la boîte de l'appareil une direction telle que le repère indiqué à sa partie supérieure soit dans la direction nord-sud donnée par la boussole.

Etude des sources lumineuses.

Les sources de lumière sont : la *lumière solaire*, le *pétrole*, la *lumière électrique*, l'*acétylène* et la *lumière oxyacétylénique*.

Lumière solaire.

On utilise la lumière solaire au moyen d'un tube solaire placé dans la douille de l'appareil comme il a été dit. Ce tube concentrant la lumière au foyer de l'objectif, y projette toute la lumière entrée dans le tube. La puissance lumineuse solaire est la plus grande qu'on puisse utiliser en plein jour, l'arc électrique seul peut en approcher.

Pétrole.

Les lampes à pétrole employées sont à mèche plate; elles sont munies d'une cheminée à quatre faces, dont trois vitrées; la face métallique est en regard de l'entrée. Deux faces vitrées servent à la transmission, la troisième éclaire le télégraphiste. La partie éclai-

Fig. 12. — *Lampe à pétrole.*

rante de la flamme est placée au foyer de l'objectif, parallèlement à l'axe d'émission, de manière à bien couvrir la caustique. On s'assure de cette position au moyen de l'oculaire dépoli sur lequel, nous l'avons vu, la flamme doit donner une image aussi mince que possible et dont la partie brillante doit se trouver au point de croisement des fils.

Lumière électrique.

La lumière électrique utilisée est celle de l'arc voltaïque. Le courant est fourni par une dynamo pouvant donner 30 ampères sous 70 volts, actionnée par un moteur à pétrole lampant (la lumière électrique est réservée aux appareils de forteresse).

Acétylène et lumière oxyacétylénique.

Les brûleurs à acétylène sont formés de deux becs conjugués en stéatite, dont les flammes se recroisent. Une monture M permet de placer ces brûleurs dans la cuvette des appareils à pétrole. L'acétylène est produit, dans un gazogène, par l'eau coulant goutte à goutte sur du carbure de calcium. L'arrivée de l'eau est limitée par un excès de pression. L'arrivée du gaz est réglée par un robinet. Le générateur est suspendu au pied de l'appareil, et un tuyau en caoutchouc le réunit au brûleur.

La lumière oxyacétylénique est produite par l'acétylène activé par un courant d'oxygène fourni par des bouteilles en acier dans lesquelles le gaz est comprimé à 150 atmosphères et venant agir sur des pastilles de terres rares placées au foyer de l'objectif d'émission.

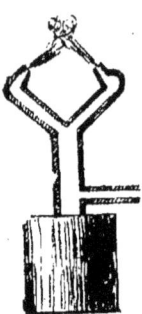

Fig. 13. — *Bec à acétylène*.

Mode d'emploi de la télégraphie optique.

L'installation de postes optiques exige d'abord le choix de positions favorables pour y placer les appareils. On *étudie préalablement la carte* pour choisir l'emplacement susceptible d'être utilisé; ce sont, en général, les positions dominantes. Il y a lieu d'éviter que les faisceaux rasent les obstacles : bois ou hauteurs. Les postes doivent autant que possible se détacher sur fond sombre.

Les emplacements choisis, les appareils en station, on procède à la recherche du correspondant. Si l'un des appareils est fixe, l'autre mobile, le premier reste à feu fixe dans la direction du correspondant, qui explore la région avec sa lunette. Si les deux postes sont mobiles, chacun d'eux s'oriente avec la carte dans une direction approximative jalonnée à la boussole. On balaie ensuite lentement l'horizon avec la lunette, à droite et à gauche, élevant et abaissant la ligne de visée, et on recommence. En même temps, on échange le signal de reconnaissance. Un des postes fait des stations longues (50 signaux), l'autre des stations courtes (5 signaux). Lorsque l'un des postes se trouve dans la direction de son correspondant, il reste dans cette direction et fait des signaux prolongés.

On facilite les recherches en signalant l'emplacement des postes au moyen de *fusées* ou de *flambeaux Lamarre*. Les instants les plus favorables pour correspondre sont, avec la lumière artificielle, les moments précédant le lever ou suivant le coucher du soleil.

Avantages et inconvénients de la télégraphie optique.

Elle permet de télégraphier facilement à petite distance, et les dépêches sont difficiles à intercepter; mais les circonstances atmosphériques peuvent empêcher toute communication.

APPAREILS DE TÉLÉGRAPHIE OPTIQUE. 35

Lampe portative de signalisation des officiers observateurs des projecteurs de campagne.

Nous pouvons donner ici la figure représentative de la lampe de signalisation dont se servent les officiers observateurs pour commander optiquement les projecteurs à distance. Ces lampes, à pile sèche, sont du type communément appelé lampe électrique de poche. Elles sont de grande dimension et se portent dans une boîte, sur le côté de la ceinture. Un manipulateur se trouve fixé sur la lampe, quand on ne s'en sert pas, à l'aide d'une tringle que l'on retire quand on veut opérer. Cette tringle de sécurité empêche le fonctionnement de la lampe dans le transport, comme cela pourrait avoir lieu par accident. L'œilleton de la lampe est vu la sacoche fermée, si bien que l'on peut, en levant le couvercle de celle-ci, assurer la transmission de signaux sans retirer la lampe.

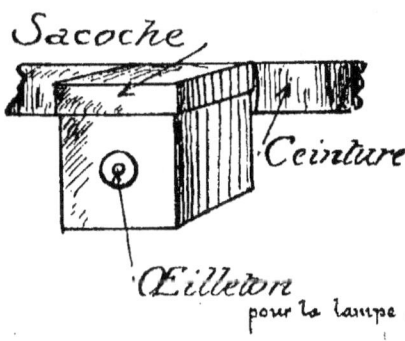

Fig. 14.

Cette lampe peut être visible à une distance de 2.000 à 3.000 mètres et sa durée est approximativement de 8 à 10 heures. L'usage de cette lampe pourrait être avantageusement étendu pour assurer les liaisons aux petites distances entre certains pos'es avancés et les centres de résistance, notamment entre les mitrailleuses et les tranchées dont elles assurent le flanquement.

II.

APPAREILS OXYACÉTYLÉNIQUES
DE 35 CENTIMÈTRES
ET APPAREILS ÉLECTRIQUES
DE 35 CENTIMÈTRES.

A) APPAREILS DE TRANCHÉES.

1° PROJECTEUR OXYACÉTYLÉNIQUE DE 35 CENTIMÈTRES.

Les caractéristiques de ce projecteur sont :

a) Une faible puissance (portée maximum : 250 à 300 mètres à l'œil nu, 350 à 400 mètres avec des jumelles);

b) Une mobilité assez grande, qui l'a fait classer dans les appareils de montagne ou de campagne suivant les besoins;

c) Une possibilité de l'employer à volonté comme projecteur de signalisation ou comme projecteur de tranchée;

d) Une source lumineuse d'origine chimique (chaleur dégagée par la combustion de C^2H^2, $C^2H^2 + 5O = 2 CO^2 + H^2O$);

e) Un miroir métallique argenté, de forme parabolique;

f) Un mode de transport qui est à bras aux petites distances, hippomobile pour de grands déplacements.

Nous allons maintenant donner la description sommaire et le fonctionnement de cet appareil.

Description.

Le projecteur oxyacétylénique de 35 centimètres comporte :

A) Un projecteur proprement dit, muni d'un miroir métallique parabolique au foyer duquel se trouve une composition de terres rares portée à l'incandescence par un chalumeau oxyacétylénique;

B) Un groupe comportant un générateur à oxygène et un générateur à acétylène : l'oxygène étant donné par la combustion d'une poudre dite oxygénite, et l'acétylène par l'action de l'eau sur le carbure de calcium (CaC^2);

C) Une caisse d'approvisionnements.

40 LES PROJECTEURS DE CAMPAGNE.

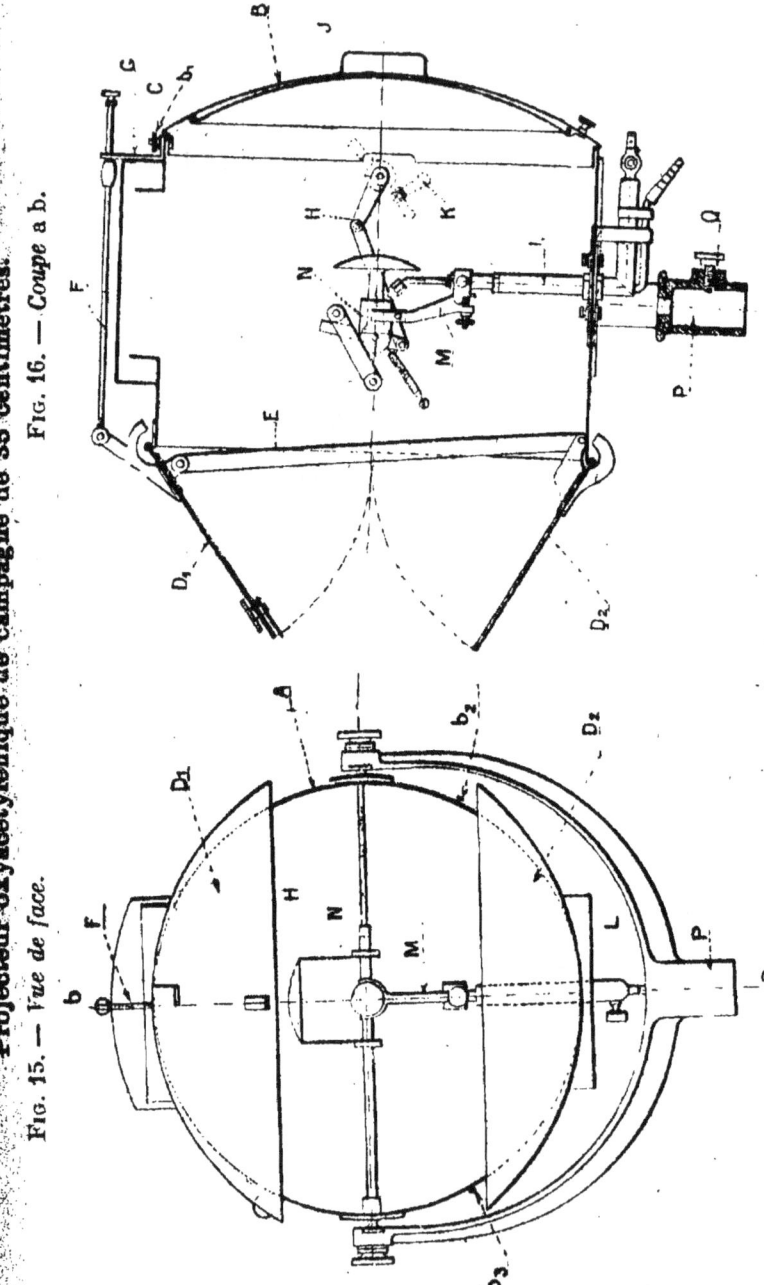

Projecteur oxyacétylénique de campagne de 35 centimètres.
Fig. 15. — Vue de face.   Fig. 16. — Coupe a b.

A, Boisseau ; *B*, Calotte porte-miroir ; *b₁, b₂, b₃*, Baïonnettes de fixation du miroir ; *C*, Écrou de serrage ; *D₁, D₂*, Volets ; *E, F*, Bielles ; *G*, Tenon ; *H*, Obturateur ; *J*, Manipulateur ; *K*, Verrou ; *L*, Chalumeau ; *M*, Porte-pastille ; *N*, Culot de terres rares ; *P*, Douille ; *Q*, Vis de serrage.

A) Projecteur et ses accessoires.

Le projecteur comprend :

1° Un *chalumeau* muni d'un *porte-pastille* et d'un *culot de terres rares*;

2° Un *miroir métallique argenté*, fixé sur une *calotte* fixée elle-même au fond d'un cylindre métallique appelé *boisseau* au moyen de *trois baïonnettes* (la baïonnette supérieure peut être serrée sur le boisseau à l'aide d'un *écrou*). Le boisseau porte, à sa partie supérieure, un système à chicanes pour la circulation de l'air; il est fermé, à sa partie antérieure, par une paire de *volets* à mouvements solidarisés à l'aide d'une bielle et que l'on peut fixer à la position d'ouverture au moyen d'un tenon. Sur le côté du boisseau se trouve un *manipulateur* permettant de manœuvrer un *obturateur* empêchant la source d'éclairer le miroir. Le boisseau est placé sur une *fourche* en aluminium qui peut tourner horizontalement, tandis que le boisseau oscille entre les deux bras de la fourche verticalement. Le corps de support de la fourche est lié à la boîte servant à transporter les générateurs à oxygène et à acétylène (*fig.* 15-16).

B) Groupe oxyacétylénique.

GÉNÉRATEUR A OXYGÈNE.

Il comporte :

Une bouteille à combustion, pour l'oxygénite, formée d'un corps en acier timbré à la pression de 32 kilogrammes et renfermant un cylindre percé de trous pour le dégagement de l'oxygène.

Ce cylindre à combustion est bouché à l'aide d'un *couvercle* portant un *grain d'orge* pouvant s'appuyer fortement sur un *joint plastique* en antifriction, au moyen d'un *étrier* porteur d'une *vis à pression*. Par le serrage, le grain d'orge pénètre dans le joint, dont il assure l'herméticité.

Le cylindre porte, par côté, un appareil dit *mano-détendeur*, destiné à donner l'oxygène provenant du générateur à une pression sensiblement constante de 1 kgr. 100 au-dessus de la pression atmosphérique. En général, le manomètre détendeur est réglé par le constructeur pour débiter à ce régime. Il comporte une boîte A dans laquelle se meut un levier B s'appuyant sur une membrane élastique E équilibrée par deux ressorts $C_1 C_2$. Ce levier porte une soupape F. Le gaz arrivant par le tube H se rend, par la canalisation G, d'une part au manomètre où il indique sa pression, d'autre part à la soupape F où il se détend. Il s'échappe ensuite par le robinet à bille R. On règle à volonté la pression de débit de l'oxygène en bandant ou en desserrant le ressort C_1 au moyen de l'écrou D. On resserre ensuite le contre-écrou K.

LES PROJECTEURS DE CAMPAGNE.

Fig. 17. — Générateur à oxygène.

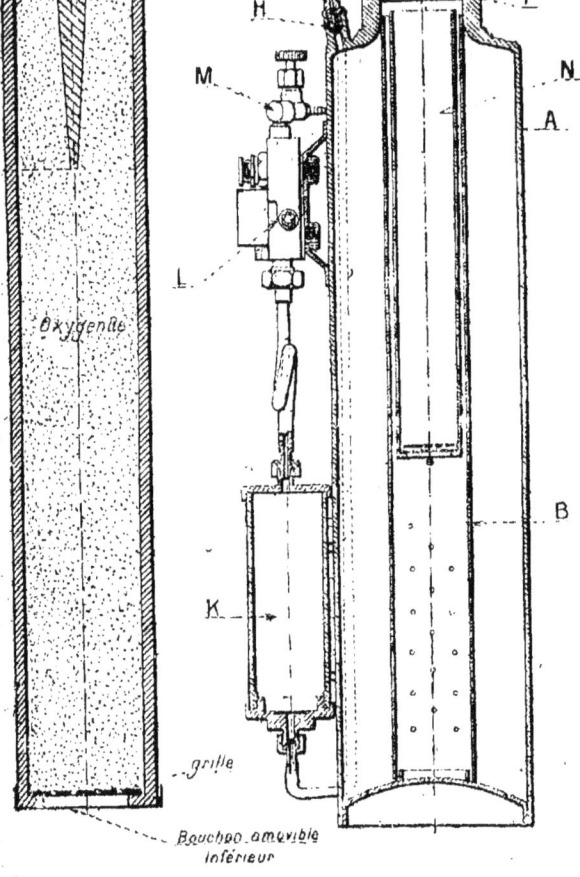

A Corps de bouteille à oxygène
B Cylindre fixe.
C Bouchon.
D Étrier.
E Vis à pression.
F Grain d'orge.
G Bague en antifriction.
H Robinet à pointeau.
K Épurateur (supprimé dans le modèle 1914).
L Mano-détendeur.
M Robinet à pointeau.
N Cartouche d'oxygénite.

Fig. 18. — *Mano-détendeur*.

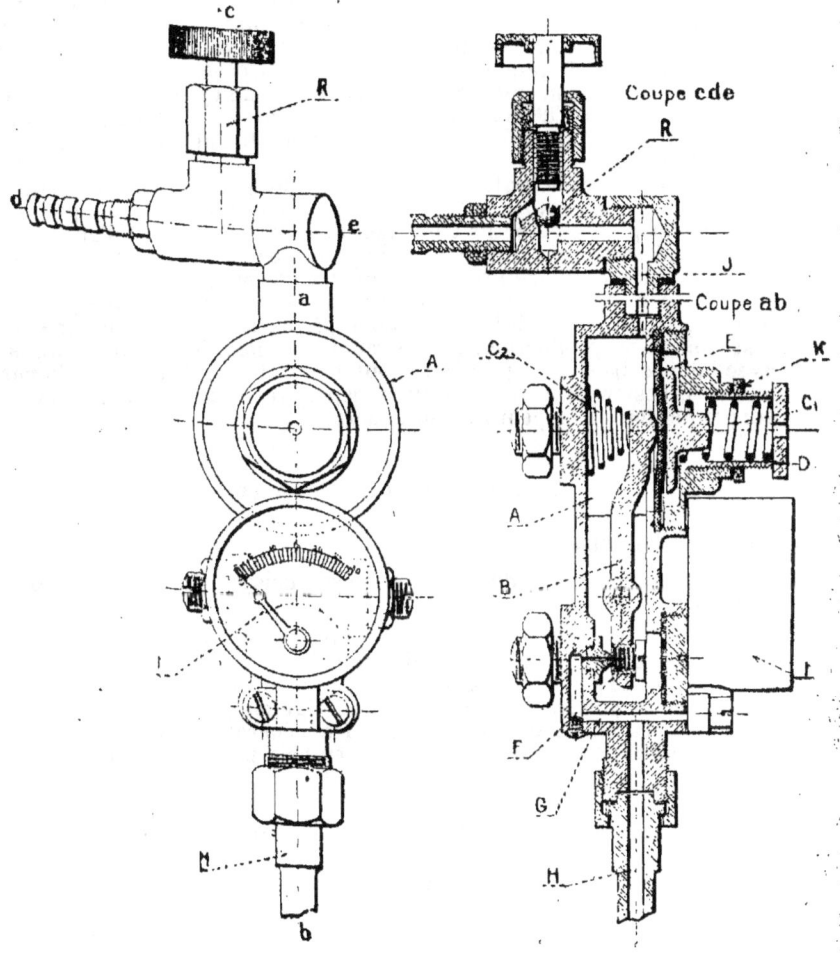

A Boîte du mano-détendeur.
B Levier.
C_1, C_2 Ressorts.
D Écrou.
E Membrane élastique.
F Soupape.
G Canalisation.
H Tube.
I Manomètre.
J Tube à oxygène.
K Contre-écrou.
R Robinet à bille.

GÉNÉRATEUR A ACÉTYLÈNE.

Le générateur à acétylène se compose de *deux cylindres* concentriques en laiton, dont l'un contient l'eau et l'autre une grille cylindrique, ou panier, contenant le carbure de calcium. L'eau nécessaire à la formation de l'acétylène pénètre du premier cylindre dans le second par quatre tubes de faible diamètre appelés *mèches*, où elle est appelée par la dépression que produit dans le second cylindre la consommation continuelle d'acétylène. Quand la pression augmente dans le second cylindre ou cloche, l'eau est refoulée, et l'attaque du carbure de calcium est arrêtée.

L'appareil est donc automatique. La cloche porte, à la partie supérieure, *deux tubes épurateurs* par lesquels le gaz s'écoule. La grille à carbure est percée de petits trous facilitant le dégagement d'acétylène (C^2H^2) qui se trouve emprisonné dans la cloche. La grille à carbure est maintenue en place grâce à un joint en caoutchouc que l'on serre par un écrou, de manière à ne laisser à l'eau de passage que par les mèches. Dans le type 1914, la partie supérieure de la cloche porte un réservoir de surproduction, qui est réuni au réservoir par trois écrous, avec interposition d'un joint en caoutchouc. Ainsi, l'eau refoulée par une surpression ou les cahots du transport reste dans le réservoir de surproduction et ne peut fuir au dehors.

C) Accessoires de l'appareil.

Ce sont les caisses :

1° Pour le transport du miroir et de son boisseau contenant le chalumeau;

2° Pour le transport des générateurs et de l'oxygénite. Cette caisse contient en outre : *a*) la poudre d'allumage; *b*) la graisse plombaginée pour le joint du générateur à oxygène; *c*) les allumettes pour l'inflammation de la poudre d'allumage; *d*) la tige-support du boisseau et les tubulures en caoutchouc reliant les générateurs aux tubulures du chalumeau. Elle porte quatre bras en bois pour le transport.

Mode de fonctionnement du projecteur.

1° Production de l'oxygène.

Pour produire l'oxygène, prendre une cartouche d'oxygénite de 1 kilogramme dont on retire les deux couvercles recouvrant les extrémités; placer ce tube à l'intérieur du générateur à oxygène, dont on a préalablement nettoyé le joint qui a été graissé à la graisse plombaginée. Le grillage de la cartouche doit être placé vers le fond du générateur. On creuse dans l'oxygénite, avec le doigt, une cuvette en forme de cône de quelques centimètres (10 centimètres environ) de profondeur, où l'on verse une poudre d'allumage que l'on enflamme.

Fig. 19. — *Générateur à acétylène.*   Fig. 20. — *Mèche.*

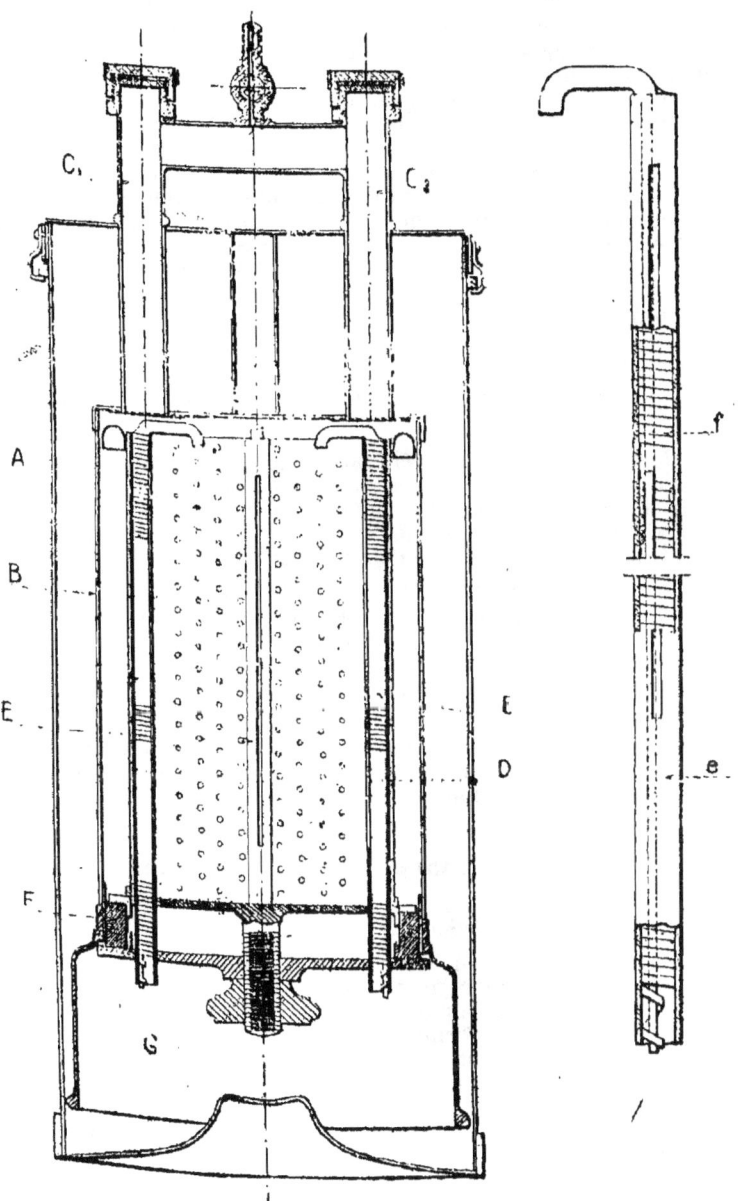

A, Réservoir à eau ; *B*, Cloche étanche ; *C*1, *C*2, Tubes épurateurs ; *D*, Panier à carbure ; *E*, Mèches ; *F*, Joint élastique ; *G*, Ecrou ; *e*, Tube fendu ; *f*, Ressort à boudin.

Projecteurs.

On recouvre alors de son couvercle le générateur, qui peut être hermétiquement fermé à l'aide de la vis de serrage placée au milieu de l'étrier relevé se trouvant au-dessus du couvercle du générateur. Peu à peu, la pression monte dans le générateur, comme on peut le constater au manomètre. On peut utiliser l'oxygène dès que la pression atteint quelques kilogrammes. Au bout de vingt minutes, elle peut atteindre 15 à 20 kilogrammes.

Un kilogramme d'oxygénite donne environ 300 litres d'oxygène, assurant au chalumeau une combustion pendant cinq heures. C'est du perchlorate de potassium uni à une faible quantité de charbon de bois et à une poudre très fine de terre d'infusoire qui donne au mélange une certaine stabilité. La poudre d'allumage dégage suffisamment de chaleur pour porter le perchlorate à sa température de décomposition; la combinaison commencée se communique à toute la masse de proche en proche.

PRÉCAUTIONS A PRENDRE POUR ÉVITER LES FUITES OU LES ACCIDENTS.

1° *Joint.* — Le joint du générateur doit être complètement étanche, si l'on ne veut pas de fuites sérieuses; pour cela, il faut placer le grain d'orge avec précaution sur le joint plastique sur lequel il repose. Le grain d'orge doit être alors exempt de rouille, la gorge du joint sans trace de poussières et convenablement graissée.

2° *Manutention d'allumage.* — Il faut veiller avec le plus grand soin à ce qu'aucun corps étranger combustible (bois, papier, chiffon, charbon, etc.) ne tombe à l'intérieur de la bouteille ou dans les cartouches, car ces matières, entrant en combustion au contact de l'oxygène, pourraient produire des phénomènes explosifs très dangereux.

3° *Ouverture d'une bouteille.* — Ne jamais ouvrir une bouteille avant de s'être assuré que la pression est tombée à l'intérieur du générateur, comme on peut s'en rendre compte en ouvrant les robinets ou en regardant la pression au manomètre.

2° Production de l'acétylène.

Pour produire l'acétylène :

Mettre de l'eau à mi-hauteur dans le réservoir et 1 kilogramme de carbure dans le panier ; le cylindre intérieur ou cloche étant hors du réservoir, introduire le panier à carbure dans la cloche et serrer le joint en caoutchouc formant le fond du panier, au moyen de l'écrou correspondant; plonger alors la cloche dans le réservoir, le robinet de celle-ci étant bien fermé afin d'éviter l'entrée brusque de l'eau dans la cloche et le dégagement trop considérable d'acétylène.

La cloche étant fixe, on a l'acétylène, au bout de peu de temps, en ouvrant le robinet de la cloche. L'eau du réservoir monte en effet dans la cloche par les mèches d'où elle suinte sur le carbure goutte à goutte. Une surpression dans la cloche arrête l'ascension de l'eau dans la cloche où elle montait par capillarité.

APPAREILS OXYACÉTYLÉNIQUES. 47

Fig. 21. — *Détails du chalumeau.*

a Ejecteur.
b Tube central à oxygène.
c Espace annulaire.
f Tube à acétylène.
g Robinet à acétylène.
h Tube du chalumeau.
k Buse mobile.
l Douille.
m Réglage à bascule.
n Vis de réglage.
p Pince.
q Culot de terres rares.
r Cavité du porte-pastille.
s Gorge de retenue.

Fig. 22.

Préparation du culot de terres rares.

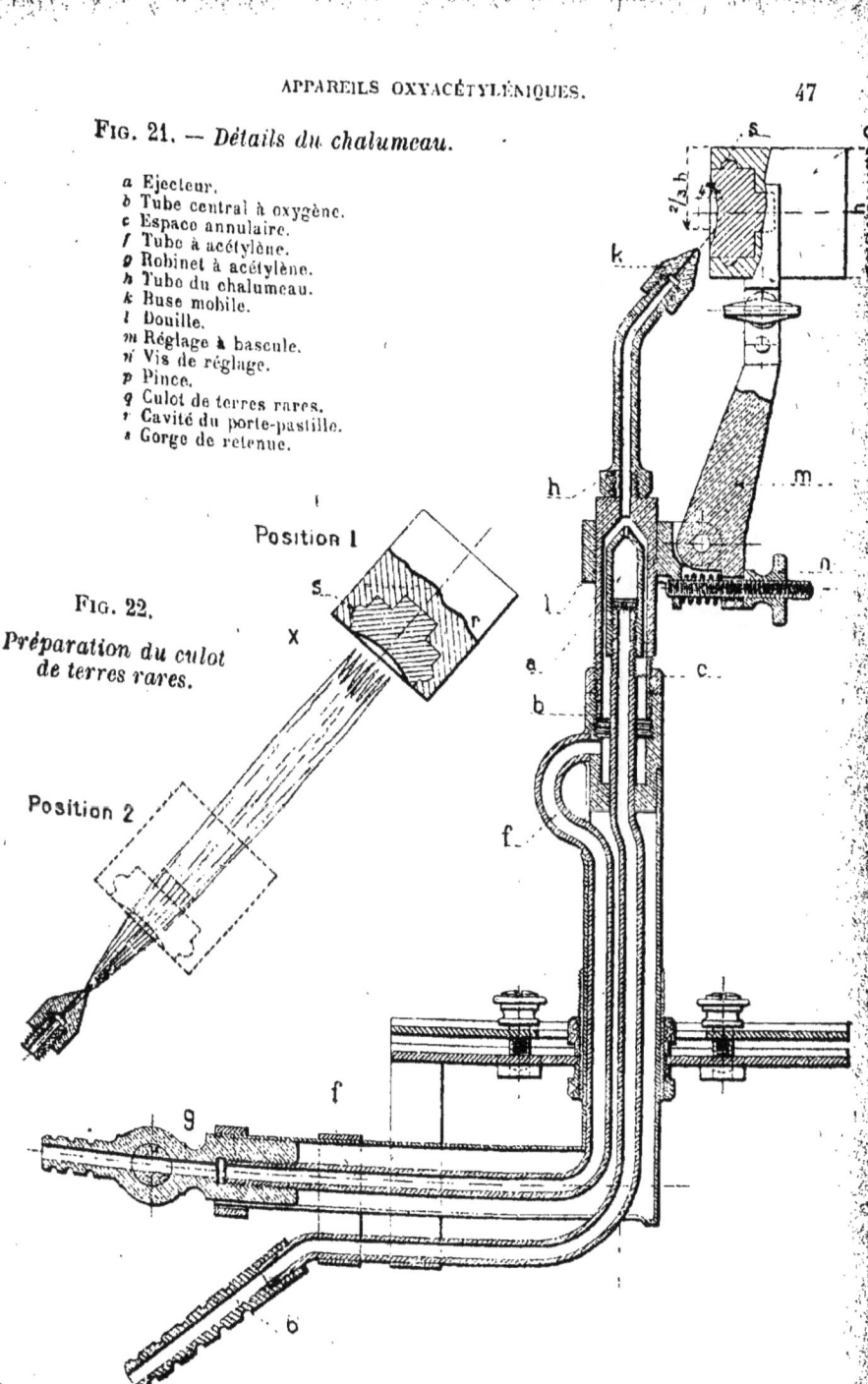

Fig. 23. — *Chalumeau oxyacétylénique à allumage automatique* (M^{le} 1914).

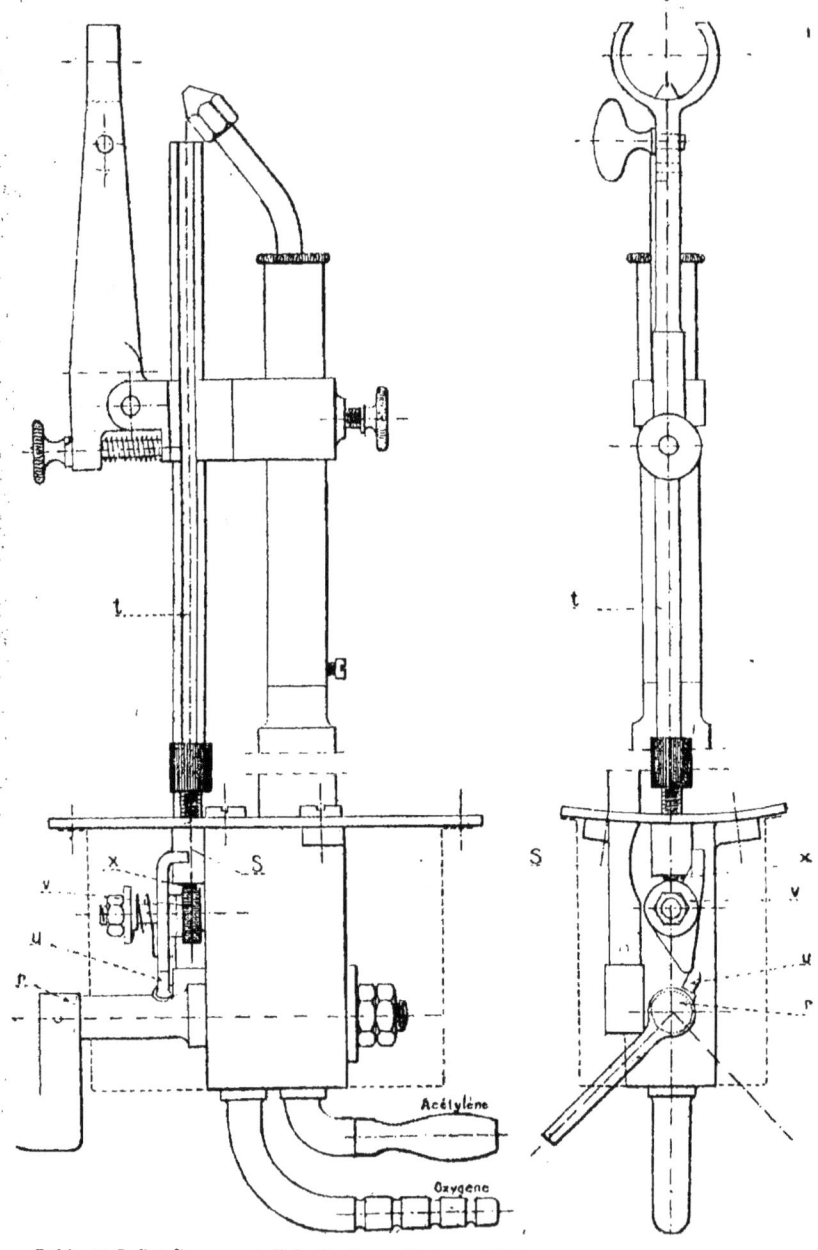

r, Robinet ; S, Bec Bunsen ; *t*, Tube fendu ; *u*, Doigt ; *v*, Molette ; *x*, Cylindre en ferro-cerium.

PRÉCAUTIONS A PRENDRE POUR ÉVITER LES FUITES DE GAZ ET L'ENTRÉE DIRECTE DE L'EAU DANS LA CLOCHE.

On recommande de graisser fréquemment à la graisse plombaginée le joint en caoutchouc, pour l'empêcher de coller et lui conserver sa souplesse. On doit graisser en outre l'écrou qui en assure la fixation ainsi que le robinet de prise du gaz.

PRÉCAUTIONS A PRENDRE CONTRE LE GEL DE L'EAU DU GÉNÉRATEUR A ACÉTYLÈNE.

Dans les pays froids on ne peut utiliser le projecteur oxyacétylénique à cause du gel de l'eau du générateur à acétylène. On remédie parfois à cet inconvénient en ajoutant de l'alcool non dénaturé à l'eau du générateur, que l'on protège du froid en le plaçant dans une boîte contenant de la sciure de vieux bois bien sèche ou encore de la bale d'avoine elle-même versée sans la tasser dans une enveloppe imperméable tapissant la boîte.

3° Fonctionnement du chalumeau et formation de la pastille de terres rares.

Avant de décrire le fonctionnement du chalumeau, donnons sa description détaillée ; il comprend :

a) Un éjecteur auquel l'oxygène arrive par un tube à la pression de 1 kgr. 100 au-dessus de la pression atmosphérique ;
b) Un espace annulaire par lequel arrive l'acétylène, par un tube muni d'un robinet. Les deux gaz se mélangent dans le tube ;
c) Une buse mobile, percée d'un trou d'environ 3/10 de millimètre à l'extrémité de laquelle brûle le mélange ;
d) Un dispositif d'allumage au ferro-cerium enflammant l'acétylène.

Sur la tige du chalumeau, se fixe le porte-pastille, à l'aide d'une douille munie d'une vis de serrage. Un dispositif de réglage à bascule permet d'ailleurs de rapprocher plus ou moins le culot de terres rares du chalumeau, grâce à une petite vis que l'on tourne à la main.

FONCTIONNEMENT DE L'APPAREIL.

On ouvre d'abord le robinet d'acétylène et l'on allume, puis on ouvre le robinet du générateur à oxygène progressivement. Le chalumeau doit donner une flamme bleuâtre, peu éclairante, de 12 à 15 centimètres de longueur, présentant, au voisinage de la buse, un dard de 2 à 3 millimètres de long.

Pour constituer la source, on prend un culot de terre réfractaire ou carborundum [siliciure de carbone (SiC)], dont la cavité présente une gorge de retenue que l'on remplit de terres rares comprimées légèrement à sec, à l'aide d'un bourroir en cuivre (*fig.* 24), ou avec le pouce, ce qui donne en même temps à la surface une forme légèrement concave. Il faut veiller à ce que les terres rares pénètrent bien dans la gorge du culot réfractaire, pour qu'elles ne se dégagent pas de l'alvéole. La surface ainsi préparée est présentée, à l'aide d'une pince à l'extrémité de la flamme, et on l'approche progressivement de la buse. Au bout de quelques minutes, la calotte de terres rares est cuite, durcie et maintenue par la gorge du culot (*fig.* 22).

Après quelques heures de marche, la surface éclairante se ride ou se fendille. On la régénère en étendant à froid une petite pincée de terres rares sur la calotte, sur laquelle on l'étend avec le pouce, et que l'on cuit à nouveau à la flamme comme précédemment ; la pastille peut alors servir à nouveau. 20 grammes suffisent pour 100 heures de marche (dont 5 grammes pour former la calotte et 15 grammes pour régénérer la surface).

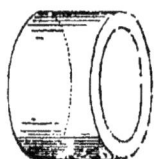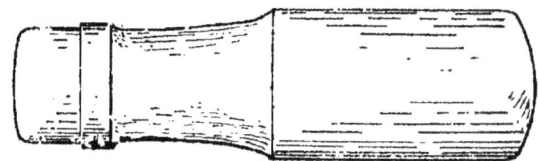

Fig. 24. — *Bourroir en cuivre.*

On constate que le maximum d'éclairage est obtenu lorsque la pastille de terres rares est atteinte par le jet de flamme sortant de la buse au tiers inférieur de sa hauteur, de sorte que la buse elle-même se trouve à hauteur du bord inférieur de la pastille et à 1 millimètre ou 2 millimètres de sa tranche.

Etude de la source oxyacétylénique en tant que source optique.

La source oxyacétylénique est basée sur les propriétés suivantes :

a) Un *corps solide* donne une *quantité de lumière d'autant plus grande* que sa *température est plus élevée* ;

b) Un *corps gazeux porté à une haute température*, lorsqu'il brûle, est d'autant *moins éclairant* que sa *température de combustion est plus grande* ;

c) On *améliore* considérablement le *pouvoir éclairant d'une flamme* lorsqu'elle contient beaucoup de *fines particules solides portées à l'incandescence*.

Les terres rares, ou oxydes de métaux rares, utilisées dans le projecteur oxyacétylénique ont la composition suivante : oxyde de thorium 92 p. 100, oxyde de cérium 2 p. 100, magnésie 2 p. 100, chaux 1 p. 100 et verre pilé ou fondant 3 p. 100.

On voit que la majeure partie est d'oxyde de thorium, qui est un métal rare, d'où le nom de ces terres (300 francs le kilogramme). Tous ces oxydes ont d'ailleurs la propriété remarquable de ne pas se décomposer aux hautes températures, auxquelles ils sont doués d'un vif éclat. Pour éviter que le léchage de la flamme emporte trop rapidement les particules de terres on y a ajouté le verre, qui a pour but, en fondant, de lier entre elles les molécules du mélange. Ce fondant étant peu à peu volatilisé, il en résulte, dans la masse, les craquelures ou fendillements dont nous avons parlé.

L'éclat des terres rares étant d'autant plus grand que la température est plus élevée, il y a lieu de placer le culot au point le plus sombre de la flamme. A cause du mouvement ascensionnel des gaz dans le boisseau, on a une égale répartition de la chaleur sur la pastille en l'attaquant un peu au-dessous de son milieu. A cette égale répartition de la chaleur correspond un égal éclat de tous les points de la source. Avec un chalumeau bien réglé, on atteint la température de 2.200 degrés à laquelle se trouve sensiblement maintenue la pastille, grâce au culot de carborundum.

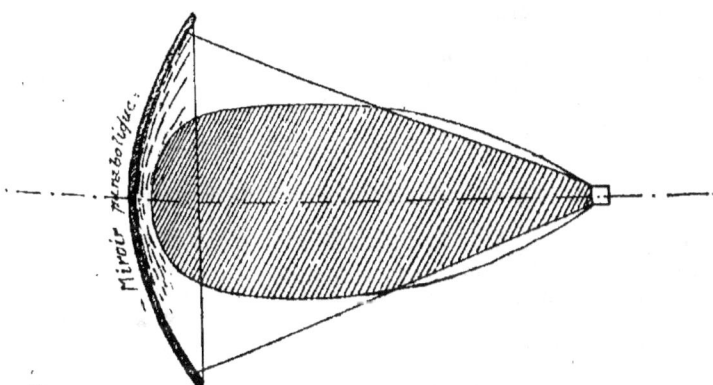

Fig. 25. — *Courbe d'intensité lumineuse de la source oxyacétylénique.*

En effet, le carborundum, ou carbure de silicium (SiC), est une terre réfractaire, c'est-à-dire jouissant des propriétés suivantes :

a) Elle ne se fendille pas par la chaleur; son coefficient de dilatation étant très faible, le travail moléculaire subi par la masse, en passant brusquement d'une température ordinaire à une très élevée ou inversement, est assez réduit;

b) Non seulement elle ne se fendille pas, mais elle ne fond pas, ce qui aurait lieu avec une coupelle métallique, tous les métaux usuels étant fondus à 2.200 degrés;

c) Enfin, elle transmet très mal la chaleur, ce qui permet de porter, comme nous l'avons dit, la pastille à très haute température.

Il est résulté de toutes ces qualités que la source oxyacétylénique constitue un notable progrès sur les sources communes de lumière autres que la lumière électrique. Son éclat est environ (à surface égale) :

600 fois celui d'une flamme de pétrole ;
200 fois celui du bec Auer ;
Et 40 à 50 fois celui de l'acétylène.

Mais il est de 15 à 20 fois inférieur à celui de l'arc électrique, qui constitue aujourd'hui la source lumineuse artificielle à plus grand éclat.

La lumière oxyacétylénique, du type Drumond, est assez agréable à la vue et riche en radiations voisines du jaune.

Voyons maintenant ce qui se passe, pour la répartition de la lumière autour de l'axe optique de la source, qui est confondu avec celui du miroir. Cette source étant de révolution et d'éclat uniforme, on connaîtra l'intensité de la source dans toutes les directions en la connaissant dans un plan diamétral passant par la source. Si l'on détermine cette courbe, on constate qu'elle a met comme loi de répartition celle de la figure ci-contre, c'est-à-dire que le maximum de l'intensité lumineuse de la source est voisin de l'axe de celle-ci, et qu'il va en décroissant graduellement dès qu'on s'en écarte.

On comprend, dès lors, pourquoi, dans UN PROJECTEUR OXYACÉTYLÉNIQUE, *il faut veiller à ce que tous les points du miroir voisins de son sommet soient très brillants, plutôt que ceux qui se trouvent sur les bords, de manière à réfléchir le plus de lumière possible.* Nous pouvons maintenant examiner le miroir.

Etude du miroir au point de vue optique.

Le miroir du projecteur oxyacétylénique est un miroir parabolique argenté de 35 centimètres de calibre, dont la source lumineuse occupe le foyer. Ce miroir réfléchit la majeure partie de la lumière produite par la source, le pouvoir réflecteur de l'argent étant le plus élevé de tous ceux des métaux ; toutefois, au bout d'un usage assez long, l'argent se ternit sous l'action des gaz dégagés par la flamme et qui sont sulfurés ou oxydants. Aussi, pour protéger l'argent de l'atteinte des gaz, enduit-on sa surface avec un vernis qu'il faut éviter de détruire. A cet effet, on recommande de laver le miroir à grande eau — et avec de l'eau bien pure — avant de le frotter avec de la gaze froissée préalablement, et de sécher avec la peau de chamois *non dans tous les sens, mais en décrivant toujours dans le même sens une spirale allant du centre vers la périphérie.* En aucun cas, il ne faut nettoyer le miroir même avec du drap très souple ou frotter avec de la gaze sans avoir effectué un lavage emportant la poussière qui rayerait le miroir qui doit garder son poli. Le miroir et la source constituent un faisceau légèrement divergent et susceptible d'éclairer, à 250 mètres, une zone d'une dizaine de mètres de large. La lumière obtenue est douce à l'œil *comme celle produite par la source*, mais elle a l'inconvénient de présenter un assez grand pouvoir dispersif, ce qui diminue la portée. Celle-ci étant très faible, on devra prendre soin d'exécuter les prescriptions de réglage de la source et d'entretien du miroir si l'on ne veut pas rendre ces appareils pratiquement inutilisables. Il faut, en outre, bien garder au sec l'oxygénite, la poudre d'allumage et le carbure de calcium.

Essais relatifs aux projecteurs oxyacétyléniques.

Essais de l'oxygénite et du mano-détendeur.

Tout chef d'équipe oxyacétylénique dispose d'un certain nombre d'appareils sur lesquels il doit se livrer à une série d'essais qui lui permettront, par la suite, de se rendre compte de la perfection de ses appareils et aussi des proportions de matières consommables qu'il aura à employer avec chacun d'eux au cours d'une utilisation du projecteur.

Voici comment il devra procéder :

Charger le générateur à acétylène de carbure de calcium, puis le générateur à oxygène, en y introduisant une cartouche non utilisée d'oxygénite à laquelle on met le feu dans les conditions indiquées plus haut. On note exactement l'heure où le couvercle du générateur à oxygène est définitivement fixé, et, de deux en deux minutes, la pression indiquée au manomètre, ceci jusqu'au moment où le manomètre se maintient pendant dix minutes au moins à la même pression. A partir de ce moment, on allume le chalumeau et on enregistre, toujours de deux en deux minutes, la pression au manomètre pendant le fonctionnement de l'appareil. Lorsque les variations de pression ne sont plus assez nettes de deux en deux minutes, on espace les observations de cinq en cinq minutes, puis de dix en dix minutes, et finalement, si cela est nécessaire, de quart d'heure en quart d'heure.

Des expériences faites en ce sens pour deux appareils ont donné les résultats suivants :

APPAREIL A.			APPAREIL B.		
HEURES.		PRESSIONS.	HEURES.		PRESSIONS.
8 h. 27	De 2 en 2 minutes.	1	8 h. 27	De 2 en 2 minutes.	0
8 h. 29		1 1/4	8 h. 29		1
8 h. 31		1 1/4	8 h. 31		1 3/4
8 h. 33		4 3/4	8 h. 33		2 1/4
8 h. 35		5 3/4	8 h. 35		3
8 h. 37		7 1/2	8 h. 37		3 3/4
8 h. 39		10	8 h. 39		4
8 h. 41		13 1/2	8 h. 41		5
8 h. 43		23 3/4	8 h. 43		5 3/4
8 h. 45		26	8 h. 45		6 1/2
8 h. 47		26	8 h. 47		7 3/4
8 h. 49		27	8 h. 49		8 1/2
8 h. 51		27	8 h. 51		10
8 h. 53		27	8 h. 53		11
8 h. 55		27	8 h. 55		12 3/4
			8 h. 57		14 1/4
			8 h. 59		16 1/4
9 h. 00	De 5 en 5 minutes.	27	9 h. 01		19
9 h. 05		23	9 h. 03		18 1/2
9 h. 10		21 3/4	9 h. 05		18
9 h. 15		20	9 h. 07		18
9 h. 20		20	9 h. 09		18
9 h. 25		20	9 h. 11		18
			9 h. 13		18
			9 h. 15		18
9 h. 35	De 10 en 10 minutes.	19	9 h. 20	De 5 en 5 minutes.	16 1/2
9 h. 45		17 1/4	9 h. 25		16
9 h. 55		15 3/4	9 h. 30		15
10 h. 05		15 1/4	9 h. 35		14
10 h. 15		15	9 h. 40		13
10 h. 25		14	9 h. 45		12 1/4
10 h. 35		13			
10 h. 45		12 1/4			
10 h. 55		11 1/2			
11 h. 05		11 1/2			
11 h. 15		10			
11 h. 25		9 3/4			
11 h. 40	De 15 en 15 minutes.	8 3/4	9 h. 55	De 10 en 10 minutes.	10
11 h. 55		7 3/4	10 h. 05		8 3/4
12 h. 10		6 3/4	10 h. 15		7
12 h. 25		6 1/4	10 h. 25		5 1/4
12 h. 40		5	10 h. 35		4
12 h. 55		4 3/4	10 h. 45		2 3/4
13 h. 10		3 1/2	10 h. 55		2 1/2
13 h. 25		2 3/4	11 h. 05		1 1/2
13 h. 40		2	11 h. 15		1
13 h. 55		1 1/2	11 h. 25		1/4
14 h. 10		1			
14 h. 25		0	11 h. 40	De 15' en 15'	0

Mise en pression de l'appareil. Consommation d'oxygène. — Durée totale, 6 h. 00. — Durée de l'éclairage, 5 h. 30'.

Mise en pression de l'appareil. Consommation d'oxygène. — Durée totale, 3 h. 15'. — Durée de l'éclairage, 2 h. 80'.

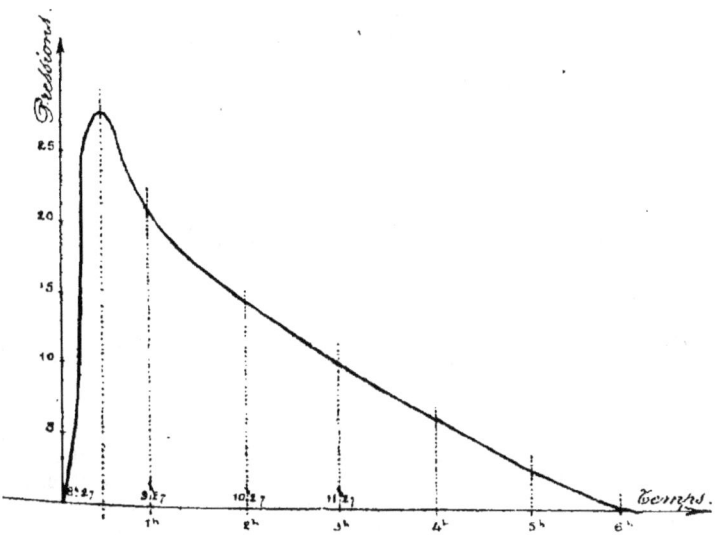

Fig. 26. — *Appareil A*.

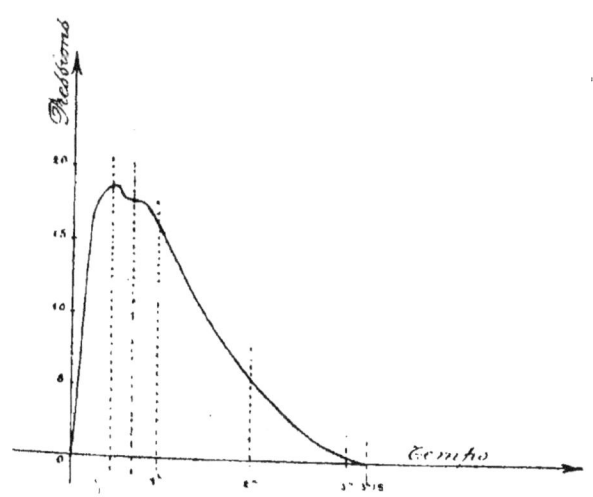

Fig. 27. — *Appareil B*.

En traduisant ces résultats par des courbes, on peut s'apercevoir plus aisément si les défauts de fonctionnement tiennent à l'appareil ou à la matière elle-même. Pour avoir des résultats permettant le raisonnement, il faut répéter l'examen au moins trois fois avec le même appareil.

MISE EN PRESSION.

Toute brusque variation dans l'augmentation de la pression est due ou à un brusque dégagement d'oxygène provenant de l'oxygénite ou à une brusque détente du manomètre. La comparaison des trois courbes résultantes des essais nous indiquera à quelle raison il y a lieu de s'arrêter. Dans le premier cas, la matière est avariée ou d'une texture peu homogène; dans le second, il y a lieu de vérifier le manomètre. Si l'appareil fonctionne bien et si l'oxygénite est de bonne qualité, la courbe de mise en pression doit être régulière et ascendante, sans paliers ni reculs. Tout recul de pression sans consommation de l'appareil indiquera une fuite de celui-ci (il y aura lieu de vérifier les joints de la calotte, du générateur ou du robinet). Tout palier correspondra à un défaut dans l'oxygénite qu'on pourra examiner après combustion. Pour se rendre compte s'il y a des fuites, on peut chercher à maintenir le manomètre à la même pression sans consommer: il faut, bien entendu, que la combustion de l'oxygénite soit achevée. Si la pression baisse, c'est que l'appareil fuit.

CONSOMMATION DE L'APPAREIL.

L'appareil à oxygène est tel qu'il ne doit jamais supporter de pression supérieure à 30 atmosphères. Les cartouches d'oxygénite sont calculées pour que cette pression ne soit jamais dépassée. La pression maximum étant atteinte, on peut commencer à consommer. A partir de ce moment, la pression devra baisser d'une façon régulière. Sinon, ou bien l'on aura des fuites, ou bien le manomètre se détendra brutalement, exigeant un réglage. Il est bien entendu que, pendant le fonctionnement de l'appareil, l'opérateur devra agir de temps à autre sur le robinet d'admission de l'oxygène, de façon que la quantité d'oxygène alimentant la flamme soit toujours la même. On obtiendra ainsi une flamme de même température, d'où un éclat de la source constant.

EXAMEN DES COURBES PRÉCÉDENTES.

Appareil A. — L'examen de la courbe montre que l'appareil a fonctionné d'une façon à peu près normale. L'oxygénite a donné brusquement, de 8 h. 41 à 8 h. 43, une grande quantité de gaz, ce qui indique que la répartition du perchlorate n'est pas absolument parfaite. La durée de fonctionnement étant assez considérable, on peut assurer que la perte par les joints est excessivement réduite.

Appareil B. — Dans cet appareil, on constate que l'oxygénite utili-

APPAREILS ÉLECTRIQUES.

sée n'est pas de bonne qualité et que l'appareil fuit : deux défectuosités auxquelles on pourra remédier.

On pourra avantageusement examiner les cartouches brûlées et se rendre compte de leur couleur; les bonnes cartouches ont une couleur rose pâle et une texture très homogène ; elles ne sont ni trop tendres ni trop dures à pulvériser. A la couleur, on pourra remarquer si certaines parties de la cartouche n'ont pas brûlé et l'on pourra en rechercher les causes.

ESSAI SUR LA PORTÉE DU PROJECTEUR.

Il est aussi utile d'effectuer quelques essais sur la portée du projecteur. Il est évident que celle-ci dépend de l'intensité, ou mieux de l'éclat de la source oxyacétylénique et du pouvoir réflecteur du miroir qui, à la longue, se ternit.

On mesure sur le sol des longueurs de 50 en 50 mètres, et l'on cherche à distinguer un homme debout, à genoux, couché. L'homme, d'ailleurs, pourra porter une tenue se rapprochant autant que possible de celle des uniformes ennemis.

On peut encore faire des essais sur la portée télégraphique directe ou indirecte du projecteur qui peut être utilisé pour la signalisation. On se rendra compte, après une série d'expériences, de la grandeur de la portée sur laquelle on peut compter suivant les différents états de l'atmosphère.

2° PROJECTEURS ÉLECTRIQUES DE 35 CENTIMÈTRES.

Les caractéristiques de ces projecteurs sont :

a) Une faible puissance (portée maximum : 200 mètres à l'œil nu, 300 mètres avec des jumelles);
b) Une mobilité assez grande, qui les fait classer dans les appareils de montagne ou de campagne suivant les besoins ;
c) Une possibilité de les utiliser comme projecteurs de signalisation ou comme projecteurs de tranchée;
d) Une source électrique formée par une lampe à incandescence de 100 bougies ;
e) Un miroir argenté de forme parabolique;
f) Un mode de transport qui est à bras aux petites distances et hippomobile pour les grands déplacements.

Cet appareil, dans son utilisation, ressemble donc beaucoup au projecteur oxyacétylénique.

Nous pouvons maintenant décrire l'appareil qui peut fonctionner à volonté avec une magnéto, une dynamo ou une batterie d'accumulateurs comme générateurs d'électricité (à courant continu).

Description.

Les projecteurs électriques de 35 centimètres comportent :

A) Un projecteur proprement dit, muni d'un miroir parabolique dont une lampe électrique occupe le foyer;
B) Un générateur d'électricité qui peut être, suivant les cas, une magnéto, une dynamo ou une batterie d'accumulateurs;
C) Un trépied et la perche démontable.

A) Projecteur et ses accessoires.

Il y a divers types de projecteurs utilisés, dont la description suit.

PREMIER CAS.

Le projecteur comprend :

1° *Une source lumineuse constituée par une lampe à incandescence à bas voltage* et à azote, qui permet de pousser davantage le filament sans le détruire; on augmente ainsi l'éclat de la lampe sans avoir une consommation dépassant un demi-watt par bougie environ. Cette lampe à incandescence peut donner 100 bougies; elle est fixée au foyer du miroir par une douille amovible à baïonnette pouvant coulisser dans un support annulaire fixé à l'enveloppe cylindrique.

2° Un miroir métallique argenté maintenu dans sa calotte à l'aide d'une monture fixée, par un écrou à oreilles, sur le fond de cette enveloppe de protection. La calotte porte une douille à clef d'amenée de courant, soudée sur le fond de l'enveloppe et reliée par un cadre souple à la douille amovible. Le miroir et sa calotte sont au fond d'un *boisseau* analogue à celui du projecteur oxyacétylénique, mais portant seulement *un tube de visée* par côté; *deux volets de fermeture* à la partie antérieure de l'appareil s'ouvrant non plus de haut en bas et de bas en haut, mais de gauche à droite et de droite à gauche. Ces volets peuvent être fixés à l'aide d'une fiche dans le transport; on leur donne le nom de *couvercle*.

Un *tube*, fixé sous le boisseau, sert de *support*; il est articulé et muni de deux écrous à oreilles, bloquables de tout mouvement. Ce tube peut être placé sur le trépied.

Le boisseau est transporté dans une caisse en bois qui renferme :

a) Un câble sous cuir d'amenée de courant, muni de ses deux connexions;
b) Une boîte métallique contenant deux lampes de rechange;
c) Un paquet d'ouate hydrophile, pour le nettoyage du miroir.

DEUXIÈME CAS.

Très fréquemment utilisé.

APPAREILS ÉLECTRIQUES.

Le projecteur comprend :

1° Un miroir à court foyer, monté sur trois vis de réglage et protégé par une boîte métallique munie d'un viseur et fermée par un couvercle à charnière ;

2° Une lampe à incandescence à l'azote à bas voltage et portée par une douille à baïonnette fixée au fond de la boîte métallique ;

3° Un petit miroir fixé à la douille ci-dessus et destiné à masquer la lumière directe de la lampe ;

4° Une douille-support, munie d'une chape articulée à ressort et d'une butée limitant l'amplitude du mouvement d'inclinaison du projecteur ;

5° Un crochet d'attache pour la corde de manœuvre en hauteur du projecteur ;

6° Une lampe en deux tronçons ;

7° Un câble d'alimentation muni d'un interrupteur.

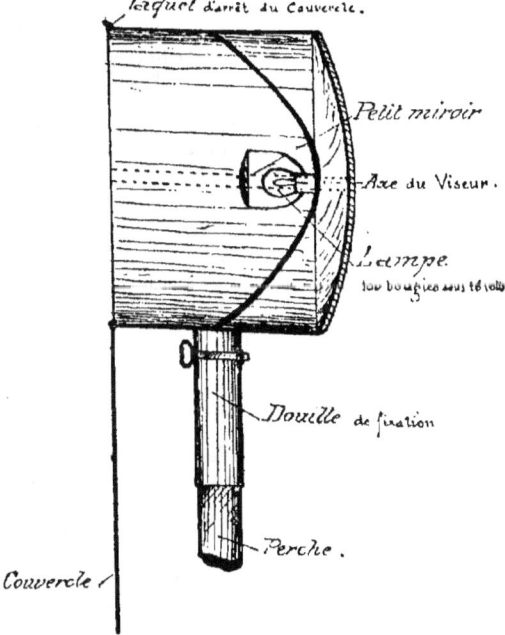

FIG. 28.

L'ensemble est contenu dans une caisse en bois renfermant en outre :

12 lampes de rechange dans une boîte métallique ;

1 paquet d'ouate hydrophile ou de gaze pour le nettoyage du miroir.

Emploi du projecteur.

Brancher le câble d'alimentation à la source d'électricité (batterie d'accumulateurs, dynamo ou magnéto d'éclairage). Ouvrir le couvercle du projecteur et l'immobiliser à l'aide de la clavette de fixation.

Appliquer sur la lampe le petit miroir servant à masquer la lumière directe.

Allumer la lampe à l'aide de l'interrupteur du câble d'alimentation.

Procéder au réglage du faisceau. — Pour obtenir la puissance maximum du projecteur, il est indispensable que le faisceau lumineux soit aussi peu divergent que possible.

Ce résultat est atteint lorsque la lampe est bien au foyer du miroir. Pour cela, déplacer le miroir de la manière suivante :

Visser presque complètement les trois vis de fixation sans toutefois les bloquer, puis les dévisser progressivement de quantités égales.

Vérifier en même temps le réglage en projetant horizontalement le faisceau sur un mur vertical éloigné (20 à 30 mètres).

La tache lumineuse doit être aussi petite que possible et régulièrement éclairée. Les projecteurs sont réglés de cette manière avant l'expédition.

Ensuite, emmancher le projecteur sur son support, le diriger en hauteur à l'aide de la corde de manœuvre, et pointer en direction par rotation du support.

TROISIÈME CAS.

Egalement fréquemment employé.

Le projecteur proprement dit comporte :

1º Un miroir parabolique à court foyer fixé par trois écrous de réglage et protégé par une enveloppe métallique fermée par un couvercle amovible de protection ;

2º Une lampe électrique à incandescence à l'azote ;

3º Une fourche articulée qui supporte l'ensemble, orientable au moyen d'une poignée-viseur solidaire de l'enveloppe métallique ;

4º Un câble d'alimentation, muni d'un manipulateur et d'une prise de courant.

L'ensemble est contenu dans une boîte en bois renfermant en outre :

12 lampes à incandescence de rechange dans une boîte en tôle ;
1 paquet d'ouate ou de gaze pour le nettoyage du miroir.

Au projecteur est adjoint un trépied, pourvu d'une douille fendue dans laquelle peut coulisser une tige-support réglable en hauteur et immobilisable au moyen d'un collier de serrage.

Mode d'emploi.

Le projecteur étant disposé à la hauteur convenable pour une observation commode à travers le viseur, brancher le câble d'alimentation à la source d'électricité.

APPAREILS ÉLECTRIQUES.

Viser l'objectif à travers la poignée, de façon que cet objectif apparaisse au croisement des lamelles déterminant le centre du viseur.

Faire les signaux voulus à l'aide du manipulateur.

Afin d'éviter l'altération du miroir et pour protéger la lampe à incandescence, mettre en place le couvercle du projecteur lorsque l'appareil n'est plus de service.

Pour le réglage et l'entretien, mêmes méthodes et précautions que pour le type précédent.

Le nettoyage du miroir doit se faire avec de la gaze ou de l'ouate et de l'eau pure ou légèrement savonneuse s'il y a lieu.

B) Générateurs d'électricité.

1° BATTERIES D'ACCUMULATEURS.

Description.

Chaque batterie se compose de 8 éléments couplés en tension, de façon à obtenir 16 volts aux bornes; la capacité de la batterie est d'environ 20 ampères heures au régime de 3 ampères et demi. La batterie est contenue dans une caisse en bois munie d'un couvercle à charnières qui, normalement, est fermée au cadenas. Une prise de courant extérieure, noyée dans le bois, et protégée par un petit volet en tôle, est disposée sur l'un des côtés de la caisse. Cette prise de courant reçoit une fiche à deux broches portée par le câble d'alimentation. Une courroie en cuir fixée à la caisse permet son transport. Il y a trois batteries par projecteur, dont l'une pour le fonctionnement du projecteur, une comme rechange et une comme charge.

Les batteries d'accumulateurs sont rechargées, en principe, au moyen des groupes électrogènes prévus pour l'éclairage des quartiers généraux; on peut encore les recharger, de jour, par les groupes électrogènes des projecteurs de campagne et tout générateur de courant continu; on sera alors obligé de grouper les accumulateurs en batterie mixte, de façon à obtenir un ampérage de 4 ou 5 ampères dans les accumulateurs.

Pour la charge des accumulateurs dans les quartiers généraux, chaque poste de chargement dispose du matériel suivant :

a) Un *tableau* pour la charge de une à cinq batteries en tension comprenant un rhéostat, une prise de courant pour la dynamo, une prise de courant pour les batteries, un interrupteur bipolaire, un fusible, un voltmètre et un ampèremètre.

b) Une *série de câbles à broches*, permettant de réunir les batteries entre elles et les batteries extrêmes au tableau, au moyen des prises de courant extérieures des caisses des batteries;

c) Un *voltmètre portatif avec conducteurs* réunis par une pièce spéciale, permettant de mesurer le voltage d'une batterie quelconque pendant la charge, sans enlever les broches en place. Ce matériel peut d'ailleurs être constitué très simplement, dans le cas de la charge par un groupe électrogène quelconque; le rhéostat peut même

a) Placer les batteries dans un abri quelconque, sur un plancher formé, par exemple, de madriers ou de planches sèches, ou mieux goudronnées. Ouvrir les couvercles et enlever les bouchons des éléments pour faciliter le dégagement des gaz.

b) 1º Les batteries à charger, en nombre de une à cinq, seront couplées en tension. Pour obtenir ce résultat, relier le pôle positif (peint en rouge ou marqué d'un signe distinctif sur la prise de courant) au pôle négatif de la batterie suivante, au moyen des câbles munis d'une broche simple à chacune de leurs extrémités; 2º relier le pôle positif libre de l'ensemble des batteries au pôle positif de la prise de courant du tableau, et le pôle négatif libre au pôle négatif de cette prise de courant, au moyen de câbles à une broche.

c) Avant de fermer l'interrupteur du tableau, s'assurer que la manette du rhéostat est placée de façon que la totalité de la résistance soit en circuit, et vérifier, au moyen du voltmètre du tableau, que le voltage de la dynamo est d'au moins autant de fois 17 volts qu'il y a de batteries en séries. Fermer l'interrupteur et diminuer la résistance jusqu'à ce que l'intensité atteigne 4 ampères. Il est bon de laisser diminuer un peu cette intensité vers la fin de la charge. Si la charge a lieu sans rhéostat, à l'aide d'un groupe électrogène à allure variable; fermer le circuit lorsque la vitesse du groupe a été réglée de manière à obtenir à la dynamo autant de fois 17 volts qu'il y a de batteries en série. Accélérer ensuite l'allure, de façon à amener le débit à 4 ampères.

d) Les batteries à charger seront en général inégalement déchargées; la durée de la charge sera alors différente pour les diverses batteries. Après deux ou trois heures de charge, on vérifiera le voltage à l'aide du voltmètre portatif sous le courant de 4 ampères, et on retirera du circuit les batteries complètement chargées (donnant 20 volts aux bornes). La manœuvre est ensuite la suivante : remettre la résistance en circuit, ouvrir l'interrupteur, enlever les batteries chargées, rétablir les connexions des batteries restantes et continuer la charge en recommençant les manœuvres indiquées au paragraphe *c)*.

Entretien du matériel.

Lorsque les éléments sont complètement chargés, le liquide dans lequel baignent les plaques est formé d'acide sulfurique à 28º Baumé. On fera le plein des éléments avec l'acide à 28º Beaumé des touries. Le niveau du liquide, dans les éléments, ne doit pas dépasser les plaques de plus de 3 ou 4 millimètres. Veiller à la propreté des éléments et faire les essuyages avec des chiffons légèrement vaselinés. Tenir les batteries à l'abri de l'humidité, et, autant que possible, les isoler électriquement du sol.

2º Dynamo et magnéto.

La dynamo et la magnéto, susceptibles de remplacer la batterie d'accumulateurs, sont de très faible puissance, donc toutes deux de poids relativement faible (moins de 30 kilogrammes) et de petit encombrement. Nous allons donner ici la description de la magnéto.

être supprimé lorsque cette charge est effectuée à l'aide d'un groupe dont on peut faire varier l'allure.

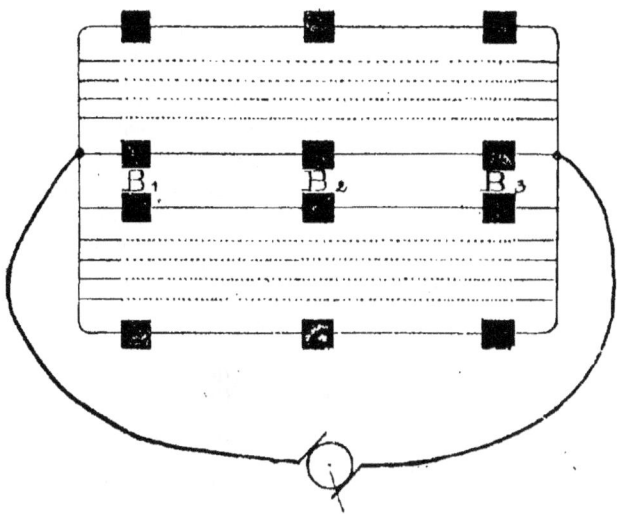

Fig. 29. — *Générateur 60 ampères sous 60 V. du projecteur de 60 centimètres.*

d) Une tourie d'acide à 28° Baumé et une poire-siphon permettant de faire le plein des accumulateurs en cas de besoin.

Utilisation du matériel.

1° *Décharge.* — Les batteries étant expédiées chargées, il suffit de brancher la fiche à broches du câble d'alimentation du projecteur sur la prise de courant de la batterie pour obtenir l'éclairage. Au début de la décharge, le voltage est de 17 volts environ, il tombe rapidement à 16 volts, puis il diminue graduellement jusqu'à 14 volts et demi. A ce moment, il y a lieu d'arrêter la décharge. En service, l'état de la batterie sera indiqué par l'éclat de la lampe, et la batterie devra être rechargée quand cet éclat sera devenu insuffisant.

2° *Charge.* — Les batteries doivent être rechargées le plus tôt possible après leur décharge. Le courant normal de charge est de 4 ampères. Il ne devra jamais dépasser 6 ampères. La charge d'une batterie de 8 éléments est terminée lorsque le voltage aux bornes a atteint 20 volts, la batterie étant en charge et traversée par le courant de 4 ampères.

La dynamo étant reliée à la prise de courant correspondante du tableau, la marche à suivre pour charger les batteries est la suivante :

Elle se compose essentiellement d'un inducteur formé de deux aimants permanents maintenus l'un au-dessus, l'autre au-dessous du rotor, à l'aide d'un cadre métallique auquel ils sont fixés. Le rotor constituant l'induit tourne autour de son axe grâce à un train d'engrenages multiplicateurs, que l'on actionne à l'aide d'une manivelle.

Un homme tourne cette manivelle sans difficulté. Comme dans toutes les magnétos, le courant est pris, à l'aide d'un petit balai, sur les lames du collecteur de l'induit. Ce courant dépendant de la vitesse de rotation de l'induit, et par suite de celle de la manivelle, il y a lieu de tourner celle-ci à vitesse convenable.

Pour opérer sans incident, on doit tourner la manivelle progressivement de plus en plus vite, jusqu'à ce que le rendement de la lampe donne un faisceau suffisamment puissant; il suffit alors de maintenir la rotation de la manivelle sensiblement constante, tout ralentissement entraînant l'extinction de la lampe.

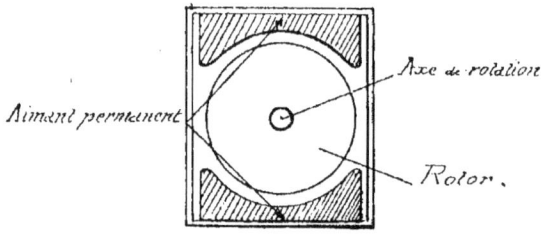

Fig. 30.

La magnéto se trouve à l'abri de l'air dans une petite boîte portative grâce à une poignée. Cette boîte est fixée sur deux pieds maintenant l'appareil à une certaine hauteur au-dessus du sol, le préservant ainsi de l'humidité et permettant la rotation de la manivelle à hauteur d'homme.

Lorsqu'il est fait usage de dynamos, un régulateur automatique, dont l'emploi est indispensable, évite les surtensions.

L'inconvénient de ce mode d'éclairage est aussi son avantage. Il nécessite la présence d'un homme pour créer la lumière; il est toujours facile de trouver un homme, mais on immobilise ainsi un individu. Le projecteur électrique de 35 centimètres à dynamo ou magnéto n'est pas répandu. Celui à accumulateurs légers est d'un usage plus fréquent. Quel que soit le générateur, dans ces divers cas, le mode de fonctionnement du projecteur proprement dit est le même. L'emploi tactique de l'appareil est le même sensiblement que celui du projecteur de 35 centimètres oxyacétylénique, dont il ne diffère que par la puissance, qui est un peu plus faible, comme nous l'avons vu plus haut.

APPAREILS OXYACÉTYLÉNIQUES ET ÉLECTRIQUES. 65

C) Trépied et perche démontable.

Le projecteur est disposé soit sur une perche démontable de 2m50, divisée en deux tronçons, soit sur un trépied avec manipulateur, dans le cas d'utilisation pour la signalisation.

Fonctionnement du projecteur en courant continu.

1º Le projecteur étant emmanché sur son support, ouvrir la porte à volet ou le couvercle;

2º Placer la lampe, avec la main droite, dans la douille amovible qui se trouve dans le support intérieur du projecteur, en maintenant la douille avec la main gauche. Avoir soin, pendant cette opération, de ne pas toucher le miroir pour ne pas le détériorer;

3º Brancher l'une des extrémités du câble d'amenée de courant sur la douille à clef extérieure à l'enveloppe du projecteur;

4º Brancher l'autre extrémité du câble à la source de courant;

5º Allumer la lampe en tournant de gauche à droite la clef d'allumage;

6º Régler comme suit le faisceau lumineux :

Pour obtenir la meilleure utilisation du projecteur, il est essentiel de former un faisceau aussi peu divergent que possible. Ce résultat est obtenu quand le filament lumineux de la lampe à incandescence est au foyer du miroir. Pour cela, desserrer la bague molettée du support de la douille amovible.

Éloigner du miroir le plus possible la lampe, sans faire échapper du support la douille amovible, puis la rapprocher lentement. Le faisceau, d'abord très divergent, devient de moins en moins divergent; puis la divergence augmente de nouveau lorsqu'on continue à rapprocher la lampe du miroir. Le minimum de divergence correspond à la bonne position de la lampe.

Modes d'emploi des projecteurs oxyacétyléniques et des projecteurs électriques de 35.

1º Projecteur proprement dit.

L'appareil oxyacétylénique, vu sa faible portée, ne peut être utilisé qu'au voisinage de l'ennemi. Sa puissance, en effet, ne dépasse guère 250 à 300 mètres à l'œil nu et de 350 à 400 mètres avec de très bonnes jumelles; encore faut-il un état hygrométrique et une pureté de l'atmosphère exceptionnels pour atteindre les portées limites. C'est ce qui explique l'utilisation du projecteur oxyacétylénique comme projecteur de tranchées. Ses emplacements sont choisis par le commandement, qui les répartit en tenant compte des indications techniques que lui fournit le chef de la section de projecteurs qui lui fournit les appareils.

Les emplacements préférables sont au voisinage des organes de flanquement ou à une vingtaine de mètres des lignes de tireurs et en arrière, par exemple au point de départ d'un boyau conduisant à une tranchée de tir.

Le rôle du projecteur est évidemment d'éclairer la zone de terrain en avant de la tranchée; il a notamment pour but d'éclairer et d'empêcher la destruction des défenses accessoires, telles que réseaux de fils de fer, réseaux Brun, trous-de-loup, abatis, de manière à en empêcher la destruction par l'ennemi sur lequel on peut diriger efficacement des tirs jusqu'à 300 mètres. Toutefois, on ne se sert pas du projecteur pour des distances inférieures à 100 mètres; on utilise alors les phares portatifs.

Lorsque le projecteur se trouve en terrain accidenté, il est nécessaire que le projecteur soit en relief au-dessus de la zone éclairée, si l'on veut réduire les zones d'ombre. Dans le cas où plusieurs appareils fonctionnent dans la même tranchée, ils sont disposés pour garantir celle-ci dans une zone suffisamment étendue en avant d'elle. Leurs faisceaux délimitent cette zone par recoupement, comme l'indique la figure ci-dessous. Les angles de rotation des divers appareils doivent, autant que possible, rester inférieurs à 60 degrés, c'est-à-dire ne pas dépasser 30 degrés de part et d'autre de la direction capitale du projecteur. On devra même se contenter de 45 degrés, si faire se peut.

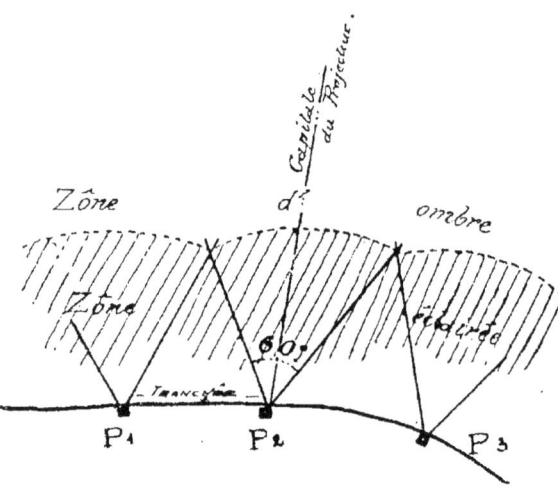

Fig. 31.

Dans tous les cas, on doit veiller à disposer les appareils de manière à rendre la tranchée aussi peu repérable que possible de nuit. Pendant les reconnaissances, les durées d'éclairage ne doivent pas dépasser dix à quinze secondes.

En général, le commandement fixe les points et directions principales du secteur à éclairer. Afin de se guider, les sapeurs peuvent indiquer les limites de champ de tir de leur appareil en plantant, dans le parapet de la tranchée, des piquets qui leur serviront de repères. Ils peuvent même placer des piquets supplémentaires dans les directions principales à battre de leurs feux.

Les projecteurs oxyacétyléniques peuvent être utilisés pour aider le tir des mitrailleuses et surveiller les débouchés d'une attaque ennemie. On peut ainsi adjoindre un projecteur à une ou plusieurs mitrailleuses de flanquement. Dans ce cas, le projecteur est mis sous le commandement du chef de la mitrailleuse qui, devenant chef de pièce, réglera à la fois la vitesse du tir de sa mitrailleuse et la rotation du projecteur dans le sens voulu par lui (droite, gauche, haut, bas). Autant que possible, le faisceau doit aborder l'ennemi de face, de manière à l'éblouir et à lui faire perdre toute notion de direction et de visibilité. L'effet moral sera d'ailleurs augmenté par la rapidité des tirs. Une troupe habituée à opérer avec le projecteur pourra, aussi bien qu'une mitrailleuse, surveiller et exécuter des tirs efficaces sur un débouché ou, en cas d'attaque ennemie, sur une certaine zone.

Les sapeurs protègent, au repos, leur projecteur des balles derrière le parapet. Quand ils reçoivent l'ordre d'éclairer, ils soulèvent le projecteur sur sa tige, après l'avoir allumé. Quand ils reçoivent l'ordre d'éteindre, ils le ramènent à sa position primitive, après l'avoir éteint. Tous les travaux d'aménagement du projecteur sont, en principe, faits par les sapeurs; ces derniers sont, en général, comme dans la mise en batterie, aidés par des auxiliaires d'infanterie. Ils peuvent notamment créer des abris pour les servants, au nombre de deux par appareil : l'un maniant l'appareil; l'autre, en rectifiant le tir, règle le pointage en direction et en hauteur. Les servants des appareils désignés à poste fixe sont relevés de la garde de l'appareil suivant un tour établi par le chef de section.

LIAISONS DU PROJECTEUR AVEC LES TROUPES AVEC LESQUELLES IL OPÈRE.

Si le projecteur opère seul, il ne démasque son feu que sur l'ordre du commandement de l'unité à laquelle il est rattaché et avec lequel il reste en liaison. Si la liaison est téléphonique, le matériel sera fourni par l'infanterie, mais la ligne pourra être posée par les sapeurs de la section de projecteurs. Dans le cas où le projecteur opère avec une mitrailleuse, il est commandé à la voix par le chef de pièce de la mitrailleuse qui se tient à quelques mètres de lui.

2° Projecteur appareil de signalisation et de télégraphie optiques.

Le projecteur de 35 centimètres pourrait servir comme moyen de liaison optique. En lumière directe et avec un temps très clair, il peut être vu à des distances variant entre 50 et 100 kilomètres. En lumière indirecte, c'est-à-dire par la trace de son faisceau dans le ciel, il peut être vu commodément à une quinzaine de kilomètres. Ce mode de liaison en lumière indirecte pouvant être perçu aussi bien par l'ennemi que par la troupe dont il assure la liaison, il sera indispensable, pour éviter la compréhension des signaux, de changer chaque jour les signaux conventionnels. La télégraphie indirecte a néanmoins l'avantage de permettre d'assurer, *à chaque instant,* la liaison des divers éléments opérant dans un secteur assez étendu. Le projecteur de 35 centimètres avait d'ailleurs été conçu dans le but de télégraphier ou signaler à distance. La guerre de tranchée l'a fait sortir du rôle qui lui était dévolu et élevé au rôle de projecteur, mais son usage disparaîtra si l'on est obligé de commencer la guerre de mouvement.

Appareils de transport des projecteurs oxyacétyléniques et électriques de 35 centimètres.

Ces appareils sont assez lourds et sont transportés dans des caisses dont les poids, variables, atteignent de 40 à 90 kilogrammes. On peut donc les transporter à bras d'homme aux courtes, mais non aux grandes distances. En général, le transport à bras se fait par les sapeurs, aidés des fantassins, d'un emplacement où l'on peut les débarquer en sécurité jusqu'à l'emplacement définitif.

Les grands déplacements sont faits à l'aide de fourgons, où les projecteurs peuvent être placés à raison de quatre appareils par fourgon. Le fourgon de transport est du type à quatre roues; il est traîné par quatre chevaux; il transporte les quatre appareils et les hommes susceptibles de servir les appareils, soit environ 2 tonnes. Ces fourgons pourront passer sur les ponts d'équipage du génie sans danger. Ils pourront franchir les ponts de petits pilots à allure lente.

Abris pour projecteurs de 35 centimètres.

Quel que soit le mode d'emploi du projecteur, au voisinage de l'ennemi, il est utile de le mettre *à l'abri des balles,* lorsqu'il opère. En outre des opérations gênant le repérage, il est donc utile de constituer des abris avec un parapet protégeant le servant aussi bien de côté que de face, afin d'éviter les feux de flanc de l'ennemi.

Les types d'abris peuvent varier à l'infini, suivant la configuration du sol, la zone à battre, le rôle à jouer par le projecteur, la position de l'ennemi, etc., etc., mais tous sont nécessairement à ciel ouvert, en avant du projecteur, l'appareil devant pouvoir balayer l'espace dans toutes les directions en avant de celle-ci.

Tout *poste de projecteur* comportera *deux abris* : l'un pour le *manipulant,* qui se trouve à côté du projecteur; l'autre pour *l'observateur,* qui se tient à 5 ou 6 mètres de lui, de manière à mieux examiner les buts éclairés et rectifier en conséquence le pointage de l'appareil. L'observateur restera en liaison optique ou téléphonique permanente avec le commandement. Le plus souvent, lorsque le projecteur opérera dans une tranchée occupée, les occupants seront les observateurs, et leur commandement pourra rectifier le tir du projecteur. Toutes les corrections de pointage, avec les appareils de 35 centi-

APPAREILS OXYACÉTYLÉNIQUES ET ÉLECTRIQUES. 69

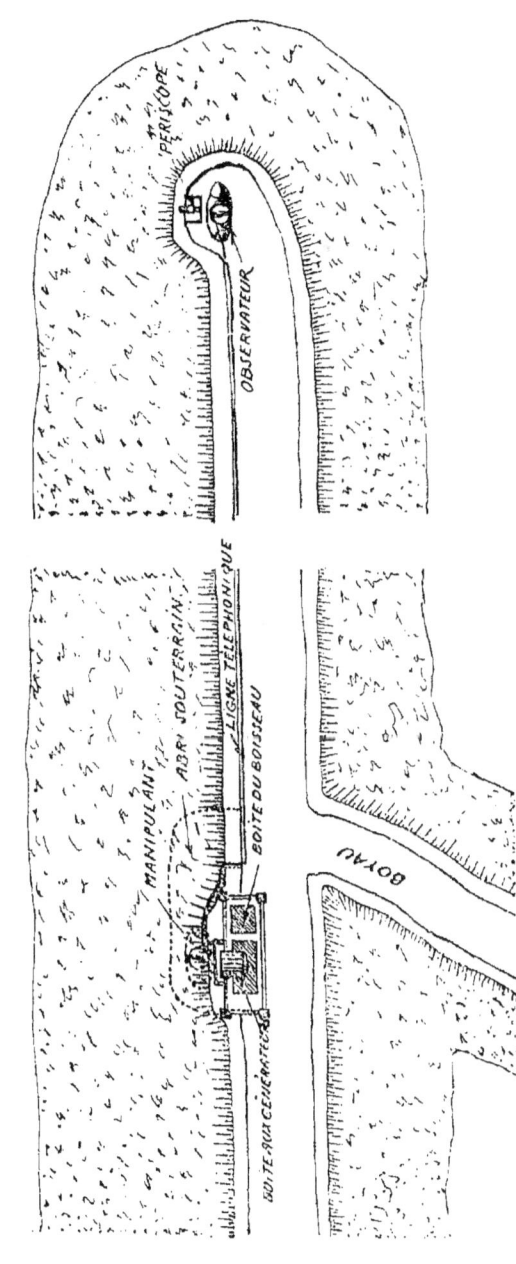

Fig. 32. — Poste du projecteur et poste d'observation.

mètres, sont faites à la main, les appareils ne nécessitant pas une grande précision dans la manœuvre. Pour mémoire, nous donnons un type d'organisation de projecteur oxyacétylénique dans la figure ci-contre.

L'observateur se place un peu en arrière du projecteur et à environ 6 mètres de lui; il possède, autant que possible, un périscope à grand champ d'observation. Ce périscope à grand champ optique est fixé sur une planchette horizontale et doit être maintenu en son milieu, par une bague dans laquelle il tourne en restant toujours vertical. Une aiguille solidaire du périscope décrit, sur la planchette, les angles de rotation du périscope et permet d'amener, grâce à un repérage fait de jour, le périscope automatiquement sur les points que le projecteur va éclairer. Le périscope n'est pratique que si le sol où l'on opère est assez peu tourmenté, sinon, il est difficile de l'utiliser sauf si on se contente de surveiller avec lui quelques points importants. Vu le voisinage de l'observateur et du manipulant, le premier peut faire les commandements à la voix (haut, bas, droite, gauche).

Pour les projecteurs électriques, la manœuvre des appareils est facilitée en ce que l'on peut facilement allumer et éteindre. On pourra ainsi descendre le projecteur sans fermer les volets comme on doit le faire avec le projecteur oxyacétylénique, que l'on doit parfois garder allumé.

Les types d'abris pour projecteurs électriques sont analogues à ceux que l'on établit pour les oxyacétyléniques, en modifiant toutefois les dimensions de l'abri de façon que l'encombrement du projecteur et de ses accessoires n'en gêne pas la manœuvre.

III.

PROJECTEURS ÉLECTRIQUES A ARC.

A) *Partie descriptive.*
B) *Partie théorique et tactique.*
C) *Annexes.*

PROJECTEURS ÉLECTRIQUES A ARC.

Les projecteurs que nous avons vus sont tous de très faible puissance, aussi ne peuvent-ils être utilisés qu'à l'éclairage de buts voisins de l'engin qu'ils constituent. Il en résulte que leur tactique est relativement simple.

Il n'en est plus de même avec les projecteurs électriques à arc, qui réalisent l'éclairage des objectifs aux grandes et moyennes distances, grâce à leur source à grand éclat (le plus grand que nous connaissions dans les lumières artificielles) de 150 à 200, voire même 250 bougies par millimètre carré.

Le projecteur à arc électrique fera ici l'objet d'une étude et d'une utilisation spéciales; sa tactique constitue une nouveauté et son emploi raisonné ne peut avoir lieu qu'en le connaissant parfaitement.

Tous les projecteurs électriques militaires sont à courant continu, car l'arc qui en résulte concentre la lumière dans une certaine zone en avant du charbon positif, alors que, dans les arcs à courant alternatif, où les deux charbons sont analogues, on a une égale dispersion de la lumière en avant ou en arrière des charbons, ceux-ci jouant tour à tour le rôle de positif ou de négatif.

Notre étude sur les projecteurs à arc à courant continu se divisera en deux parties, auxquelles on ajoutera des annexes.

Première partie. — Description du matériel d'un projecteur;
Deuxième partie. — Utilisation des projecteurs.
Troisième partie. — Annexes.

PREMIÈRE PARTIE.

A) PARTIE DESCRIPTIVE.

Matériel d'un projecteur électrique à arc.

Nous diviserons cette description en quatre paragraphes :
 A) La source lumineuse et ses accessoires ;
 B) Le miroir, le cylindre et leurs accessoires ;
 C) Les organes de commande du projecteur ;
 D) Modes de transport.

Chaque paragraphe sera lui même subdivisé de la manière suivante :
 A) 1° Notions élémentaires sur l'arc électrique à courant continu ; — 2° la lampe et ses accessoires ; — 3° le câble d'alimentation et ses accessoires ; — 4° tableau de distribution de la dynamo ; — 5° le groupe électrogène (dynamo, moteur) ; — 6° mise en marche du projecteur.

B) 1° Miroirs ; — 2° cylindres des projecteurs ; — 3° niveaux ; — 4° viseurs ; — 5° ventilation ; — 6° corps de support du cylindre ; — 7° glaces planes et glaces divergentes.

C) 1° Mécanismes de pointage ; — 2° mécanismes d'occultation.

D) Modes de transport : 1° à bras ou à dos d'homme ; — 2° à dos de mulet ; — 3° hippomobile ; — 4° automobile.

A) La source lumineuse et ses accessoires.

Notions élémentaires sur l'arc électrique à courant continu. — La lampe et ses accessoires (porte-charbons, cendrier, voltmètre de l'arc, œilletons, tiges de réglage d'écart des charbons). — Le câble d'alimentation et ses accessoires (câble, conjoncteurs, interrupteur de l'arc). — Tableau de distribution de la dynamo (voltmètre, ampèremètre, rhéostats d'excitation et rhéostats de charge, fusibles et interrupteur). — Le groupe électrogène : dynamo (étude élémentaire); moteur (étude élémentaire). — Mise en marche des projecteurs et leurs caractéristiques.

Notions élémentaires sur l'arc électrique à courant continu.

Considérons un générateur d'électricité G. Nous savons que, si l'on réunit les deux bornes de ce générateur par un fil conducteur, un courant passe dans ce fil allant de la borne qui a le potentiel le plus élevé à la borne qui a le potentiel le plus bas.

Supposons que l'on coupe le fil en un point, le point A par exemple, et que l'on écarte les deux extrémités du fil coupé. On constatera la formation d'une étincelle, dite de rupture, au moment de l'écartement des deux extrémités du fil coupé. Fixons à chaque extrémité du fil deux baguettes de métal ou de charbon et faisons croître la différence de potentiel aux bornes du générateur de façon à atteindre 25 à 30 volts, les pointes des deux baguettes se touchant. Tout écart des baguettes, s'il est exécuté lentement, donnera naissance à une flamme d'une certaine dimension allant de l'une des baguettes vers l'autre. Les pointes des baguettes seront d'ailleurs portées à l'incandescence, projetant autour d'elles une lueur très vive formant la presque totalité de l'énergie lumineuse de la source.

C'est à cette source d'une forme toute spéciale, que l'on a donné le nom d'*arc électrique*.

Historique de l'arc électrique.

Ce fut en 1808 que fut découvert, par le physicien anglais Davy, l'arc électrique. Davy disposait, à cet effet, d'une pile de 2.000 éléments pouvant fournir une tension de 2.000 volts environ. Les baguettes dont nous avons parlé étaient constituées par deux charbons de bois. Avec cette puissante pile, il obtint un arc de 11 centimètres de longueur, mais l'usure des charbons fut complète en quelques minutes, si bien que ce phénomène ne reçut pas d'application industrielle.

Ce fut seulement en 1846, avec le physicien français Foucault, que l'arc électrique devint pratiquement utilisable. Foucault substitua aux charbons de bois des charbons de cornue, substance dure constituée par du graphite à peu près pur, brûlant lentement à l'air libre. Les résultats furent bons, mais les impuretés des charbons donnaient des éclats de lumière très désagréables.

Plus tard, M. Jacquelin fabriqua du charbon de cornue à peu près pur, en décomposant en vase clos le goudron. Il obtint ainsi des blocs très durs dans lesquels il découpa très difficilement des baguettes donnant une très belle lumière. Le coût de ces baguettes étant relativement élevé, le procédé n'est pas devenu industriel.

Depuis, on a encore amélioré la nature du charbon et diminué son prix de revient, et l'emploi de l'arc électrique pour l'éclairage est universellement répandu. Nous allons donner ici quelques notions sur la fabrication des charbons utilisés avec le courant continu, qui est le seul employé dans les projecteurs de campagne, et nous indiquerons sommairement quels sont les essais à effectuer pour juger des qualités d'un charbon : durée de combustion, éclat intrinsèque, etc.

Charbons pour arcs électriques en courant continu.

Plusieurs procédés sont utilisés pour la fabrication des charbons employés dans les arcs électriques. Leur composition varie essentiellement avec leurs propriétés, et leur rendement dépend non seulement de la pureté de la pâte, mais encore de son degré de cuisson.

FABRICATION DES CHARBONS.

On obtient actuellement des charbons de bonne qualité de la manière suivante :

Du charbon de cornue brut est trié de façon à en séparer tous les silicates provenant des débris de cornue. Ce charbon, concassé, est broyé dans un moulin à cylindres avec du graphite à peu près pur et du noir de fumée ajouté ou non de charbon de bois. Toutes ces substances sont en proportions variables suivant les qualités de crayons que l'on veut obtenir. A la poudre fine ainsi obtenue, on ajoute un liant qui, suivant les cas, est du sirop de sucre très épais, du brai ou du goudron, et l'on forme par malaxage et pétrissage une sorte de pâte, très fine, très homogène, dont on fait des cartouches de 20 à 30 centimètres de diamètre que l'on cuit au four. Après avoir fait baigner ces cartouches dans un bain bouillant de liant, on les sèche, puis on les broie à nouveau en y ajoutant du goudron chaud. On moule alors en crayons de la dimension voulue, par le passage à la filière sous pression hydraulique, et l'on saupoudre ces crayons de graphite.

On met ces crayons en paquets et on les calcine à haute température (1.500° environ). Cette opération, qui a lieu à l'abri de l'air et qui durait autrefois plusieurs semaines, a pu être réduite à sept ou huit jours.

QUALITÉS DES CHARBONS.

Les charbons doivent être très homogènes, très durs, très sonores. Leur cassure doit être brillante et sans souillures et ne pas contenir de substances étrangères susceptibles de se fondre ou de se volatiliser en donnant des éclats de lumière. Leur résistance au passage du courant électrique ne doit pas être par trop considérable.

Les baguettes doivent être très droites.

Les charbons peuvent être de qualités différentes. Les crayons riches en noir de fumée sont tendres et à grand rendement lumineux, les crayons riches en graphite sont très durs ; ils donnent moins de lumière, mais leur usure est beaucoup plus lente. Toutefois, on remarque que si le flux lumineux émis par les charbons tendres est plus grand, l'éclat intrinsèque des charbons durs est le plus grand. Comme la portée d'un projecteur dépend essentiellement de la brillance du cratère, ce sont donc les charbons durs qui seuls doivent être utilisés dans cet appareil.

FORMES DES CHARBONS.

Nous avons ici à distinguer deux sortes de charbons : les charbons positifs, reliés directement à la borne du générateur ayant le potentiel le plus élevé; les charbons négatifs, qui sont reliés à l'autre borne.

a) *Charbons positifs.*

On y distingue trois genres de charbons, par leur structure ou par leur forme :

1° Les charbons homogènes ;
2° Les charbons à mèche ;
3° Les charbons à flamme colorée.

1° *Charbons homogènes.* — Le positif a toujours une section analogue à celle de la figure ci-après. L'extrémité faisant regard au négatif a une forme de paraboloïde de révolution dont le sommet désorganisé est remplacé par une cuvette dont la forme, la largeur et la profondeur varient avec la nature du charbon, l'intensité du courant venant du générateur, la tension aux deux extrémités de l'arc, etc. Cette cuvette prend le nom de cratère. Très souvent, lorsque les charbons sont impurs, on voit se former autour de la pointe brillante des bouillonnements où s'agitent des petites particules qui tombent. Le charbon positif étant usé deux fois plus vite que le négatif, s'ils sont à section égale, il est nécessaire, pour que l'usure soit la même au positif et au négatif dans le même temps, de doubler la section du positif, si bien que, si le diamètre du négatif est d, celui du positif sera $d\sqrt{2}$ c'est-à-dire $d \times 1{,}414$ ou approximativement $d \times 1{,}4$.

Si l'arc, par un procédé quelconque, garde toujours la même longueur, l'usure des charbons reste toujours la même si le charbon est bien homogène et si l'intensité du courant et la tension aux bornes de l'arc restent toujours les mêmes.

Suivant les cas, le positif peut être horizontal, vertical ou incliné. Nous verrons plus loin que les arcs électriques des projecteurs sont le plus souvent horizontaux.

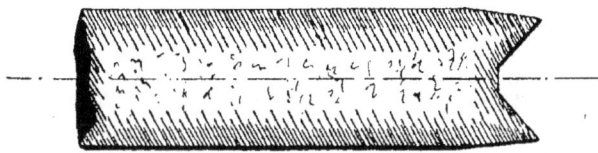

Fig. 33. — *Section d'un charbon positif homogène.*

Si, pour une cause quelconque, le courant continu est inversé dans la lampe d'un projecteur muni d'un positif à section double de celle du négatif, on en sera immédiatement averti par ce fait que le négatif s'use quatre fois plus vite que le positif. Ceci entraîne d'ailleurs le mauvais fonctionnement de la lampe qui est construite en tenant compte de l'égale usure des deux charbons + et —.

2° *Charbons à mèche.* — Pour maintenir l'arc à la pointe des charbons et bien centré, on emploie des positifs à mèche. Leur section est de même forme que celle des positifs homogènes, avec cette différence qu'au centre du charbon se trouve une âme formée d'une pâte plus tendre et plus conductrice, renfermant en général du noir de fumée, du coke pulvérisé, très bon conducteur, et un sel métallique qui est habituellement un mélange de silicate de potasse et de borate de soude ou de chaux.

La forme de l'âme peut être circulaire ou en étoile, suivant les cas. On peut la réaliser soit à l'aide d'une filière spéciale, soit en perçant le crayon. Tous les positifs utilisés dans les projecteurs sont à mèche, le centrage de l'arc étant un problème très important dans ce cas particulier. Un petit inconvénient, toutefois, est à signaler : le rendement lumineux du charbon à mèche est un peu plus faible que celui du charbon homogène.

3° *Charbons à flamme colorée.* — Les charbons à flamme colorée ont pour but de modifier la composition spectrale de la lumière émise par l'arc, de façon à la rendre plus agréable à l'œil, plus chaude et moins crue que la lumière de l'arc normal où abondent les radiations ultra-violettes et surtout les radiations bleues. Le but poursuivi est d'obtenir des arcs à coloration un peu rouge ou jaune. Les sels ajoutés ont, en outre, pour effet de rendre la flamme très éclairante, mais sa large surface serait un inconvénient pour les projecteurs où les substances colorantes sont en fort petite proportion, quand on ne les proscrit pas totalement. D'ailleurs, plus la minéralisation du charbon est grande, plus le régime est calme et la lumière abondante. Mais on est limité par les formations de scories abondantes qui, s'amassant aux extrémités des crayons, troublent la régularité de la marche de la lampe, produisent des bourrelets isolants, éteignent l'arc et rendent son réallumage impossible. On peut craindre, en outre, la formation de fumées abondantes contenant des substances minérales vaporisées, ainsi que du peroxyde d'azote qui peut attaquer les organes de la lampe.

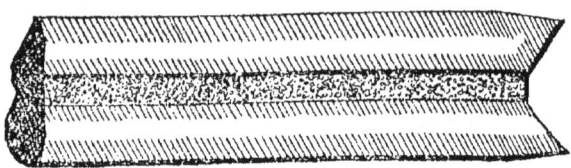

Fig. 34. — *Charbons à mèche ou à flamme colorée. Section d'un positif.*

Les charbons à flamme colorée sont toujours à mèche, dans laquelle on incorpore les sels métalliques. On a, aujourd'hui, des arcs de couleur jaune, rouge ou blanche suivant la nature des sels incorporés :

Jaune : fluorure de calcium ;
Rouge : sels de strontium (borates ou silicates) ;
Blanche : sels de strontium et de baryum.

On peut aussi ajouter des sels de potasse, de chaux ou de magnésium.

b) *Charbons négatifs.*

Les charbons négatifs sont *le plus souvent* homogènes ; *ils sont aussi fréquemment pourvus de mèches spéciales.* Lorsque les charbons sont homogènes, leur composition est celle de la pâte indiquée plus haut *pour les positifs de même nature.*

Le négatif comme le positif, peut prendre différentes formes dépendant de la nature du charbon, de l'intensité du courant qui le traverse et de la tension entre le positif et le négatif. Le charbon, en général, se termine en cône à génératrice rectiligne ou même concave, avec une pointe mousse quelquefois un peu relevée. Lorsque l'intensité du courant est grande, le charbon se termine par une pointe mousse très

Fig. 35. — *Section d'un charbon négatif.*

aiguë et très longue si l'arc est court. Cet effilement du négatif est tel que les deux charbons semblent être au contact, ce qui rend difficile de mesurer exactement la distance réelle des extrémités des charbons.

Pour augmenter sa conductibilité, le négatif porte parfois une gaine en cuivre ou en étain. Cette gaine modifie la nature spectrale de la lumière et ajoute des radiations vertes dans le cas du cuivre.

ESSAIS D'UN CHARBON.

Il faut d'abord vérifier si la baguette est bien cylindrique et bien droite. Puis on examinera la cassure : elle ne doit pas être grenue, et la pâte doit paraître très homogène. La conductibilité de la baguette doit permettre le passage du courant dont on dispose, donc n'être pas trop réduite. On essaiera les crayons au son, à la dureté. On mesurera ensuite la durée de combustion et l'on examinera le poids de cendres obtenues. Les cendres doivent être très peu abondantes. On pourra ensuite essayer d'autres charbons de la même série au régulateur auquel ils sont affectés, en les faisant alimenter un arc à l'intensité et au voltage définis. Pendant cet essai, on pourra se rendre compte du nombre d'éclats, de la couleur et de la fixité de l'arc.

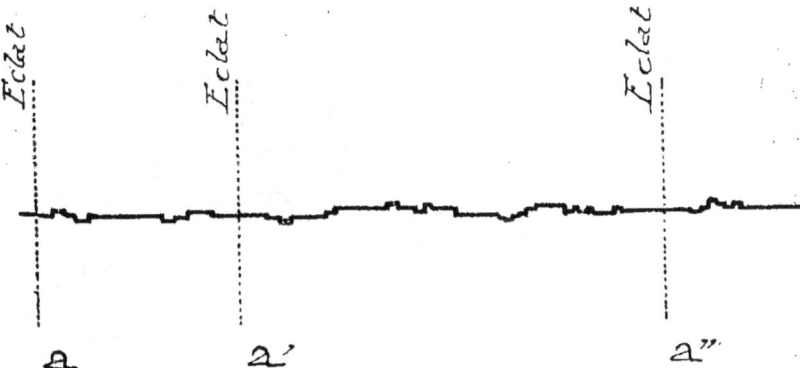

Fig. 36. — *Courbe d'enregistrement d'un voltmètre donnant les éclats et les rapprochements des charbons.*

Un charbon doit donner très peu d'éclats. Chacun d'eux répondant à une légère variation du potentiel aux deux extrémités de l'arc, on peut, à l'aide d'un voltmètre enregistreur, tracer une courbe sur une feuille de papier, cette courbe indiquant les variations brusques de potentiel par une série de barres verticales ainsi que a, a', a'' sur la figure ci-dessus. Si le régulateur est bon, la courbe sera presque rectiligne et présentera seulement de légères variations en escalier correspondant au mouvement de rapprochement après usure des charbons.

DIAMÈTRE DES CHARBONS.

Nous avons vu qu'en général, pour un arc à courant continu, le diamètre D du positif et celui d du négatif sont liés par la relation $D = d\sqrt{2}$. Ceci a pour but de permettre la fixité de la position de l'arc dans l'espace.

Le charbon positif étant porteur du cratère qui rayonne la majeure partie de la lumière produite, il y a tout intérêt à augmenter la dimension du positif. D'autre part, le négatif formant un cône d'ombre, il y a lieu de réduire le diamètre de ce dernier. Des essais avec diverses grosseurs de charbons et divers régimes ont montré que le meilleur fonctionnement et le meilleur rendement lumineux correspondaient, pour chaque valeur de l'intensité de courant, à des diamètres bien définis de charbons. Dans tous les cas, le charbon positif doit être plus gros que le charbon négatif.

Ayant étudié en détail les charbons, nous pouvons aborder l'étude de l'arc proprement dit.

Arc électrique proprement dit.

L'arc voltaïque produit une lumière d'un blanc éblouissant. Dans l'arc, il y a lieu de distinguer trois zones distinctes : 1° le positif, 2° l'arc lui-même, 3° le négatif. La presque totalité de la lumière est fournie par les charbons. Les proportions de lumière émises par chacune de ces zones sont les suivantes : le positif, 85 p. 100 environ ; l'arc, de 5 à 10 p. 100 ; le négatif, de 10 à 5 p. 100 suivant les cas.

La température du positif, au fond du cratère, atteint 3.500 degrés centigrades ; celle de l'arc, 3.300 degrés centigrades ; celle du charbon négatif, 2.200 degrés centigrades seulement. Les corps solides émettant d'autant plus de lumière qu'ils sont plus chauds, on comprend pourquoi le positif émet presque toute la lumière, les gaz étant d'autant moins lumineux que leur température est plus élevée. Pour qu'une flamme soit lumineuse, il faut qu'elle contienne beaucoup de particules solides portées à l'incandescence. C'est pour produire ces particules que l'on ajoute des sels de métaux alcalins ou alcalino-terreux dans les charbons à mèche. Au point de vue de sa composition, la lumière de l'arc voltaïque est très riche en rayons réfringents. Elle ressemble beaucoup à la lumière solaire ; elle est moins riche en radiations vertes et orangées, mais plus riche en rayons bleus et ultra-violets. Le spectre obtenu avec un spectroscope donne une suite continue de couleurs allant du rouge au violet dans l'ordre : violet, indigo, bleu, vert, jaune, orangé, rouge. On distingue, en outre, quelques raies brillantes dues à l'action de l'arc lui-même, le spectre continu étant dû aux charbons. Ces raies brillantes paraissent correspondre à la vapeur de carbone.

On admet ordinairement que la température très élevée des pointes est celle de l'ébullition du charbon. Cette température serait donc constante. Ce qui indiquerait la possibilité du fait est que : 1° la lumière spectrale garde une certaine constance dans sa composition ; 2° la température des charbons est abaissée par la volatilisation des impuretés autres que le carbone. D'autres physiciens trouvent que le phénomène capital est le résultat d'un arrachement mécanique des particules de charbon circulant dans les deux sens, mais principalement du positif au négatif, dans le sens du courant.

Toutefois, M. Violle a prouvé par de nombreuses expériences que l'éclat de la partie la plus lumineuse du cratère est constant, et que le phénomène serait bien l'ébullition du carbone vers 3.500 degrés.

MM. Blondel (1) et Rey (2) ont démontré, au contraire, que l'éclat d'un cratère varie avec l'intensité de courant. Ils ont trouvé les résultats suivants :

Intensité de courant.	Éclat en bougies décimales par millimètre carré de section.
5 ampères.	163 bougies décimales.
10 —	174 — —
15 —	195 — —
25 —	210 — —

Il en résulterait que le phénomène serait dû à une évaporation du carbone à une température variable, phénomène ayant pour limite l'ébullition à température maxima constante. Quoi qu'il en soit, l'arc est bien formé d'une colonne de vapeur de charbon, en partie condensée comme une sorte de brouillard.

C'est cette colonne conductrice, d'assez grande résistance, qui permet au courant de passer, et sa présence est indispensable pour que l'arc se rallume sans rapprochement des charbons après qu'il a été éteint. L'arc ne jaillit pas même pour des tensions élevées, si, les charbons étant froids, on les rapproche en les tenant séparés par un intervalle très petit. Pour allumer l'arc, il faut amener les charbons au contact. Ils s'échauffent et dès qu'ils sont incandescents, si on les sépare, l'arc apparaît. Si l'on continue à les séparer l'un de l'autre, l'arc s'allonge, puis se rompt pour un écartement dépendant de la tension de la source. Si l'on éteint l'arc par suppression de courant, à un moment où il fonctionne normalement, l'arc peut se rallumer sans nouveau rapprochement, si le courant est rétabli au bout d'un temps très court ; toutefois, si la durée de l'extinction est un peu prolongée, même en restant inférieure à une seconde, l'arc ne peut se rallumer sans un nouveau contact. L'arc constitue un conducteur mobile, sensible aux courants d'air comme les flammes, dont la pointe aiguë repose sur le négatif. On peut l'éteindre en soufflant fortement. De plus, un aimant agit sur lui comme sur un courant et peut l'attirer ou le repousser suivant les cas ; l'aimant peut même le souffler si on l'approche de l'arc suffisamment.

Quelquefois, l'arc est l'objet de phénomènes bien connus sous les dénominations d'arc sifflant ou d'arc flambant.

---

(1) M. Blondel, membre de l'Institut.
(2) M. Rey, ingénieur civil des Mines, lauréat de l'Institut.

SIFFLEMENT DE L'ARC.

Lorsque l'arc fonctionne normalement, il est silencieux. Lorsque la distance des charbons est trop courte, l'arc fait entendre un sifflement très désagréable. L'arc, au lieu d'être fixe, voyage et se déplace continuellement tout autour de l'axe commun des deux charbons. La taille des charbons est alors irrégulière.

M. Blondel, en photographiant des arcs sifflant sur une plaque déplacée très rapidement, a constaté que le sifflement était dû à des variations très rapides et périodiques de l'éclat lumineux et à des variations simultanées dans la projection des particules de charbon constituant l'arc. Ce phénomène se présente surtout dans les arcs à grande intensité, comme cela a lieu pour les projecteurs.

FLAMBEMENT DE L'ARC.

Au contraire, lorsque l'arc est trop long, il est très instable et ne reste pas centré. Le refroidissement du cratère abaisse sensiblement le rendement de l'arc dont la flamme à grande surface serait très nuisible, puisqu'elle absorberait une grande partie des rayons émis par la source et réfléchis par le miroir parabolique.

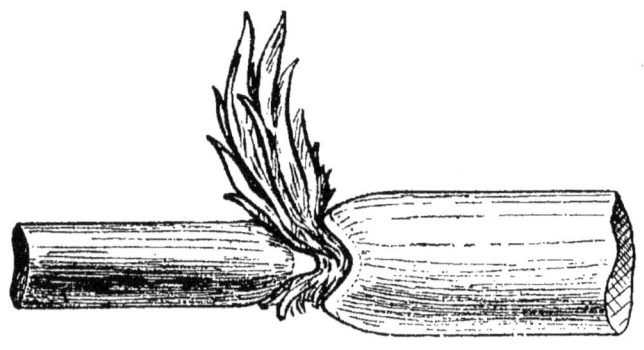

Fig. 37. — *Arc flambant.*

EFFETS DE LA LONGUEUR DE L'ARC.

Des études faites sur les modifications apportées au régime d'un arc électrique entretenu par un courant d'intensité constante, on déduit que le flux lumineux émis par l'arc en fonction de l'écart des charbons passe successivement par deux maxima, comme il est indiqué sur la courbe ci-contre. Le maximum 1 et le minimum 2 sont difficiles à constater, se produisant dans un intervalle inférieur à 2 millimètres. Le *maximum* 3, *au contraire, est très net et voisin de 4 millimètres*. Cette variation s'explique, d'une part, par la forme des charbons; d'autre part, par l'action plus ou moins grande de l'atmosphère de carbone en brouillard entourant l'arc. Le rendement lumineux est plus grand pour un arc court que pour l'arc long et l'extrémité du négatif plus effilée. Donc, former des arcs courts, mais pas trop néanmoins, avec des courants très intenses, de façon à éviter le sifflement.

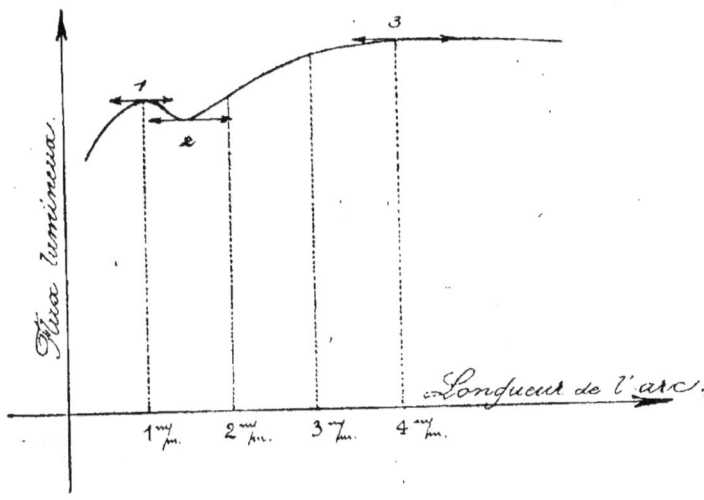

Fig. 38.

Avec le projecteur, on a intérêt à ne pas faire un arc trop court, car ce qui intéresse, c'est la quantité de lumière tombant sur le projecteur, et non celle émise par l'arc. Il en résulte qu'un bon rendement dans l'angle solide ayant pour base la base du miroir et les bords du cratère du positif, est obtenu pour les arcs ni trop courts ni trop longs.

L'arc donne 16 à 17 p. 100 de l'énergie produite en lumière; le reste de l'énergie est en majeure partie transformé en chaleur. Si on rapporte le rendement lumineux à l'intensité du courant débité, on trouve que l'on obtient normalement de 1 à 2 bougies par watt. Ce rendement varie d'ailleurs avec la nature des charbons, la tension aux bornes du générateur et l'intensité du courant traversant l'arc.

EFFETS DE L'INTENSITÉ DU COURANT.

Si l'on fait usage de l'arc à des intensités variables, il existe du moins des limites que l'on ne doit jamais dépasser quel que soit le charbon dont on se sert, l'écart de ceux-ci et la tension aux bornes du générateur. On ne descend jamais au-dessous de 2 ampères, on

84 LES PROJECTEURS DE CAMPAGNE.

dépasse rarement 100 ampères, sauf dans les projecteurs où l'on atteint 300 ampères.

On peut classer les arcs de la manière suivante :

1° Les arcs ordinaires, qui varient de 7 à 8 ampères ;
2° Les arcs puissants, qui varient de 20 à 30 ampères ;
3° Les arcs très intenses, qui varient de 40 à 200 ampères. C'est dans cette dernière catégorie que se classent les arcs utilisés dans les projecteurs à grande portée.

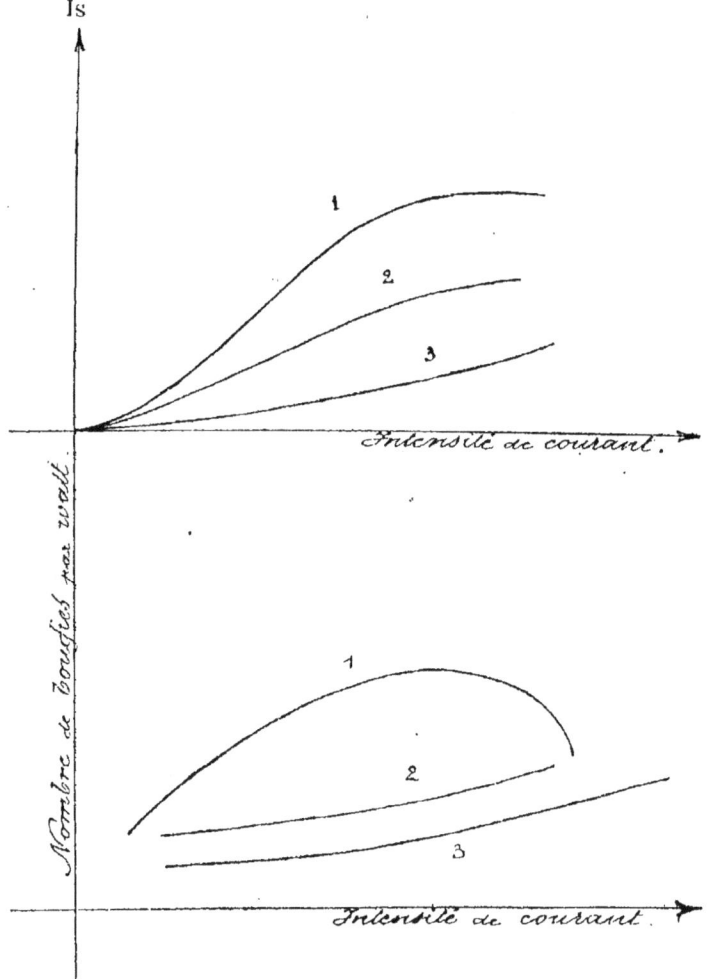

Fig. 39.

Si l'on fait fonctionner un arc sous une différence de potentiel constante correspondant au rendement maximum de 50 à 60 volts, et que l'on fasse varier l'intensité du courant, l'intensité moyenne sphérique variera suivant une loi que l'on peut représenter par l'une des courbes du haut de la figure 39. Le bas donne les variations correspondantes aux courbes d'intensité lumineuse. On voit que, dans certains cas, le rendement maximum correspond à une certaine intensité de courant. *Ordinairement, le rendement croît avec l'intensité.*

Supposons que l'intensité restant constante, on change la grosseur des charbons. Le rendement sera meilleur avec des petits charbons qu'avec des gros. (Avec des crayons 18×14, on a eu un rendement de 1,15 bougie décimale par watt, et avec un crayon 8×6, un rendement de 2 bougies décimales par watt.) *Si, au contraire, la densité de courant ne varie pas, avec de gros charbons, par contre, on a un meilleur rendement qu'avec des petits.* Toutefois on constate que le même rendement peut être obtenu avec des diamètres différents pour le même écartement et des intensités de courants différentes.

Exemple :

Intensité de courant.	Diamètre des charbons.
4 amp. 50	6mm $\times$ 6mm
13 amp. 00	10mm $\times$ 10mm
20 amp. 00	18mm $\times$ 18mm

EFFETS DE LA DIFFÉRENCE DE POTENTIEL AUX CHARBONS DE L'ARC.

Nous avons vu que, pour une certaine tension aux charbons, l'arc se rompt dès qu'il atteint une certaine longueur. Cette longueur croît avec la tension, pour conserver à une même tension une valeur maximum constante. Si, la longueur de l'arc restant fixe, on augmente la différence de potentiel aux charbons, on observera une augmentation corrélative de l'intensité du courant. D'autre part, si la force électromotrice aux bornes des charbons reste constante, et que l'on écarte les charbons, on constate une diminution de l'intensité du courant; ceci est d'ailleurs rationnel, puisqu'on augmente ainsi la résistance de l'arc.

Nous avons vu que le minimum de tension permettant de former un arc électrique était de 25 à 30 volts. Si l'on augmente rapidement cette différence de potentiel, la longueur de l'arc pourra être assurée. Avec 2.000 volts environ, comme nous l'avons déjà vu, Davy obtint un arc de 11 centimètres. En pratique, pour tous les arcs à air libre, les seuls que nous étudierons ici, on ne dépasse guère les tensions supérieures à 70 volts, avec un maximum de 100 volts.

STABILITÉ DE L'ARC.

Un gros problème est le suivant :

Soit un arc de longueur constante, maintenu à cette longueur par un procédé quelconque, à la main par exemple. Pour que cet arc soit stable, il faut que, pour de faibles variations de la différence de potentiel aux charbons, ou de l'intensité de courant, l'arc n'ait pas de tendance à s'éteindre. On peut construire la courbe donnant les variations de la différence de potentiel aux charbons lorsqu'on fait croître l'intensité du courant débitant dans l'arc, on obtient ainsi une courbe 1 1'. Si la longueur entre les charbons venait à changer on aurait une courbe 2 2' si l'écart vient à augmenter, et 3 3' si l'écart vient à diminuer.

Ces courbes, construites par M. Blondel, affectent l'allure indiquée sur la figure ci-dessous et sont dites : caractéristiques de l'arc correspondant à une longueur donnée.

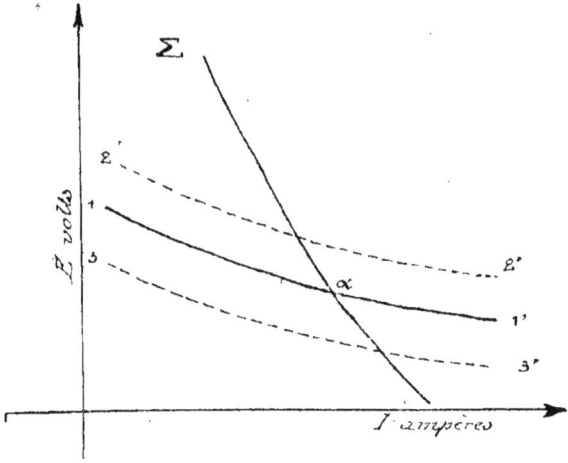

Fig. 40.

1 1' caractéristique d'arc pour une longueur donnée.
Σ caractéristique de la dynamo alimentant l'arc.

Supposons que la caractéristique de la dynamo alimentant l'arc soit Σ. On voit immédiatement que la condition de stabilité de l'arc entretenu par cette source sera définie par la manière dont ces courbes se rencontreront. Pour que l'arc soit stable, il faut que Σ rencontre 11' en descendant et dans le sens des intensités croissantes, comme l'indique la figure. En effet si I diminue un peu, le point α se déplace vers la gauche, la force électromotrice augmente et ramène l'intensité à sa valeur. Si l'intensité augmente, la force électromotrice diminue, α répondra donc à un régime stable.

Cette considération des caractéristiques d'arc conduit à des conclusions pratiques intéressantes. Supposons qu'on veuille entretenir un arc de longueur donnée à l'aide d'une source à potentiel constant, une batterie d'accumulateurs par exemple, et soit 1 1' la caractéristique de l'arc.

PROJECTEURS ÉLECTRIQUES A ARC. 87

Soit O a la force électromotrice de la batterie. Si la force électromotrice de la source est rigoureusement constante et si le circuit ne renferme pas de résistance, la caractéristique de la source sera aa', parallèle à l'axe OI. Cette caractéristique, si la force électromotrice est définie convenablement, coupera bien 11' et le point α définira le régime de fonctionnement; mais la figure montre que ce régime sera instable, l'arc ne se maintiendra donc pas. Supposons que l'on introduise, au contraire, entre la batterie et l'arc une résistance R. Soit OA la force électromotrice V de la source. La caractéristique de la source aura pour équation :

$$y = V - IR.$$

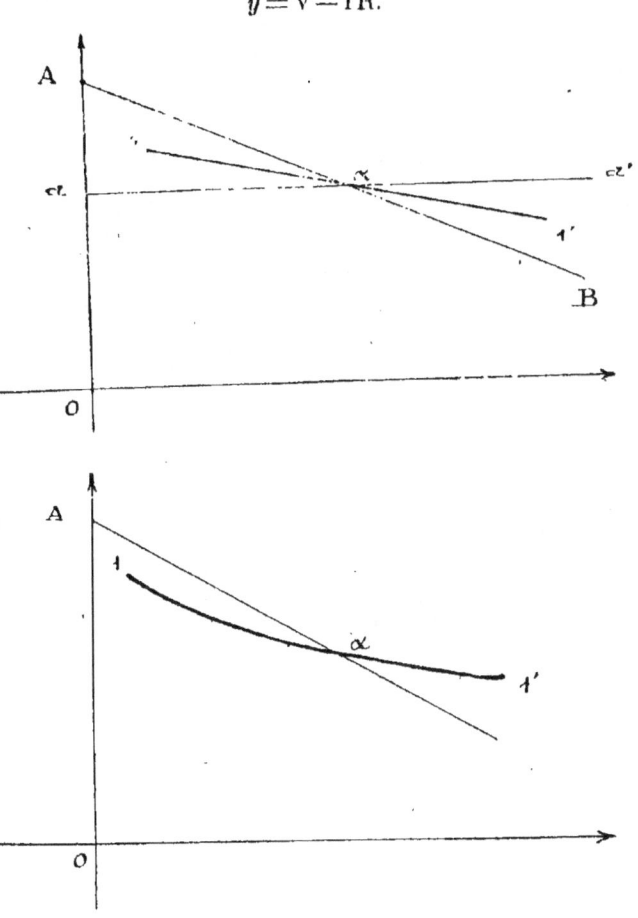

Fig. 41.

Soit A B cette droite inclinée. Elle coupera 11' en un point x correspondant à un régime stable. On en conclut que si l'on veut entretenir un arc avec une source à potentiel constant, cet arc ne pourra rester stable que si l'on a dans le circuit une résistance suffisante. *Dès le début de l'emploi des arcs, on a constaté qu'il est nécessaire d'introduire une résistance, correspondant à une certaine chute de potentiel, dans le circuit de l'arc, pour maintenir sa stabilité.* Cette résistance s'appelle souvent le rhéostat de réglage. On admet, en général, qu'un arc seul doit correspondre à une chute de potentiel totale d'environ 70 volts, avec 40 ou 45 volts de différence de potentiel aux charbons.

Les conditions de stabilité que nous venons d'indiquer s'appliquent à l'arc considéré seul, indépendamment de l'appareil qui règle l'écartement des charbons. La caractéristique propre du régulateur masque très souvent la caractéristique propre de l'arc. Quoiqu'il en soit, les conclusions que nous venons de donner subsistent et définissent la stabilité de l'arc quel que soit le régime de régulation.

DISTRIBUTION LUMINEUSE AUTOUR DE L'ARC A COURANT CONTINU.

Pour se rendre compte de la répartition de la lumière dans les diverses directions autour de l'arc, on peut déterminer son intensité dans les régions de l'espace où il éclaire, à l'aide de mesures photométriques. La source lumineuse étant de révolution, puisque les lampes des projecteurs sont horizontales et les divers points du positif à même éclat, il en résulte que la répartition du flux lumineux est elle-même de révolution. Pour connaître la loi de distribution lumineuse, il suffit donc de mesurer l'intensité de l'arc dans les diverses directions, dans un plan passant par son axe optique, qui est confondu avec l'axe du charbon positif. Si l'on porte dans chaque direction issue du centre de l'arc une longueur proportionnelle à l'intensité dans cette direction, on obtient la *courbe des intensités*. Cette courbe, pour l'arc à courant continu, est sensiblement de la forme ci-après. On voit que sur une partie de sa longueur, elle est sensiblement tangente à un cercle passant par l'origine S et ayant son centre en o sur la droite oS, axe des charbons, c'est-à-dire axe optique de la source. Ceci est une vérification de la loi de Lambert qui dit que : l'intensité d'une source, dans une direction, est égale au produit du flux total qu'elle émet par le rapport de la surface de sa projection sur un plan perpendiculaire à cette direction, à la surface de la projection maximum de cette source.

Or, ici, la projection de la source est maximum sur l'axe optique où elle est sensiblement circulaire. Au fur et à mesure que l'on s'écarte de l'axe optique, la source se projette suivant une ellipse, tant que ne se fait pas sentir l'occultation due au charbon négatif. Au moment où l'on pénètre dans le cône d'ombre du négatif, la courbe des intensités a des rayons polaires de plus en plus petits, au fur et à mesure que l'on se rapproche du charbon négatif.

Pour définir la puissance lumineuse d'une source dont l'intensité lumineuse varie avec les directions, on évalue le flux lumineux total qu'elle émet. On substitue à cette notion celle de *l'intensité moyenne sphérique*, c'est-à-dire *la moyenne des différentes valeurs de l'intensité lumineuse de la source dans toutes les directions*.

L'intensité moyenne sphérique peut alors être considérée comme celle d'une source idéale rayonnant uniformément dans toutes les directions et émettant un flux lumineux total égal à celui de la source considérée.

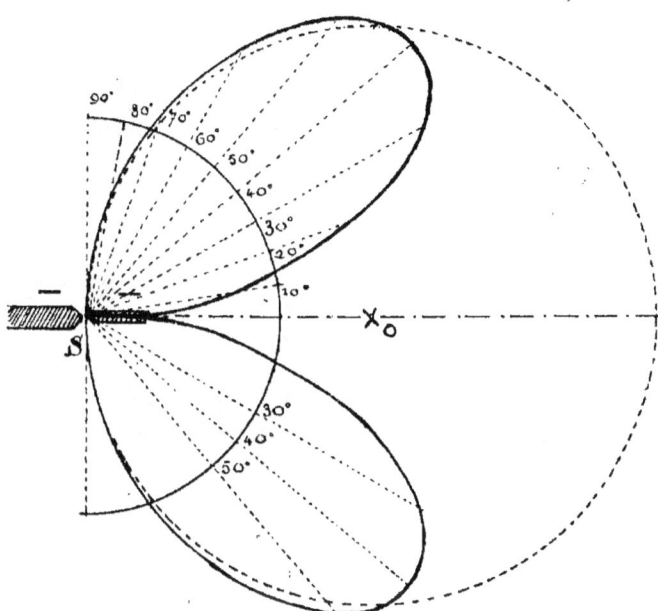

Fig. 42. — Courbe des intensités pour l'arc électrique à courant continu.

Section à grand éclat du charbon positif

$$S = 0,2\ I^{3/2}$$

pour les arcs de 50 à 250 ampères.
S exprimé en mm^2 et I en ampères.

Si donc on désigne par φ le flux total et Is l'intensité moyenne sphérique, on a

$$\varphi = 4\pi\ Is.$$

Is peut être déterminé assez facilement par la méthode de M. Rousseau, dans le cas où les radiations lumineuses sont distribuées symétriquement par rapport à un axe, ce qui est le cas de l'arc électrique à courant continu et à charbons horizontaux.
Soit S la source, et o S l'axe de symétrie, que nous appelons axe optique de l'arc. Soit Σ l'une des courbes d'intensité dans le quadrant α S β. Menons, par S, des rayons polaires S1, S2, S3, S4, S5, S6, qui recoupent le cercle de centre S et de rayon polaire maximum

S4 en 1′, 2′, 3′, 4′, 5′, 6′. Menons, par 1′, 2′, 3′, 4′, 5′, 6′ et β, des parallèles à S α et prenons, à partir de ΔΔ parallèle à S β :

$$aa' = S1,\ bb' = S2,\ cc' = S3,\ dd' = S4,\ ee' = S5,\ ff' = S6,$$
$$SS' = \beta\beta' = o.$$

En joignant S′ a′ b′ c′ d′ e′ f′ β′, on obtient une courbe continue.

L'intensité sphérique Is est donnée à l'échelle du dessin par la distance de ΔΔ′, à laquelle il faut mener une droite qui lui est parallèle pour que les deux zones hachurées en sens contraire ci-dessous soient égales.

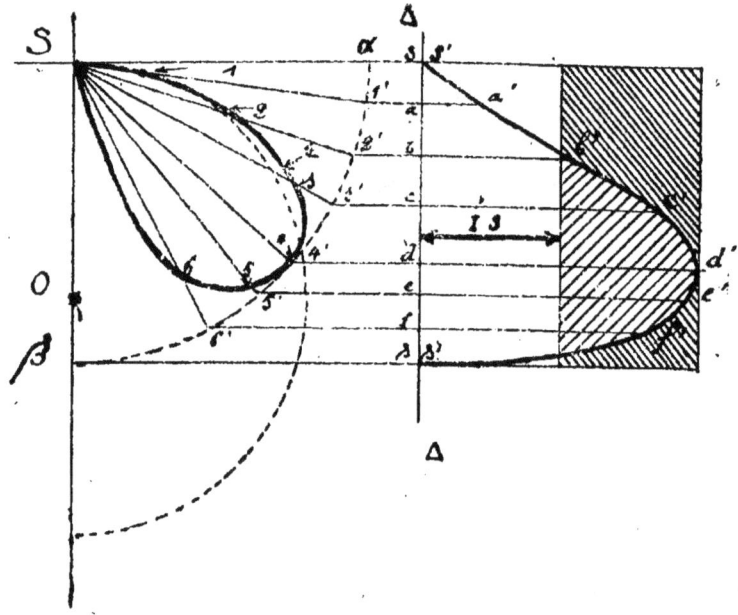

Fig. 43.

Si donc S4 est en bougies, on peut rapidement trouver Is, également en bougies, en comparant ces deux grandeurs entre elles.

L'intensité moyenne sphérique dépendant de la quantité totale de flux émis par la source, on en conclut que Is croît avec la puissance lumineuse de celle-ci. Cette puissance est d'ailleurs liée à l'éclat de la source par la relation :

$$\varphi = 4\pi\,Is = \Sigma e \times S$$

où S indique la surface de la source dont tous les points sont au même éclat e, et $\Sigma e \times S$, la somme des produits des surfaces à même éclat par l'éclat exprimé en bougies. Dans l'arc électrique, on donne souvent à l'éclat le nom de « brillance » du cratère.

Plus cette quantité est considérable, avec une sorte de charbons, plus la portée du projecteur dont dépend l'arc est elle-même étendue. Un autre mode d'augmenter la puissance d'une source, comme nous le voyons dans la formule précédente, est d'augmenter son étendue ; mais cette manière de procéder présente de multiples inconvénients, comme nous le verrons plus loin. On la réalise, avec un même charbon, en augmentant la densité de courant à laquelle correspond une augmentation de l'étendue à grand éclat du charbon positif.

Lorsqu'on évalue ls *pour un projecteur, on ne mesure que la lumière issue de l'arc et tombant sur le miroir.* Pour que l'arc soit utilisable avantageusement, il est donc indispensable que la presque totalité de son flux soit dans l'angle solide dont il est le sommet et la base du miroir la génératrice.

LA LAMPE ET SES ACCESSOIRES.

Notions théoriques.

Nous avons tout au long, étudié les propriétés de l'arc électrique. Nous allons maintenant étudier son fonctionnement et son réglage.

Quand l'arc fonctionne, ses charbons s'usent et l'arc s'allonge jusqu'à une certaine limite au delà de laquelle il s'éteint. Nous avons vu, d'autre part, que le maximum du rendement lumineux avait lieu pour un écart des deux charbons compris entre 3 et 4 millimètres. La grandeur de l'écart doit donc osciller entre de faibles limites au voisinage de cette valeur, si l'on veut avoir un éclairage sensiblement constant. Pour faciliter le réglage, nous avons dit que l'on cherche à réaliser une usure égale des deux charbons, en prenant un charbon positif à section double du charbon négatif.

Pour avoir un faisceau constant en puissance et de forme invariable, il faut non seulement que la source lumineuse soit de même intensité lumineuse, mais que sa position par rapport au miroir soit la même, en supposant qu'elle garde toujours la même forme.

On peut, d'une part, maintenir l'écart des charbons constant ou sensiblement constant, d'autre part, maintenir l'écart de la source et du miroir constant, soit à la main, soit automatiquement.

RÉGLAGE A LA MAIN.

Le réglage à la main exige une certaine dextérité et la présence de l'opérateur près de l'appareil. Il doit être répété très souvent, si l'on veut un bon fonctionnement. Dans les projecteurs, il est réalisé le plus souvent avant le réglage automatique. On dispose les charbons à distance convenable, le charbon positif dans l'axe du miroir, le charbon négatif ayant sa pointe légèrement plongeante vers le bas de 1 millimètre environ par suite du courant d'air ascendant, circulant dans le boisseau du projecteur, qui relève la flamme. La lampe peut être déplacée de façon que la source se trouve au foyer du miroir.

Le réglage automatique va faire l'objet d'une étude spéciale.

RÉGLAGE AUTOMATIQUE.

L'arc électrique est alimenté par une dynamo tournant à vitesse sensiblement constante oscillant entre 1.000 et 1.500 tours à la minute pour les divers types de dynamos tétrapolaires. Cette dynamo, du type shunt ou compound, règle à voltage sensiblement constant et intensité variable. Le courant de cette dynamo, après avoir traversé un rhéostat d'arc nécessaire à sa stabilité, est conduit à la lampe par un câble de 50, 100 ou 200 mètres de long suivant le cas. Dans certains types la résistance du câble suffit à absorber la différence de potentiel nécessaire entre la dynamo et l'arc de façon que celui-ci reste stable. Le câble porte à ses extrémités deux conjoncteurs. Celui de la lampe se trouve connecté au voisinage du voltmètre de l'arc qui sert au réglage de l'arc. Le voltage, à ce voltmètre, dépendant de l'écart des charbons, on sait que l'écart normal des charbons atteint une valeur déterminée pour un voltage repéré d'avance. Cet écart des charbons, que l'on peut réaliser à la main, peut être obtenu automatiquement à l'aide d'appareils spéciaux que nous décrirons plus loin.

Soit :

E, la différence de potentiel aux bornes de la dynamo en circuit fermé sur l'arc ;

R, la résistance du circuit extérieur à la dynamo non comprise celle de l'arc ;

e, la différence de potentiel aux bornes de l'arc ;

r, la résistance apparente de l'arc ;

I, l'intensité du courant alimentant l'arc.

On a :

$$E = (R + r) I \qquad (1)$$
$$e = r I \qquad (2)$$

d'où l'on déduit :

$$e = \frac{E}{1 + \dfrac{R}{r}} \qquad (3).$$

Si les charbons s'usent, l'arc s'allonge ; sa résistance croît donc, puisque $E = C^{te}$, I diminue et, par contre, e croît en vertu de (3).

On a plusieurs procédés pour assurer le réglage automatique ; en agissant :

1° Sur les variations de I, en cherchant à les réduire : c'est le cas des *régulateurs à intensité constante* ou *en série* ;

2° Sur les variations de e : c'est le cas des *régulateurs à potentiel constant*, ou *en dérivation* ;

3° Sur les variations de I et de e : c'est le cas des *régulateurs différentiels*.

PRINCIPE DES RÉGULATEURS.

Un régulateur comprend :

1° *Une force motrice tendant à rapprocher les charbons* l'un de l'autre, lorsque l'arc est rompu par suite de sa trop grande longueur (petit moteur dans les projecteurs Bréguet, Harlé et Barbier-Benard). Dans les Harlé, Bréguet et Barbier-Benard, on peut exécuter le rapprochement à la main, en isolant le moteur de la lampe;

2° *Une force tendant à séparer les charbons* et produisant l'écart normal dès que l'on actionne la lampe (ressort en spirale dans la lampe Bréguet, petit moteur avec relais dans le Harlé, petit ressort dans le Barbier-Benard);

3° *Un mécanisme de rappel de l'usure des charbons* (petit moteur tournant au rapprochement des charbons dans la lampe Bréguet, petit moteur tournant dans les deux sens dans le Harlé, petit moteur tournant dans le sens du rapprochement des charbons dans le Barbier-Benard).

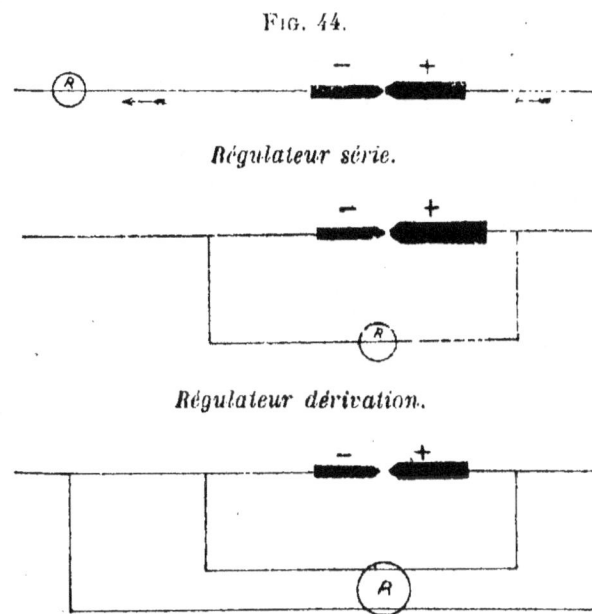

Fig. 44.

Régulateur série.

Régulateur dérivation.

Régulateur différentiel.

Les lampes Harlé, Bréguet, Barbier-Benard ont des régulateurs à potentiel constant; mais, alors que la lampe Bréguet est complètement automatique, allumage compris, la lampe Harlé nécessite parfois l'allumage à la main, préalable du réglage automatique; une résistance sur le circuit de la lampe a pour but d'obvier à cet inconvénient auquel elle pare presque toujours.

Si l'on voulait faire l'allumage automatique en laissant le petit moteur du régulateur rapprocher les charbons au contact, on risquerait :

1° D'avoir un courant trop fort dans le circuit qui n'a pas de rhéostat ;

2° Le petit moteur du mécanisme de la lampe ne démarrerait pas pour l'écartement, la différence de potentiel à ses bornes étant nulle.

Pour qu'une lampe soit utilisable, il faut qu'elle assure la stabilité de l'arc. Nous avons vu plus haut en détail ce problème, et avons conclu à la nécessité d'introduire une résistance sur le circuit de l'arc. L'arc est d'autant plus stable que cette résistance est plus grande ; mais, pour éviter les pertes d'énergie par effet Joule dans cette résistance, on la limite généralement à 0,35 ou 0,40 ohms. Dans le projecteur Bréguet, cette résistance est constituée par le câble auquel on a ajouté une résistance $r = 0,26$ ohms. Cette résistance est placée derrière le tableau de distribution et au milieu (elle se compose de 8 spires de 16 fils à 10/10).

Dans le projecteur Harlé, la résistance est celle du câble seulement (conducteurs de $18^{mm}2$ de section).

Dans le projecteur Barbier-Bénard, la résistance est celle du câble seulement (section $20^{mm}2$).

Étudions maintenant le mécanisme de la lampe et son fonctionnement en remarquant que l'on doit avoir sensiblement :

Pour les projecteurs de 40, un courant de 25 ampères sous 46 volts au voltmètre de l'arc ;

Pour les projecteurs de 60, un courant de 60 ampères sous 48 volts au voltmètre de l'arc (projecteur Harlé) ;

Pour les projecteurs de 60, un courant de 75 ampères sous 50 volts au voltmètre de l'arc (projecteur Barbier-Bénard) ;

Pour les projecteurs de 90, un courant de 100 ampères sous 51 volts au voltmètre de l'arc ;

Pour les projecteurs de 120, un courant de 150 ampères sous 56 volts au voltmètre de l'arc ;

Pour les projecteurs de 150, un courant de 200 ampères sous 62 volts au voltmètre de l'arc.

Appareils photo-électriques de 60 et de 90 centimètres.

LAMPE HARLÉ.

Schéma du régulateur et son fonctionnement.

Les charbons écartés, la dynamo en marche et excitée, l'index de la lampe sur la lettre A (marche automatique, interrupteur 2 fermé), si on ferme l'interrupteur du tableau, le relais de réglage E sera excité et sa palette D attirée. Par l'intermédiaire de D et du contact b, le moteur A fonctionnera en moteur-série, car le courant arrivant de b en d se bifurquera, une partie passant par la résistance r_1, l'autre par le moteur et l'inducteur P ; le moteur tournera dans un sens correspondant au rapprochement des charbons, par l'intermédiaire d'un train d'engrenages.

Les charbons arrivant au contact, la différence de potentiel entre les points e et f diminue, le ressort a l'emporte sur l'action du relais et attire D sur le contact c. Le courant arrive au moteur A par $c\ g$, courant qui passe dans l'inducteur dans le même sens que précédemment, mais en sens inverse dans l'induit qui, tournant en sens contraire, entraînera l'écartement des charbons.

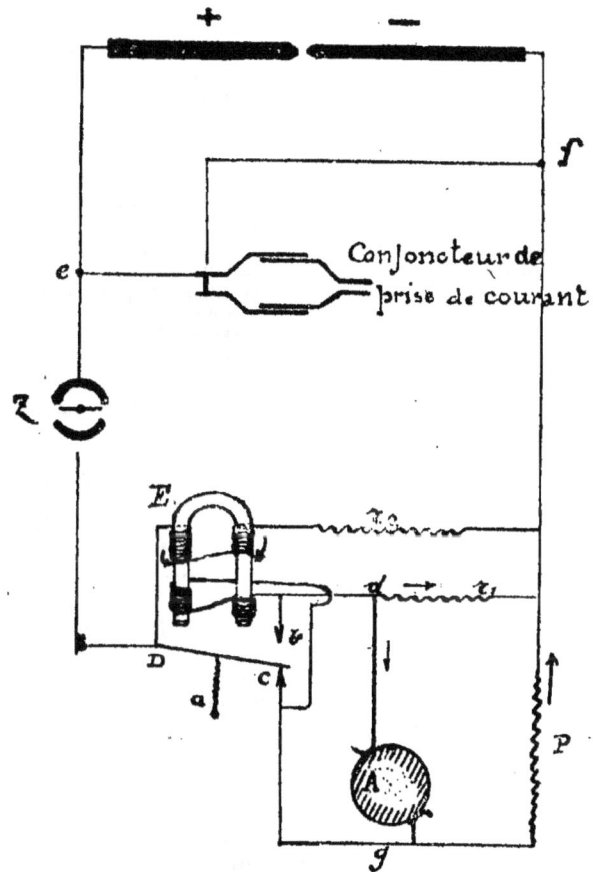

Fig. 45. — *Schéma du régulateur Harlé.*

Le jeu de la palette D contre b ou c, suivant que le voltage aux bornes de l'arc est trop grand ou trop petit, fera tourner le moteur A au rapprochement ou à l'écartement et maintiendra l'écart des charbons constant à de petites oscillations près.

Tout le réglage du fonctionnement automatique réside donc dans la force du ressort a, qui varie dans le même sens que l'écartement des charbons et qui est réglable à l'avant de la lampe.

Marche à main. — On peut exécuter la marche à main en amenant un taquet sur la lettre M et en se servant de la manivelle de la lampe. En tournant dans un sens, on rapproche les charbons; on les écarte dans le cas contraire.

Remarques. — Dans le rapprochement, l'arc étant éteint, si les charbons arrivent franchement au contact, la tension entre eux peut tomber à zéro et le petit moteur A ne fonctionnera plus, car il ne passera plus de courant dans le circuit e D b d g f, dont les extrémités e et f sont en court-circuit. Les charbons resteront collés et la dynamo se désamorcera.

Entretien de la lampe. — Surveiller le graissage des parties mobiles notamment du secteur de glissement de chaque porte-charbon qui sera huilé: les vis de serrage des charbons, les vis tangentes et les secteurs de réglage du charbon positif seront graissés avec de la graisse plombag'née; tous les engrenages seront huilés légèrement, en faisant couler l'huile par des trous pratiqués à cet effet.

Remplacer les charbons avec la pince spéciale, dite pince à gaz, et les placer de façon que leurs axes coïncident, la pointe du négatif, toutefois, étant legèrement plongeante.

Ne jamais saisir la lampe par les porte-charbons. Eviter d'introduire les poussières de charbon dans l'intérieur du mécanisme et les enlever, non en soufflant dessus, mais en balayant avec une brosse douce.

Il sera bon, de temps à autre, de vérifier les contacts des balais du moteur qui doivent reposer légèrement sur le collecteur.

LAMPE BRÉGUET.

Schéma du régulateur et son fonctionnement.

La lampe Bréguet réalise l'allumage, le réglage automatique et l'extinction de l'arc par le fonctionnement d'un relais R commandant un électromoteur série T_1, placé en dérivation aux bornes de l'arc et dont la rotation, sous l'effet du courant, se fait dans le sens du rapprochement des charbons. Ce rapprochement a lieu à l'aide d'engrenages commandés par le moteur et actionnant deux crémaillères solidaires des porte-charbons.

Le moteur est antagoniste d'un barillet B auquel il est relié par des engrenages. Ce barillet renferme un ressort à spirale, qui se bande lorsque le moteur T_1 tourne au rapprochement et qui se détend en écartant les charbons lorsque l'action du moteur cesse.

Mise en marche. — Les charbons étant écartés, si on lance le courant, la différence de potentiel entre les points e et f est maximum, un courant passe dans le relais R, qui attire la palette D et lui fait toucher le contact a; un courant passe dans le moteur-série qui tourne et rapproche les charbons.

Les charbons arrivant au contact, la différence de potentiel entre e et f tombe brusquement, la palette D abandonne aussitôt R et vient buter sur un taquet d'arrêt en mettant l'induit du moteur hors circuit. Comme le courant passe toujours dans l'inducteur C, le moteu-freine brusquement et le barillet écarte immédiatement les charbons en rétablissant l'arc.

A partir de ce moment, le relais R et la palette D agissent exactement de la même façon que dans la lampe Harlé déjà décrite, pour faire agir tantôt le moteur, tantôt le ressort.

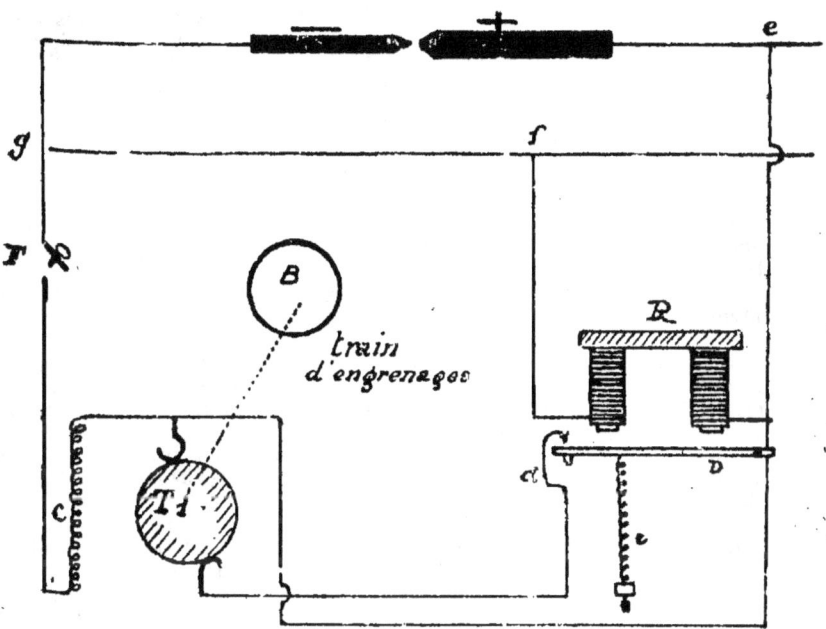

Fig. 46. — *Schéma de la lampe Bréguet.*

Commande à main. — Un dispositif spécial permet d'engrener, sur le pignon de commande des crémaillères des porte-charbons, une vis sans fin commandée par une manivelle. Il suffit, pour cela, de placer un petit levier se trouvant à l'avant de la lampe sur la lettre M. On coupe en même temps le circuit du moteur, qui n'est plus actionné.

Le réglage de la lampe se fait sur le ressort du barillet.

Entretien de la lampe. — Mêmes observations que pour la lampe Harlé.

Remarques. — Il existe entre les crémaillères un dispositif permettant de limiter l'écart des charbons sous l'action du ressort lorsque l'arc vient à s'éteindre. Un bouton permet d'annuler ce dispositif et d'écarter complètement les charbons.

LAMPE BARBIER-BENARD-TURENNE OU B.B.T.

Schéma du régulateur et son fonctionnement.

La lampe Barbier-Benard se compose :

1º D'un électromoteur shunt M monté en dérivation aux bornes de la lampe.

Ce moteur actionne, au moyen d'un train d'engrenages, les deux vis d'entraînement des porte-charbons; ces deux vis, 5 et 5', tournant en sens inverse, rapprochent ou éloignent les charbons;

2º D'un mécanisme de recul des charbons, constitué par un ressort enroulé dans un barillet. Le barillet est relié, par l'intermédiaire d'engrenages, à un arbre portant une poulie sur laquelle s'enroule une bande métallique formant frein.

Le réglage de la lampe se fait par celui de la tension du frein à l'aide d'une molette 16 et d'une vis 17;

3º D'un interrupteur placé dans le circuit de l'induit du moteur et actionnant un débrayage permettant de passer de la marche automatique à la marche à main;

4º D'un petit relais à double contact R commandant les mouvements du moteur.

Mise en marche. — Toutes les connexions des différents organes électriques étant amenées à une planchette de connexions à 4 bornes (1, 2, 3, 4), les bornes 1 ou 2 sont connectées respectivement aux bornes — et + de la lampe.

Aux bornes 1 et 2 en dérivation sur l'arc sont branchés : 1º la bobine (b) du relais R; 2º le contact C^2 du relais R; 3º les inducteurs S du moteur de la lampe.

L'induit du moteur M de la lampe est connecté aux bornes 3 et 4; l'un des balais de l'induit connecté à la borne 4 est relié à la palette mobile P du relais; l'autre balai est relié, à travers le dispositif de fin de course F et l'interrupteur I, à la borne 1 (pôle — de l'arc); dès qu'on ferme l'interrupteur I, la coupure de fin de course étant normalement fermée, l'un des balais du moteur se trouve directement relié au pôle — de l'arc. Tant que la bobine B du relais n'est pas excitée, le ressort r applique la palette au contact C^1. Dès que le courant est mis aux bornes de l'arc (prises 1 et 2 de la planchette de connexions) la bobine B est excitée et, sous l'action de l'aimant, la palette p du relais est attirée vers le contact C^2; l'induit du moteur est ainsi mis sous courant, et le moteur avance les porte-charbons.

Au moment où les charbons tombent au contact, le voltage, aux bornes de l'arc devient nul; la palette quitte le contact C^2; le barillet dont le ressort s'est bandé pendant l'avancement, écarte les porte-charbons, et l'arc s'allume. Dès que le voltage aux bornes de l'arc dépasse la valeur nécessaire (50 volts environ), la palette p du relais R est attirée de nouveau vers le contact C^2 et le moteur avance de nouveau les charbons jusqu'à ce que le potentiel tombe à la valeur voulue. On règle ainsi le voltage de l'arc par la tension du ressort r du relais R.

Toutes les manœuvres de réglage (ressort du relais, molette et vis du frein) peuvent être effectuées du même endroit, par une ouverture ménagée dans le carter de la lampe.

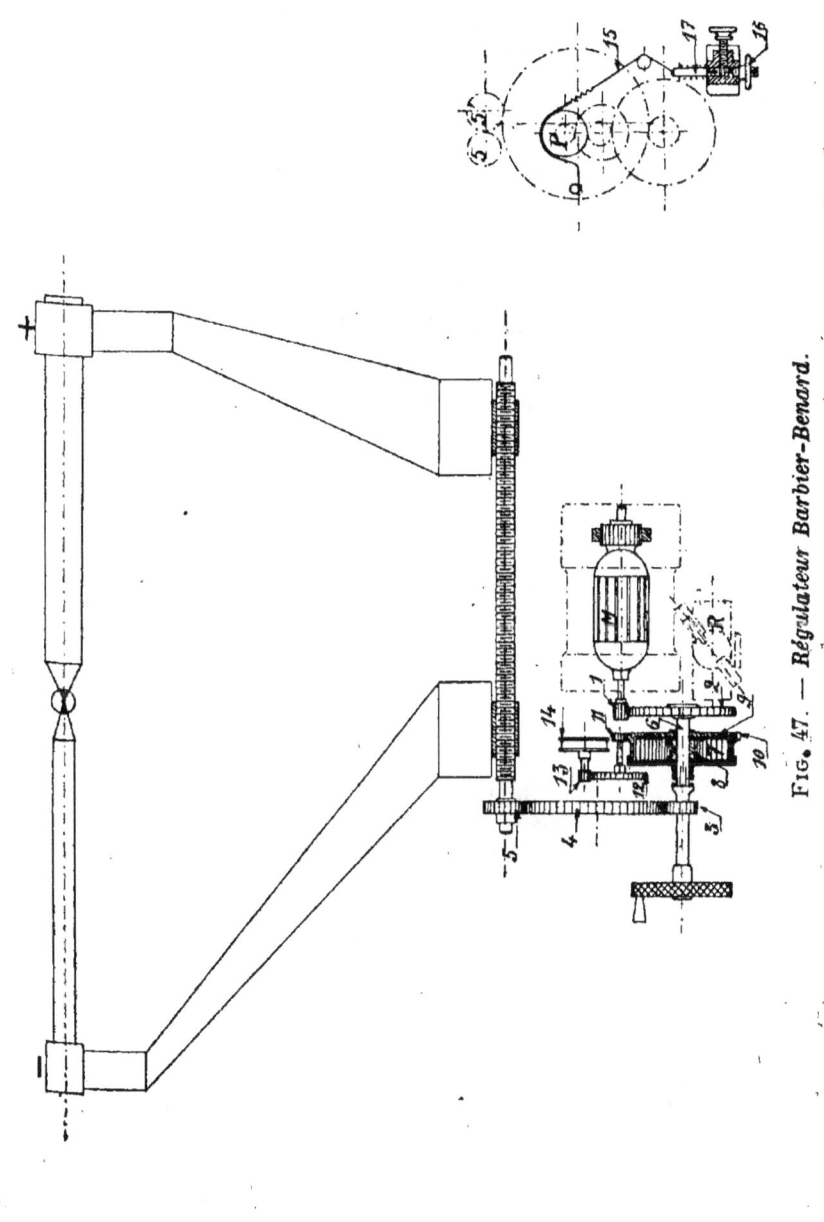

FIG. 47. — *Régulateur Barbier-Benard.*

FIG. 48. — *Schéma du régulateur Barbier-Benard.*

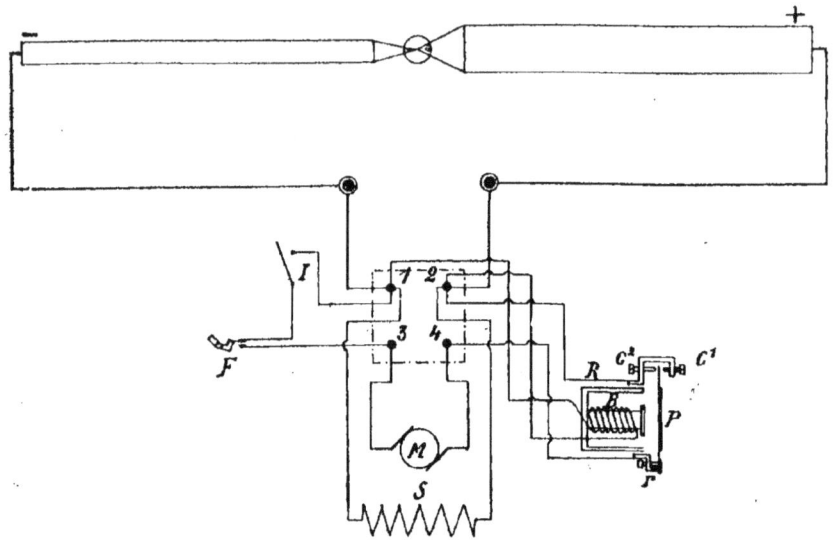

Incidents pendant le fonctionnement.

1° *Le recul des charbons n'est pas suffisant.* — Il faut augmenter la tension du ressort du barillet, en agissant sur la molette du frein et augmentant, de cette façon, le serrage de la bande métallique sur la poulie du frein.

2° *Arrêt de l'avancement des charbons pendant la marche, lorsque les charbons n'ont plus qu'une faible longueur.* — Ceci provient de la coupure du courant de l'induit du moteur par suite du fonctionnement du dispositif de fin de course.

3° *La lampe règle à un voltage trop haut ou trop bas.* — Il faut agir sur la vis du ressort r du relais de réglage R.

4° *Les charbons s'éloignent et se rapprochent sans discontinuer.* — On dit que la lampe « pompe ». Cela tient à ce que la distance entre les deux contacts C^1 et C^2 du relais R est trop grande.

Il faut, en agissant sur la vis argentée du contact C^1 réduire la course de la palette p (cette opération demande une certaine expérience et ne doit être faite que par des personnes ayant l'habitude du réglage).

Entretien. — La lampe doit toujours être tenue très propre, les mouvements graissés, les contacts électriques bien francs.

Nettoyer au pinceau les chariots et les vis de la partie supérieure qui peut recevoir des cendres.

Graisser les écrous des vis de commande des chariots.
Serrer avec soin les vis des porte-charbons.
Pour sortir la lampe il faut :
1° Ouvrir la porte avant du projecteur;
2° Débrayer la commande de mise au foyer de la lampe;
3° Enlever la lampe des glissières et la sortir du cylindre du projecteur.

Description des organes des diverses lampes.

SYSTÈME HARLÉ.

1° *Porte-charbons.* — Le porte-charbons est constitué, dans les lampes de projecteurs, par deux chariots portant, l'un le charbon positif, l'autre le charbon négatif. Ces chariots sont commandés par deux

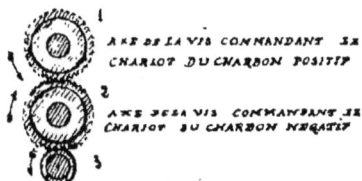

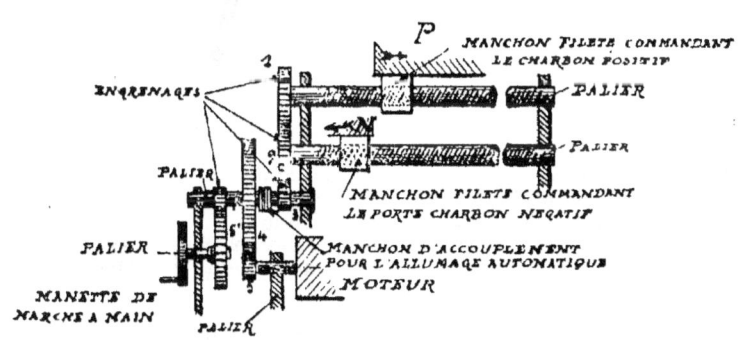

FIG. 49. — *Engrenages commandant les porte-charbons.*

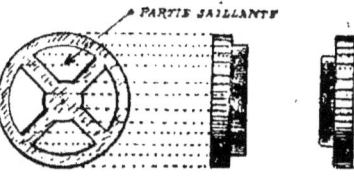

FIG. 49 bis.

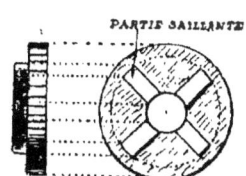

Manchon d'accouplement pour l'allumage automatique.

vis de même diamètre et de même pas, tournant à la même vitesse, en sens contraire; il en résulte que les manchons filetés solidaires des chariots déplacent ceux-ci en sens contraire de la même quantité soit au rapprochement, soit à l'éloignement. On obtient la rotation identique des vis en les commandant par deux engrenages de même type solidaires l'un de l'autre (fig. 49). Tels sont les engrenages 1 et 2 commandés par l'engrenage 3 qui, par l'intermédiaire de 4, subit lui-même l'action du moteur dans la marche automatique. On peut commander l'appareil à la main, à l'aide de 4' et 5', en supprimant, à l'aide du taquet spécial, l'accouplement nécessaire pour l'allumage automatique représenté par la lettre A sur la lampe (fig. 52).

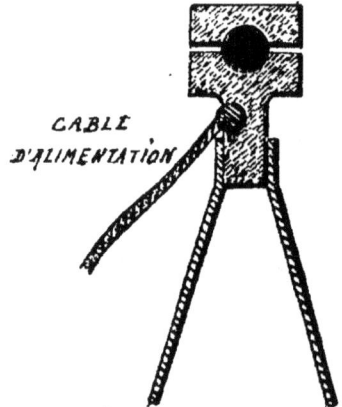

Fig. 50.

Nous donnons ci-contre une figure de cet accouplement (fig. 49 bis), qui abandonne le moteur quand on place le taquet placé sur le côté de la lampe sur la lettre M (marche à main).

Pour faciliter le déplacement des porte-charbons, ceux-ci portent des roulettes guidées par des rails, ainsi que l'indique la figure ci-après (fig. 51).

Cendrier. — La lampe Harlé ne possède pas de cendrier; les cendres des charbons tombent sur la plate-forme de la lampe, d'où on les retire, comme il a été dit, avec un pinceau.

Voltmètre de l'arc. — Le voltmètre de l'arc (fig. 53) du projecteur Harlé se trouve sur le côté de la lampe, à côté du taquet de marche à main et de marche automatique (fig. 52). Ce voltmètre est gradué de zéro à 100 volts, avec des divisions de 2 en 2 volts. Deux barres rouges tracées l'une à 47 volts, l'autre à 52 volts, indiquent le régime normal du voltage aux deux bornes de l'arc.

Œilleton. — Afin de surveiller l'usure des charbons, on place sur le côté du projecteur, et traversant le cylindre, un œilleton muni de verres rouges, afin de ne pas être aveuglé désagréablement par l'arc, dont les radiations violettes ou ultra-violettes sont très mauvaises pour la vue. On peut intercaler dans l'œilleton une lentille divergente qui donne une image plus petite que l'arc et de même sens (*fig.* 54).

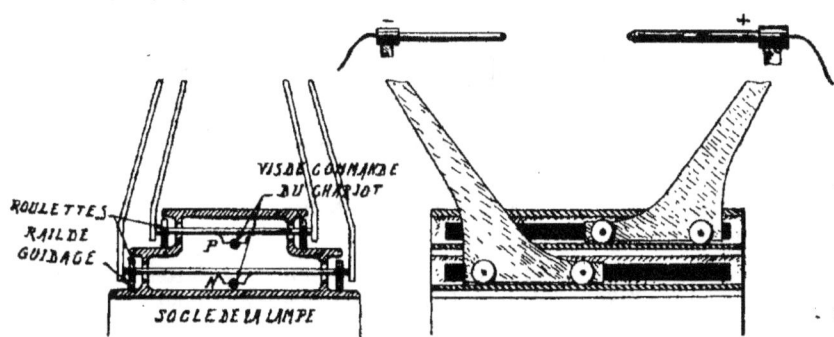

Fig. 51. — *Porte-charbons.*

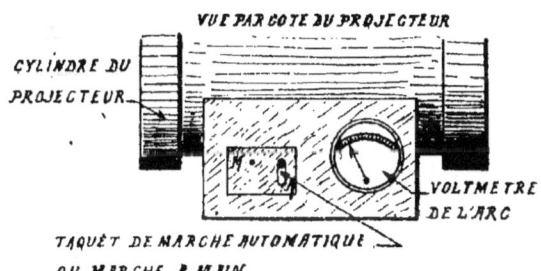

Fig. 52.

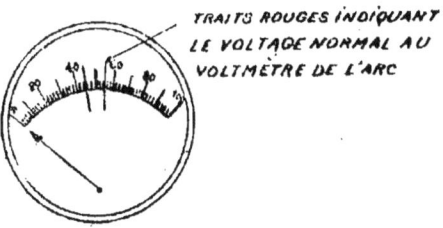

Fig. 53. — *Voltmètre de l'arc.*

Dans certains cas, on a une image renversée plus petite que l'objet avec une lentille suffisamment convergente (fig. 55). Cette image est de même colorée en rouge, par l'interposition du verre dont nous avons parlé.

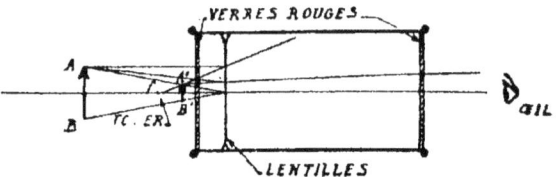

Fig. 54. — *OEilleton à lentille divergente.*

Les œilletons rouges interceptent les radiations violettes et ultra-violettes qui provoquent, en effet, des conjonctivites pour les observations fréquemment renouvelées.

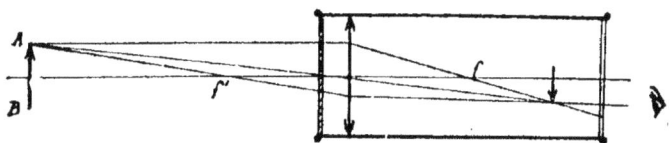

Fig. 55. — *OEilleton à lentille convergente.*

Le tube formant l'œilleton est fixé au cylindre de manière que son axe passe par le foyer du miroir du projecteur où doit toujours se trouver la source.

Un verre avec deux traits en croix permet de vérifier, dans certains cas, la bonne position des charbons de l'arc.

Réglage des charbons en hauteur et par côté. — Le réglage des charbons en hauteur et par côté se fait à l'aide de manettes terminées par des tiges qui agissent sur la pince tenant le charbon positif.

Ces tiges portent une articulation sphérique à la traversée du cylin-

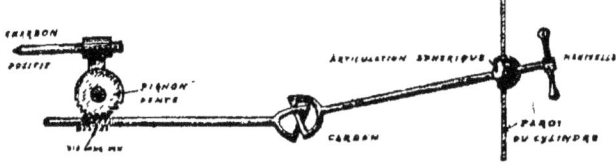

Fig. 56. — *Commande des charbons en hauteur.*

dre du projecteur et une articulation à la cardan au raccord avec le porte-charbon positif. Une vis sans fin de ce raccord actionne un pignon denté qui fait tourner le support du charbon de haut en bas ou de droite à gauche, suivant les manettes sur lesquelles on agit (fig. 56).

Accouplement de la manivelle de la lampe avec la manivelle extérieure du projecteur. — La lampe du projecteur s'introduit dans son logement en ouvrant une porte à charnière horizontale. La manivelle de la lampe étant à une certaine distance de la porte, on exécute le

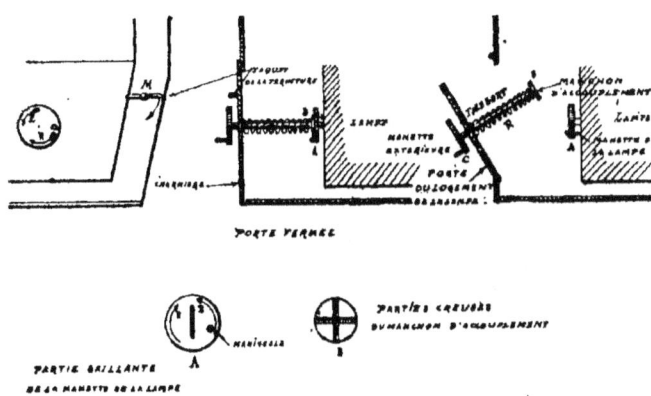

Fig. 57.

raccordement à l'aide d'une tige portant, à l'une de ses extrémités, le manchon d'accouplement de la tige de manœuvre avec la manette de la lampe. Le manchon porte des cavités où peut se loger un saillant de la manette de la lampe; cet assemblage se maintient grâce au ressort R, prenant point d'appui sur la porte du logement de la lampe et sur la manette extérieure. La manette M fermant le logement de la lampe sert aussi à déplacer la lampe dans son logement, à l'aide d'une vis sans fin et d'un engrenage.

SYSTÈME BRÉGUET.

1º *Porte-charbons*. — Le porte-charbons est toujours constitué par deux chariots se déplaçant en sens contraire et dont le mouvement est assuré à l'aide d'un pignon portant une roue dentée qui engrène sur deux crémaillères solidaires des porte-charbons.

Le pignon est mû dans les deux sens alternativement par le moteur et le ressort de la lampe. A ces mouvements correspond un rapprochement ou un écart des charbons du foyer du miroir du projecteur, de part et d'autre duquel ils se trouvent. Les crémaillères ayant même pas, les deux charbons se rapprochent ou s'éloignent en même temps de la même quantité (ce qui est général à toutes les lampes de projecteur, les charbons étant choisis en conséquence).

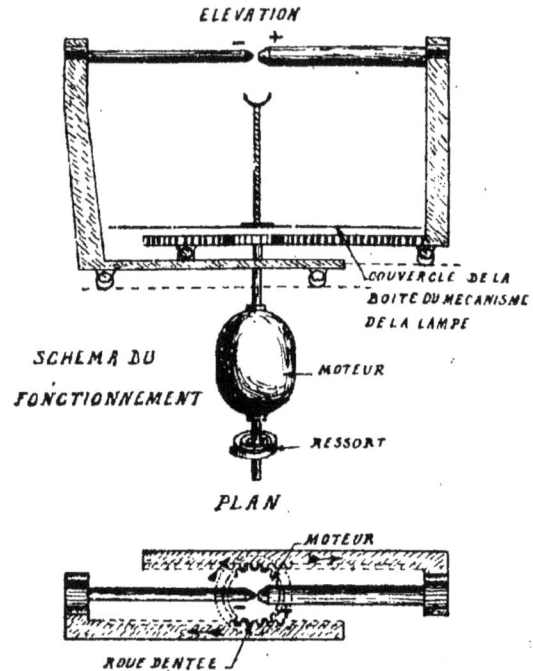

Fig. 58. — *Schéma de la lampe Bréguet.*

Nous donnons ici un schéma faisant comprendre le fonctionnement de la lampe; mais il ne correspond pas absolument à la construction de l'appareil en ce qui touche les liaisons du moteur et du ressort avec l'arbre de commande des crémaillères. En réalité, il existe, comme dans le Harlé, un certain nombre d'engrenages intermédiaires permettant la marche automatique ou la marche à main, que l'on assure, comme nous l'avons déjà dit, à l'aide d'un petit bouton placé à l'arrière de la lampe, en ayant préalablement coupé le courant et la marche automatique. Il suffit, pour cela d'agir sur la poignée avant de la lampe et de la placer sur la lettre M.

Cendrier. — La platine formant couvercle de la boîte de mécanisme de la lampe porte le cendrier, qui se trouve au-dessous des charbons (*fig.* 58). On lui donne une grandeur suffisante pour recevoir toutes les cendres, même lorsque le projecteur est très incliné (30 degrés par exemple). Toutefois, il ne doit pas dépasser certaines dimensions dans le sens transversal à l'axe du projecteur, de façon à ne pas occulter le faisceau. Le cendrier est fixe par rapport à la boîte de la lampe (il ne subit pas de mouvement analogue à celui des charbons), mais il suit le mouvement de celle-ci lorsqu'on agit sur la molette placée sur le côté de la lampe, quand on veut placer l'arc au foyer du miroir du projecteur.

Voltmètre de l'arc. — Le plateau du projecteur porte le voltmètre de l'arc. Ce voltmètre compte de 0 à 80 volts; il est gradué de 2 en 2 volts. Un trait rouge, indiquant la marche normale de l'arc, est tracé sur 48 volts. Afin de pouvoir lire plus commodément, la nuit, le voltage aux bornes de l'arc, le voltmètre est pourvu d'une petite lampe électrique qui l'éclaire de façon suffisante sans être visible à une certaine distance du projecteur.

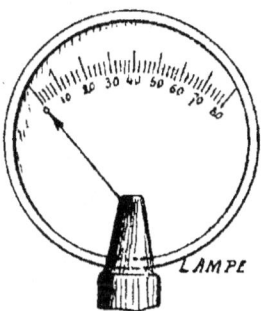

Fig. 59.

Œilleton. — L'œilleton de l'appareil Bréguet est composé d'un miroir à 45 degrés placé à l'intersection de deux tubes à 90 degrés et portant l'un, l'objectif muni d'un verre rouge, l'autre, l'oculaire muni d'un verre dépoli. Ce verre dépoli est parfois gravé de deux traits en croix

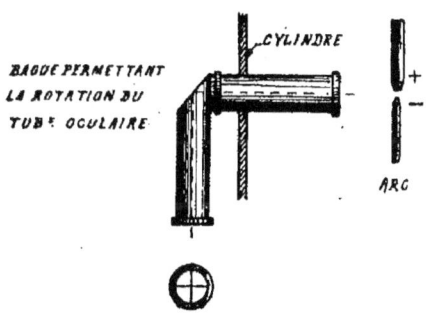

Fig. 60.

indiquant la position à donner à l'arc pour le mettre au foyer. La lampe est au foyer, quand l'image de l'arc donnée par l'œilleton est à la croisée des traits de son oculaire.

Le tube oculaire peut tourner autour de l'axe du tube objectif, à l'aide d'une bague d'accouplement des deux tubes. Le miroir à 45 degrés est entraîné dans le mouvement du tube oculaire, que l'on doit toujours diriger vers le sol, sous peine de faire repérer l'appareil.

Réglage des charbons en hauteur et par côté. — Il est analogue à celui de l'appareil Harlé.

SYSTÈME BARBIER-BENARD.

Porte-charbons. — Le principe de son fonctionnement est analogue à celui de la lampe Harlé en ce qui concerne les chariots. Il n'en diffère que par les liaisons et la manœuvre des organes moteurs dont on peut voir le détail un peu plus haut.

Cendrier. — Dispositif analogue au Bréguet.

Voltmètre de l'arc. — Ce voltmètre se trouve sur le bras de la lyre. Il porte un couvercle protégeant sa graduation, qui est de zéro à 100 volts, avec chiffraison de 2 en 2 volts. La marche normale de l'appareil a lieu entre 48 et 52 ampères.

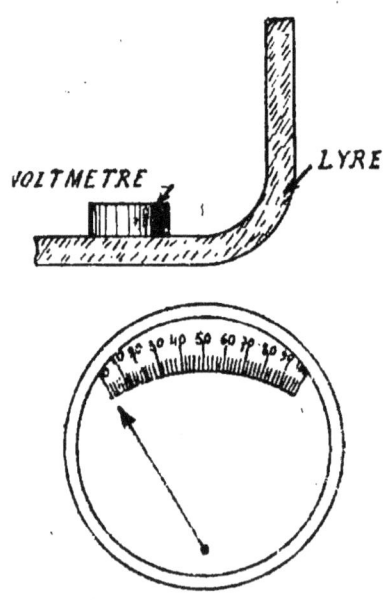

Fig. 61.

PROJECTEURS ÉLECTRIQUES A ARC.

Œilleton. — L'œilleton est constitué uniquement par un verre rouge inséré dans la paroi du cylindre. On cache cet œilleton à l'aide d'un couvercle qui est attaché au cylindre à l'aide d'une chaîne, de manière à ne pas le perdre, sans quoi l'œilleton pourrait rendre l'appareil visible et repérable à de grandes distances.

CABLE D'ALIMENTATION ET SES ACCESSOIRES.

Câble du projecteur de 60 centimètres.

Le câble d'alimentation a pour but de relier la lampe au groupe électrogène. Il se compose de deux conducteurs : l'un d'amenée du courant à la lampe, l'autre de retour de celui-ci à la génératrice. Ces deux conducteurs sont parfois identiques; ils se composent alors d'une âme formée d'une centaine de fils de cuivre de 4/10 de millimètre de diamètre toronnés et donnant une section totale de 18^{mm2}. La couche isolante est constituée par deux couches de caoutchouc vulcanisé recouvertes d'une ou deux enveloppes en toile, elles-mêmes protégées par une gaine en cuir. Les deux conducteurs sont enfin protégés de l'usure qui se produirait sur le sol par une grande gaine en cuir les contenant tous les deux, atteignant deux centimètres de diamètre environ (*fig.* 62).

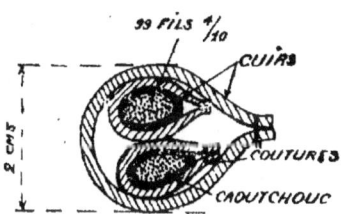

Fig. 62. — *Câble.*

Il n'y a aucune raison d'employer des câbles d'une contexture différente pour l'aller et le retour; toutefois, dans certains câbles, les conducteurs d'aller et de retour du courant ne sont pas identiques. Le fil d'aller est identique à ceux que nous venons de décrire et enveloppé par une gaine en cuir teinté rouge; le fil de retour est, au contraire, dans une gaine en cuir noir et comprend seulement 37 fils de 4/10 de millimètre de diamètre, recouverts par une enveloppe de toile, deux couches de caoutchouc vulcanisé et deux enveloppes de toile. L'échauffement du câble étant susceptible de fondre le caoutchouc, une enveloppe de toile protège celui-ci de la chaleur due à l'augmentation de résistance du câble.

La longueur des câbles varie avec les types d'appareils; elle est de 50, 100 ou 200 mètres, et facilite la protection du groupe électrogène ainsi que l'installation du projecteur. Son poids est d'environ 1/2 kgr.

Projecteurs.

au mètre courant. Le câble joue, comme nous l'avons dit, le rôle de résistance et contribue à la stabilité de l'arc. Il est donc bon de n'avoir pas de câbles trop courts au point de vue du fonctionnement de l'appareil.

La résistance courante du câble de $18^{mm²}2$ est de $0\omega,0882$ et son isolement atteint 600 megohms au kilomètre.

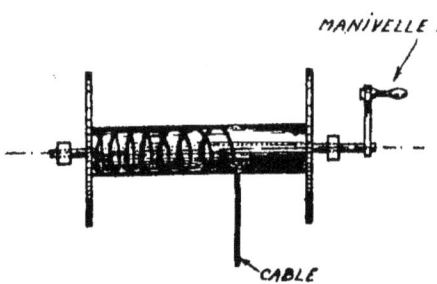

Fig. 63. — *Tambour du câble.*

Le câble, sur toutes les voitures, est enroulé sur un tambour. Lorsqu'il atteint une grande longueur, il est indispensable de tourner le tambour à l'aide d'une manivelle (*fig.* 63). Lorsqu'on fait passer un courant dans le câble pendant un certain temps, il est indispensable de dérouler entièrement celui-ci, sous peine de griller les enveloppes protectrices par suite de leur échauffement. On déroule le câble en retirant le taquet d'arrêt du tambour placé sur le côté de son palier. Lorsque la longueur de câble voulue est déroulée, on bloque le taquet pour éviter la rotation du tambour et le déroulement du câble pendant la manœuvre. Toutefois, tous les tambours de câbles n'ont pas de taquet d'arrêt.

Quel que soit le genre de câble, il est bon de ne pas le laisser séjourner trop longtemps dans l'eau ; si, par nécessité, il doit y rester, il est bon de graisser le câble de façon à le rendre imperméable à l'eau.

Pour les projecteurs de 40 centimètres et de 90 centimètres, le câble n'a plus la même section ; mais le principe de sa constitution et de son isolement reste le même. Le câble du projecteur de 40 centimètres, lorsqu'il ne dépasse pas 50 mètres, peut être porté aisément à dos d'homme et déroulé comme un cordage à pied d'œuvre. Pour le dérouler facilement, on peut le lover sur le sol avant la manœuvre.

Conjoncteurs.

Le câble est réuni d'une part à la lampe, de l'autre à la génératrice, par les conjoncteurs constitués de la manière suivante :

Un cylindre isolant est percé de deux trous où viennent se loger deux cylindres en laiton de 2 centimètres environ de diamètre et

portant, l'un une cavité et un doigt, l'autre deux cavités, et disposés comme l'indique la figure. Ces deux contacts en laiton sont fixés à l'aide de vis. Dans leurs cavités inférieures sont introduites les extrémités décapées des deux conducteurs du câble, que l'on fixe aux contacts en versant de l'étain que la vis maintient à son emplacement.

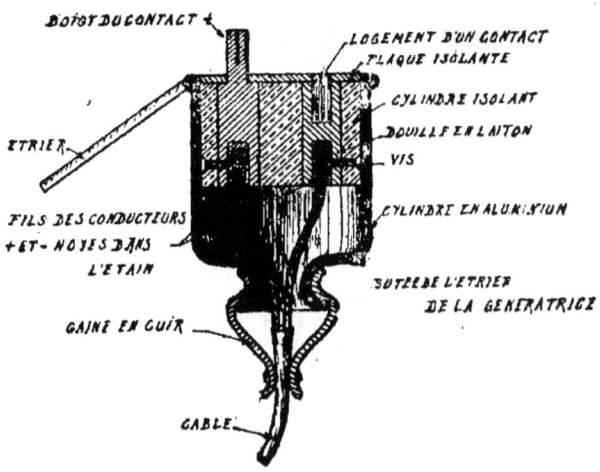

Fig. 64. — *Coupe d'un conjoncteur.*

L'ensemble est alors placé à l'intérieur d'une enveloppe protectrice en aluminium où le cylindre isolant est maintenu à l'aide d'une plaque isolante en ébonite. A la partie inférieure, on évite l'entrée de l'eau ou des poussières à l'aide d'une gaine en cuir reliant le cylindre en aluminium et le câble. Le conjoncteur du câble porte un étrier que l'on rabat sur le conjoncteur de la lampe ou celui de la génératrice, de manière à assurer l'assemblage à bouts mâle et femelle d'une façon définitive.

Il est recommandé de tenir toujours propres les plots des conjoncteurs, afin d'assurer de bonnes prises de contact. Il faut *alors nettoyer ceux-ci avec des chiffons ou de la toile émeri très fine.*

Interrupteur de la lampe.

Afin de permettre à l'électricien d'allumer ou d'éteindre la lampe sans le commander au groupe électrogène, on fixe sur le projecteur un interrupteur à la main. Cet interrupteur est du type bipolaire.

Tableau de distribution de la dynamo.

La dynamo génératrice de courant continu alimentant l'arc peut être réglée à l'aide d'un voltmètre et d'un ampèremètre fixés sur un tableau dit de distribution. Ce tableau porte en outre les organes de régulation (rhéostats d'excitation et de charge) et les organes de sécurité (fusibles). On y ajoute un interrupteur bipolaire à couteau, nécessaire pour assurer ou supprimer les prises de courant sur la voiture électrogène, et aussi très fréquemment un disjoncteur unipolaire à maxima.

Voltmètres et ampèremètres.

Les voltmètres et ampèremètres sont basés sur l'action mutuelle des solénoïdes sur les aimants ou d'autres solénoïdes.

Les voltmètres sont en général constitués par un solénoïde en fil long et fin comportant plusieurs couches de bobinage dans lesquelles circule un courant électrique de très faible intensité. A l'intérieur du solénoïde, se trouve un petit aimant qui se place perpendiculairement à l'axe du solénoïde XX_1 quand aucun courant ne le traverse. Si un courant passe, l'aimant tend à se mettre parallèle à XX_1, mais il en est écarté à l'aide d'un ressort en spirale qui tend à le ramener à sa

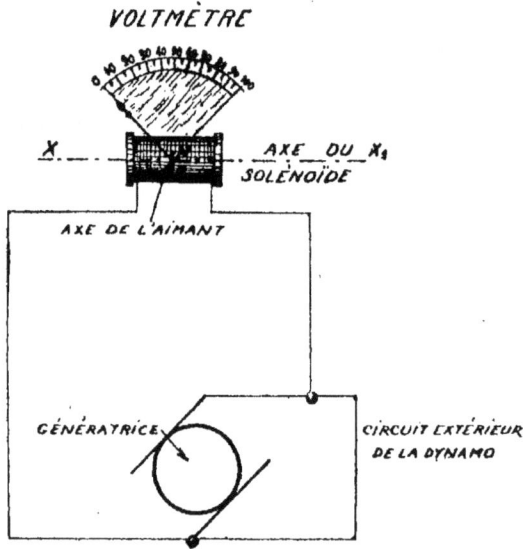

Fig. 65. — *Voltmètre branché en dérivation.*

position primitive. La rotation de l'aiguille indiquant le voltage est proportionnelle à l'intensité du courant qui traverse le voltmètre. Cette intensité I du courant varie d'ailleurs proportionnellement au voltage aux bornes du voltmètre (V — V'), car on a

$$\frac{V - V'}{I} = R = \text{résistance de la bobine} = C^{te}.$$

L'action magnétique du solénoïde sur l'aimant est sensiblement proportionnelle au nombre *d'ampères-tours* de la bobine, c'est-à-dire au produit de l'intensité du courant qui la traverse par le nombre de spires de la bobine. On obtient donc sensiblement le même résultat sur un aimant en prenant une bobine à fil long et fin et à plusieurs couches ou une bobine à fil court et gros et une seule couche, à condition que le produit de l'intensité par le nombre de spires soit égal dans les deux cas. Le premier cas étant celui du voltmètre, le second cas est celui de l'ampèremètre.

Pour l'ampèremètre, comme pour le voltmètre, le ressort antagoniste de la rotation de l'aimant subit une déformation proportionnelle à l'action du solénoïde sur l'aimant, laquelle, étant proportionnelle à l'intensité du courant, donne ici les ampères.

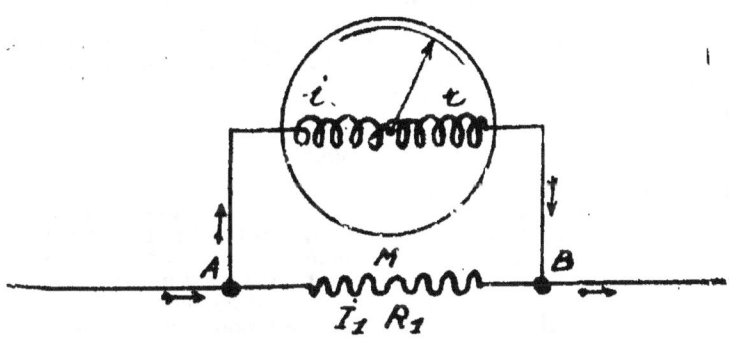

Fig. 66. — *Ampèremètre shunté.*

Dans les ampèremètres à fil gros et court (gros pour éviter l'échauffement, court pour diminuer la résistance), il y a, toutefois, intérêt à ne pas faire débiter tout le courant sur lequel ils sont branchés en série. L'échauffement de la bobine pourrait, en effet, la détruire, ce qui arriverait notamment dans le cas des projecteurs. On réalise alors le montage en *shuntant* l'ampèremètre, qui a alors la disposition ci-dessus.

Aux deux bornes A et B de l'ampèremètre, on fixe un circuit dérivé A M B, de résistance R_1 beaucoup plus petite que celle de l'ampèremètre. Il en résulte que la majeure partie du courant passe dans cette dérivation.

On a :
$$I_1 R_1 = i r$$

en désignant par :
I_1, l'intensité du courant dans la dérivation;
R_1, la résistance de celle-ci;
i, l'intensité du courant dans l'ampèremètre ;
r, sa résistance;

On a donc :
$$I_1 = i \frac{r}{R_1}.$$

Or, si on désigne par I l'intensité totale du courant de la génératrice, on a :
$$I = I_1 + i = i\left(1 + \frac{r}{R_1}\right) = i\frac{R_1 + r}{R_1}$$

et
$$i = \frac{I R_1}{R_1 + r}.$$

Si donc on a :
$$\frac{R_1}{R_1 + r} = \frac{1}{10}, \text{ c'est-à-dire } R_1 = \frac{1}{9} \text{ de } r,$$

le courant traversant l'ampèremètre égal au dixième du courant total. Dans le Harlé, le shunt est extérieur à l'ampèremètre; dans le Bréguet, il est à l'intérieur de l'appareil.

Rhéostats.

On donne ce nom aux résistances variables intercalées dans les circuits, de façon à en modifier l'intensité. La variation de la résistance se fait en introduisant dans le circuit des longueurs déterminées de fil conducteur, soit en déplaçant un contact mobile sur les spires, soit à l'aide d'un commutateur spécial et de plots.

Les rhéostats n'étant pas destinés à produire un champ magnétique, ils sont généralement enroulés en bobines plates (rhéostat de la lampe Bréguet). Afin d'augmenter la surface de refroidissement des rhéostats parcourus par de fortes intensités, on les constitue par des faisceaux de fils fins.

Afin de ne pas provoquer d'incidents fâcheux de fonctionnement, on recommande :

1º De ne jamais passer brusquement d'une extrémité à l'autre d'un rhéostat, lorsqu'il commande les variations de vitesse de la machine;

2º D'éviter de provoquer des arcs entre la manette et le plot qu'elle quitte, ce qui a lieu avec les courants puissants. On y réussit en passant franchement d'un plot à l'autre; on conserve ainsi très longtemps de bons contacts;

3º De ne pas rester trop longtemps sur les plots pour lesquels on a un échauffement prononcé du rhéostat qui peut être détérioré.

On utilise deux types de rhéostats : les uns pour régler *l'excitation* de la dynamo, dits *d'excitation*, et les autres pour régler le débit du courant traversant la lampe, dits *rhéostats de charge*.

Fusibles.

Afin d'éviter la destruction de tous les appareils par suite de l'augmentation de l'intensité du courant débité par la dynamo, on dispose, sur le circuit de l'arc des fusibles jouant le rôle de *coupe-circuits*. Lorsque la densité de courant traversant le fusible devient trop élevée, celui-ci fond, et le courant est interrompu.

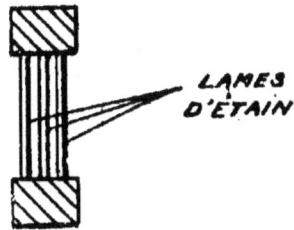

Fig. 67. — *Fusible.*

Les fusibles, sont constitués par des alliages fondant à des températures assez basses (200° à 300°). De bons fusibles sont constitués avec des lames d'étain pur d'une longueur de 12 centimètres et d'une largeur de 5 millimètres. On a alors les résultats suivants :

INTENSITÉS		ÉPAISSEUR DES LAMELLES en millimètres.	SECTION DES LAMELLES en millimètres carrés.	DENSITÉ DU COURANT dans les lamelles, ampères par millimètre carré.
DE PROTECTION.	DE FUSION.			
1,5	3,5	0,02	0,10	15
3	9	0,05	0,25	12
5	17	0,09	0,45	11
10	30	0,21	1,05	10
20	60	0,50	2,50	8

Un coupe-circuit, pour un projecteur, peut donc être constitué par trois lames d'étain de 12 centimètres de long, 5 millimètres de large et 0mm,5 d'épaisseur, placées côte à côte sans se toucher. Si on craint des déformations entraînant le contact, on peut les séparer par des lames de mica.

Quand un fusible est fondu, il ne faut jamais tolérer qu'un électricien le remplace par un fil de cuivre; on peut avoir ainsi de fâcheux incidents dus à une augmentation accidentelle de l'intensité.

En cas d'absolue nécessité seulement, l'officier responsable du projecteur pourra remplacer les fusibles en plaçant des fils de cuivre fin d'une section inférieure au dixième de la section du fusible que l'on remplace.

Interrupteur bipolaire et disjoncteur unipolaire.

Pour fermer le circuit, on utilise l'interrupteur à couteau bipolaire dans *la plupart* des tableaux de distribution des projecteurs.

Pour la sécurité de l'appareil, on adjoint souvent aux tableaux des interrupteurs disjoncteurs unipolaires dont les propriétés sont basées sur celles des électro aimants. Ils ont pour but d'éviter les inconvénients résultant d'une augmentation trop grande du voltage ou de l'intensité. Quand ceux-ci sont trop élevés, un noyau de fer doux, attiré par l'électro-aimant du disjoncteur, entraîne avec lui un taquet et libère le levier du disjoncteur qui s'écarte du tableau. Le courant est alors coupé.

Le groupe électrogène.

Le groupe électrogène est constitué par l'accouplement d'un moteur et d'une dynamo : shunt, compound ou hypercompound.

Dans les projecteurs fixes, le moteur est relié à la dynamo par une courroie. Les poulies sont de diamètres différents et les arbres ne tournent pas à la même vitesse. On peut alors utiliser des dynamos bipolaires.

Dans les projecteurs de campagne, où interviennent les questions de poids et d'encombrement qui réduisent la mobilité du matériel, on a cherché à faire des dynamos puissantes, petites et légères, et l'on a accouplé au moteur des dynamos tétrapolaires présentant ces avantages. Le moteur et la dynamo ayant même arbre tournent en général à une vitesse de 1.300 à 1.500 tours à la minute.

L'emploi des dynamos tétrapolaires est dû aux raisons suivantes :
La puissance d'une dynamo augmentant avec la vitesse de rotation, elle s'accroît si l'on augmente les dimensions de l'induit. La résistance limitée de l'induit, au point de vue mécanique, s'oppose à cette manière d'opérer, la force centrifuge devenant bien vite considérable, et l'on est amené à l'emploi de la dynamo à plusieurs pôles, qui multiplient les circuits magnétiques. Au point de vue électrique, la dynamo tétrapolaire équivaut à une dynamo bipolaire de même induit tournant à une vitesse double. C'est ce qui a permis de coupler sur un même arbre les moteurs et les dynamos tétrapolaires. Il existe néanmoins un certain nombre de dynamos bipolaires, mais le couplage avec le moteur est plus délicat étant fait à l'aide de chaînes.

Nous allons donner ici un court aperçu sur les dynamos et les moteurs; nous nous étendrons surtout sur les incidents de leur fonctionnement, en indiquant les moyens d'y remédier.

DYNAMO.

A. — Description.

Les dynamos électriques sont des générateurs destinés à transformer l'énergie mécanique en énergie électrique.

Elles se composent essentiellement :

1° D'un *inducteur* qui n'est autre qu'un électro-aimant puissant présentant une cavité cylindrique dans laquelle il produit un champ magnétique de grande intensité ;

2° D'un *induit*, composé d'un certain nombre de spires mobiles dans le champ magnétique créé par l'inducteur. Les spires de l'induit sont alors le siège de courants électriques plus ou moins intenses suivant : 1° l'intensité du champ magnétique de l'inducteur ; 2° le déplacement plus ou moins rapide des spires de l'induit ; 3° la grandeur des variations de la quantité de flux traversant les spires. Pour ajouter les courants les uns aux autres, les spires sont disposées et réunies entre elles suivant des combinaisons variant avec les machines et constituant le mode d'enroulement de l'induit. Le courant de l'induit, qui est celui fourni dans le circuit extérieur de la dynamo, est pris sur le *collecteur*, à l'aide de *balais*. Nous allons étudier ces organes un peu plus en détail.

Inducteurs. — Il existe actuellement un très grand nombre de formes d'inducteurs. Parmi ceux qui nous intéressent sont les inducteurs tétrapolaires, dont nous donnons ici un type courant.

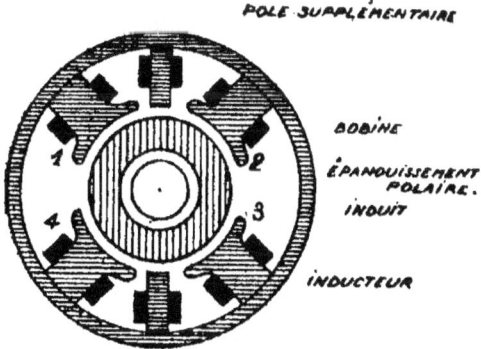

Fig. 68. — *Inducteur tétrapolaire Harlé.*

Sur un bâti cylindrique sont fixées quatre bobines ayant même axe deux à deux. Les deux axes des bobines sont à 90 degrés l'un sur l'autre. Chaque bobine entoure un noyau de fer ou d'acier doux portant un épanouissement polaire au voisinage de l'induit.

On ajoute quelquefois aux quatre pôles principaux deux petits pôles supplémentaires qui ont pour effet de redresser le champ magnétique de l'inducteur.

Les quatre pôles 1, 2, 3, 4 sont alternativement de signes contraires : 1 et 3 sont des pôles nord, 2 et 4 des pôles sud. On obtient le résultat en enroulant les bobines de deux pôles voisins en sens contraire.

L'enveloppe cylindrique de l'inducteur conserve une certaine quantité de magnétisme lorsque la dynamo ne fonctionne plus. On donne à ce phénomène le nom de magnétisme rémanent. C'est à lui qu'est due la possibilité d'amorçage de la dynamo et son fonctionnement. En effet, s'il reste un champ magnétique très faible dans l'inducteur, l'induit sera l'objet d'un courant très faible en tournant dans le champ magnétique de l'inducteur. Si ce courant passe dans les bobines de l'inducteur, le champ magnétique créé par celui-ci ira en croissant et réagira dans le même sens sur le courant de l'induit qui ira, par suite, constamment en augmentant jusqu'à la limite de régime. On réalise ainsi l'*autoexcitation* de la machine.

L'autoexcitation peut être réalisée de manières très différentes suivant le type de la dynamo : série, shunt ou compound.

Lorsque l'autoexcitation ne peut se réaliser, on dit que la machine est désamorcée. On peut alors, pour amorcer la machine, avoir recours à l'*excitation indépendante*. Vu l'importance du rôle joué par l'excitation dans les dynamos, nous y consacrons le paragraphe suivant.

Divers modes d'excitation des dynamos.

a) *Excitation indépendante*. — Dans le cas de l'excitation indépendante, le champ magnétique de l'inducteur est créé à l'aide d'une source de courant continu indépendante de la dynamo : piles, accumulateurs ou même une autre dynamo. L'avantage est d'obtenir une

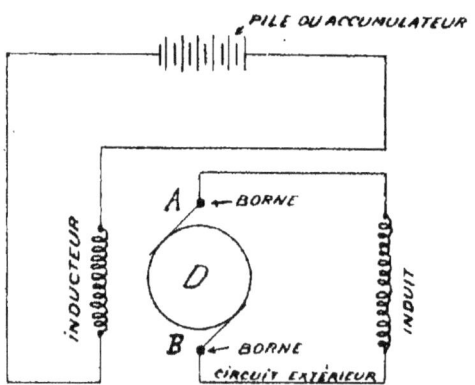

Fig. 69. — *Dynamo à excitation indépendante.*

machine très souple, à réglage très facile, puisqu'on peut faire varier indépendamment l'une de l'autre l'excitation et la vitesse de rotation. Dans les machines à excitation indépendante, le voltage aux bornes reste presque constant lorsque le débit varie; elles s'amorcent toujours, mais elles ont le grave inconvénient d'exiger la présence d'une source auxiliaire d'électricité et ne servent guère que dans les essais des moteurs et dynamos électriques. A et B seront les bornes de la machine.

b) *Excitation en série.* — L'excitation en série suppose l'aimantation des inducteurs si petite soit-elle. La machine s'amorce d'elle-même, comme nous l'avons exposé, et le courant débitant dans l'induit passe dans l'inducteur qui sera à gros fil et qui aura peu de spires, pour éviter l'échauffement de l'isolant et faciliter le passage du courant.

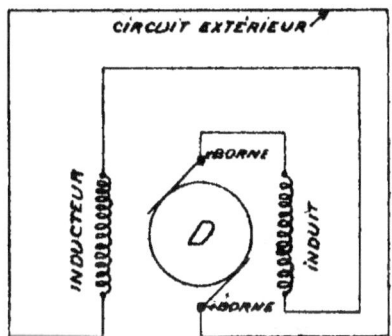

Fig. 70. — *Dynamo à excitation série.*

La dynamo série n'est employée que dans des cas spéciaux, tels que l'alimentation de récepteurs en série et le transport d'énergie. Son amorçage dépend de sa consommation, il augmente au fur et à mesure que celle-ci croît. Comme la force électro-motrice de la machine croît elle aussi en mesure de l'amorçage, il y aura un moment où la surtension brûlera les lampes ou les induits de récepteurs trop faibles. En outre, si un court-circuit se produit, on pourra brûler la machine qui s'emballera préalablement en rompant les courroies de liaison du moteur et en calant parfois celui-ci. La dynamo série est surtout utilisée comme moteur (lampes à arc des projecteurs) où elle n'a plus les mêmes inconvénients.

c) *Excitation shunt ou en dérivation.* — Dans les machines à excitation shunt, qui sont les plus nombreuses aujourd'hui, une partie seulement du courant de l'induit passe dans les inducteurs, en fil long et fin et à grand nombre de spires. Il y a, entre les bobines d'inducteurs des dynamos shunt et série la même différence qu'entre celles des voltmètres et des ampèremètres.

Le circuit inducteur est parfois monté directement aux bornes de la dynamo (Harlé), soit par l'intermédiaire d'un rhéostat de réglage dit d'excitation.

La machine ne s'amorce qu'en circuit ouvert et se désamorce si la résistance du circuit d'utilisation devient trop faible, ainsi avec un court-circuit, la dynamo se désamorce. Pour éviter la détérioration de l'induit par le désamorçage brutal de la machine, il est bon de placer un fusible sur son circuit, afin de rendre la rupture moins brusque.

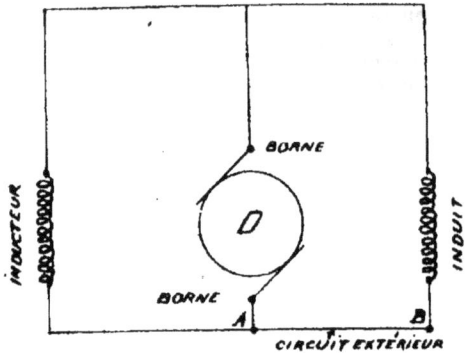

Fig. 71. — *Dynamo Shunt.*

La dynamo shunt ne s'amorce que pour un seul sens de rotation à circuit ouvert; lorsqu'elle fonctionne, une augmentation de l'intensité dans le circuit extérieur entraîne une diminution légère de la différence de potentiel aux bornes (réaction d'induit). On maintient la différence de potentiel constante en diminuant la résistance du rhéostat

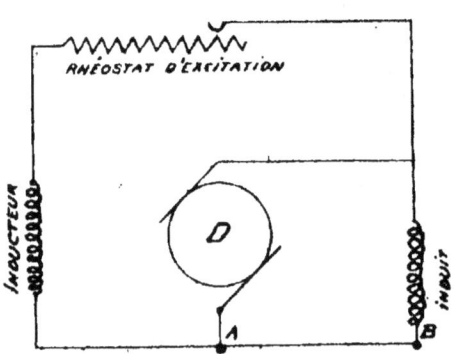

Fig. 72. — *Réglage de la dynamo Shunt.*

d'excitation. La dynamo shunt étant d'un fonctionnement régulier et d'un maniement facile, les maladresses y ont rarement de gros inconvénients.

Si on s'en sert pour la charge des accumulateurs, le renversement accidentel du sens du courant dans le circuit extérieur ne change pas celui des inducteurs; on évite ainsi le renversement de polarité des inducteurs qui présente certains inconvénients dans l'amorçage des dynamos.

d) *Excitation compound ou composée.* — L'inducteur porte deux circuits, l'un en série, l'autre en dérivation. Le circuit en série, en fil gros et court, ne comporte que de 3 à 10 tours; les spires de l'enroulement en dérivation sont au contraire très nombreuses et en fil long et fin.

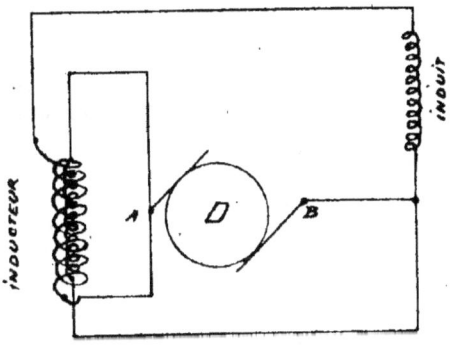

Fig. 73. — *Dynamo Compound.*

Grâce à ce dispositif, on peut obtenir une différence de potentiel constante aux bornes de la machine, tout en faisant varier le courant d'utilisation.

Les enroulements shunt et série sont tels qu'ils créent un champ magnétique de même sens.

L'amorçage en circuit ouvert est analogue à celui des dynamos shunt; mais, en charge, la différence de potentiel aux bornes restant sensiblement constante si elle est bien construite, il n'est pas utile d'avoir constamment un électricien pour manœuvrer le rhéostat d'excitation. Elle convient, par suite, parfaitement aux installations soumises à de brusques variations de débit, ce qui a lieu avec les projecteurs pour lesquels l'arc puissant voit son débit passer de plusieurs dizaines d'ampères à zéro quand il se produit une rupture de l'arc.

Toutes les machines compound portent un fusible sur le circuit d'utilisation à cause de l'enroulement série; le compoundage n'existe, en effet, que pour une vitesse déterminée; si la machine tournait plus vite que la vitesse de régime, elle deviendrait hypercompound, c'est-à-dire que la tension aux balais augmenterait avec la charge. On cherche quelquefois à obtenir ce résultat, lorsqu'on veut compenser la perte de tension en ligne, si la lampe alimentée se trouve à une certaine distance de la génératrice (dynamo Barbier-Benard).

L'enroulement série à gros fil de la machine peut être la cause de graves mécomptes, si l'on utilise la dynamo compound *comme la dynamo série*, pour la charge de batteries d'accumulateurs. En effet, si la vitesse de la machine diminue, sa force électromotrice baisse et peut devenir inférieure à celle des accumulateurs qui enverront à la machine un courant inverse à celui qu'elle donne. Il en résultera une diminution rapide de l'action magnétique des inducteurs qui entraîne une inaction complète de la génératrice. Le courant lancé dans l'induit par les accumulateurs pourra, s'il est trop fort, en brûler les fils. Il est donc préférable d'utiliser une dynamo shunt ou de supprimer l'enroulement de la machine compound.

Induit.

Les formes d'induit les plus usuelles sont de divers types suivant les dynamos : 1º en anneau de Gramme; 2º en anneau plat; 3º en disque; 4º et en tambour, système Siemens. Le principe du fonctionnement est d'ailleurs toujours le même quel que soit le type d'induit adopté.

Dans les projecteurs, on utilise fréquemment les induits en tambour ondulé. Nous renvoyons, pour l'étude des induits, le lecteur aux ouvrages techniques relatifs aux dynamos électriques. Il est rare que l'on puisse réparer un induit en campagne où l'on ne possède pas toujours un outillage suffisant.

Nous nous contenterons, pour la compréhension du fonctionnement des dynamos, d'en donner le principe théorique.

Théorie des courants induits des dynamos.

Considérons un champ uniforme d'intensité constante. Ses lignes de forces sont toutes parallèles et de même sens. Considérons, dans ce champ, un circuit fermé en fil de cuivre que l'on fait tourner autour de l'axe X, perpendiculaire au plan de cette feuille de papier. La quantité de flux traversant le circuit, supposé plan et perpendiculaire à la feuille de papier, dépend naturellement de l'angle fait par la direction des lignes de forces avec le plan du circuit électrique mobile. Elle varie donc pendant la rotation de la spire induite autour de son axe.

On voit ainsi, si l'on représente le flux traversant la spire en fonction de l'espace parcouru dans la rotation, que le flux traversant la spire passe périodiquement par la même valeur, si la spire tourne a vitesse constante. La loi de variation du flux inscrit dans le circuit en fil de cuivre est donnée par une sinusoïde. Le courant prenant naissance dans le circuit étant proportionnel au flux embrassé, la courbe donnant l'intensité du courant dans l'induit est donc analogue à celle du flux. C'est donc aussi une sinusoïde. Si, à la spire 1 on ajoute cinq autres spires on aura, dans chacune d'elles, un courant dont l'intensité variera suivant une loi analogue; mais, à un instant donné, les intensités, dans les divers circuits, seront décalées d'un sixième de tour sur la spire qui précède. Si l'on suppose qu'un système spécial

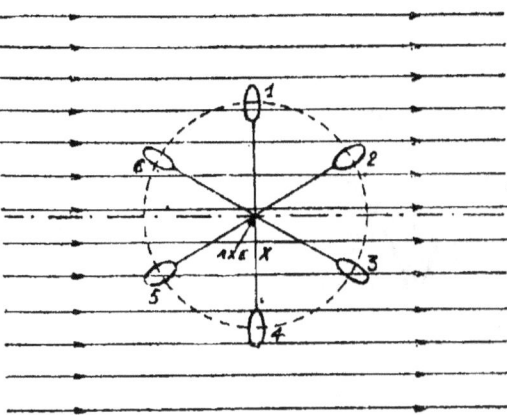

Fig. 74.

(collecteur) permet de recueillir le courant de toutes les spires, en redressant le sens du courant de chacune d'elles (dans l'une des positions correspondant à la variation du flux DEA_1) on aura un courant total dont la variation sera assez réduite. Les fluctuations de courant émis par un induit sont donc d'autant moindres que son bobinage comprend plus de spires.

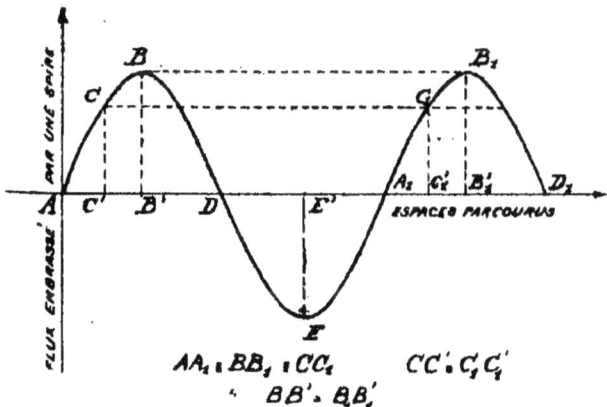

Fig. 75.

Le redressement du courant pendant une demi-rotation de la spire est assuré, dans toutes les dynamos, à l'aide d'un système de bagues du collecteur, de la manière suivante :

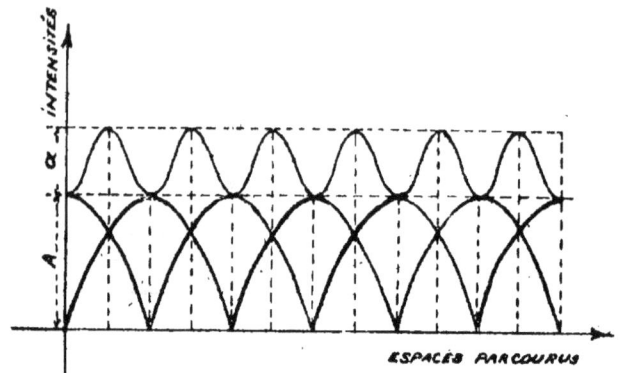

Fig. 76.

Une bague métallique, coupée en deux suivant un diamètre AB est montée sur l'arbre de rotation de l'induit et tourne avec lui. Ses deux demi-bagues, isolées l'une de l'autre, sont reliées respectivement aux deux extrémités de la bobine induite. On recueille le courant sur la bague à l'aide de deux balais frottant sur celle-ci aux extrémités d'un même diamètre XX_1 et réunis par un fil conducteur qui ferme le circuit extérieur de la dynamo.

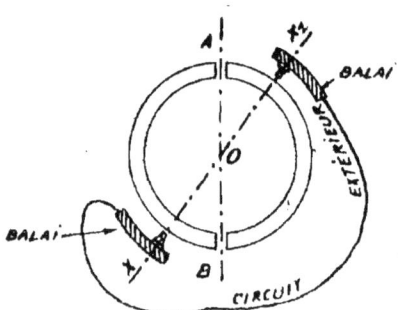

Fig. 77.

Si l'on dispose les balais de manière que leur axe coïncide avec le diamètre AB, qui tourne autour de O, au moment où l'intensité du courant, dans l'induit, sera nulle, l'inversion de courant se produira juste au moment où il allait changer de sens dans le circuit extérieur.

En pratique, chaque bague est liée à une lamelle du collecteur sur laquelle les balais font les prises de courant, et les divers circuits de l'induit sont reliés entre eux de façon à former le courant somme des courants engendrés dans chacun d'eux.

Collecteur. — Le collecteur est constitué par un cylindre isolant portant les lamelles correspondant aux divers circuits isolés composant l'induit. Ces lames métalliques (cuivre fin) sont séparées les unes des autres et de l'arbre de la dynamo par un isolant en ébonite, en fibre ou en micanite. Afin que l'isolement soit toujours maintenu, on prescrit d'éloigner du collecteur toute trace de poussière ou toute

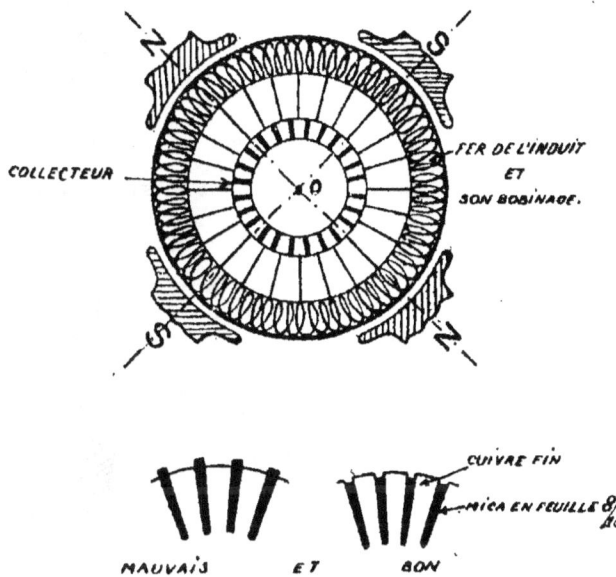

Fig. 78.

pièce métallique qui, par aimantation, pourrait adhérer au collecteur et causer une avarie. Le collecteur devra donc être tenu constamment dans le plus grand état de propreté. La poussière, l'huile et surtout la limaille provenant de l'usure du collecteur seront journellement enlevées de la machine. Dans les parties accessibles du collecteur, on nettoie à l'aide d'un chiffon bien sec. Dans les endroits peu accessibles on se sert d'un soufflet muni d'une extrémité en caoutchouc, afin de ne pas détériorer les isolants.

Un point délicat, dans le collecteur, est la jonction des lamelles aux fils de l'induit. On devra souvent vérifier qu'aucun fil n'est rompu, et surtout qu'aucune trace de poussière n'y est retenue.

Projecteurs.   9

Le collecteur doit être entretenu parfaitement uni : pour cela, on le polira fréquemment avec du papier de verre très fin (double zéro). S'il est profondément rayé, ou s'il s'ovalise, il sera tourné à nouveau avec un outil tranchant ne laissant aucune bavure entre les lames.

Les isolants en mica qui séparent les lames du collecteur ne doivent jamais dépasser mais au contraire être en retrait de quelques dixièmes de millimètre pour assurer les contacts entre les balais et le cuivre. Si on est obligé de tourner le collecteur, on grattera tous ses micas avec une pointe (*fig.* 78).

Un bon collecteur ne doit pas donner d'étincelles si les charbons des balais sont bien réglés et si leur courbure est convenable.

Balais et porte-balais. — Les balais destinés à recueillir le courant de l'induit sur le collecteur frottent sur celui-ci avec une pression oscillant entre 200 et 300 grammes par centimètre carré de surface frottante. La prise du courant se fait aujourd'hui à l'aide d'un petit pain en charbon aggloméré à la presse hydraulique ; leur pâte est un peu plus onctueuse que celle des charbons de lampe à arc, car elle contient plus de graphite bon conducteur de l'électricité. L'avantage des balais en charbon est qu'ils usent très peu le collecteur, car ils sont plus tendres que lui et ils le polissent en s'usant avec lui.

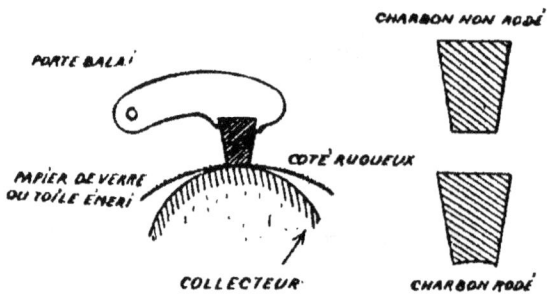

Fig. 79.

Lorsque les balais en charbon sont neufs, ils n'épousent pas exactement la surface du collecteur. On obtient une courbure convenable du charbon en le rodant sur une bande de papier de verre ou de toile émeri placée sur le collecteur dont elle épouse la forme. Un balai bien calé ne doit entraîner ni l'échauffement du collecteur, ni la formation d'étincelles occasionnant la rapide destruction de la machine.

On appelle *calage des balais* la position à donner aux *balais*, et par suite aux organes qui les portent, dits *porte-balais*, pour avoir le meilleur rendement possible de la machine sans formation d'étincelles. En effet, si l'on fait tourner les balais d'une dynamo (qui sont toujours diamétralement opposés) sur le collecteur, on constate que le maximum d'intensité donné par la machine a lieu pour une certaine position de ceux-ci. Mais, dans cette position, il se produit des étincelles entre le balai et le collecteur. Pour les éviter, on décale légèrement les balais dans le sens de rotation de la machine; on diminue ainsi la puissance de la dynamo, mais on assure sa conservation.

Le calage des balais est fait une fois pour toutes, par les constructeurs, dans les machines tournant toujours à la même vitesse. Dans les groupes électrogènes on n'a généralement pas à y toucher.

Les axes des porte-balais sont en général fixés sur un bras métallique, à l'aide de boulons dont ils sont soigneusement isolés au moyen de rondelles en fibre vulcanisée ou en micanite.

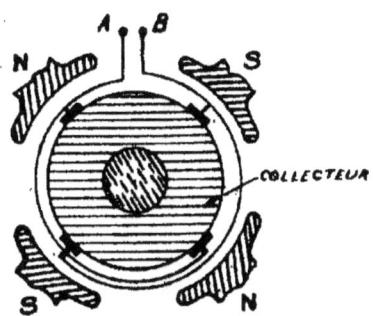

Fig. 80.

Dans les projecteurs où la dynamo est tétrapolaire, on a généralement quatre balais sur le collecteur. Ces quatre balais sont d'ailleurs réunis deux à deux comme il est indiqué ci-dessus.

(A et B sont les bornes de la machine.)

Beaucoup de machines sont pourvues de pôles complémentaires assurant la fixité du calage (Harlé).

B. — Entretien de la dynamo.

Au repos. — Eloigner la machine des poussières de toute nature, tenir les paliers fermés et vides d'huile qui doit être renouvelée à chaque fonctionnement. Graisser les parties en acier poli, fermer soigneusement les couvercles des paliers à bagues et recouvrir la machine, si possible, avec des bâches imperméables.

Tous les nettoyages doivent être faits avec des chiffons de toile et non des déchets qui laissent des résidus sur la machine. On prescrit de ne jamais graisser les collecteurs.

Avant chaque fonctionnement, il est bon de :

1º Vérifier qu'aucun corps étranger n'est entré dans les paliers ni dans l'entrefer;

2º Laver les paliers à l'essence, puis à l'huile, et remplir ceux-ci d'huile jusqu'à 3 à 4 millimètres de la partie supérieure de l'indicateur de niveau débouché s'il y a lieu.

L'huile à employer est l'huile de naphte de densité 0,905 ; elle doit être très fluide ; cette huile peut, dans les cas de nécessité, être utilisée après vidange des paliers, à condition d'être filtrée ; on réduit ainsi considérablement la dépense d'huile dont on assure la conservation ;

3° Donner un tour aux graisseurs des paliers de la dynamo avant la mise en marche, afin de lubrifier les bagues de graissage et les coussinets, en s'assurant que ceux-ci fonctionnent bien ;

4° Placer la machine autant que possible dans un endroit sec assurant l'isolement.

Pendant la marche. — *Ne jamais approcher de pièce en fer ou en nickel de la machine dont la culasse forme aimant ;* surtout à l'intérieur de l'entrefer où la pièce viendrait s'engager en causant les pires accidents.

Pour le graissage, on devra se servir de burettes en cuivre ou en zinc, et non en fer-blanc.

C. — INCIDENTS DE FONCTIONNEMENT ET MOYENS D'Y REMÉDIER.

Ils sont d'ordres divers :

1° La dynamo ne s'amorce pas ;
2° La dynamo chauffe ;
3° La dynamo donne des étincelles ;
4° La dynamo produit un bruit exagéré.

1° *La dynamo ne s'amorce pas.*

Les causes peuvent provenir de l'inducteur, de l'induit, du collecteur ou des balais.

INDUCTEUR.

a) *Magnétisme rémanent disparu.* — Ceci peut avoir lieu si le fer doux des inducteurs est très pur ; on constate ce phénomène en approchant, *au repos*, un objet en fer très léger des pièces polaires de la machine : il n'y a pas d'attraction. On peut amorcer la machine en mettant pendant quelques instants ses bobines inductrices en communication avec des piles ou des accumulateurs. Les connexions devront être faites de manière que le courant passant dans l'inducteur soit de même sens que celui qui le traverse pendant le fonctionnement de la machine. On rétablira ensuite les communications des inducteurs avec les porte-balais, et on remettra la machine en marche.

b) *Bobines inductrices en court-circuit.* — Par suite de l'usure due aux trépidations de la machine, il peut se faire que les fils de l'inducteur soient entièrement décapés. Ces fils pourront, dans certains cas, prendre contact les uns sur les autres. Le courant excitateur passera directement d'un fil sur l'autre en évitant le bobinage qui reliait les deux points où le décapage s'est produit. Il en résultera une augmentation du courant dans l'inducteur, qui ne constituera plus la même résistance ; mais, en général, le magnétisme de l'inducteur se trouvera affaibli. Il peut se faire que le court-circuit se produise encore par la carcasse entre deux pôles de la machine. On le constatera aisément en prenant une sonnerie et une pile ; en reliant la pile, d'une part, à la bobine à vérifier et, d'autre part, par l'intermédiaire de la sonnerie, à la culasse de l'inducteur, la sonnerie tintera si le courant passe.

Quand on a un court-circuit, il suffit de dérouler les bobines de l'inducteur et de remplacer le mauvais conducteur par un bon.

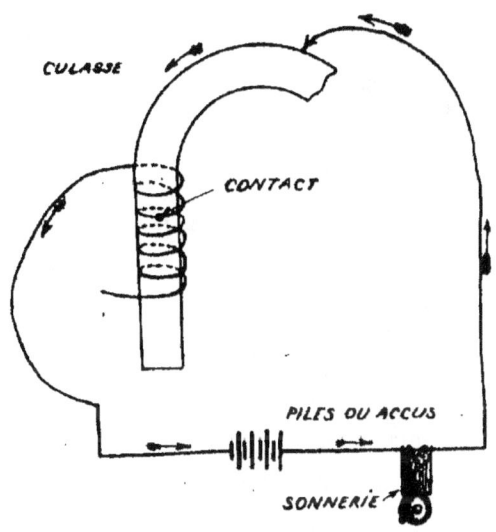

Fig. 81.

c) *Le fil d'une bobine excitatrice est rompu.* — Aucun courant ne peut passer dans l'inducteur. On le constate en plaçant une sonnerie sur un circuit de pile relié aux deux extrémités de l'inducteur : la sonnerie ne fonctionne pas. Dérouler la bobine et la monter à nouveau avec un fil en bon état.

d) *Inversion des fils allant aux inducteurs.* — Les fils étant en parfait état, il arrive parfois que la machine ne s'amorce pas. Il y a alors lieu de voir si l'on n'a pas inversé les fils réunissant les porte-balais aux extrémités de l'inducteur. On sait, en effet, que la majeure partie des dynamos ne s'amorcent que dans un seul sens. On y remédie en plaçant les fils dans le sens convenable.

e) *Mauvais contacts.* — Il arrive fréquemment que la cause de non fonctionnement provient de ce que les vis des bornes sous lesquelles

sont serrés les fils des bobines se desserrent ; il en résulte un mauvais contact du fil et de la borne.
On devra vérifier en outre si les extrémités du fil inducteur sont bien décapées ; à cet effet, on les nettoyera avec du papier émeri ou du papier de verre très fin.

INDUIT.

Rupture des fils de l'induit. — Quelquefois, la machine ne s'amorce pas par suite d'une rupture de l'induit. On peut trouver la bobine où se trouve la rupture du fil en faisant fonctionner la machine en réceptrice à l'aide d'une autre dynamo ou d'une batterie d'accumulateurs. Malgré la rupture du fil de l'induit, la bobine se met à tourner, mais il se forme sur le collecteur des étincelles en cercle de feu qui endommagent le collecteur par des brûlures caractéristiques sur ses lames. Les lames atteintes permettent de retrouver la bobine de l'induit qui est défectueuse et que l'on répare à l'atelier.

BALAIS.

a) *Porte-balais en court-circuit.* — Tous les porte-balais sont fixés à un bras ou une couronne, dont ils sont isolés par des rondelles isolantes (micanite, fibre, ébonite). Par suite du graissage et de l'usure du collecteur (cuivre) dont la poussière s'attache aux porte-balais, un court-circuit peut se produire entre les deux balais. Il ne passe plus alors de courant dans l'inducteur, et la machine se désamorce. On remédie à ceci en lavant les porte-balais à l'essence et en évitant le dépôt de limaille sur les rondelles isolantes.

b) *Les balais ne prennent pas le contact sur le collecteur.* — Ceci peut avoir lieu parce que le collecteur n'est pas propre : alors, il y a lieu de le nettoyer. Sinon, il y a lieu de voir si les balais appuient suffisamment sur le collecteur et si les vibrations ne les écartent pas pendant la rotation de la machine.

Si les balais n'appuient pas suffisamment sur le collecteur, régler leur ressort en conséquence.

Si les vibrations sont dues à l'ovalisation du collecteur, le porter sur le tour ; si elles sont dues à ce que le collecteur n'est pas bien placé au milieu des paliers, y remédier, si cela est possible. Dans le cas où le contact est défectueux par suite du mauvais calage des balais, il y a lieu de le mettre au point.

2° La dynamo chauffe.

On dit qu'une dynamo chauffe si l'on ne peut plus poser la main dessus pendant un temps prolongé. La température ne doit pas dépasser 60 à 70 degrés, et cela en quelque point que ce soit : culasse, paliers, bobines inductrices. Quand on peut le faire on ventile avec de l'air *très pur*, de manière à diminuer l'échauffement, qui détériore la mach'ne. Les points où l'échauffement est le plus fréquent et le plus à craindre sont : l'induit et les paliers.

INDUIT.

a) *Surcharge dans l'induit*. — Il y a lieu de ne jamais dépasser pendant longtemps, avec une dynamo, l'intensité de courant pour laquelle elle a été construite, sinon l'induit s'échauffe rapidement. On surveille le débit de la machine à l'aide de l'ampèremètre.

Dans certaines machines, on a l'échauffement même pour des courants assez faibles. Si l'échauffement est localisé en un point de la bobine, c'est qu'elle est en court-circuit avec une lame du collecteur qui est encrassé de poussières métalliques et qu'il faut nettoyer.

Si l'échauffement est général, c'est que les feuilles de tôle de l'induit (sectionnement de l'induit) ne sont pas suffisamment minces ou isolées et que l'induit est le siège de courants de Foucault. Rejeter la machine, ou bien changer l'induit. Ce défaut est très rare aujourd'hui.

b) *Surtension aux bornes de l'induit*. — Ceci a lieu parfois quand on veut charger des batteries d'accumulateurs. On augmente l'aimantation des inducteurs pour obtenir une élévation de tension aux bornes de la machine. Cette augmentation de l'aimantation est corrélative d'une augmentation de courant obtenue en activant la rotation de l'induit qui s'échauffe. On retombe sur le premier cas de surcharge dans l'induit, que l'on ventile alors énergiquement.

L'inducteur s'échauffe également et l'isolant peut être endommagé. On le sent à l'odeur. Remplacer alors les fils de l'inducteur et de l'induit.

PALIERS.

Dans nos machines les paliers peuvent s'échauffer par suite du mauvais accouplement des axes du moteur et de la dynamo ou du mauvais graissage. Avec les paliers à bague, le graissage fonctionne régulièrement si l'huile n'est ni trop sale, ni trop boueuse.

Quand un palier chauffe, arrêter la machine et refroidir les coussinets avec des linges humides que l'on arrose fréquemment.

3° *La dynamo donne des étincelles*.

La cause peut provenir de l'inducteur, de l'induit, des collecteurs ou des balais.

INDUCTEUR.

Il arrive parfois que l'inducteur donne un champ magnétique de trop faible intensité, par suite des impuretés qu'il contient ou des défectuosités dont il est affecté (soufflures de l'acier doux mal coulé). Il en résulte que parfois la réaction d'induit l'emporte sur l'action de l'inducteur et que les balais se trouvent mal calés si la rotation de la dynamo varie. Heureusement, ce défaut est assez rare. On remédie à ces accidents en diminuant la réaction d'induit avec des champs magnétiques puissants et un entrefer assez grand.

INDUIT.

Les étincelles se produisent parfois dans les balais, lorsque la machine débite un courant plus intense que celui pour lequel elle est établie. Il convient d'éviter cet inconvénient qui a en outre celui d'échauffer la machine.

COLLECTEUR.

Les étincelles proviennent parfois de ce que deux lames du collecteur viennent à se toucher, parce qu'un conducteur relie ces deux lames (fil de cuivre ou paille de fer introduite entre les lames du collecteur). Il en résulte un court-circuit entre deux ou plusieurs bobines de l'induit, qui peut s'échauffer en dégageant une odeur de brûlé, par suite de la carbonisation de l'isolant. Il y a donc lieu de visiter le collecteur de temps en temps. Celui-ci doit, en outre, rester absolument rond. Par suite des vibrations, certaines lamelles, parfois, se débloquent des écrous qui les serrent et produisent des aspérités à éviter. On doit donc serrer de temps à autre les écrous des collecteurs, que l'on tourne s'ils sont déformés.

BALAIS.

Quand les balais sont mal calés sur le collecteur, il se forme des étincelles au point de contact. On doit alors déplacer les balais de manière à en diminuer le nombre, car elles détériorent le collecteur et les balais qu'elles usent rapidement à cause de leur haute température.

4° La dynamo produit un bruit exagéré.

Les causes sont dues, le plus souvent, aux mauvais assemblages de la dynamo et du moteur; à l'usure des paliers; au mauvais équilibrage de l'induit, et quelquefois au sifflement des balais. On remédie aisément à ces inconvénients à l'atelier.

Dans les projecteurs, on recherche les dynamos silencieuses.

LE MOTEUR A EXPLOSION.

Les moteurs utilisés dans les projecteurs de campagne sont des moteurs à explosion à quatre temps. Les ouvrages qui décrivent le principe de ce moteur et son fonctionnement sont aujourd'hui très bien documentés et fort nombreux; nous n'avons donc pas l'intention de nous étendre sur ce sujet, et nous verrons tout succinctement.

I. — Principe du moteur à explosion.

Le moteur à explosion utilise la détente des gaz produits par l'explosion, dans un *cylindre* approprié, d'un mélange gazeux d'air et d'essence comprimé fortement et enflammé par une étincelle très chaude donnée par un générateur électrique. Sous l'action de la détente, un *piston*, se mouvant dans le cylindre, est chassé violemment il communique son mouvement à un arbre, dit *arbre moteur*, par l'intermédiaire d'une bielle et d'une manivelle. Lorsque l'arbre et la manivelle sont d'une seule pièce, on donne à celui-là le nom d'*arbre-vilebrequin*.

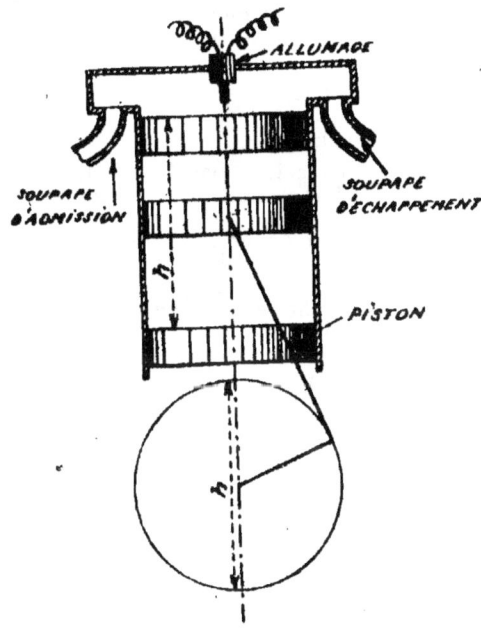

Fig. 82.

Lorsque le moteur ne comporte qu'un seul cylindre il porte toujours un *volant* sur l'arbre moteur. Ce volant devient de plus en plus faible lorsque le nombre de cylindres et de pistons va en augmentant, la machine jouant elle-même le rôle de volant.

Dans les automobiles, le volant est presque complètement supprimé, et se réduit aux plateaux d'embrayage.

Le mélange détonant utilisé dans les moteurs est formé de vapeurs d'essence de pétrole très volatile et d'air; il se forme dans le *carburateur*, qui règle les proportions convenables des deux gaz.

Le mélange donné par le carburateur pénètre dans le cylindre, par la tubulure et la soupape d'admission, sous l'action d'une dépression ou aspiration, créée dans le cylindre par le déplacement rapide du piston de haut en bas. Ce mélange est ensuite comprimé à la partie supérieure du cylindre dont la soupape d'admission est fermée pendant la montée du piston. C'est à la fin de cette compression, qui échauffe le gaz et augmente considérablement le rendement du moteur, que se produit l'inflammation du mélange. L'explosion et la détente se produisent en chassant brutalement le piston de haut en bas. C'est le seul temps *moteur* fourni sur les quatre temps de la machine, dont le dernier temps est pris par l'échappement des gaz brulés et qui s'opère pendant une deuxième montée du piston dans le cylindre.

Le fonctionnement du moteur est donc assuré par la succession de quatre temps se reproduisant indéfiniment et comprenant :

1º L'aspiration ;
2º La compression ;
3º L'explosion ;
4º L'échappement.

L'énergie emmagasinée par le volant (pour le moteur monocylindrique) pendant l'explosion suffit à alimenter les trois autres temps résistants.

En pratique, pour éviter l'échauffement du cylindre, on le refroidit à l'aide d'une circulation d'eau froide qui l'enveloppe. De même, on supprime l'échauffement exagéré des pièces mécaniques à l'aide d'une circulation d'huile minérale qui les imprègne perpétuellement pendant la marche du moteur.

On peut donc dire que tout moteur comporte, en principe, quatre circuits intelligemment combinés :

1º Le circuit essence et air ;
2º Le circuit électrique ;
3º Le circuit eau ;
4º Le circuit huile.

Nous allons les examiner successivement.

1º LE CIRCUIT ESSENCE ET AIR.

Ce circuit comprend :

a) Le *réservoir à essence* (avec ou sans pression d'air);
b) La *conduite d'essence du réservoir au carburateur*, elle porte un robinet que l'on ouvre pendant la marche du moteur ;
c) Le *carburateur*, avec son admission d'air à laquelle s'ajoute parfois une admission additionnelle réglable avec la vitesse du moteur;
d) La *conduite d'aspiration* du mélange, avec son *papillon* de réglage de l'admission ;
e) La *soupape d'admission*, commandée par *l'arbre de distribution* situé dans le *carter* ;
f) Le *cylindre* ;

g) Le *piston* et ses segments ;
h) La *soupape d'échappement*, commandée par l'arbre de distribution du carter ;
i) Le *tuyau d'échappement* ;
j) Et le *silencieux*, avec son cloisonnement.

2° LE CIRCUIT ÉLECTRIQUE.

Il comprend :

a) La *magnéto*, son *rupteur* et son *distributeur* ;
b) Les *fils conducteurs* du courant de la magnéto au cylindre ;
c) Les *bougies d'allumage*.

(Nous ne parlerons pas des moteurs n'utilisant pas la magnéto pour l'allumage.)

3° LE CIRCUIT EAU.

Comprend :

a) Le *radiateur* ;
b) La *chambre de circulation d'eau* entourant la partie supérieure du cylindre ;
c) Les *tuyauteries du radiateur à la chambre de circulation d'eau*, qui peuvent contenir parfois des *pompes à engrenages* ou *centrifuges* activant le passage de l'eau.

Au circuit eau, on ajoute souvent une ventilation énergique commandée par une courroie réunissant le *ventilateur* à l'arbre du moteur.

4° LE CIRCUIT HUILE.

Comprend :

a) Une *pompe rotative à engrenages* ou *à augets* (graissage sous pression) ;
b) Un *barbotage* ou une *alimentation des conduites* percées dans les manivelles, paliers, têtes et pieds de bielle, etc. ;
c) Un *réservoir d'huile*.

(Pour la description de ces divers organes, voir les ouvrages techniques.)

II. — Entretien du moteur.

Pour que le moteur fonctionne bien, il y a lieu de veiller à ce que le refroidissement et le graissage soient réguliers. Il sera donc utile de vérifier si l'huile du carter est devenue impropre au graissage, et, dans ce cas, de la renouveler.

Il faudra également veiller à ce que la circulation d'eau se fasse normalement, c'est-à-dire que les pompes fonctionnent ou que le refroidissement par termosiphon ne soit pas entravé par un corps étranger. Eviter l'eau calcaire, qui entartre les chambres de circulation d'eau du cylindre, qui n'est plus refroidi normalement.

En ce qui concerne les soupapes, remplacer les ressorts, s'ils sont trop faibles, et roder celles-ci, de façon à ce qu'elles reposent bien sur leur siège.

Le carburateur doit toujours être manié avec précaution, de façon à ne pas le dérégler; surtout, ne jamais déboucher le gicleur avec une aiguille ou un corps dur qui en augmenterait le diamètre et par suite le réglage. On peut souffler dans le gicleur qui n'est pas détérioré.

La magnéto n'exige pas d'entretien spécial, il suffit d'entretenir son isolement et la propreté des contacts.

III. — Incidents de fonctionnement et moyens d'y remédier.

Le moteur, comme la dynamo, peut fonctionner d'une manière défectueuse. Les principaux cas qui se présentent peuvent se ranger en plusieurs catégories :

a) Le moteur ne démarre pas ;
b) Le moteur a des ratés ;
c) Le moteur s'arrête ;
d) Le moteur faiblit ;
e) Le moteur s'emballe ;
f) Le moteur cogne ;
g) Le moteur chauffe.

Pour la recherche des pannes, nous recommandons de procéder avec logique, en suivant attentivement chacun des circuits qui peuvent être la cause de la panne.

a) *Le moteur ne démarre pas.*

CIRCUIT ESSENCE.

1) Réservoir d'essence vide ou presque vide.
2) Manque de pression dans le réservoir.
3) Robinet de la canalisation d'essence fermé.
4) Tube d'amenée d'essence bouché.
5) Toile métallique du carburateur obstruée.
6) Leviers du pointeau bloqués.
7) Tige du pointeau faussée.
8) Pointeau ne fermant pas (carburateur noyé).
9) Flotteur du carburateur percé ou trop lourd.
10) Gicleur du carburateur obstrué.
11) Admission additionnelle d'air déréglée.
12) Essence de mauvaise qualité.
13) Eau dans l'essence obstruant le gicleur.
14) Carburateur gelé ou trop froid.
15) Papillon de la conduite d'admission faussé.
16) Tige de la soupape d'admission cassée.
17) Cylindre fendu.
18) Piston fendu ou percé.
19) Segments déplacés, cassés ou collés.
20) Ressorts des soupapes d'échappement trop faibles ou brisés.

21) Soupape d'échappement cassée ou coincée (grippage).
22) Clapet mal rodé.
23) Joints non hermétiques.
24) Conduite d'échappement obstruée.

CIRCUIT ÉLECTRIQUE.

25) Aimants de la magnéto désaimentés.
26) Balais de la magnéto encrassés ou usés.
27) Distributeur ou rupteur déréglés.
28) Fils mal montés ou rompus.
29) Bougies encrassées ou mal isolées.

b) Le moteur a des ratés.

CIRCUIT ESSENCE.

30) Réservoir d'essence presque vide.
31) Tube d'amenée d'essence partiellement bouché.
32) Carburateur noyé ou obstrué par des corps étrangers.
33) Flotteur percé.
34) Admission d'air déréglée.
35) Eau dans l'essence obstruant le gicleur.
36) Ressorts des soupapes trop forts ou trop faibles.
37) Soupapes mal rodées.

CIRCUIT ÉLECTRIQUE.

38) Contacts de la magnéto ou pointes de la bougie encrassés.
39) Distributeur de la magnéto déréglé.
40) Commande de la magnéto déréglée.

c) Le moteur s'arrête.

CIRCUIT ESSENCE.

41) Manque d'essence dans le réservoir.
42) L'essence n'arrive pas au carburateur (vu plus haut).
43) Soupapes cassées, ressort de soupape brisé.
44) Tige de soupape grippée ou cassée.

CIRCUIT ÉLECTRIQUE.

45) Fils de la magnéto rompus ou détachés.

CIRCUIT HUILE.

46) Manque d'huile (grippage du moteur).

CIRCUIT EAU.

47) Manque d'eau dans les radiateurs.
48) Canalisation d'eau gelée.

d) *Le moteur faiblit.*

CIRCUIT ESSENCE.

49) Manque d'essence au réservoir ou au carburateur (voir plus haut).
50) Papillon déréglé.
51) Soupapes encrassées ou mal rodées.
52) Tiges de soupapes grippées ou usées.
53) Ressort de soupape cassé ou trop faible.
54) Joints insuffisants.
55) Segments usés, déplacés ou cassés.
56) Soupape cassée.
57) Cylindre et piston percés ou fendus.
58) Corps étrangers entre la soupape et son siège.

CIRCUIT ÉLECTRIQUE.

59) La magnéto est déréglée.
60) La commande de la magnéto est déréglée.

CIRCUIT HUILE.

61) Le graissage est défectueux en un point quelconque du mécanisme, soit par déréglage de la pompe, soit par obstruction de la canalisation.

e) *Le moteur s'emballe.*

CIRCUIT ESSENCE ET AIR.

62) Le papillon de la conduite d'aspiration est déréglé.
63) La tige de commande du papillon est faussée.
64) La prise additionnelle d'air du carburateur est déréglée.
65) La liaison du moteur avec la dynamo qu'il entraîne est rompue.
66) Le réglage automatique du carburateur (relais Harlé) ne fonctionne plus.

f) *Le moteur cogne.*

CIRCUIT ÉLECTRIQUE.

67) Trop d'avance à l'allumage. Magnéto mal réglée.

Mécanismes.

68) Coussinets de tête ou de pied de bielle desserrés ou usés.
69) Paliers du vilebrequin desserrés, ou coussinets usés.
70) Parois du cylindre et chambre de compression encrassés.

g) *Le moteur chauffe.*

CIRCUIT ESSENCE ET AIR.

71) Carburateur déréglé.
72) Papillon déréglé.
73) Trop de retard à l'échappement.
74) Silencieux ou tuyau d'échappement obstrués.

CIRCUIT ÉLECTRIQUE.

75) Pas assez d'avance à l'allumage.

CIRCUIT HUILE.

76) Graissage défectueux et frottements anormaux.

CIRCUIT EAU.

77) Radiateur insuffisamment rempli (fuites).

Par pompe.

78) Corps étrangers dans la pompe.
79) Incrustations sur la chambre de circulation du cylindre.
80) Radiateur insuffisamment rempli (fuites).

Par thermosiphon.

81) Canalisations d'eau obstruées par un corps étranger (entartrage).
82) Canalisation trop étroite avec coudes trop brusques.
83) Joints en caoutchouc mal faits.
84) Thermosiphon désamorcé.

Connaissant les causes du non-fonctionnement ou du fonctionnement défectueux d'un moteur, on peut y remédier aisément avec des gens de métier, comme c'est le cas des équipiers appelés à faire fonctionner le projecteur.
Nous ne donnons pas ici de détails sur les automobiles, pour lesquelles le lecteur est renvoyé aux ouvrages spéciaux sur la matière ou aux notices spéciales des constructeurs qui sont très bien faites.

MISE EN MARCHE DES PROJECTEURS.

(Caractéristique des divers groupes.)

Mise en marche du projecteur Harlé.

Exécuter les prescriptions suivantes, dans l'ordre où elles sont indiquées :

Ouvrir l'interrupteur unipolaire du tableau.

Mettre le levier de la lampe sur M (marche à main) et écarter les charbons de 2 centimètres environ.

Connecter au tableau et au projecteur le câble à double fil en observant le signe des bornes.

Dérouler complètement le câble du tambour, pour éviter la brûlure de l'isolant. La section du câble étant trop faible, la chaleur Joule serait assez forte pour détériorer le câble s'il n'était ventilé.

Lancer le moteur.

La dynamo étant lancée, son circuit ouvert, elle s'excite. L'électricien qui est au tableau, le vérifie en fermant l'interrupteur et consultant le voltmètre du projecteur si celui-ci est à proximité de la voiture.

Amorcer, si c'est nécessaire, l'arc avec la commande à main, en ayant soin de ne pas laisser les charbons trop longtemps au contact.

Régler approximativement l'écartement jusqu'à lire 48 volts sur le voltmètre du projecteur, et placer le levier sur la lettre A (marche automatique).

Pendant la marche du projecteur, vérifier de temps en temps que l'arc est bien au foyer du miroir (viseur à gauche) et que le cratère se creuse dans l'axe du charbon; corriger au besoin par les boutons à rotule et cardan placés sur la droite du projecteur.

Pour amener le cratère du charbon positif exactement au foyer du miroir, une clef permet de déplacer la lampe sur des glissières. Cette clef se trouve à l'arrière du projecteur. On la trouve aussi dans le projecteur Bréguet.

Caractéristiques du groupe Harlé (projecteur de 60).

DYNAMO.

Tétrapolaire à deux pôles supplémentaires.

Enroulement en tambour ondulé.

Excitation shunt. Puissance électrique : 3.600 watts (volts, 60; ampères, 60) à la vitesse de 1.300 tours.

Puissance mécanique : 6 chevaux.

PROJECTEURS ÉLECTRIQUES A ARC.

Fig. 83. — *Projecteur Harlé.*

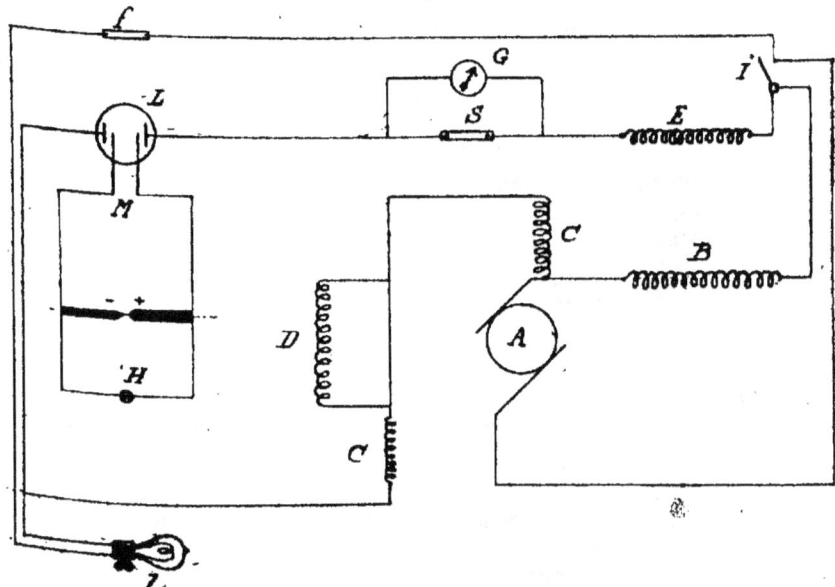

A Dynamo.
B Inducteur shunt.
C Pôles supplémentaires.
D Enroulements série court-circuités.
I Interrupteur unipolaire.
E Appareil de réglage automatique série.
S Shunt de l'ampèremètre.

G Ampère mètre.
L Conjoncteur.
M Câble de 50, 100, 200 mètres.
H Voltmètre monté aux bornes des charbons.
l Lampe balladeuse.
f Fusible de la lampe.

INDUCTEUR.

1° *Dérivation.* — Fil 9/10. Résistance : 46 ω,2 ; 1.000 spires par pôle.
2° *Série* (en court-circuit). — Conducteur plat 15 × 0,95. Résistance : 0 ω,058 ; 7 spires par pôle.
Pôles supplémentaires, conducteur 15 × 0,95 ; 58 spires par électro en trois galettes de 20, 20, 18 tours.

INDUIT.

Conducteur plat de 15 × 5,3. Résistance : 0 ω,076.
Nombre d'encoches : 26.
Nombre de segments du collecteur : 103, isolés par du mica 8/10.
Pertes par frottement, hystérésis, courant de Foucault, 200 watts.
Rendement électrique : 82 p. 100.
Poids de la dynamo : 120 kilogrammes.

142   LES PROJECTEURS DE CAMPAGNE.

Cable d'alimentation du projecteur. — Deux conducteurs de $18^{mm^2},2$ de section.

Résistance à froid : $0\,\omega,0882$; isolement : $1.200\,\Omega$ (mégohms).

LAMPE.

Fonctionnement : 48 volts $\times$ 60 ampères.

1° *Inducteur du moteur de réglage.*

Nombre de spires : 3.135×2.
Résistance : $107\,\omega, 2$.
Fil : 35/100.

2° *Induit du moteur.*

Résistance : $\dfrac{210\,\omega}{2}$.

Et 40 encoches : 420 spires $\times 5$.
Résistances supplémentaires : sur le relais, 100 ohms ; sur le moteur, 225 ohms.

Relais. — Enroulement normal : 812×2 spires ; fil 1/10 ; résistance : 750 ohms (à froid).
Enroulement supplémentaire : 780×2 spires ; fil 4/10 ; résistance : 120 ohms (à froid).

Charbons. — Positif $d = 21$ millimètres ; longueur 160 millimètres.
Négatif $d = 11$ millimètres ; longueur 140 millimètres.
Consommation d'essence aux essais : $1^l,32$ par kilowatt heure utile, soit $3^l,47$ à l'heure, avec 54 ampères et 49 volts.
Consommation des charbons : au positif, 35 millimètres à l'heure environ ; au négatif, $37^{mm},5$ à l'heure environ.

Mise en marche du projecteur Bréguet.

Exécuter les prescriptions suivantes dans l'ordre où elles sont indiquées :

Ouvrir l'interrupteur bipolaire du tableau.
Ouvrir l'interrupteur placé sous le projecteur.
Ecarter les charbons de 2 centimètres environ ; s'assurer qu'ils sont bien vis-à-vis.
Mettre le levier de la lampe sur A (marche automatique).
Connecter au tableau et au projecteur le câble à double fil, en observant le signe inscrit sur les bornes.
Placer les deux manettes des rhéostats du tableau sur les plots de droite.
Lancer le moteur.
Fermer l'interrupteur bipolaire pour s'assurer, sur le voltmètre, que la dynamo s'excite.
Si elle ne s'excite pas, ramener sur les plots de gauche la manette du rhéostat de champ (rhéostat de gauche).

La dynamo étant excitée, fermer l'interrupteur placé sous le projecteur; les charbons se rapprochent automatiquement et l'arc s'amorce.

Ramener progressivement la manette du rhéostat de la lampe (rhéostat de droite) sur le plot de gauche, et achever le réglage avec le rhéostat de champ.

Si le projecteur vient à s'éteindre, ou si on l'éteint volontairement par l'un des interrupteurs du projecteur ou du tableau, ramener immédiatement, avant de rallumer, le rhéostat de la lampe sur le plot de droite, pour limiter le courant au moment du contact des charbons.

On peut faire l'allumage à la main après avoir fermé l'interrupteur du projecteur et passer ensuite à la marche automatique. Cette précaution est inutile, si l'électricien du tableau est dressé à ramener immédiatement le rhéostat de la lampe sur le plot de droite, lorsqu'il voit le projecteur s'éteindre ou l'intensité tomber à zéro à son ampèremètre.

L'opérateur du projecteur doit s'assurer fréquemment que son arc est au foyer du miroir (viseur spécial à gauche du projecteur) et régler son charbon positif de façon à avoir un cratère bien régulier (deux boutons à rotule et cardan sur la droite du projecteur). Ne jamais provoquer le moindre courant d'air, si l'on a un miroir en verre.

Caractéristiques du groupe Bréguet (projecteur de 60).

DYNAMO.

Tétrapolaire. Excitation compound.
Enroulement imbriqué, pas de 1 à 12.
Puissance : 5.600 watts (70 volts × 80 ampères à 1.500 tours moteurs).
Vitesse normale de rotation du groupe : 1.400 tours.

INDUIT.

132 sections de une spire; 6 conducteurs par encoche.
44 encoches de $5,5 \times 13^{mm},8$. Fer : diamètre de l'arbre = 1900-43; longueur de fer utile : 130 millimètres; en tôle au silicium : 4/10.
Connections équipotentielles à l'intérieur.
Résistance entre balais : $0\,\omega,02$ à froid; $0\,\omega,023$ à chaud.
Collecteur de 132 lames.

INDUCTEURS.

Quatre pôles, sans pôles supplémentaires.

1° *Dérivation.* — 600 spires par pôle, en deux galettes 300 à 85/100 et 300 à 115/100.
Résistance : $36\,\omega$ à froid (totale) $39\,\omega,5$ à chaud.

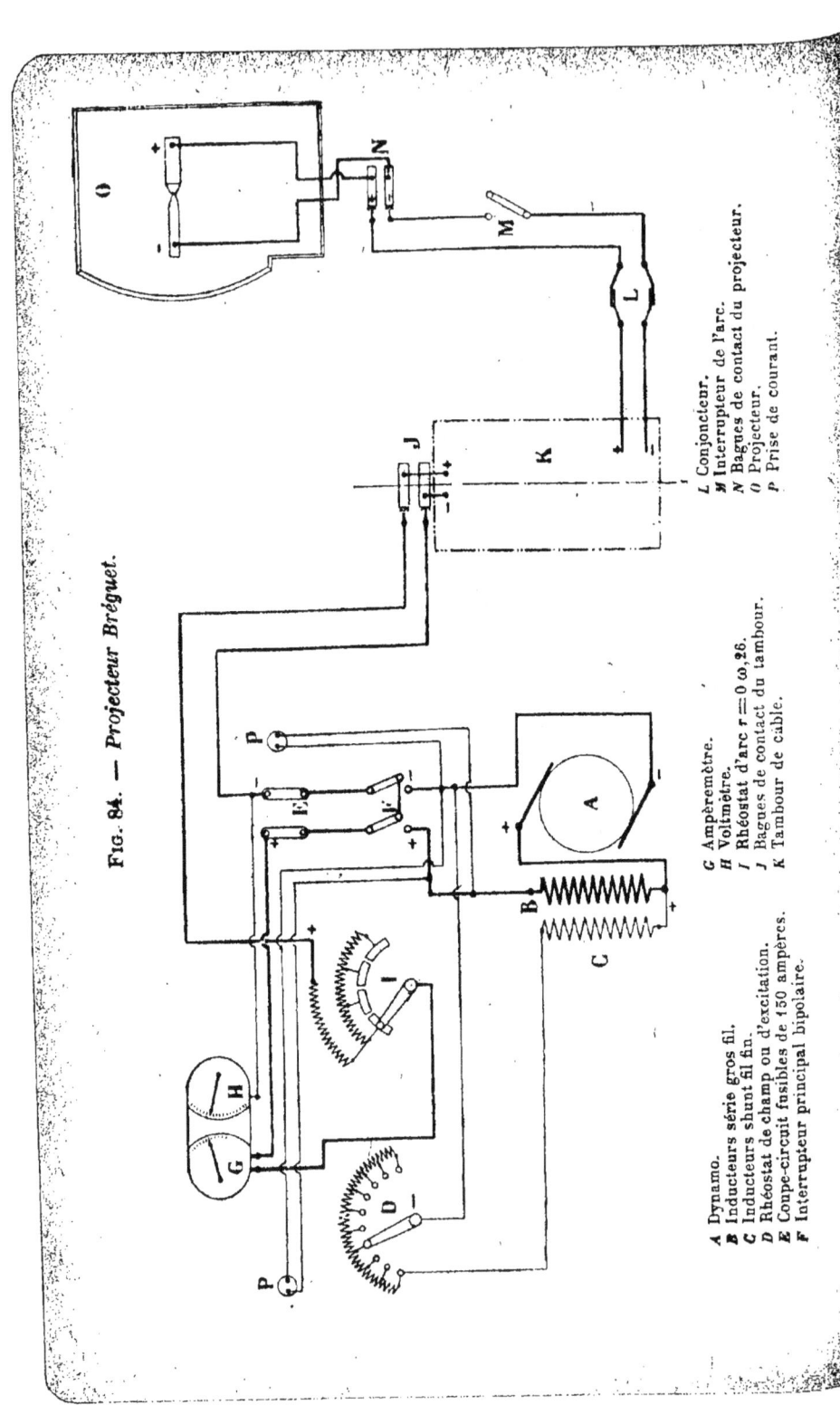

Fig. 84. — *Projecteur Bréguet.*

A Dynamo.
B Inducteurs série gros fil.
C Inducteurs shunt fil fin.
D Rhéostat de champ ou d'excitation.
E Coupe-circuit fusibles de 150 ampères.
F Interrupteur principal bipolaire.
G Ampèremètre.
H Voltmètre.
I Rhéostat d'arc $r = 0 \,\omega,26$.
J Bagues de contact du tambour.
K Tambour de câble.
L Conjoncteur.
M Interrupteur de l'arc.
N Bagues de contact du projecteur.
O Projecteur.
P Prise de courant.

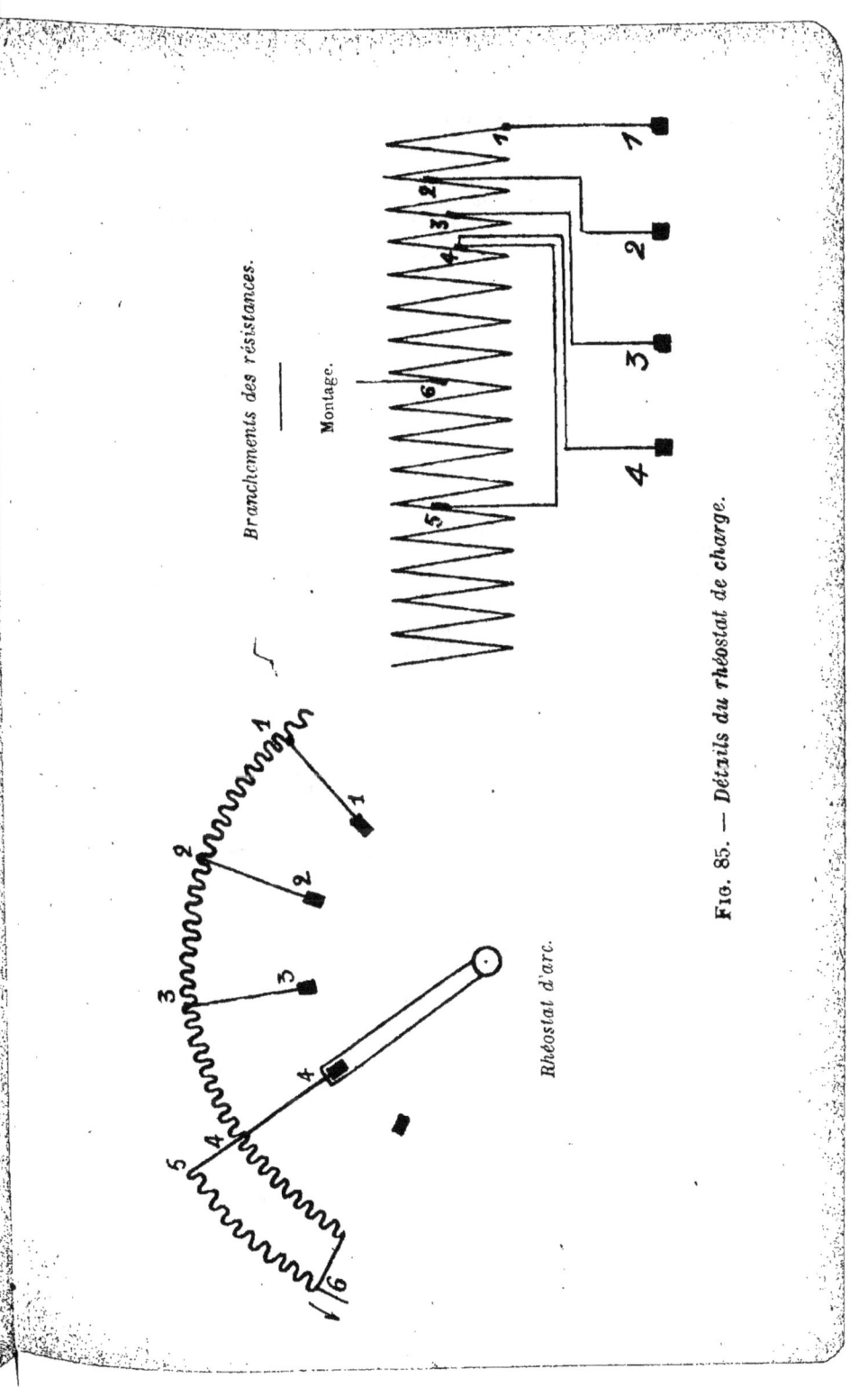

Fig. 85. — Détails du rhéostat de charge.

2ᵉ *Série.* — 6 spires, fil de 40ᵐᵐ,2 par pôle.
Résistance : 50 ω,008 à froid ; 0 ω,0095 à chaud.
Alésage intérieur du conducteur : 192 millimètres ; culasse 58ᶜᵐ²,2.
Pertes par frottement, hystérésis, courant de Foucault : 290 ohms à 1.450 tours moteurs.
Rendement électrique : 89 p. 100.

RHÉOSTATS.

De champ. — 9 sections de 23 spires, fil de maillechort 10/10 sous coton, montées sur cylindre de 51ᵐᵐ,5 de diamètre. Résistivité du maillechort : 42 microhms centimètres.

LAMPE.

Relais. — Deux bobines pleines ; fil 14/100 sous une couche de soie. 3.900 spires. Résistance : 360 ohms.

Inducteurs. — Une bobine fil 5/10 sous deux couches coton. 4.200 spires. Résistance : 65 ohms.

Induit. — Enroulement Siemens.
8 sections de 56 spires, fil 4/10 sous deux couches de soie.
Collecteur 8 lames.
Nombre d'encoches : 16, largeur 1 millimètre.

Charbons. — Positif, diamètre : 30×220 millimètres.
Négatif, diamètre : 20×190 millimètres.

Consommation d'essence aux essais. — 1 litre par kilowatt heure utile, soit 3 litres 840 à l'heure, pour 71 ampères sous 45ᵛ,3.

Mise en marche du projecteur Barbier-Benard.

La manœuvre du projecteur Barbier-Benard se rapproche beaucoup de la manœuvre du projecteur Bréguet.

La machine étant en vitesse, le circuit principal est ouvert, le rhéostat d'excitation est au maximum de résistance.

Exciter la machine en manœuvrant le rhéostat dans le sens de « diminuer la résistance » jusqu'à ce que le voltmètre indique le voltage normal.

Fermer le circuit en agissant sur l'interrupteur bipolaire du circuit d'alimentation ; régler à nouveau le voltage en agissant sur le rhéostat d'excitation.

Pour arrêter, ouvrir l'interrupteur principal, puis ramener le rhéostat d'excitation à son maximum de résistance, et arrêter le moteur.

Pour éviter l'emballement du moteur, il faut diminuer l'admission avant de couper le courant d'alimentation de la lampe.

La manœuvre du projecteur proprement dit étant identique à celle du projecteur Bréguet, nous n'insisterons pas sur ce point.

B) **Le miroir, le cylindre et leurs accessoires.**

Miroirs (parabolique ou Mangin) (réglage des faisceaux). — *Cylindres des projecteurs.* — *Niveaux.* — *Viseurs.* — *Ventilation.* — *Corps de support du cylindre (tourillons, lyre, plateau, trépied).* — *Glaces planes et glaces divergentes).*

Miroirs.

La lumière issue de la source est réfléchie sur un miroir et concentrée dans une certaine direction déterminant une zone dans l'espace où les points atteints par le faisceau de lumière obtenu sont suffisamment éclairés pour être vus, même à de grandes distances de la source. Suivant les projecteurs dont on dispose, les miroirs peuvent être de différents types. Les principaux sont :

1° Les *miroirs paraboliques en métal ou en verre* ;
2° Les *miroirs du type Mangin*.

Leur principe est très différent.

Principe du miroir parabolique.

Le miroir parabolique est formé par une calotte de paraboloïde de révolution obtenue en coupant un paraboloïde, perpendiculairement à son axe, au voisinage de son sommet. Si l'on place, en un point de l'axe du miroir appelé *foyer*, *une source ponctuelle*, tous les rayons issus de la source et tombant sur le miroir sont, après réflexion, parallèles à l'axe de révolution du miroir, que l'on nomme encore *axe optique*.

Si la *source*, au lieu d'être ponctuelle, a une *dimension réduite*, la

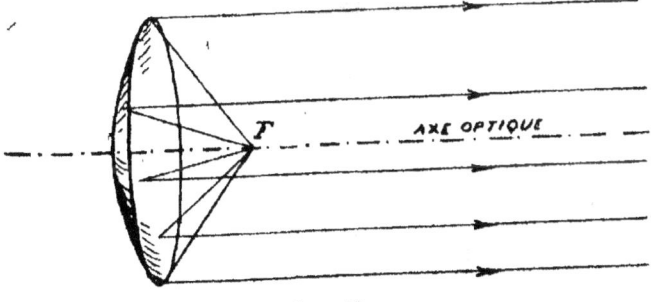

Fig. 86.

lumière qui en émane ne forme plus un faisceau parallèle de lumière, mais un *faisceau* légèrement *divergent*. Pour qu'un miroir soit utilisable pour un projecteur, il faut que la divergence du faisceau qu'il produit soit ni trop grande ni trop petite. Pas trop grande car sa portée serait réduite au profit de son étendue. Pas trop petite car l'étendue de la zone éclairée ne permettrait pas les observations. Ceci nous amène ici à parler de la divergence des faisceaux de projecteurs au sujet des miroirs.

La divergence dépend de la distance focale du miroir, de la grandeur de la source et de la répartition du flux émis par celle-ci dans l'espace. Elle dépend en outre de l'état de l'atmosphère, qui peut la réduire dans certains cas, et aussi du calibre du projecteur qui est lié au type de la source et à la distance focale du miroir, comme nous allons le montrer.

Représentons, en effet, une section du miroir par un plan passant par son axe (*fig.* 87), et considérons les rayons émis par la source et contenus dans ce plan. Ils seront toujours, après réflexion sur le miroir, dans le même plan, puisque les plans d'incidence et de réflexion sont confondus.

Considérons un arc électrique placé au foyer du miroir et tel que le charbon positif soit face au miroir. La source n'étant pas un point, elle donnera, pour chaque point P du miroir, un pinceau de lumière réfléchie, répartie de part et d'autre de la droite menée par le point P parallèlement à l'axe commun X'X du charbon positif et du miroir M. Tous ces petits pinceaux élémentaires, en se combinant, formeront, comme on s'en rend compte, un faisceau divergent.

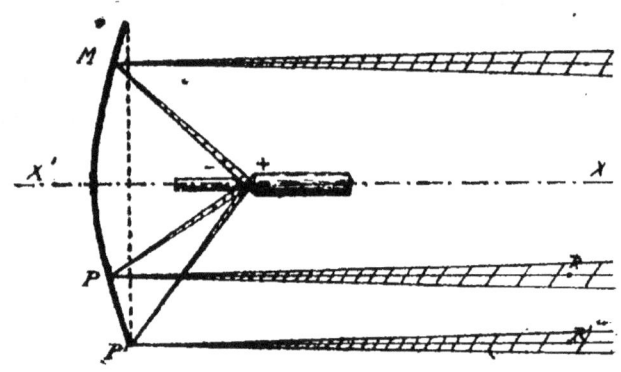

Fig. 87.

Théoriquement, la divergence du faisceau serait donnée par l'angle que font les rayons réfléchis les plus écartés de l'axe, ce serait donc approximativement l'angle sous lequel on voit le cratère du charbon positif du sommet du miroir. En réalité, les pertes de lumière par diffusion dans l'atmosphère, la répartition des intensités lumineuses de la source dans les diverses directions, ainsi que l'influence de l'œil de l'observateur, réduisent la divergence, surtout au fur et à mesure que l'on s'éloigne de la source. Il en résulte que la divergence d'un faisceau n'est pas, comme souvent on se l'imagine, une grandeur constante, mais au contraire une fonction de la distance à laquelle on observe.

Les variations de la divergence étant assez faibles, on les considère toutefois comme nulles en pratique. Les chiffres de 1/25 pour la divergence des calibres de 60 centimètres et au-dessus, de 1/30 pour les calibres inférieurs, sont très suffisants comme approximation dans une manœuvre. On augmente d'ailleurs, pour les appareils puissants, la divergence à l'aide de glaces divergentes, comme nous le verrons plus loin (lorsqu'on peut diminuer le champ d'action du projecteur en portée pour l'étendre en surface).

Le faisceau produit par un projecteur dépend essentiellement de la forme de la source lumineuse et de la répartition de ses éclats; ce qui revient à dire que *le faisceau est lié, ainsi que le choix du miroir, à la courbe des intensités donnée par la source lumineuse*. En effet, soit un arc S et sa courbe d'intensités Σ. On devra choisir un miroir tel que la presque totalité de la lumière tombe sur le miroir M. On n'a pas d'avantage à augmenter l'étendue du miroir, car la lumière gagnée et réfléchie par l'augmentation du *calibre* du projecteur (c'est-à-dire du diamètre de sa base circulaire) serait cause d'un encombrement et d'un poids de l'appareil beaucoup plus considérables.

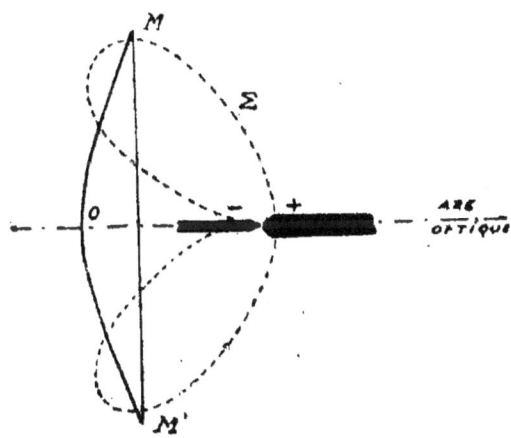

Fig. 88.

Pendant longtemps on a cherché à déterminer quel était le plus avantageux du miroir à long ou à court foyer. Avec un long foyer une partie de la lumière de l'arc ne tombe sur le miroir que s'il a une grande dimension d'où une augmentation du calibre.

Au contraire, avec un miroir à court foyer, le calibre pourra être réduit, tout en y faisant tomber la presque totalité de la lumière émise par la source. Mais deux inconvénients apparaîtront : d'une part, la source étant plus proche du miroir, la divergence du faisceau augmente, ce qui veut dire que la dispersion de lumière étant accrue, la portée du projecteur diminue ; d'autre part, la chaleur de la source et l'action de ses gaz oxydants détériorent le miroir beaucoup plus vite.

On voit ainsi que le choix de la distance focale d'un miroir, son calibre, la dimension de la source et la répartition du flux lumineux de l'arc sont des quantités dépendant les unes des autres et qu'il faut doser convenablement dans les divers types de projecteurs. Aujourd'hui, on a des types de projecteurs à distance focale ni trop grande ni trop petite, avec des arcs *à petits négatifs* donnant un bon rendement tout en restant d'un encombrement limité. (M. Rey (1) a montré que le cratère du positif donne sensiblement la même quantité de lumière quel que soit le charbon négatif avec lequel le charbon positif est accouplé. On se sert, aujourd'hui, de petits négatifs cuivrés, afin de ne pas trop augmenter la résistance de l'arc et de mieux concentrer la lumière de l'arc sur le miroir).

Il ne suffit pas que le miroir embrasse tout le flux de la source pour être acceptable. Le rendement d'un miroir, avec une source déterminée, dépend encore du pouvoir réflecteur de la substance qui le recouvre. Les substances utilisées sont : *l'argent*, qui a le pouvoir réflecteur maximum, et *l'or*. C'est ce dernier métal qui est le plus employé actuellement, quoique d'un pouvoir réflecteur inférieur à celui de l'argent ; ceci est dû surtout à une action physiologique de l'œil, qui observe mieux dans le faisceau du miroir doré.

Quel que soit d'ailleurs le type de miroir choisi, M. Blondel (2) a montré, en 1894, que *le projecteur se comporte à une certaine distance du projecteur comme une source circulaire plane ayant un éclat intrinsèque proportionnel à celui de la source et une surface proportionnelle à celle de la base du projecteur*.

Il donne, par suite, à une distance D du projecteur, un éclairement $E = \dfrac{K I S}{D^2} \times U$ où K est un coefficient de transmission optique du milieu où l'on éclaire, et U un coefficient de *rendement du projecteur* dépendant de son pouvoir réflecteur.

Des expériences ont montré la valeur du *rendement des miroirs des projecteurs* suivant les divers types de miroirs, c'est-à-dire, pour chacun de ceux-ci, le rapport entre le flux lumineux qu'ils ont reçu de la source et celui qu'ils réfléchissent.

On a trouvé : 1° pour les miroirs paraboliques à miroir de verre argenté, le chiffre de 87 à 88 p. 100 ; 2° pour le miroir doré, 85 p. 100 ; 3° enfin, pour le miroir Mangin, que nous allons voir plus loin, 83 à 84 p. 100.

---

(1) M. Rey, dans son remarquable ouvrage sur la *Portée des Projecteurs de lumière électrique*.
(2) M. A. Blondel, *Théorie des Projecteurs électriques*.

Principe du miroir Mangin.

Le principe du miroir Mangin, découvert en 1877, comme on l'a déjà indiqué plus haut, est basé sur les propriétés combinées des miroirs sphériques et des lentilles. Il est formé d'une lentille divergente concavo-convexe en verre, dont la face convexe est recouverte d'une couche d'argent formant miroir. La source lumineuse est placée au centre de la face concave ; ses rayons pénètrent sans déviation dans la lentille, se réfléchissent sur la face convexe et ressortent par la face concave parallèlement à l'axe optique du système. En général, la distance OC_1 est plus grande que la distance focale des miroirs métalliques. Il en résulte une divergence moindre du faisceau dû au miroir des projecteurs Mangin qui, quoique donnant un rendement plus faible que le projecteur à miroir parabolique, donne un éclairement au but nettement supérieur pour les moyens calibres, égaux ou plus petits que 0^m90. Le miroir Mangin concentre mieux la lumière sur le but ; aussi n'a-t-il été supplanté que le jour où le miroir parabolique métallique est devenu d'une fabrication industrielle courante.

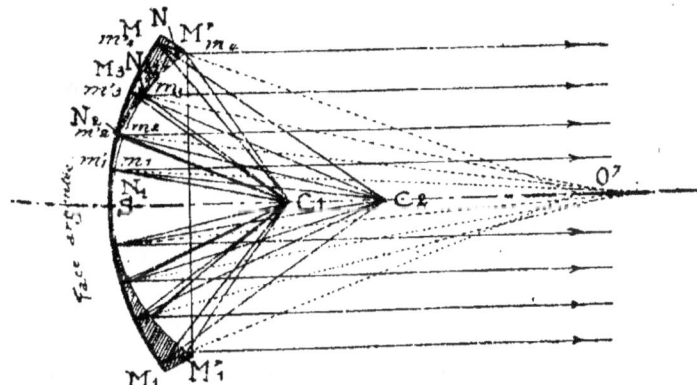

Fig. 89. — *Miroir Mangin*.

Le projecteur Mangin, grâce à la facilité de taille des surfaces sphériques, a été conservé encore de nos jours dans un grand nombre d'appareils, malgré ses multiples défauts au point de vue militaire, notamment sa fragilité dans le transport. Il présente, lorsqu'il est convenablement exécuté, un aplanétisme presque absolu ; mais il a l'inconvénient, dans certains cas, d'avoir des bords très épais, ce qui occasionne des pertes par réfraction et par réflexion assez considérables. C'est une des raisons pour lesquelles le miroir Mangin doit être proscrit des projecteurs de grand calibre dont la taille serait très délicate, pour ne pas dire industriellement irréalisable.

La distance $O\,C_1$ est dite la *distance focale* du miroir Mangin ; elle est en général des sept dixièmes du calibre. Avec des projecteurs à long foyer, on a obtenu, dans les expériences, une largeur de front éclairée, à 1.000 mètres, peu variable, suivant les calibres et atteignant :

Pour les projecteurs de 0m60, 32m40 ;
Pour les projecteurs de 0m75, 30m75 ;
Pour les projecteurs de 0m90, 31m40 ;
Pour les projecteurs de 1m50, 30m05.

Les inconvénients du verre au point de vue militaire ont fait peu à peu abandonner le projecteur Mangin dans les appareils de campagne, où l'on veut des appareils pouvant résister : 1° aux chocs produits soit dans le transport, soit à l'ébranlement de l'air (pièces d'artillerie) ; soit dans le déchargement ; 2° à l'épreuve des balles sans être brisés et absolument inutilisables ; 3° aux brusques variations de température que ne peuvent subir de grandes épaisseurs de verre à l'intérieur desquelles il se produit alors un grand travail moléculaire en entraînant la rupture.

Nous avons donné ici les propriétés du projecteur Mangin pour mémoire, les projecteurs à miroir parabolique étant les seuls répandus aujourd'hui en campagne. Des projecteurs Mangin existent encore aux postes fixes de certaines forteresses, c'est pourquoi nous en avons parlé.

Miroirs paraboliques des projecteurs de campagne.

Il en existe de quatre types différents :

1° Les miroirs métalliques dorés ;
2° Les miroirs métalliques argentés ;
3° Les miroirs en métal blanc ;
4° Les miroirs en verre argenté.

1° Miroirs paraboliques métalliques dorés.

Ces miroirs peuvent être de divers calibres : 0m,40, 0m,60, 0m,90, 1m,10, 1m,20 et 1m,50. Ce sont ceux qui dominent actuellement, le miroir doré éliminant les radiations à courte longueur d'onde. Il donne une lumière plus douce, qui facilite l'observation en diminuant les pertes de lumière dues à la diffusion sur les poussières et les gouttelettes d'eau de l'atmosphère. Les divers avantages du miroir doré sont les suivants :

1° Une balle peut le percer sans qu'il soit nécessairement inutilisable ;
2° L'or n'est attaqué que très lentement par les projections de l'arc électrique ; on dit alors qu'il est « piqué », à cause de la forme des petites taches dont il est couvert. On remédie à cet inconvénient par un procédé électrolytique exécutable en campagne par des gens peu expérimentés ;
3° Il rend l'observation facile, parce que sans fatigue, à cause de la douceur de la lumière ;

4° Le coût du miroir est relativement modique;

5° Il ne subit pas de déformation sensible par les brusques variations de température, il ne se brise pas dans le transport;

6° Il est d'un nettoyage facile et d'une durée de service assez grande.

Ces qualités sont d'ailleurs réalisées dans les autres types de miroirs métalliques, mais à des degrés différents.

Quel que soit le type de miroir métallique, il est bon de tenir compte de la remarque suivante si l'on veut avoir de bons résultats avec un miroir.

REMARQUE. — Dans le projecteur électrique, *le maximum de l'intensité lumineuse de la source étant voisin des bords, il faut constamment tenir ceux-ci dans le plus grand etat de propreté. plutôt qu'au sommet du miroir, dont l'action réfléchissante est très réduite.*

Pour l'entretien des miroirs dorés, on prescrit la méthode suivante :

Mode d'entretien du miroir doré. — Opérer de la manière suivante :

1° Projeter contre le miroir de l'eau en abondance, de façon à mouiller toute la surface. N'utiliser, pour cette opération, que de l'eau douce aussi pure que possible, ou mieux de l'eau distillée. S'il gèle, pour éviter la formation de glace, ajouter à l'eau de l'alcool non dénaturé.

2° Promener sur le miroir, très légèrement et d'un mouvement en spirale allant du centre à la périphérie, des tampons d'ouate bien imbibés d'eau et suffisamment chargés de savon.

L'ouate doit être de l'ouate hydrophile à pansements neuve. La grosseur des tampons doit atteindre celle du poing; les doigts de l'opérateur doivent y être bien cachés, de manière à ne pas rayer le miroir.

On doit renouveler fréquemment ces tampons au cours du nettoyage et ne jamais s'en resservir.

Le savon doit être du savon spécial fourni avec les miroirs ou, à défaut, du savon blanc de très bonne qualité.

3° Après deux ou trois savonnages, laver le miroir avec des tampons d'ouate seulement imbibés d'eau, et projeter à nouveau de l'eau en abondance.

4° Enlever la plus grande partie de l'eau avec des tampons d'ouate sèche et terminer l'assèchement avec la gaze.

La gaze doit être hydrophile et à pansements. Elle doit être neuve et préalablement assouplie entre les mains pour la mettre en gros tampons. Elle peut être utilisée à nouveau après séchage, si l'on est sûr qu'elle ne contient pas de poussières susceptibles de rayer le miroir.

On peut donner au miroir un meilleur aspect en le frottant avec une peau de chamois extrêmement souple et parfaitement propre.

En aucun cas, il ne faut appuyer sur le miroir qui peut se déformer. Quoique la régularité de formes des miroirs de projecteurs soit loin d'atteindre celle des miroirs télescopiques, il faut néanmoins veiller à ce que ces miroirs ne subissent pas de déformations sensibles soit par les chocs, les pressions ou les températures.

2º Miroir parabolique métallique argenté.

L'argent ayant un pouvoir réflecteur très élevé, semblait tout indiqué pour la confection de réflecteurs ou de miroirs de projecteurs. Il donne de très bons résultats avec des lumières douces. Avec l'arc électrique, il présente le grave inconvénient de donner une lumière trop crue. Il réfléchit, en effet, presque intégralement les radiations violettes ou ultra-violettes de l'arc qui produisent une diffusion de la lumière très mauvaise pour l'observation. Néanmoins, la portée du faisceau, avec miroir argenté, est sensiblement plus grande que celle des faisceaux avec miroir doré de même calibre, et *la valeur de l'appareil s'améliore notablement au fur et à mesure qu'on avance le long du faisceau vers le but qu'il éclaire;* l'effet désagréable des rayons ultra-violets diminuant peu à peu d'importance, ceux-ci étant absorbés par l'atmosphère très rapidement.

Le miroir argenté a l'inconvénient de se ternir assez rapidement sous l'action des gaz oxydants ou sulfurés de l'arc qui sont à haute température. Aussi certains miroirs argentés sont-ils recouverts d'une couche isolante très mince de gomme-laque.

Pour l'entretien du miroir argenté, on prescrit la méthode suivante :

Laver à grande eau comme pour le miroir doré, en se servant d'un tampon de coton exempt de poussières, l'eau étant aussi pure que possible. On sèche avec de la gaze froissée et on passe la peau de chamois en décrivant une spirale du centre vers les bords et non en frottant dans tous les sens. Il faut, dans tous les cas, éviter de l'astiquer avec un produit quel qu'il soit.

3º Miroirs paraboliques en métal blanc.

Il existe un certain nombre de miroirs faits d'un alliage dit métal blanc B. B. T. inoxydable à l'air. Ces miroirs sont livrés légèrement enduits de vaseline, précaution bonne à prendre lorsque les miroirs doivent rester un certain temps inutilisés. La lumière donnée par ces miroirs est plus blanche que celle du miroir doré et elle donne d'assez bons résultats; toutefois, le miroir doré est d'un usage beaucoup plus courant. Pour le nettoyage de l'appareil, on prescrit la méthode suivante :

Délayer du blanc d'Espagne dans l'eau, dans un récipient assez creux. Quand le blanc d'Espagne est bien délayé, laisser reposer le mélange. Tremper ensuite un bouchon de coton ou un linge très fin dans la partie supérieure du liquide en ayant soin de ne pas remuer le fond, de façon qu'il n'y ait sur le bouchon aucune poussière. Frotter avec ce bouchon, puis essuyer avec du coton sec ou une peau de chamois, ou avec du linge très fin en frottant un peu et en décrivant dans chaque cas, sur le miroir, une spirale partant du centre pour aboutir sur les bords. On peut aussi frotter au chiffon de laine, ce qui donne un blanc très fin.

PROJECTEURS ÉLECTRIQUES A ARC.   155

4° Miroirs paraboliques en verre argenté.

Les miroirs paraboliques en verre sont assez minces pour que l'influence du verre soit de peu d'importance dans la marche des rayons réfléchis sur la mince couche d'argent déposée sur la face convexe du miroir parabolique. Ces miroirs peuvent être faits aujourd'hui avec un grand degré de perfection, comme nous l'avons vu plus haut, puisque leur rendement est le meilleur de tous. Ils ont, toutefois, l'inconvénient, en dehors de leur fragilité, de se ternir assez rapidement, l'argent ne gardant pas, dans ces miroirs, une fixité absolue. Les miroirs en verre sont d'ailleurs posés sur une enveloppe destinée à les protéger des chocs et à leur donner une certaine solidité.

Pour assurer l'entretien de ces miroirs, il faut observer les prescriptions suivantes :

Après chaque séance de fonctionnement, une fois que le *miroir est refroidi dans son boisseau fermé*, laver celui-ci à grande eau pour enlever les poussières, puis essuyer avec un tampon de coton bien sec, de manière à sécher le miroir. Il faut prendre soin de ne pas rayer le miroir en frottant du centre vers la périphérie.

Au bout d'une dizaine de séances, on peut laver le miroir avec un tampon d'ouate imbibé d'essence ou d'alcool non dénaturé de préférence. On essuie ensuite avec une peau de chamois, de façon à ne laisser aucune trace d'humidité qui pourrait, par la suite, entraîner la brisure du miroir.

Mode de réglage des faisceaux des projecteurs.

L'arc électrique d'un projecteur se règle à la main, comme nous l'avons vu plus haut, à l'aide d'une manette placée à l'arrière du projecteur. Il est bien réglé s'il ne flambe, ni ne siffle. S'il flambe, l'écart des charbons est trop grand; s'il siffle, l'écart est trop court; dans les deux cas il ne donne pas le rendement lumineux maximum qui est obtenu pour une intensité de courant et des charbons donnés pour un écart de ceux-ci compris entre 3 et 4 millimètres.

Lorsque l'arc est réglé, il faut ensuite placer la lampe de manière que l'arc soit exactement au foyer du miroir, qui est parabolique dans

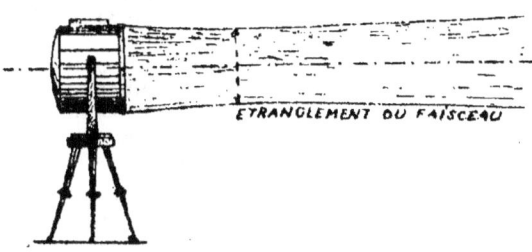

Fig. 90.

les projecteurs de campagne. On peut obtenir assez facilement en plein jour la position du foyer en dirigeant le miroir de façon que son axe passe par le soleil. Le miroir donne sur cet axe une image du soleil. Le point où cette image est minimum correspond au foyer du miroir, c'est-à-dire au point où il faudra approximativement placer la source pour avoir un bon faisceau.

Si l'arc se rapproche du miroir à une distance plus courte que le foyer, il en résulte une augmentation de la divergence du faisceau; si, au contraire, on s'éloigne du miroir au delà du foyer, la divergence tend à diminuer pour une certaine valeur de l'écart, pour augmenter ensuite. *La meilleure position de l'arc correspond à la position de la divergence minimum qui est un peu au delà du foyer du miroir parabolique à partir du sommet.*

Des opérateurs bien exercés arrivent d'ailleurs à régler rapidement un faisceau de nuit, après un ou deux coups de sonde. Un bon faisceau ne présente pas, vu par côté, un contour apparent rectiligne. A la sortie du projecteur, il semble convergent, puis divergent ensuite comme l'indique la figure ci-dessus. L'étranglement du faisceau se produit en général à quelques mètres de la sortie du cylindre du projecteur; il ne doit pas, toutefois, être trop exagéré.

Si l'on se place près d'un projecteur et que l'on regarde son faisceau, supposé bien réglé, il paraît cylindrique quoiqu'étant divergent. Ce phénomène, auquel il doit son nom de *faisceau cylindrique*, est une conséquence de la perspective.

CYLINDRES DES PROJECTEURS.

Quel que soit le type de projecteur, le miroir et la lampe sont à l'intérieur d'une enveloppe métallique, que l'on nomme *cylindre*, ou *boisseau*. Le miroir, encastré dans une calotte sphérique qui lui sert de support, forme le fond postérieur du cylindre, le fond antérieur est clos par les volets d'occultation du faisceau. Le fond portant le miroir peut pivoter autour d'une charnière verticale fixée sur le cylindre, afin de permettre la visite et le nettoyage du miroir. Pendant l'action du projecteur, le porte-miroir ferme le cylindre d'une façon hermétique, grâce à des tenons à ressorts que l'on tourne à la main et qui sont solidaires du cylindre.

Au point de vue optique, le cylindre a une grosse importance. Il empêche la visibilité de l'arc sur les côtés de l'appareil et facilite ainsi l'observation dans le faisceau, puisqu'il diminue l'aveuglement de l'observateur produit par la source. En outre, il limite le faisceau et lui conserve une divergence sensiblement constante pour de très petites oscillations de la source qui peut se rapprocher ou s'éloigner du foyer du projecteur pendant la marche automatique. Le cylindre, en supprimant la visibilité de la source, rend le projecteur moins facilement repérable, à condition toutefois de ne laisser filtrer aucun rayon de lumière soit par les volets, soit par les œilletons.

Il est utile de faire remarquer qu'il est bon de noircir au noir de fumée les parois intérieures du boisseau, si l'on ne veut pas avoir, à la sortie de l'appareil, de la lumière diffusée dans toutes les directions, ce qui facilite considérablement le repérage de l'appareil. En effet, le noir de fumée absorbe la lumière au lieu de la réfléchir comme le ferait un boisseau à surface lisse.

Le boisseau du projecteur ne doit être ni trop long ni trop court. Pas trop long, parce qu'une partie notable des rayons non parallèles du faisceau serait absorbée par lui, qui règle la divergence du faisceau. Il ne faut pas non plus que le boisseau soit trop court, parce que, alors, la lumière envoyée par l'arc directement dans l'atmosphère devient plus considérable, l'arc étant très voisin de l'ouverture du projecteur.

Le cylindre présente l'inconvénient d'entretenir autour de l'arc une atmosphère à haute température qui détériore très rapidement les miroirs. On est alors obligé de remédier à l'élévation de température due à l'arc par une ventilation assez énergique, sans toutefois troubler le régime de l'arc lui-même et sans lécher trop brusquement le miroir s'il est en verre.

Dans tous les appareils, la lampe se trouve dans un logement placé à la partie inférieure du cylindre. La hauteur de la lampe est, par construction, déterminée de façon que les axes des charbons puissent être confondus avec l'axe du miroir (qui est celui du cylindre) par un petit réglage à la main.

L'axe du cylindre est alors dit *axe du projecteur*.

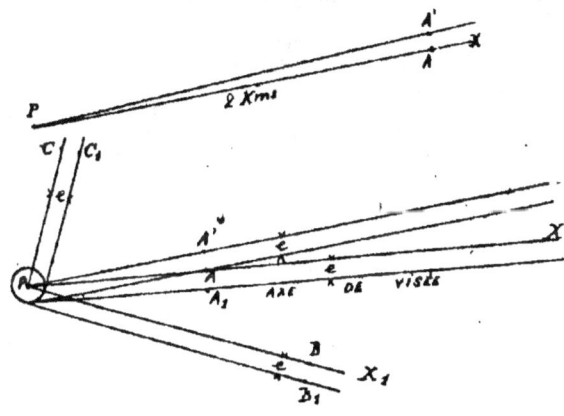

Fig. 91.

Pour amener l'axe optique du projecteur sur un but, on se sert de viseurs dont l'axe est parallèle à celui du projecteur. Ces viseurs sont fixés sur le côté du cylindre, de manière à pouvoir observer convenablement.

Vu la courte distance qui sépare l'axe du viseur et celui du projecteur, on peut considérer celle-ci comme nulle lorsque le point observé se trouve à une grande distance, mais il n'en est plus de même si le repère visé se trouve au voisinage de l'appareil.

Ainsi, si l'on veut viser dans une direction déterminée, P X, un point A se trouvant à 2 kilomètres on considérera les axes de visée et du cylindre comme confondus, c'est-à-dire que l'on admettra que l'axe du cylindre passe par A quand celui du viseur y passera. En fait, il passe par A′, mais alors l'angle $\widehat{APA'}$ sera très petit, et l'erreur de visée est de l'ordre d'une erreur de pointage et sans grande importance, vu la divergence du faisceau.

A une courte distance de visée, au contraire, l'angle $\widehat{APA'}$ prend une importance assez sérieuse. Il en résulte que, dans l'établissement des repères, on devra tenir compte de la distance e, qui sépare l'axe du viseur et celui du projecteur. Si donc on veut éclairer dans la direction P X, on devra viser vers A_1 tel que $AA_1 = e$, A_1 étant sur la perpendiculaire en A à PA.

Cette correction sera assurée notamment lorsqu'on crée des repères artificiels à une vingtaine de mètres du projecteur.

(Les repères à courte distance peuvent être constitués par des perches auxquelles on fixe une lampe électrique de poche tournée face au projecteur.)

En outre des viseurs et parallèlement à l'axe du projecteur, on fixe un niveau à bulle, qui permet de donner l'horizontalité du faisceau lorsque la bulle est entre ses repères. Ce niveau permet en outre de placer intelligemment le projecteur, de façon que la plate-forme qui le porte soit bien horizontale.

L'appareil sera bien posé lorsque, le projecteur ayant *son index de visée ou pointage en hauteur sur le chiffre zéro, la bulle du niveau reste entre ses repères pour deux positions rectangulaires du plan vertical contenant l'axe du projecteur*. Quel que soit l'angle dont tourne le projecteur à droite ou à gauche, la bulle du niveau restera alors entre ses repères si la construction de l'appareil est soignée.

Le fond antérieur du cylindre, avons-nous dit, est fermé par les volets d'occultation. Certains projecteurs portent en outre des glaces planes en verre assez épais.

Le rôle des glaces planes est de prévenir l'entrée des poussières et aussi d'éviter le brusque refroidissement des gaz du boisseau. Les glaces planes ont, en outre, l'avantage de protéger le projecteur contre le vent qui peut souffler l'arc, ou contre la pluie. Ces glaces ont l'inconvénient d'être fragiles et d'absorber une partie de la lumière, environ 5 à 6 p. 100, surtout sur les faces où se produisent des réflexions de la lumière assez importantes.

En principe, le projecteur ne peut opérer d'une façon convenable que par un temps calme. Il semble donc que, dans bien des cas, les glaces planes puissent être supprimées avantageusement, les volets empêchant l'introduction de corps étrangers à l'intérieur du boisseau du projecteur s'ils ferment bien. On augmenterait ainsi la puissance du projecteur.

NIVEAUX.

Le niveau d'eau est constitué par un tore en verre à l'intérieur duquel se tient un liquide formant bulle à la partie supérieure du tore. Cette bulle est divisée en deux parties égales par la verticale passant par le sommet *lorsque le plan contenant l'axe du tore est vertical*, ce que nous supposerons toujours vrai. La bulle ayant toujours la même dimension si le tore est bien calibré, on peut tracer sur le verre deux traits aux points 1 et 2. Si SA=SB, il en résultera que oo' est horizontale quand la bulle est entre ses repères.

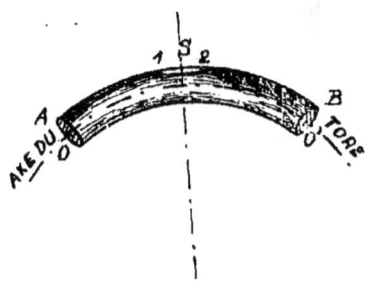

Fig. 92.

Si donc on dispose le niveau de façon que oo' soit parallèle à l'axe du cylindre, celui-ci sera horizontal lorsque oo' le sera, c'est-à-dire quand la bulle sera entre ses repères.

On pourra ainsi juger rapidement si l'horizontalité donnée par le zéro du circulaire gradué de pointage en hauteur et celle donnée par le niveau sont concordantes. Le niveau servira à faire une mise au point très exacte du zéro du pointage. Avec un bon niveau gradué, on pourrait d'ailleurs déterminer aisément le pointage exact en graduant le niveau sur l'un des côtés de la bulle, par exemple le côté gauche. Ce mode n'a pas encore été utilisé; il serait alors utile de protéger le niveau par une enveloppe métallique sur laquelle on pourrait faire la graduation.

VISEURS.

Divers types de viseurs sont utilisés dans les projecteurs. Tous sont fixés sur le côté du cylindre. Leur axe, ou *axe de visée*, est parallèle à l'axe du projecteur par construction. Le faisceau du projecteur étant divergent, il n'est pas d'une nécessité absolue que le viseur soit de grande précision pour atteindre le but; aussi les appareils de visée des projecteurs sont-ils des plus rudimentaires.

PREMIER TYPE.

Le viseur est constitué par un tube cylindrique, long de 30 centimètres environ, portant à ses extrémités : d'un côté, un objectif; de l'autre, un oculaire, tous deux en verre et gravés de deux traits en croix. L'axe de visée passe par les deux points de croisement des traits de l'objectif et de l'oculaire. Pour prendre une visée correctement, il faut placer l'œil à une certaine distance en arrière de l'oculaire, de façon à voir nettement les quatre traits gravés. Quand on opère de nuit, il faut éclairer légèrement l'objectif.

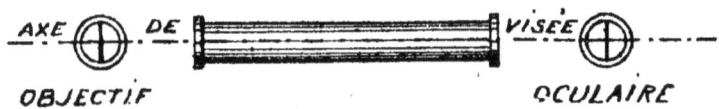

Fig. 93.

DEUXIÈME TYPE.

Le viseur est toujours constitué par un tube de 30 centimètres environ. L'objectif porte deux fils métalliques en croix, et l'oculaire un petit trou de 2 millimètres environ de diamètre. L'axe de visée est

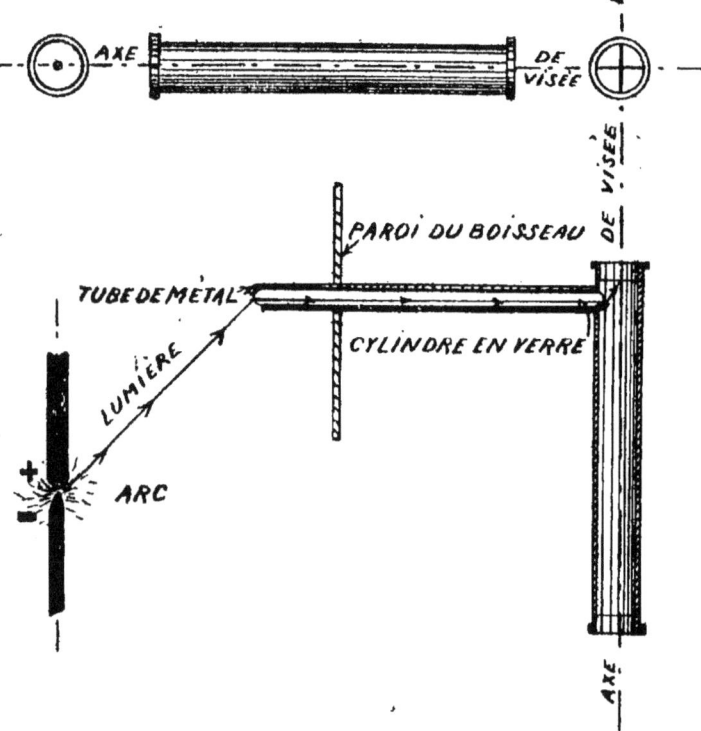

Fig. 94.

constitué par le centre de l'oculaire et la croisée des fils du réticule objectif. On éclaire l'objectif à l'aide d'une tige en verre qui traverse le cylindre et porte une gaine métallique qui aboutit au voisinage de l'objectif de la lunette. La lumière de l'arc, qui s'est propagée dans le verre, arrive diffusée sur les fils du réticule du viseur.

TROISIÈME TYPE.

Le viseur est constitué par deux miroirs à 45 degrés sur l'axe de visée et tous deux parallèles, ainsi que l'indique la figure ci-contre. La direction dans laquelle regarde l'œil est ainsi parallèle à l'axe de visée.

L'axe de visée est déterminé grâce à deux réticules placés dans le tube du viseur (l'un placé entre les deux miroirs, l'autre entre l'un des miroirs et l'oculaire), c'est le rayon lumineux qui, tombant sur les deux miroirs, passe par les points de croisée des deux réticules.

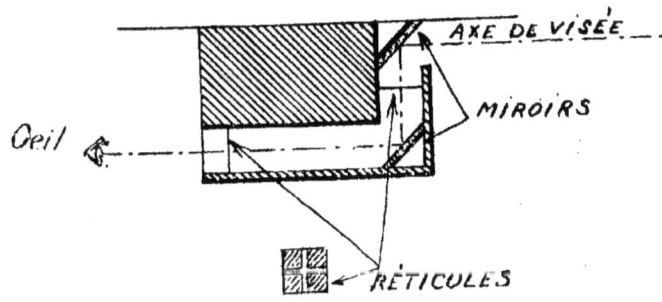

Fig. 95.

QUATRIÈME TYPE.

D'autres viseurs sont simplement constitués par deux anneaux fixés au cylindre. L'oculaire porte un petit trou et l'objectif quatre index en croix. Le centre du trou et le point de rencontre des index déterminent l'axe de visée d'une manière peu rigoureuse, mais suffisante pour déterminer pratiquement le champ de tir du projecteur.

Si l'on veut avoir une exactitude assez grande, il est utile de se servir d'une lunette astronomique ou terrestre, placée sur le côté du projecteur. Pour connaître très exactement la zone éclairée, il serait même bon de limiter le champ de la lunette de manière convenable.

C'est le mode d'utilisation du projecteur considéré comme organe de liaison optique.

162 LES PROJECTEURS DE CAMPAGNE.

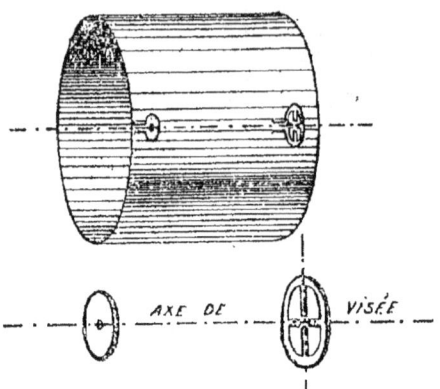

Fig. 96.

VENTILATION.

Quel que soit le type de projecteur, le mode de ventilation est toujours le même en principe. Il est constitué par un système à chicanes fixé sur les côtés inférieurs et à la partie supérieure du cylindre (*fig.* 97). La circulation d'air se fait dans le boisseau de bas en haut, les gaz chauds s'échappent par les chicanes du haut produisant une dépression à l'intérieur du cylindre où les gaz froids pénètrent par le bas. Cet appel d'air est d'ailleurs très actif lorsque la tempé-

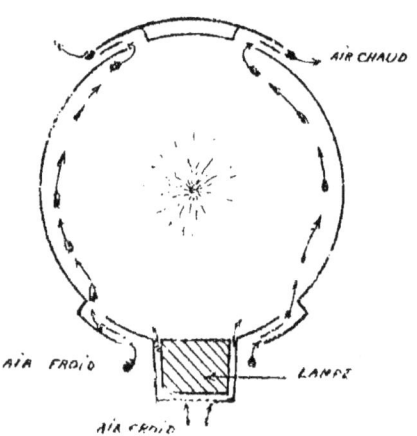

Fig. 97. — 1er Type.

rature est élevée à l'intérieur du boisseau, l'air étant d'autant plus léger qu'il est plus chaud, et la sortie de l'air du boisseau étant une fonction croissante de sa légèreté.

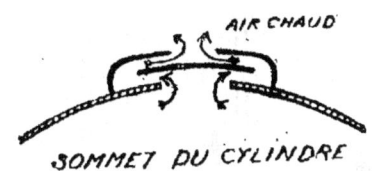

Fig. 98. — 2e Type.

Une entrée additionnelle d'air a lieu par le fond du logement de la lampe qui est percé de trous.

L'air qui traverse ce logement a pour effet de sécher les organes de la lampe qui sont léchés par lui. En outre, l'huile de graissage des organes de la lampe peut être ainsi facilement évacuée au dehors de l'appareil.

CORPS DE SUPPORT DU CYLINDRE.

Le cylindre du projecteur repose, par deux tourillons, sur les oreilles disposées à l'extrémité des bras de la lyre. Celle-ci est solidaire d'un plateau formant son embase et qui peut être maintenu à l'aide de tenons à ressorts sur un socle ou un trépied. Le socle est en général utilisé pour fixer le projecteur sur une voiture, le trépied sert le plus souvent, pour les projecteurs de moyen calibre, à installer l'appareil à une certaine distance des générateurs d'électricité. Quand les projecteurs sont de gros calibre (90 centimètres et plus), on pose le projecteur sur un petit chariot quadricycle, que l'on descend à l'aide d'un treuil sur un plan incliné formé par des poutres en U convenablement calculées et assemblées, de façon à avoir un écart égal à celui des roues des deux côtés du quadricycle.

Pour les très gros calibres (1^m20) on a quelquefois des appareils élévateurs spéciaux, actionnés par le groupe électrogène, de façon à

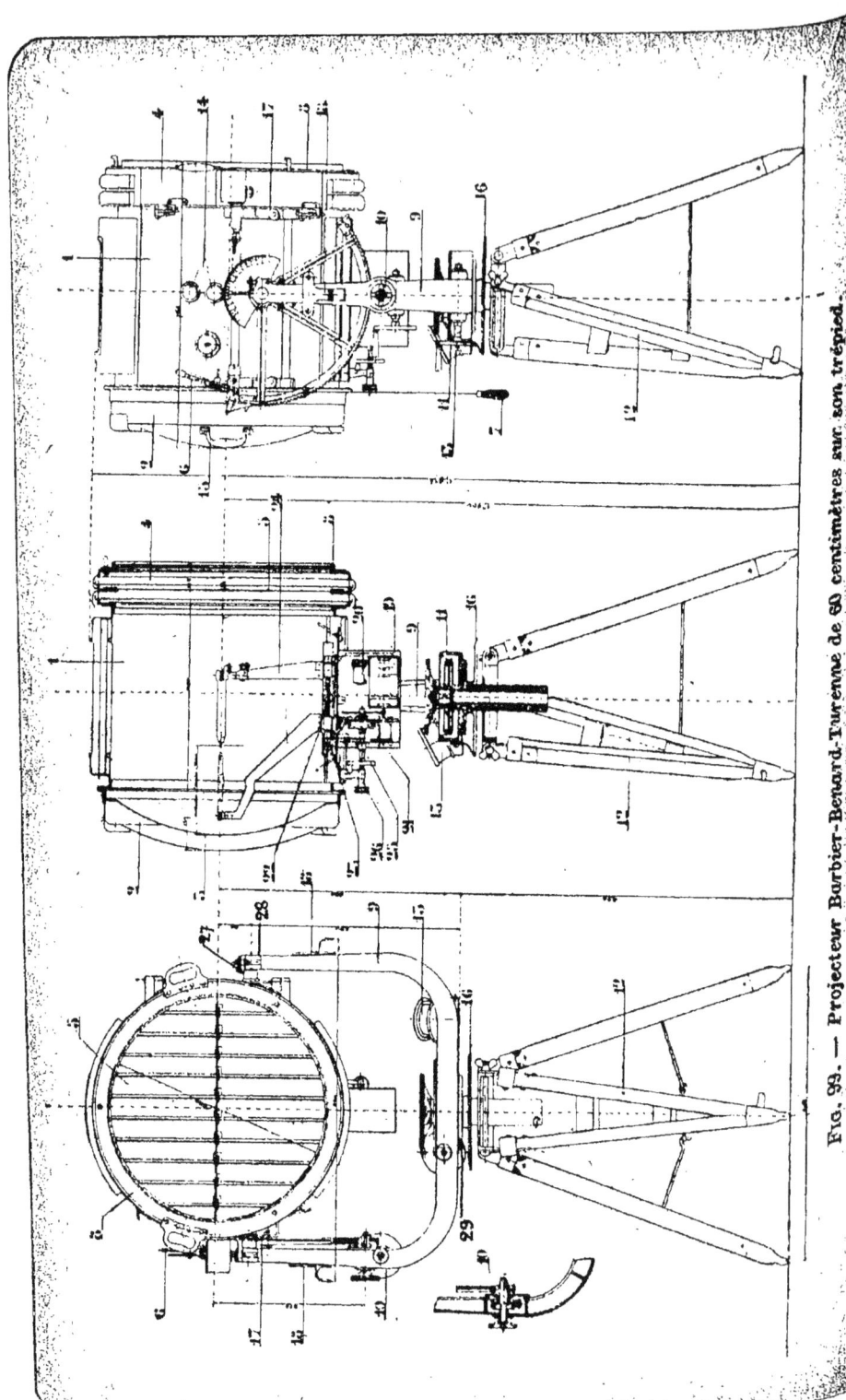

Fig. 99. — Projecteur Barbier-Benard-Turenne de 60 centimètres sur son trépied.

PROJECTEURS ÉLECTRIQUES A ARC.   165

Légende de la figure 99.

1. Cylindre.
2. Fond de miroir.
3. Miroir.
4. Boîte à persiennes.
5. Persiennes.
6. Commandes des persiennes.
7. Tirette de commande d'occultation.
8. Porte-plane.
9. Bras de la lyre.
10. Commande de l'inclinaison.
11. Commande en direction.
12. Trépied.
13. Voltmètre éclairé.
14. Boutons de commande des charbons (de l'extérieur).
15. Viseur.
16. Cercle gradué de direction.
17. Secteur gradué d'inclinaison.
18. Pattes d'enlevage et de brêlage.
19. Moteur.
20. Relais de réglage.
21. Barillet.
22. Vis de commande des chariots porte-charbons.
23. Chariots porte-charbons.
24. Bras de la lampe.
25. Commande à la main de la lampe.
26. Commande de mise au foyer de la lampe.
27. Tourillon du cylindre.
28. Oreille ou palier.
29. Plateau.

FIG. 99. — Projecteur Barbier-Benard-Turenne de 60 centimètres sur son trépied.

placer le projecteur à une certaine hauteur au-dessus du sol et diminuer la rasance du faisceau qui gêne la manœuvre. Quel que soit le type de projecteur et son calibre, on peut diriger le faisceau sur un point de l'espace en faisant tourner le projecteur autour d'un axe vertical passant par le centre du plateau, si celui-ci est horizontal, puis en exécutant une seconde rotation du cylindre autour de ses tourillons. C'est ce qu'on appelle pointer le projecteur sur le but. Cette opération sera étudiée plus loin.

Dans le transport, tous les projecteurs sont brêlés à l'aide de câbles fixés, d'une part, au projecteur qui porte quatre oreilles à cet effet; d'autre part, à la voiture. Les câbles sont quelquefois munis de ressorts qui les rendent plus souples et l'action des chocs moins brutale.

GLACES PLANES ET GLACES DIVERGENTES.

Glaces planes.

Les glaces planes sont constituées par un assemblage de lames planes à faces parallèles de 0°,7 à 1 centimètre d'épaisseur environ, en verre de très bonne qualité au point de vue optique, c'est-à-dire à grande transparence. On donne à ces glaces une grande épaisseur pour éviter le bris dans le transport. Chaque glace est divisée en lamelles pour faciliter les réparations de la glace, au cas où celle-ci vient à être brisée par une balle par exemple. Le nombre de lamelles varie d'ailleurs avec le type d'appareil et le calibre. Il est de 6, 8, 10, 11, 12, etc.

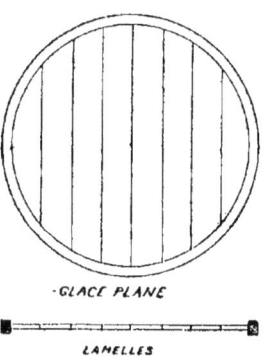

GLACE PLANE

LAMELLES

Fig. 10).

Il est recommandable, au cas où les projecteurs portent des volets à persiennes, de faire coïncider le plan de raccordement transversal des lamelles avec le plan contenant les persiennes ouvertes. En effet, si on examine l'ombre portée par les volets en avant du projecteur, on constate qu'elle existe sur plusieurs centimètres; il en résulte que,

PROJECTEURS ÉLECTRIQUES A ARC. 167

si l'on place les raccords des lames dans le plan des persiennes, la perte de lumière due aux raccords des lames ne s'ajoute pas à celle due aux persiennes. Cette remarque s'applique également aux glaces divergentes.

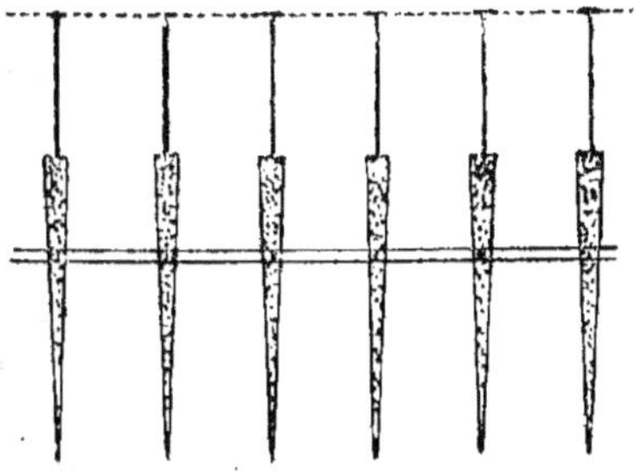

PERSIENNES DU VOLET

OMBRES DES PERSIENNES

Fig. 101.

Glaces divergentes.

Les glaces divergentes des projecteurs sont toutes composées d'un certain nombre de lamelles bombées en leur milieu, de façon à former une pièce convergente dont la face plane est tournée vers l'intérieur du projecteur. Si donc on examine de telles glaces en coupe, elles donnent, si le plan de coupe est horizontal et passant en leur centre, la figure ci-après (*fig.* 102).

Le principe des glaces divergentes est le suivant :

La lumière de l'arc, après réflexion sur le miroir, est de la lumière parallèle ou sensiblement parallèle. Chaque élément de la glace converge donc la lumière en avant de celle-ci, à une petite distance en un point (O_1, O_2, O_3, O_4) ou mieux en une ligne verticale, comme on peut le constater en plaçant un écran à une courte distance de la glace et en l'éloignant peu à peu. Quand on dépasse la distance d, on constate que chacun des cônes convergents se transforme en cône divergent. La superposition de tous ces cônes divergents produit une égale répartition de la lumière en tous les points du faisceau dès qu'on se trouve à une certaine distance du projecteur. Ce brassage du flux lumineux est encore augmenté par le fait que tous les rayons issus de la source ne sont pas rigoureusement parallèles à l'axe du miroir après réflexion sur celui-ci.

Certaines glaces divergentes sont en deux pièces que l'on replie l'une sur l'autre pour faciliter le transport ; d'autres sont d'une seule pièce. Le nombre des lamelles est également très variable (de 8, 10, 12,) suivant le type de projecteur et son calibre. Dans tous les cas, il y a lieu de ne pas trop exagérer le nombre des lamelles, celles-ci perdant en résistance au choc et leur assemblage absorbant une plus grande quantité de lumière.

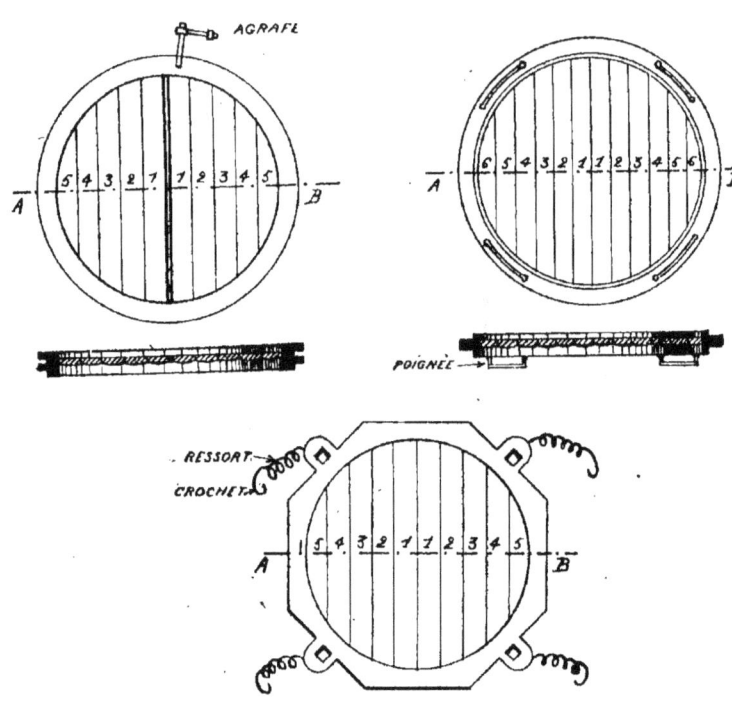

Fig. 102. — *Vue de face et coupe A B.*

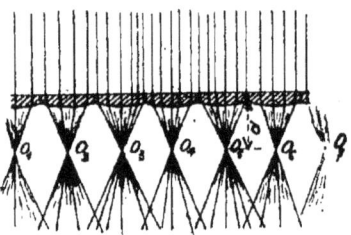

Fig. 103.

PROJECTEURS ÉLECTRIQUES A ARC. 169

C) Organes de commande du projecteur.

Mécanismes de pointage (en hauteur, en direction). — Mécanisme d'occultation (Volets, diaphragmes).

MÉCANISMES DE POINTAGE.

Diriger un faisceau sur un but, c'est *pointer* le projecteur sur ce but. Le pointage, dans un projecteur, comme nous l'avons déjà dit, se décompose en deux mouvements complètement indépendants. Ce sont :

A) Le pointage en direction ;
B) Le pointage en hauteur.
Etudions ces deux mouvements.

A) Pointage en direction.

La lyre du projecteur est construite de telle manière que son axe vertical de rotation, celui horizontal de rotation du cylindre et l'axe du projecteur se coupent tous les trois au même point, et cela quelle que soit la direction dans laquelle on braque le cylindre. On voit ainsi que l'horizontalité de l'axe des tourillons aura toujours lieu quand le plan de la lyre sera vertical, c'est-à-dire quand l'axe du pointage en direction sera vertical. Le plateau du projecteur sera alors horizontal, et les pieds du trépied à l'écartement voulu.

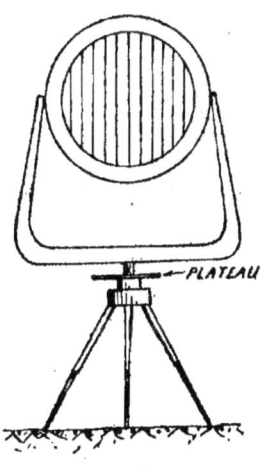

FIG. 104.

Pour réaliser la verticalité d'un projecteur, on peut placer un niveau à bulle sur le plateau du projecteur. On réglera l'écartement des pieds du trépied jusqu'à ce que la bulle du niveau soit entre ses repères pour deux positions rectangulaires du plan de la lyre.

Dans tous les projecteurs, le plateau porte un cercle gradué dont le centre est précisément l'axe vertical de rotation du projecteur. Ce cercle porte des divisions qui permettent d'apprécier très exactement l'angle de rotation dont on a tourné pour deux positions successives de l'appareil. On lit les angles à l'aide d'un index solidaire de la lyre. La rotation, dans les divers appareils, est assurée à l'aide d'une manivelle qui transmet son mouvement au projecteur à l'aide de mouvements appropriés.

CERCLES GRADUÉS DU POINTAGE EN DIRECTION

Il en existe de divers types, dont les principaux sont les suivants :

Ils portent des divisions chiffrées égales de 100 en 100, la circonférence comptant pour 6.400 divisions.

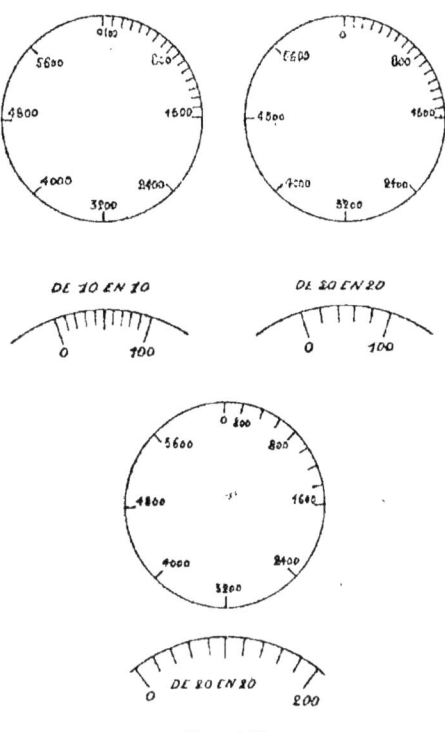

Fig. 105.

Chaque centaine de divisions se divise à son tour en 5 ou 10 autres divisions, égales elles aussi, si bien que l'unité de graduation équivaut à 20 ou 10 fois la 1/6.400ᵉ partie de la circonférence, que l'on nomme un millième.

Certains appareils portent encore un autre type de division. L'unité de chiffraison est de 200 millièmes, et se divise en 10 unités de graduation de 20 millièmes chacune.

Dans tous les cas, il est nécessaire de se familiariser avec le mode d'appréciation des angles d'un appareil avant de s'en servir si l'on ne veut pas s'exposer à des erreurs de manœuvre. Afin de faciliter la lecture de nuit sur les cercles gradués, un certain nombre d'entre eux sont munis de dispositifs d'éclairage donnant une lumière diffusée très faible, de manière à n'être pas visible et repérable.

Dans certains cas, on prend la lumière dans le cylindre et on l'amène, à l'aide d'un miroir incliné, sur le cercle gradué, en interposant, du côté du cylindre un verre dépoli. La lumière ainsi obtenue est assez douce. Dans d'autres cas, la lumière est amenée par un bâton en verre de très faible diamètre, qui traverse le cylindre. Comme nous l'avons indiqué aux viseurs, ce bâton est entouré sur sa longueur par une enveloppe en métal qui laisse à découvert les deux extrémités.

MÉCANISME DE ROTATION DU POINTAGE EN DIRECTION.

Ce mécanisme a le même principe dans tous les appareils. L'axe de rotation en direction porte un engrenage actionné par une manivelle ou un volant qui lui est perpendiculaire et porte une vis sans fin. En actionnant la manivelle on a la rotation de l'appareil.

En réalité, la disposition de l'appareil ne se prête pas toujours à une solution aussi simple de la commande du projecteur. C'est ainsi que l'on a les dispositifs suivants (fig. 106, 107, 108).

En général, on peut débrayer le volant à l'aide d'une manette plate que l'on dévisse à fond. Cette manette introduit alors une pièce d'assemblage dès qu'on veut faire fonctionner le projecteur à l'aide du volant de pointage.

La pièce d'assemblage intermédiaire peut être à volonté un engrenage, une clavette, etc., suivant les cas.

B) Pointage en hauteur.

Le cylindre pouvant tourner autour de ses tourillons, on peut mesurer à chaque instant l'angle de l'axe du projecteur avec un plan horizontal (l'axe vertical de rotation du projecteur étant effectivement vertical). Il suffit, pour connaître l'inclinaison, de fixer sur un bras de la lyre un cercle vertical gradué devant lequel se déplace un index du cylindre, ou, au contraire, de fixer sur le bras de la lyre un index devant lequel se déplace un cercle gradué fixé sur le cylindre. Suivant les constructeurs, l'un ou l'autre de ces deux types a été adopté.

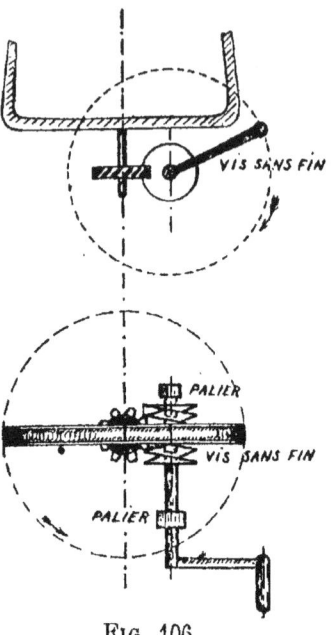

Fig. 106.

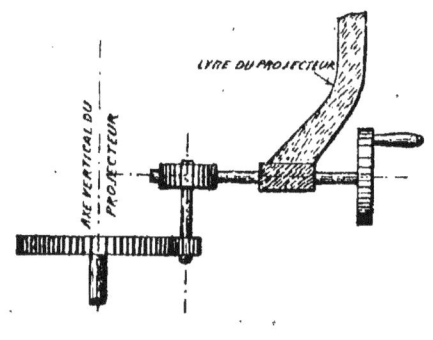
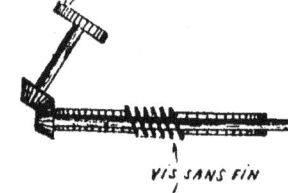
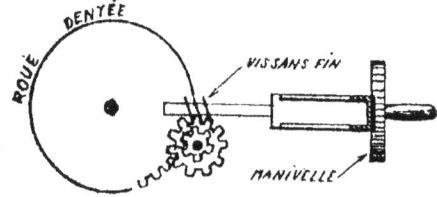
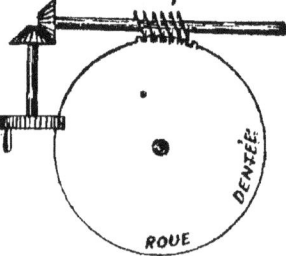

Fig. 107.   Fig. 108.

Mécanismes de pointage en direction.
Vues par côté et en plan.

PROJECTEURS ÉLECTRIQUES A ARC. 173

SECTEURS DE POINTAGE VERTICAL.

Les uns sont gradués en millièmes, d'autres en degrés. Nous en donnons ici divers types existant dans les appareils en vigueur.

De même que pour le cercle gradué horizontal, on éclaire le secteur vertical et cela en utilisant les mêmes principes. Le pointage vertical étant très important à cause de la rasance du faisceau sur le sol, il est nécessaire de faire des graduations très lisibles, une erreur de pointage en hauteur étant encore plus dangereuse qu'une erreur de pointage en direction.

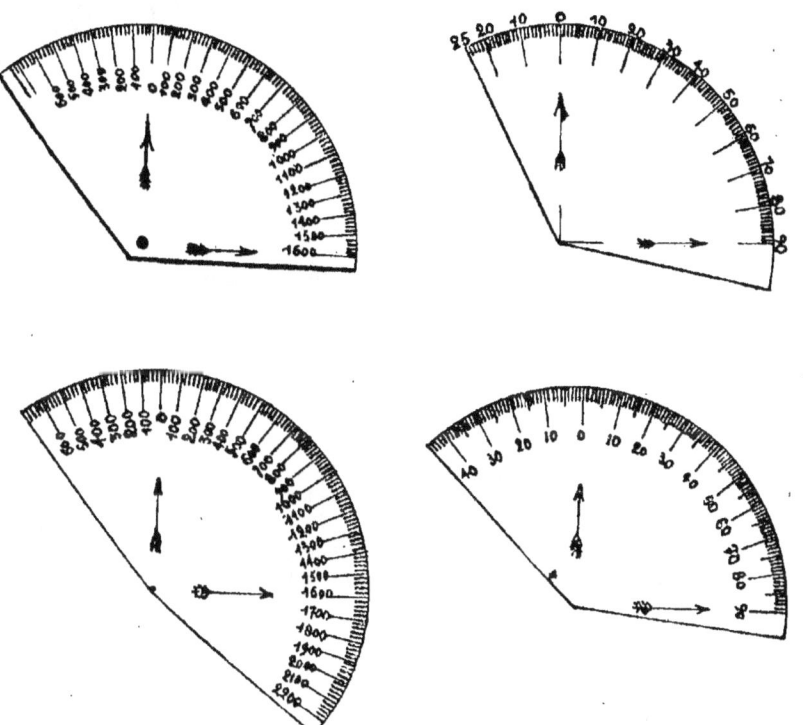

Secteurs gradués en millièmes, chiffraison en 100 millièmes et graduation en 20 millièmes.

Secteurs gradués en degrés, chiffraison en 10 degrés et graduation par 1 degré.

FIG. 109. — *L'index est fixe et le secteur mobile.*

Projecteurs.

MÉCANISMES DE POINTAGE EN HAUTEUR.

Le principe est le même que celui du mécanisme de pointage en direction, sauf que l'engrenage circulaire lié au plateau du projecteur est remplacé par un secteur denté lié aux tourillons du projecteur (*fig.* 110). Tous les appareils sont à peu près identiques et ne diffèrent le plus souvent que par le mode de transmissions intermédiaires entre le secteur denté et la vis sans fin. Ils utilisent alors des engrenages cylindriques ou coniques et des tiges servant d'axes de transmission.

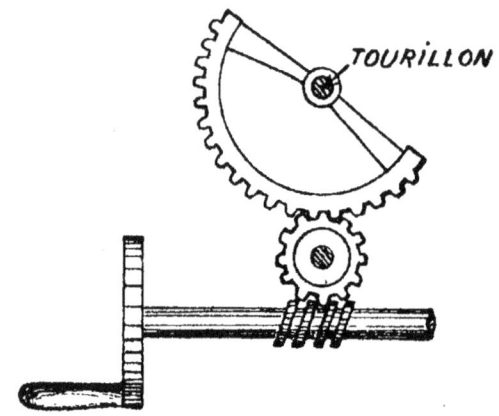

Fig. 110.

Unités d'angles adoptées pour les pointages d'un projecteur.

Tantôt on se sert du millième, tantôt on se sert du degré, voire même des fractions de degré. Il est donc utile d'être fixé sur la valeur respective des différentes mesures.

DÉFINITIONS.

On appelle millième la 6.400e partie de la circonférence en mesure d'arc. Le degré est la 360e partie de la circonférence. Il en résulte donc que le degré équivaut à $\dfrac{6.400}{360} = 17,77 = 18$ millièmes environ. Vu l'importance des erreurs d'observation des graduations avec l'index, on peut donc dire que la graduation par degrés est sensiblement du même ordre de grandeur que la graduation par 20 millièmes, dont nous avons parlé plus haut.

Le millième doit son nom à ce qu'il correspond sensiblement à l'angle sous lequel on voit un mètre à 1.000 mètres. En effet, celui-ci correspond, environ, à la 6.380e partie de la circonférence en mesure d'arc. Pour la commodité, on a pris la 6.400e partie de la circonférence comme unité. Un quadrant équivaut donc à 1.600 millièmes, c'est-à-dire un chiffre exact de centaines de millièmes, ce qui facilite les lectures.

Si, en théorie, le millième peut être considéré comme l'unité de mesure dans l'emploi du projecteur, en pratique, on ne compte que par dizaines ou vingtaines de millièmes, et la raison en est simple :

1° Les organes de commande n'ont pas, et il s'en faut de beaucoup, la précision suffisante pour réaliser d'aussi petites quantités. Au bout de peu de temps, un certain jeu se produit dans les volants, et les erreurs de manœuvre sont de l'ordre de plusieurs millièmes.

2° Alors qu'avec un canon la trajectoire de l'obus est sensiblement une ligne, avec le projecteur on a toujours un faisceau divergent de 30 à 40 millièmes d'ouverture, et c'est une des raisons qui font du projecteur un organe difficile à manœuvrer.

On devra, toutes les fois que l'on manœuvre un projecteur en hauteur, tenir compte de la demi-divergence du faisceau. Nous verrons d'ailleurs, plus loin, que l'on tient compte de cette quantité, au chapitre de la tactique et parlant du pointage de l'appareil au combat.

MÉCANISMES D'OCCULTATION.

Dans tous les projecteurs, l'allumage de l'arc présentant une certaine inertie à vaincre, si l'on ne munissait pas le boisseau de volets, le but se déroberait avant d'être visible. On éclaire le but en allumant l'arc dans le boisseau hermétiquement clos et en ouvrant les volets. On obtient ainsi l'éclairement rapide et suffisant de l'objectif qui ne peut alors se dérober sans être vu. En effet, la lumière ayant une vitesse de 300.000 à 330.000 kilomètres à la seconde, on peut considérer l'éclairement du but et l'ouverture des volets comme simultanés.

Les meilleurs systèmes de volets sont, au point de vue optique, ceux qui disparaissent totalement de la face antérieure du projecteur au moment de l'ouverture du faisceau. Au point de vue pratique, il faut que les volets soient faciles à manœuvrer, rapides dans leur mouvement et surtout hermétiquement clos, ce qui suppose qu'ils sont peu déformables dans le transport, s'ils sont en plusieurs pièces.

Il existe actuellement plusieurs types principaux dont les plus connus sont :

Volets d'occultation.

a) SYSTÈMES A PERSIENNES.

Dans un grand nombre de projecteurs, on utilise le système à volets à persiennes. Ces persiennes sont dans la boîte à persiennes. En général, la boîte à persiennes est fixée sur charnières, en avant du cylindre : elle contient l'appareil d'occultation formé par des lames de persiennes.

L'ouverture de l'appareil d'occultation est commandée par intermédiaire des tringles de commande au moyen d'un levier à main placé à l'arrière du cylindre. Ce levier est pourvu d'un dispositif d'enclanchement permettant aux persiennes de rester dans la position ouverte. Un ressort antagoniste assure la fermeture de l'appareil.

Divers systèmes, que nous donnons plus loin, permettent de réaliser la rotation des persiennes autour de leurs axes qui se trouvent à la partie supérieure et à la partie inférieure de celles-ci et dans le prolongement l'un de l'autre.

Ces axes, ou tourillons, peuvent être tous deux sur le côté de la persienne (type 1), ou au milieu de celle-ci (type 2).

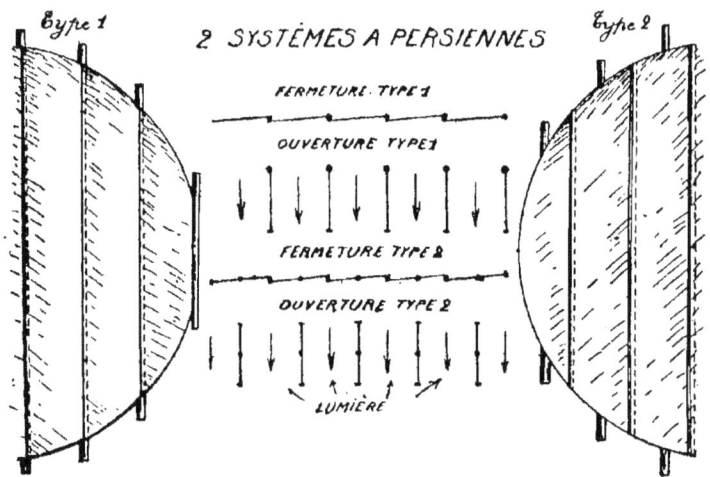

Fig. 111.

La fermeture et l'ouverture se réalisent alors comme l'indique la figure ci-dessus.

Dans tous leurs mouvements les persiennes sont solidarisées et restent parallèles, soit à recouvrement, dans la fermeture où elles sont perpendiculaires à l'axe du projecteur ; soit à l'écart maximum après rotation de 90 degrés, où elles sont parallèles à l'axe du projecteur quand le volet est ouvert. Pour assurer la rotation des persiennes, nous avons plusieurs méthodes.

Première méthode (fig. 112).

Une tringle T, portant des tourillons, fait pivoter les volets autour de leurs tourillons, par l'intermédiaire d'une pièce de raccord comportant une glissière G. Lorsque les persiennes des volets sont dans la position de fermeture, le tourillon de la tringle est dans la position 1 à l'une des extrémités de la glissière. Pendant l'ouverture, le tourillon de la tringle occupe la position 2. à l'autre extrémité de la glissière. La tringle est tirée complètement à gauche, à l'aide d'un dis-

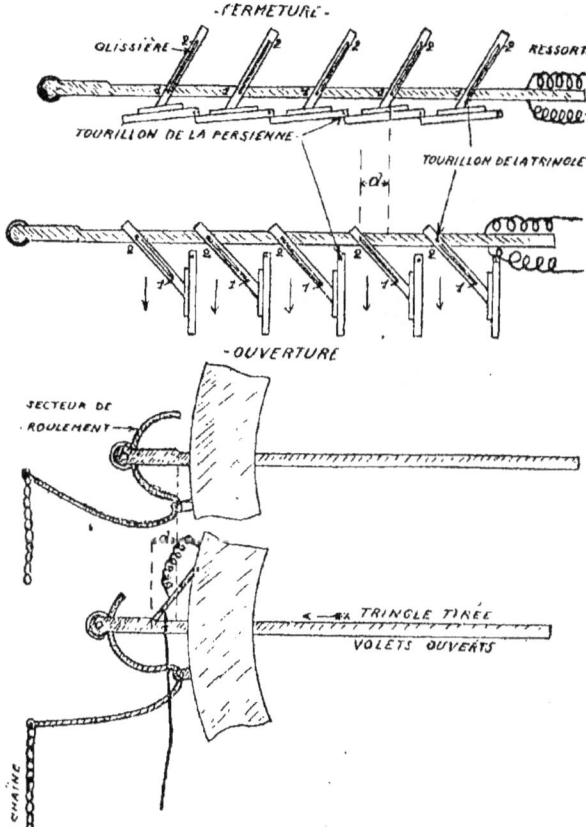

Fig. 112.

positif spécial, comportant un secteur de roulement et une poignée que l'on tire. Si on lâche la poignée, le ressort amène la tringle et les persiennes à la position de fermeture. Pour maintenir la tringle à la position d'ouverture, un taquet est placé sur le côté du boisseau; ce taquet est commandé à l'aide d'une corde et revient à sa position grâce à un ressort.

Deuxième méthode (fig. 113).

Les persiennes sont encore commandées par une tringle mue à l'aide d'un fil que l'on tire à l'aide d'une poignée. Ce fil est attaché sur un secteur susceptible de tourner autour d'un axe vertical XX_1 ; il passe ensuite sur deux poulies de renvoi solidaires du boisseau.

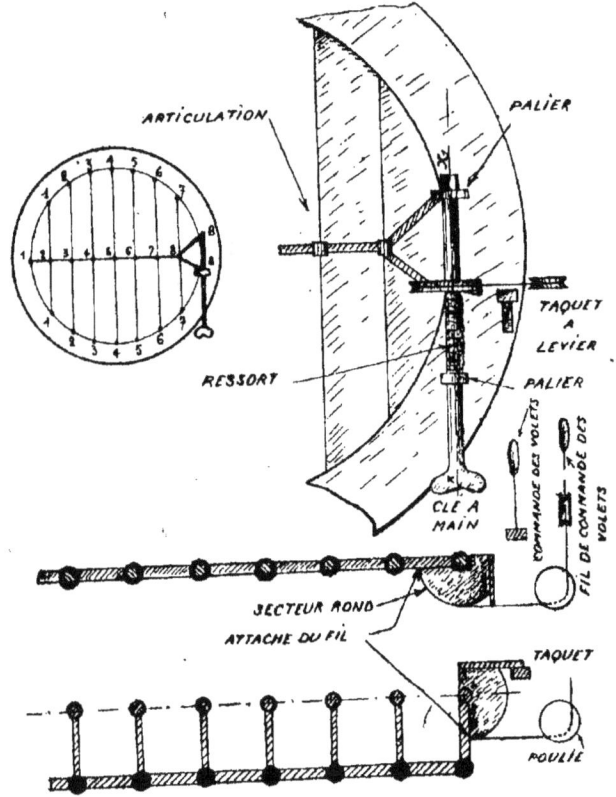

Fig. 113.

Lorsque le volet est ouvert, il est maintenu à sa position grâce à un taquet d'arrêt. Si l'on dégage le taquet d'arrêt de la position d'ouverture, le volet se referme grâce à un ressort solidaire du secteur et de l'axe XX_1, commandant la tringle. Une clef permet d'ouvrir à la main le volet du projecteur lorsqu'on le manipule au cantonnement, pendant la visite par exemple.

Troisième méthode (fig. 114).

Les axes de rotation des persiennes étant aux extrémités de celles-ci et en leur milieu, on actionne la persienne à l'aide d'une tringle, par l'intermédiaire d'une pièce courbe. La tringle subit alors deux mouvements simultanés : un longitudinal et un transversal.

Le point d'attache de la tringle peut alors se déplacer dans l'espace. Un ressort tend à ramener la tringle dans la position de fermeture; on maintient alors le volet dans la position d'ouverture grâce à un taquet que l'on peut dégager à l'aide d'un fil muni d'une poignée.

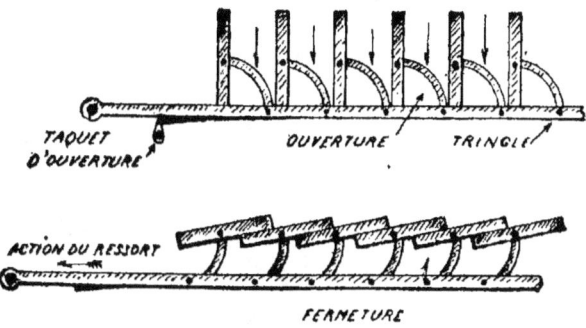

Fig. 114.

b) Systèmes a rideaux (*fig.* 115).

Ils ont sur les précédents l'avantage de ne pas entraîner l'occultation partielle du faisceau sortant du projecteur; mais ils sont d'une manœuvre un peu plus délicate. Ils sont constitués par un certain nombre d'éléments se plaçant à la suite les uns des autres à la manière de ceux d'un rideau de cheminée. Les lamelles glissent dans des rainures qui se trouvent sur les côtés du rideau. Le principe de l'appareil est très simple L'élément 5, qui se déplace de haut en bas ou de bas en haut, quand on ferme ou quand on ouvre, entraîne tous les autres éléments dans sa marche descendante ou ascendante, grâce à la forme des éléments qui glissent les uns sur les autres. La commande du rideau se fait à l'aide d'une chaîne qui actionne l'élément 5 dans un sens ou dans l'autre. Les éléments sont tous dans leur logement à la partie supérieure ou inférieure de l'appareil lorsque celui-ci est ouvert.

c) Système a diaphragme (*fig.* 116).

C'est le système adopté dans les projecteurs allemands. Il est constitué par un dispositif à iris analogue à celui de certains appa-

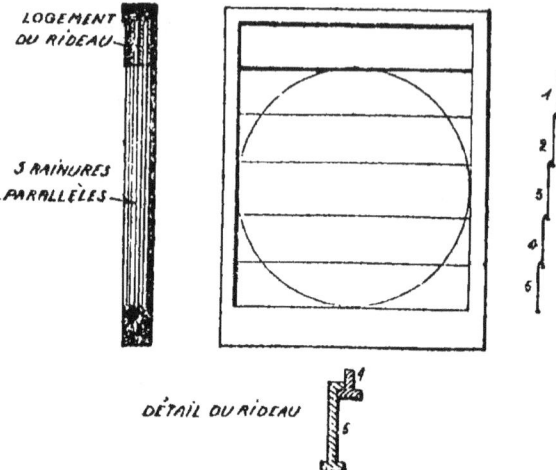

Fig. 115.

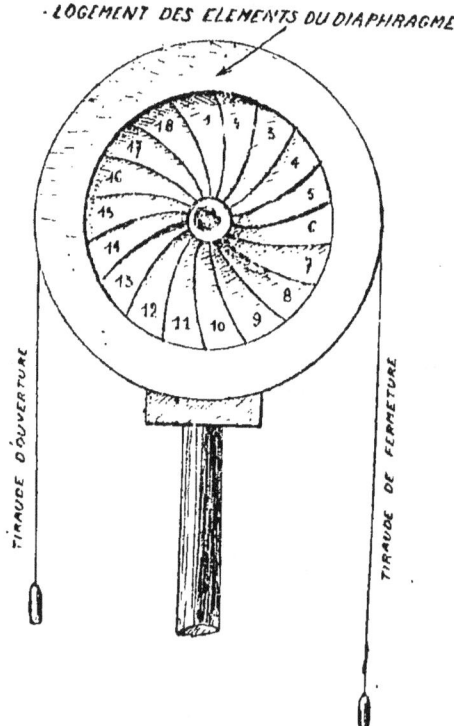

Fig. 116.

reils photographiques et donne, dans chacune de ses positions d'ouverture, une forme circulaire. On ouvre ou ferme le projecteur à l'aide de deux tiraudes situées de part et d'autre de l'appareil; les mouvements peuvent être exécutés rapidement.

Le diaphragme, dégageant la face antérieure du projecteur, occulte très peu le faisceau dans la position d'ouverture, pour laquelle tous les éléments du diaphragme sont protégés par un logement annulaire entourant le cylindre.

D) Modes de transport.

Projecteurs transportés à bras ou à dos d'homme. — Projecteurs transportés à dos de mulet. — Projecteurs hippomobiles. — Projecteurs automobiles.

MODES DE TRANSPORT

Pour les appareils électriques, on a plusieurs modes de transport :

1º A bras ou à dos d'homme ;
2º A dos de mulet ;
3º Par voitures hippomobiles ;
4º Par automobiles.

Il est évident que, dans chacun de ces cas, on a été soumis à une question de poids, donc de calibre. Il est d'ailleurs nécessaire d'ajouter que le projecteur et le groupe électrogène forment des pièces distinctes que l'on peut séparer à volonté, comme nous l'avons indiqué plus haut, d'une distance égale à la longueur du câble reliant la dynamo à la lampe.

Tous les projecteurs de 30, 40, 60 sont transportables à bras d'hommes. Le projecteur de 60 est d'ailleurs une limite et le transport ne s'exécute que sur une distance relativement courte, ne dépassant pas celle du groupe électrogène au trépied, qui est, suivant les cas, de 50, 100 ou 200 mètres. Le poids, dépassant 100 kilogrammes, et l'encombrement de l'appareil rendent en effet le transport assez délicat.

Les projecteurs de 90 et de 120 sont sur de petits chariots roulant sur rails posés préalablement.

1º PROJECTEURS TRANSPORTÉS A BRAS OU A DOS D'HOMMES.

On est alors obligé de diviser l'appareil en plusieurs parties, chacune d'elles pouvant être portée par un ou deux hommes.
Exemple (*projecteur de 40 Harlé*) :

1º Le moteur seul, à l'aide de deux entretoises formant brancards;
2º La dynamo et le réservoir à essence au moyen des deux bâtons

de tente disposés de chaque côté de ce groupe sur le mulet effectuant les longs parcours;

3° Le projecteur, qui peut être transporté par les deux extrémités de la fourche repliée en arrière du cylindre;

4° Les tourets de câble ainsi que le trépied peuvent être portés en bandoulière.

En divisant ainsi le projecteur, on pourra aisément franchir des espaces où ne peuvent aller les mulets, et aussi les passerelles lancées sur les cours d'eau.

2° PROJECTEURS TRANSPORTÉS A DOS DE MULETS.

Pour le transport à dos de mulet, on divise aussi l'appareil en plusieurs parties dont chacune ne dépasse pas le poids de 120 kilogrammes, charge qui ne doit jamais être dépassée pour un mulet.

Le projecteur Harlé de 40 a été, à cet effet, divisé en trois portions, portées chacune par un mulet : la première, comprenant le moteur, le tableau et le ventilateur; la deuxième comprenant la dynamo, les brancards, la tente-abri du groupe électrogène du projecteur et les sacoches d'accessoires; la troisième, comprenant le projecteur, les deux tourets de câble et le trépied.

L'avantage du projecteur à dos de mulet est d'être facilement transportable en pays accidenté, le mulet ayant sinon la robustesse du cheval, du moins une sûreté de marche beaucoup supérieure. Ces projecteurs peuvent être avantageusement combinés avec l'artillerie légère et les mitrailleuses de montagne qui ont également recours au mulet pour transporter leur armement et leurs munitions.

Les mulets chargés du projecteur peuvent passer sur les passerelles renforcées et les ponceaux. Leur charge dépasse rarement 600 kilogr.

3° PROJECTEURS HIPPOMOBILES.

Pour les projecteurs de 60, on a réalisé un transport hippomobile analogue aux caissons d'artillerie. L'avant-train du caisson transporte le personnel, les ingrédients, outils de rechange, etc. L'arrière-train, qui peut être séparé de l'avant-train, porte le moteur, la dynamo, le tableau de distribution, le câble, le projecteur et son trépied. Seuls le projecteur et le trépied peuvent être séparés de l'arrière-train; le câble peut être déroulé sur toute sa longueur.

Certaines voitures, pour les projecteurs de 60, sont d'un type différent et ne comportent que deux roues au lieu de quatre (deux à l'avant-train, deux à l'arrière-train). Ceci a lieu notamment pour les projecteurs « offensive » où l'appareil est à deux roues. La voiture porte tout le matériel, le personnel étant transporté dans les fourgons avec les rechanges. La voiture porte, comme dans les voitures à quatre roues, 50, 100 ou 200 mètres de câble, suivant les cas. Cette disposition peut être réalisée, grâce à la légèreté comparative de cet appareil.

Le poids des voitures à avant-train ne doit pas dépasser 2.000 kilogrammes ; celui de la voiture à deux roues, 1 tonne et demie. Ce matériel peut passer partout où passe l'artillerie de campagne (canon de 75). Les voitures à deux roues sont attelées à deux chevaux, celles à quatre roues sont attelées à quatre chevaux. Elles peuvent franchir les ponts d'équipage du génie. Les voitures de 40 peuvent même franchir les ponts de petits pilots sans danger, à toute allure ; celles de 60, les ponts de petits pilots renforcés, à allure lente.

La voiture hippomobile présente un certain nombre d'avantages :

1º Elle peut aller à travers champs comme l'artillerie de campagne si le sol n'est pas par trop détrempé ;

2º On peut toujours ramener le projecteur, si le moteur est incapable de fonctionner, ce qui n'est pas toujours aisé avec les automobiles.

Par contre, on peut la déplacer moins rapidement d'un point à l'autre du front.

4º **PROJECTEURS AUTOMOBILES.**

Les projecteurs automobiles comportent la traction de tout l'appareillage sur automobile. En action, les projecteurs et leurs trépieds peuvent être séparés de la voiture et placés en des points voisins de la voiture et dominant la zone à éclairer. Toutefois, l'avantage de l'automobile étant sa grande mobilité sur route, on cherchera autant que possible à fonctionner avec le projecteur sur la voiture. On diminue ainsi la vulnérabilité de l'engin en augmentant la difficulté du repérage. Certaines automobiles portent des élévateurs. Ces élévateurs sont actionnés par les sapeurs si le projecteur n'est pas trop lourd, ou à l'aide du moteur et d'une chaîne montant le chariot du projecteur sur un plan incliné fixé sur le cadre de l'automobile.

Les projecteurs sur automobiles sont de $0^m,60$, $0^m,90$ ou de $1^m,20$. S'ils ont l'avantage de se déplacer très rapidement, ils ont, par contre, l'inconvénient d'être ramenés très difficilement à l'arrière si le moteur cale. De plus, la voiture devant rester toujours sur route, voit le plus souvent son champ d'action très limité.

On utilise assez fréquemment les autos-projecteurs avec les autos-mitrailleuses et les autos-canons dont elles décuplent la puissance dans les reconnaissances de nuit ou la chasse des dirigeables.

5º **VOITURES DE RAVITAILLEMENT.**

Comme toute unité, la section de projecteurs a son train de combat et son train régimentaire, c'est-à-dire ses voitures d'approvisionnement tant en matériel qu'en vivres. Ces voitures sont dites voitures de ravitaillement en matériel de rechange et sont constituées par des fourgons hippomobiles ou par une camionette automobile suivant les cas.

Toutes les voitures automobiles sont de types divers, même pour celles portant les projecteurs. Elles sont en général des types : De Dion, Berliet, Renault, Brasier, Delaunay-Belleville, Buick, etc.

Quelques types de projecteurs de campagne.

FIG. 117. — *Projecteur oxyacétylénique de 35cm.*

FIG. 118. — *Projecteur hippomobile de 60cm.*

FIG. 119. — *Projecteur de 60cm.*

FIG. 120. — *Projecteur de 60cm.*

Quelques types de projecteurs de campagne.

Fig. 121. — Projecteur automobile de 90cm.

Fig. 122. — Projecteur automobile de 120cm.

Fig. 123. — Projecteur hippomobile de 60cm.

Fig. 124. — Projecteur automobile de 120cm.

186　　　　　　　　LES PROJECTEURS DE CAMPAGNE.

Quelques types de projecteurs de campagne.

Fig. 125. — *Projecteur de 60ᵐᵐ.*

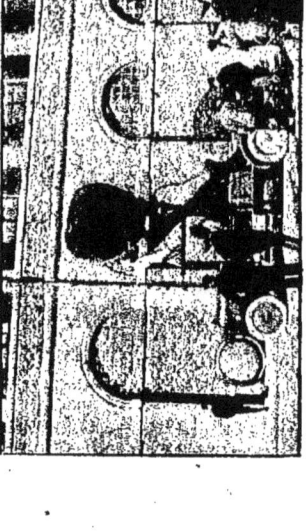

Fig. 126. — *Projecteur automobile de 60ᶜᵐ.*

Fig. 127. — *Projecteur de 120ᵐᵐ.*

Fig. 128. — *Projecteur de 120ᶜᵐ.*

Quelques types de projecteurs de campagne.

Fig. 129.
Projecteur automobile de 120cm.

Fig. 130.
Projecteur automobile de 60cm.

Fig. 131. — *Projecteur automobile de 120cm.*

DEUXIÈME PARTIE.

B) PARTIE THÉORIQUE ET TACTIQUE.

Utilisation des projecteurs.

Ce chapitre se divisera en quatre paragraphes :
A) Mécanisme de l'observation dans les faisceaux ;
B) Théorie des faisceaux de projecteurs de lumière ;
C) Utilisation des projecteurs électriques au combat ;
D) Essais des projecteurs.

Ces paragraphes seront subdivisés :
  A) 1° Mécanisme de la vision et son rapport avec l'observation. — 2° Transparence atmosphérique. — 3° Loi des contrastes. — 4° Rôle de l'officier observateur.
  B) Notions sur la portée et les propriétés des faisceaux.
  C) Reconnaissances et croquis. — Manœuvre avec l'artillerie ; manœuvre avec les mitrailleuses ; manœuvre avec l'infanterie ; manœuvre avec avions ; manœuvre avec dirigeables.
  D) Essais des charbons. — Essais du miroir. — Essai des appareils de manœuvre. — Essais sur les caractéristiques du faisceau. — Essais de vitesse de pose de téléphone ; essais des organes de transport.

TACTIQUE.

Jusqu'ici, aucune tactique n'a été formulée au sujet du projecteur. L'étude qui en a été faite se borne à la constatation d'un certain nombre de phénomènes d'où dérive précisément la tactique dont nous nous proposons de donner ici un exposé clair et pratique.

Définitions.

La tactique, ou art de la guerre, exige du tacticien un certain nombre de qualités dont les plus importantes sont :

1° Une connaissance technique de l'arme qu'il est appelé à manœuvrer ainsi que de celles avec lesquelles il est appelé à opérer ;
2° Une connaissance psychologique très approfondie, et notamment celle des réflexes humains en cas de danger ;
3° Un esprit décisif et clairvoyant ;
4° Un sang-froid d'une opiniâtreté infatigable.

I. — Connaissances techniques indispensables pour la direction d'une manœuvre.

Le projecteur, très souvent, peut être utilisé pour régler de nuit un tir d'artillerie, un tir de mitrailleuse, voire même un tir d'infanterie.

Il est évident que, si l'observateur dirigeant la manœuvre ne connaît ni les caractéristiques du tir du canon, de la mitrailleuse et du fusil d'une part, ni les caractéristiques du faisceau d'un projecteur (portée, divergence, etc.) et les conditions d'observation d'autre part, il ne pourra diriger la manœuvre sans danger.

Par contre, s'il connaît le canon et le projecteur qu'il commande, il pourra combiner intelligemment leur action comme il résulte de ce qui suit.

II. — Connaissances psychologiques indispensables.

Au combat, l'homme agit très souvent par réflexes. Sa volonté se trouve parfois anéantie par la peur et l'individu obéit à des mouvements nerveux qui, le plus souvent d'ailleurs, sont la cause de sa perte.

Sur le champ de bataille, on a remarqué maintes et maintes fois que les hommes survivants ont une tendance à se reformer en masses ou à se précipiter dans les bois.

De même, on a remarqué que, si l'on dirige le faisceau d'un projecteur sur une troupe en marche, celle-ci se couche et se dérobe à l'observateur. De ces considérations, on déduit naturellement des conséquences tactiques immédiates.

III. — Qualités de décision et de clairvoyance.

Celui qui observe doit choisir le bon moment pour agir; il doit veiller, en outre, à ce que tous les organes agissent simultanément ou alternativement au mieux des intérêts de la troupe amie. Le tacticien doit non seulement décider, mais il doit prévoir, de façon à pallier à une fausse manœuvre si l'ennemi répond avantageusement.

IV. — Qualités de sang-froid et d'opiniâtreté.

Le sang-froid est une qualité indispensable à la manœuvre. Le meilleur technicien, s'il n'est doué de cette qualité, ne peut devenir un tacticien, et cette condition évidente n'exige pas de développement.

Ces généralités exposées, nous allons aborder la tactique proprement dite. Nous verrons, au cours de cet ouvrage, que les conditions précédentes doivent être appliquées dans toute leur rigueur. Nous allons maintenant étudier la technique théorique du projecteur de campagne.

A) Mécanisme de l'observation dans les faisceaux.

Mécanisme de la vision et son rapport avec l'observation. — Transparence atmosphérique. — Loi des contrastes. — Rôle de l'officier observateur.

1° MÉCANISME DE LA VISION ET SON RAPPORT AVEC L'OBSERVATION.

Un projecteur étant parfait au point de vue optique, peut donner un résultat médiocre s'il est mis dans les mains de quelqu'un qui ne sait pas observer. Il faut donc, pour l'observation :

1° Connaître un certain nombre de propriétés de la vision, afin de les utiliser au mieux du rendement du projecteur ;
2° Déterminer la transparence de l'atmosphère, afin de prévoir à quelle distance on peut réaliser une bonne observation en se plaçant dans des conditions normales du fait de l'observateur ;
3° Produire ou tirer profit des effets de contraste.

Nous allons examiner ces trois points de vue.

1° PROPRIÉTÉS DE L'ŒIL, ORGANE OPTIQUE, ET LEURS CONSÉQUENCES.

a) Diaphragmation de l'iris.

Quand l'œil, tournant dans son orbite, se dirige vers un objet à grand éclat lumineux et placé à une distance relativement courte, son iris se ferme de façon à ce que la quantité de lumière pénétrant dans l'œil n'impressionne pas désagréablement les organes sensoriels de la rétine. Si, au contraire, l'objet regardé est peu lumineux, l'iris s'ouvre de manière qu'une plus grande quantité de lumière émise par l'objet tombe dans l'œil et que l'impression visuelle se trouve augmentée.
On constate cette variation du diamètre de l'iris aisément dans une salle. On regarde sa pupille dans une glace, en faisant successivement face au jour et face au fond sombre de la salle.
Le diamètre de la pupille passe rapidement du simple au double. Il n'est d'ailleurs pas nécessaire que l'objet vu le soit distinctement pour que son éclat lumineux agisse sur la pupille. La diaphragmation de l'iris est presque indépendante de l'accommodation ; elle dépend surtout de la quantité de lumière tombant dans l'œil. Que l'impression soit nette ou non, si la quantité de lumière tombant sur la rétine est trop grande, celle-ci subira des atteintes graves analogues à des brûlures qui pourront entraîner des troubles visuels et l'insensibilité temporaire ou permanente de la rétine.
Ce mécanisme de la diaphragmation ne s'exécute pas instantanément. Il est assez lent pour permettre des effets de surprise et la brusque pénétration de la lumière dans l'œil, produisant des effets d'éblouissement ou de superexcitation de la rétine persistant un certain temps

après l'afflux de lumière et enlevant à l'individu la faculté de se diriger dans l'obscurité. Cette remarquable propriété a son application dans la tactique des projecteurs de campagne, qui peuvent être utilisés pour aveugler les troupes ennemies appelées à opérer dans l'obscurité.

On a montré aisément la lenteur de la diaphragmation à l'aide de la photographie de personnes au magnésium : les pupilles paraissent démesurément larges, la photographie étant prise au moment de l'éclat de lumière et avant la fermeture de l'iris.

La diaphragmation de l'iris a des conséquences très importantes au point de vue projecteur.

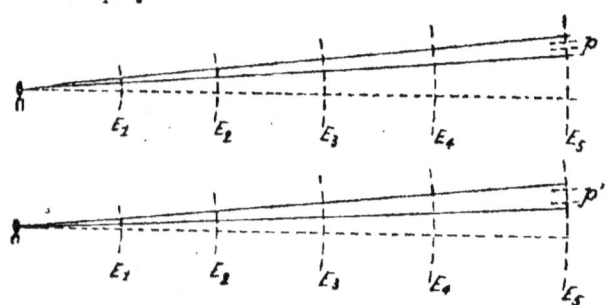

E_1, E_2, E_3, E_4, E_5, surfaces de niveau sensiblement sphériques.

Fig. 132.

Soit S une source émettant une certaine quantité de lumière dans un milieu que nous supposerons sensiblement isotrope. Si cette source S est à une assez grande distance de l'œil, toutes les surfaces de niveau lumineux sont assimilables à des sphères sur lesquelles la répartition de la lumière est sensiblement uniforme. Considérons une de ces surfaces de niveau passant par le point de l'axe optique de l'œil placé dans le plan de la pupille. Le cercle de la pupille, vu sa petite dimension, pourra toujours être assimilé à une portion de la surface de niveau indiquée plus haut. On voit ainsi que *la quantité de*

p Diamètre de la pupille.

Flux entrant dans l'œil par la pupille

$$\varphi = \frac{K\,p^2}{d^2}$$

où K dépend de l'intensité de la source.

Fig. 133.

flux lumineux entrant dans l'œil est sensiblement proportionnelle au carré du diamètre de la pupille. Il résulte de ce fait les conséquences importantes suivantes :

Si un observateur se trouve alternativement dans un milieu sombre puis dans un milieu clair, sa pupille diminuera de diamètre, par exemple dans la proportion de 4 à 1. La quantité de lumière entrant dans l'œil sera donc (par une flamme de bougie par exemple) 16 fois moins importante dans le second cas que dans le premier. Ce qui revient à dire qu'un objet éclairé 16 fois moins dans une ambiance sombre est aussi nettement visible que le même objet éclairé avec une certaine grandeur dans un milieu lui-même très lumineux. Cette remarque est capitale.

Donc, si l'on veut comparer deux sources, pour que la mesure donne un résultat exact, il faut non seulement que l'œil perçoive deux impressions analogues, mais encore que les diamètres des pupilles des yeux, dans les deux cas, soient les mêmes. Toute mesure photométrique qui ne tiendrait pas compte de cette remarque serait erronée.

Fig. 134. — *Comparaison des deux yeux.*

Pour exécuter une mesure photométrique, il est nécessaire de soustraire les yeux à l'action d'une ambiance étrangère aux plages éclairées soumises à la comparaison. Pour se rendre compte si les deux yeux voient exactement de la même manière, on peut se servir du dispositif indiqué sur la figure. Les deux yeux doivent éprouver la même sensation au voisinage de la cloison intermédiaire.

Si ceci a lieu, on peut, connaissant le diamètre de la pupille au moment de l'impression égale ressentie de deux éclairements inégaux, écrire la proportionnalité de ces deux éclairements :

$$\frac{E_1}{E_2} = \frac{p_2^2}{p_1^2}$$

ou :

$$E_1 p_1^2 = E_2 p_2^2.$$

Donc, comme p est très grand dans l'obscurité, on apprécie plus aisément des éclairements plus faibles.

Si l'on veut avoir deux diamètres de pupilles identiques pour les deux yeux assurant la comparaison de deux sources, il faut que les plages comparées, éclairées par les deux sources, soient de dimensions et de formes analogues, de façon que l'ambiance soit bien la même pour les deux yeux. Si les deux yeux ont les mêmes qualités, on est sûr alors que les éclairements égaux paraissent égaux à l'observateur.

Un autre moyen, pour faire une mesure photométrique exacte, consiste à comparer les deux sources qui éclairent avec le même œil, en rapprochant les deux zones éclairées par les sources de façon à ce qu'elles puissent être observées en même temps par celui-ci.

De cette manière, on peut comparer deux sources d'intensités égales ou inégales, alors que, si l'on fait deux observations dans deux ambiances différentes, à cause de la diaphragmation de l'iris, les résultats de l'observation peuvent n'être pas du tout concordants.

Ce mécanisme de la diaphragmation de l'iris a toutefois des limites, puisque la pupille ne peut descendre au-dessous d'un certain diamètre. A partir de ce moment, si l'intensité de la source qui envoie de la lumière dans l'œil, augmente de façon par trop considérable, la quantité de lumière entrant dans l'œil étant proportionnelle à cette intensité, on aura toujours l'aveuglement. S'il est trop intense, on pourra aboutir à la perte de la vue. Il faudra donc éviter, autant que possible, de regarder fixement une source lumineuse à très grande intensité, si l'on ne veut pas avoir d'accidents visuels. Dans les faisceaux de projecteurs puissants, il est impossible de regarder le projecteur de près, surtout à cause de la présence des radiations ultra-violettes de la lumière, qui sont très dangereuses pour la rétine. Ceci est surtout vrai pour les miroirs argentés.

b) *Champ visuel.*

Comme tout appareil d'optique, l'œil a un champ, c'est-à-dire un certain domaine d'action où il pourra constater la présence d'objets à droite ou à gauche, en haut ou en bas de son axe optique. Ce champ varie essentiellement avec les couleurs, aussi est-il très utile de faire des études sur les champs chromatiques.

Dans tous les cas, le champ pourra toujours être divisé en deux zones que nous appelerons :

1º *Le champ de vision distincte*, très petit et dépendant de l'acuité de l'individu;

2º *Le champ de vision indistincte*, où l'on constate bien la présence d'objets, mais sans en distinguer les détails.

Pour mesurer l'étendue du champ visuel d'un individu, on peut placer l'œil à examiner à 20 centimètres d'un carton blanc, et déplacer sur ce carton, un petit disque noir ou coloré dans toutes les directions à partir du pied de la perpendiculaire abaissée du centre optique de l'œil sur le plan. Le point où le disque cesse d'être vu constitue la limite du champ visuel dans cette direction. Ce champ varie d'ailleurs avec l'accommodation et la couleur du disque (champ chromatique).

Le champ de vision indistincte est très étendu et son utilité est très grande, puisqu'il prévient l'individu de tout danger qui le menace. Au point de vue de l'emploi du projecteur, le champ de vision indistincte est nuisible, car si le faisceau du projecteur le traverse à une distance relativement courte, l'action de ce faisceau aura pour effet de contracter la pupille de l'observateur, diminuant ainsi la visibilité du but, comme il a été dit plus haut; l'éclairement de l'image du but dans l'œil, sur la rétine, étant diminué de ce **fait** de façon très sensible. D'où les conséquences tactiques suivantes :

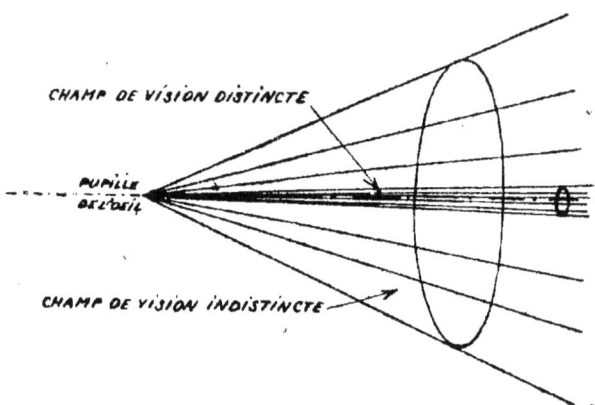

Fig. 135.

Un observateur doit toujours se placer à une certaine distance du faisceau, s'il veut que l'action du faisceau ne nuise pas à la visibilité de l'objectif éclairé.
Cette distance de l'observateur au faisceau varie d'ailleurs avec le point du faisceau que l'on considère. Elle est maximum près du projecteur et décroît au fur et à mesure qu'on s'éloigne du projecteur, suivant une loi à déterminer.

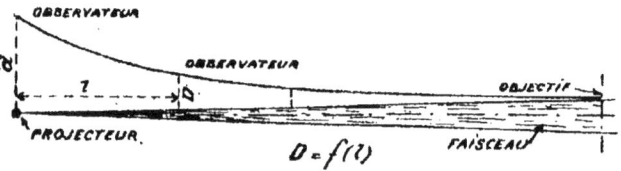

Fig. 136.

Pour les projecteurs de 60 centimètres, on donne une distance de 30 à 40 mètres comme distance à compter sur le flanc du projecteur pour voir convenablement le but, lorsque l'observateur se trouve au voisinage de l'appareil. Si l'on ne s'écarte pas suffisamment du projecteur, à cause de la divergence du faisceau, celui-ci se fait nuage à lui-même quand on veut regarder un objet sur le bord du faisceau, et l'opacité du faisceau est d'autant plus grande que la longueur l est plus grande (*fig.* 137).

Un moyen, pour réduire l'influence du faisceau sur la pupille, consiste à réduire le champ de l'œil au moyen de deux cornets en carton appliqués sur les yeux et limitant le champ de vision ainsi que l'indique la figure ci-dessous. Grâce à ce dispositif, on peut se rapprocher très près du projecteur, ce qui en facilite le commandement.

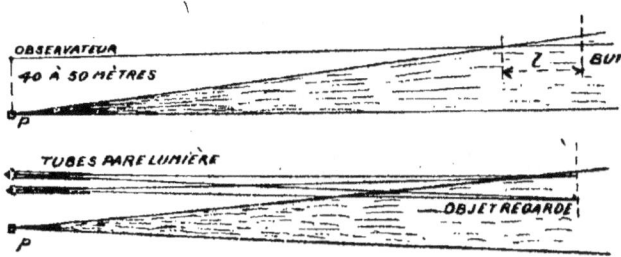

Fig. 137.

REMARQUE. — *Pourquoi, en regardant un objet qui se rapproche l'éclairement apparent de l'objet reste-t-il toujours le même, quelle que soit sa distance par rapport à l'œil ?*

Au fur et à mesure que l'objet se rapproche, l'accommodation s'accentue, et l'image de l'objet sur la rétine va en s'agrandissant. Comme la surface de l'image croît comme le carré de l'une de ses dimensions, on pourrait en conclure que l'image de l'objet doit paraître de moins en moins éclairée. Or, ceci n'a pas lieu. On peut l'expliquer aisément.

Soit un objet A B, source lumineuse d'intensité I. Il tombera dans l'œil seulement une fraction de la lumière émise soit :

$$i = \frac{\alpha\, I}{d^2}$$

dépendant du diamètre de la pupille, que nous supposerons constant et de la distance qui sépare l'œil de l'observateur de l'objet.

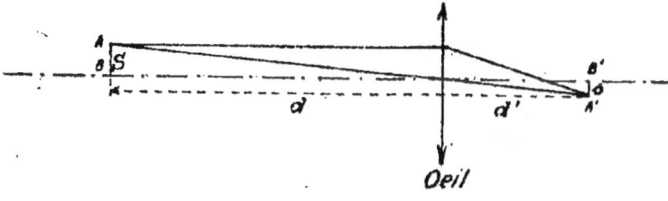

Fig. 138.

Or, l'éclairement de l'image donnée par l'objet dans l'œil est :

$$E = \frac{\alpha\, I}{d^2\, s}$$

s étant la surface de l'image A'B' donnée par l'œil de l'objet AB.

Or, si on a S pour surface de l'objet :

$$\frac{S}{s} = \frac{d^2}{d'^2}$$

c'est-à-dire :

$$s = \frac{S\, d'^2}{d^2}$$

où d' est la distance du centre optique de l'œil à la rétine, distance qui reste très sensiblement constante.

On a donc pour :

$$E = \frac{\alpha\, I}{d^2\, s} = \frac{\alpha\, I}{S\, d'^2} = C^{te}.$$

On voit ainsi qu'en négligeant toute perte par transparence, réfraction ou diffusion dans l'atmosphère, l'éclairement de l'image d'un objet sur la rétine est constant quelle que soit la distance de l'image à l'objet. Ce fait a une très grosse importance.

Analysons la formule précédente ; on voit que :

1° Plus I est grand, c'est-à-dire l'objet éclairant ou éclairé (puisqu'un objet éclairé devient source lumineuse à son tour), plus l'image de l'objet sera elle-même lumineuse.

2° Plus α sera grand, c'est-à-dire le diamètre de la pupille considérable, et plus l'éclairement apparent de l'image de l'objet sera considérable. Les autres quantités sont constantes pour un œil déterminé et un objet défini.

Au point de vue tactique, cette formule aboutit aux conclusions vues déjà précédemment :

1° Plus la source lumineuse est intense et plus l'impression ressentie sur la rétine est vigoureuse, à condition que l'on ne dépasse pas, toutefois, une certaine limite au delà de laquelle l'œil est impressionné de façon très désagréable, voire même dangereuse ;

2° Pour voir, dans un faisceau, le plus nettement possible, se cacher les yeux, pour que la lumière autre que celle du but ne tombe pas dans l'œil.

Astigmatisme. — C'est un défaut dû à la présence d'inégalités de courbure dans divers méridiens, si bien que l'œil astigmate voit les objets déformés. Exemple : un cercle suivant une ellipse ou même une figure quelconque. Nous n'insisterons pas, ici, sur cette étude qui nous écarterait de notre but.

Tous ces défauts de l'œil : presbytie, myopie, hypermétropie, astigmatisme, atteignent des degrés variables avec les individus et avec l'âge. Autant que possible, il est bon de ne se servir que d'individus doués d'une vue normale comme observateurs, et, si l'on ne dispose que de presbytes, de myopes, d'hypermétropes ou d'astigmates, ne les utiliser que si leur infirmité est très faible, sous peine de graves inconvénients.

2° Propriétés de l'œil, organe de sensation, et leurs conséquences.

Pour qu'un œil soit parfait, il ne suffit pas que tous les milieux réfringents soient purs et non déformés, il faut encore que l'organe de sensation soit sensible aux vibrations lumineuses. A ce point de vue, l'œil, pour être parfait, doit jouir des qualités suivantes :

1° *Avoir le sens lumineux* très développé, c'est-à-dire la faculté de distinguer les rapports de lumière, la clarté, le jour de la nuit. C'est la sensibilité propre de la rétine, le fait fondamental de la vision et sans lequel tout acte visuel disparaît, étant l'origine même de la perception de lumière.
Cette faculté est également répartie sur toute la rétine, aussi bien au centre qu'à la périphérie; elle est parfois indépendante de la notion de forme ou de couleur, qui peuvent se perdre ou diminuer tandis qu'elle persiste.

2° *Avoir une acuité très développée*, c'est-à-dire la faculté de distinguer les rapports de grandeur des objets. Elle est représentée par le plus petit objet nettement perceptible et séparable à une distance donnée. Elle varie avec la perfection des divers éléments sensoriels de la rétine : cônes ou bâtonnets, qui donnent précisément à la rétine sa puissance de séparation et le sens de la forme des objets vus. Ce dernier sens est surtout développé dans la tache jaune et diminue vers la périphérie de la rétine.

3° *Avoir une portée* assez considérable, ou faculté de voir dans ses rapports avec la distance : elle dépend à la fois de l'acuité, des propriétés réfringentes de l'œil tant à l'état statique que dynamique, et aussi de certaines aptitudes individuelles.
Ainsi, on peut avoir trois individus ayant la même acuité, voyant de la même manière, à la même distance, le même numéro de lettres, et cependant l'un aura encore une perception nette en deçà et au delà de cette distance, l'autre l'aura perdue en deçà, le dernier au delà, le premier observateur ayant une vue normale et les deux derniers étant l'un myope et l'autre hypermétrope.

4° *Être doué d'une éducation de la vue* due aux habitudes, à l'exercice, à l'intelligence; c'est elle qui donne à l'œil du chasseur sa précision, à celui du mécanicien de locomotive sa rapide perception des signaux, au marin sa vue perçante lui indiquant la présence d'un navire à grande distance, à l'observateur de projecteur la présence d'un ennemi.

Ces quatre éléments réunis et à un grand degré de perfection font l'observateur; aussi vont-ils faire ici l'objet d'une étude spéciale. Il est évident que les observateurs, dans leur propre intérêt, feraient bien de se rendre compte de leurs aptitudes spéciales au rôle qu'ils auront à remplir, en se soumettant à un certain nombre de mesures exécutées avec conscience.

A) *Le sens lumineux.*

J'ai, plus haut, indiqué de façon précise que le diamètre de la pupille jouait un rôle prépondérant dans la visibilité des objectifs. *On juge du sens lumineux de l'œil en déterminant quel est l'éclairement minimum perceptible par un observateur placé dans l'obscurité, puis dans une ambiance qui devient de plus en plus lumineuse.* On trouve alors que, *si la luminosité de l'atmosphère où l'on regarde croît, l'éclairement minimum de visibilité distincte croît lui aussi.* C'est ainsi qu'avec une atmosphère de même transparence, on voit mieux un objet avec un éclairement absolu moindre par une nuit sans lune que par une nuit étoilée et avec pleine lune, ce qui revient à dire que *la portée du projecteur se trouve augmentée dans la nuit obscure, à condition d'isoler l'action du faisceau sur le champ visuel de vision indistincte.*

Nous allons ici exposer *notre théorie des éclairements apparents et celle des champs lumineux pratiquement utilisables.*

THÉORIE DES ÉCLAIREMENTS. — Une source lumineuse, théoriquement, éclaire tous les points de l'espace. *La puissance lumineuse d'éclairement est, en milieu isotrope, inversement proportionnelle au carré de la distance* de la source à l'objet éclairé et proportionnelle à la perméabilité du milieu de propagation. Elle est, en outre, proportionnelle à l'intensité de la source.

Cet éclairement, lorsqu'il est trop petit, ne peut plus être perçu par notre œil. *L'éclairement minimum perceptible est donc celui qui délimite, au point de vue pratique, le champ lumineux d'une source.*

Si une source se trouve dans un milieu de perméabilité p et si elle est d'intensité I, l'observateur étant supposé au point où l'on a l'éclairement minimum perceptible E_0, l'écart entre l'observateur et la source sera défini par l'équation :

$$E_0 = \frac{p\,I}{d^2} \text{ ou } p < 1.$$

d'où :

$$d = \sqrt{\frac{p\,I}{E_0}}$$

E_0 nous sera donné par une étude préalable de l'observateur que l'on aura examiné dans des milieux de luminosité variable. On a dit plus haut que E_0 est d'autant plus grand que la luminosité de l'ambiance où l'on observe est plus grande. On voit ainsi, que plus E_0 sera grand et plus d, c'est-à-dire l'étendue du champ d'action de la source pratiquement utilisable, sera réduite.

L'éclairement perçu par notre œil est ce que l'on nomme l'éclairement apparent. C'est le seul qui, pratiquement, compte au point de vue projecteurs. *On améliore les conditions d'observation, si, l'éclairement apparent restant toujours le même, l'éclairement intrinsèque du but est de plus en plus faible,* ce que l'on obtient, comme nous l'avons vu, *en laissant à la pupille la faculté de se dilater au maximum*. On donne ainsi, en effet, au champ lumineux de la source, toute l'étendue pratiquement utilisable qu'il peut atteindre avec un observateur déterminé.

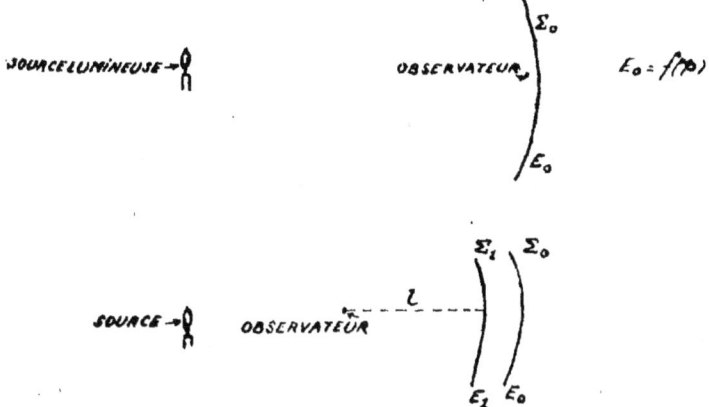

Fig. 139.

Jusqu'ici, nous avons supposé l'observateur sur la surface de niveau Σ_0 définie par l'éclairement E_0, éclairement apparent avec un état de luminosité l_0 ou un diamètre de la pupille de l'observateur p_0.

Supposons que l'observateur se rapproche de la source en y tournant le dos et regardant un point placé sur Σ_0. Il ne le verra pas. *Il ne pourra distinguer un point que sur la surface* Σ_1, *correspondant à un éclairement intrinsèque* $E_1 > E_0$. Cherchons à expliquer ce phénomène.

On sait que, dans un milieu où la perte de lumière est nulle, l'image d'un objet, dans l'œil qui le regarde, a toujours le même éclairement apparent (*le diamètre de la pupille restant constant*) quelle que soit la position relative de l'objet et de l'observateur. Dans un milieu où la transparence est différente de l'unité, le phénomène précédent est donc dû uniquement à la perte de lumière effectuée sur le parcours l, qui est défini par :

$$a^l \times E_1 = E_0$$

c'est-à-dire :

$$E_1 = \frac{E_0}{a^l} \qquad a < 1.$$

(a est le coefficient de transparence kilométrique; l la distance en kilomètres entre l'objet vu et l'observateur).

(*Cette étude, par la suite, aura des applications pour la détermination intelligente du champ d'action d'un projecteur; aussi est-il capital de la bien connaître.*)

CHAMP LUMINEUX PRATIQUEMENT UTILISABLE. — De l'étude qui précède, on voit qu'il est nécessaire, quand on parle de portée d'un projecteur, de bien définir quelles sont les positions relatives du projecteur et de l'observateur. (Le champ lumineux pratiquement utilisable sera celui pour lequel l'objectif éclairé sera vu à 200 mètres en avant de l'observateur.)

Pour un diamètre p de la pupille déterminé, l'éclairement de l'image du but dans l'œil doit être E_0, donc l'éclairement au but doit être :

$$\frac{E_0}{a^l} = E_1. \quad (1)$$

Mais, d'autre part, si la distance entre le but et le projecteur est L on a :

$$E_1 = \frac{\alpha\, I}{L^2} = \frac{a^L\, I}{L^2} \quad (2)$$

donc :

$$\frac{E_0}{a^l} = \frac{a^L\, I}{L^2} \quad (3)$$

c'est-à-dire :

$$E_0 = \frac{a^{(L+l)}\, I}{L^2}. \quad (4)$$

En tenant compte de ce que $a < 1$, on voit que, si l diminue, c'est-à-dire si l'observateur avance, L augmente. *On peut, d'ailleurs, traduire par une courbe les valeurs de L en fonction de l.* On trouve ainsi tous les résultats de la portée d'un projecteur concentrés dans la figure ci-contre. *La courbe Σ varie de forme avec la transparence du milieu qui doit être déterminée préalablement.* Il serait nécessaire, dès lors, de faire des expériences pour déterminer la forme de ces courbes dans les cas les plus usuels.

En ce qui concerne le sens lumineux, il est utile de dire que la coloration de la lumière de la source joue un rôle fort important sur la perception des objets. L'œil exige une lumière douce et qu'il puisse supporter un certain temps sans fatigue appréciable. Le contraste de deux couleurs, très souvent, augmente la visibilité de l'une d'elles à condition toutefois que l'éclairement des objets colorés atteigne une certaine valeur, sans quoi comme nous l'avons dit plus haut, tout devient gris et le sens lumineux reste indépendant de la notion de couleur.

On remarque le fait aisément avec les projecteurs, aux courtes distances; on distingue la couleur des objets éclairés, mais modifiée par la nature de la lumière émise plus ou moins riche en radiations jaunes, rouges ou bleues, etc.

A ces distances, connaissant une couleur de jour, on voit ce qu'elle devient de nuit, et un bon observateur acquiert la perception des couleurs au bout d'une certaine pratique. Si l'on regarde très loin, dans le faisceau, au contraire, tout paraît gris ou blanc, suivant les cas. Si la lumière émise contient trop de radiations bleues ou violettes, l'œil est désagréablement impressionné et, quoique fortement

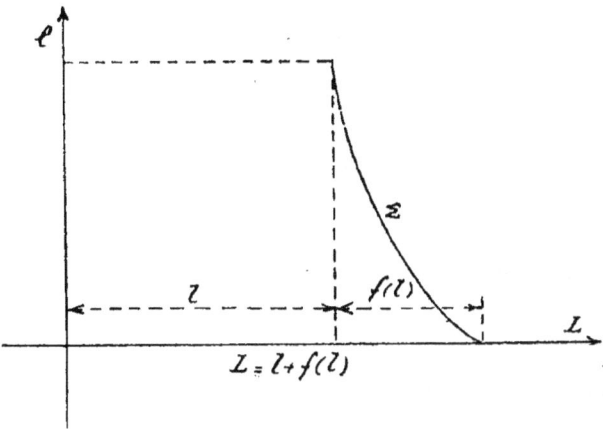

Fig. 140.

éclairé, le paysage éclairé paraît trouble ; le sens lumineux existe bien, mais il est confus. Cette question joue un rôle important dans l'établissement d'un croquis de repérage pour les projecteurs de campagne. Connaissant son appareil, il faut pouvoir deviner, par

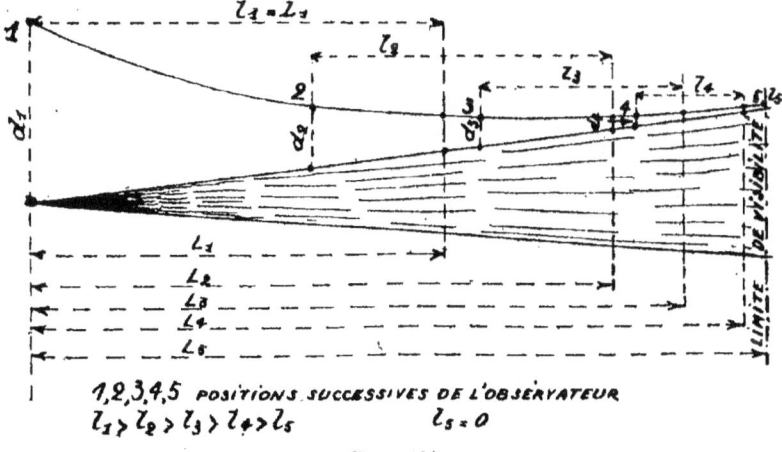

Fig. 141.

une étude du paysage faite de jour, ce qu'il deviendra de nuit. Les objets qui nous frappent de jour ne sont parfois plus visibles de nuit, quoique très bien éclairés, il n'est donc pas utile de les figurer sur un croquis. Au contraire, les maisons, les murs blanchis à la chaux donnent un rendement lumineux remarquable et doivent être tous sérieusement repérés. Nous reprendrons ceci au moment de l'étude faite au sujet des reconnaissances.

B) *L'acuité visuelle.*

Il ne suffit pas de constater qu'une masse est éclairée pour avoir une vue parfaite. Il faut, en outre, être susceptible de distinguer les petits détails. Toutefois, l'acuité visuelle n'est pas représentée, par le plus petit objet isolé qu'on puisse percevoir, mais bien par le plus petit qu'on puisse distinguer d'objets semblables de la même dimension, séparés les uns des autres par des intervalles clairs, égaux à eux-mêmes. En effet, dans le premier cas, il y a seulement perception d'une sensation dépendant de l'intensité du point regardé, sans qu'on puisse savoir si cette sensation résulte d'une image portant sur un ou plusieurs éléments rétiniens ou même une partie de l'un d'eux. Si on distingue, au contraire, deux images à une distance donnée de deux objets de même nature placés à une certaine distance l'un de l'autre, c'est que ces objets font réellement image sur des éléments distincts de la rétine.

De même que l'écartement de deux pointes plus ou moins petit permet de se rendre compte de la délicatesse du toucher, de même l'acuité visuelle est déterminée par les dimensions de l'image perçue, ou encore de l'angle visuel sous lequel elle sera vue.

C'est encore ce que Giraud-Teulon nomme le minimum séparatible, Porterfield le minimum visible, Maurel l'image limite.

L'acuité visuelle dépend de la perfection des propriétés de la rétine au point de vue sensible ou photoesthétique de ses organes sensoriels : les cônes et les bâtonnets.

Pour l'acuité, on constate des variations très sensibles avec : 1° l'éclairement de l'objet regardé; 2° sa couleur et la couleur du fond sur lequel il se trouve; 3° la distance de l'objet à l'observateur; 4° la durée de l'examen et aussi 5° l'ambiance dans laquelle on observe : 6° la pureté des milieux réfringents de l'œil et la perfection de la rétine; 7° la mobilité des objets regardés.

1° VARIATIONS DE L'ACUITÉ AVEC L'ÉCLAIREMENT DE L'OBJET REGARDÉ. — Prenons une feuille de papier blanc et, sur cette feuille, marquons un point A. L'image de ce point, en se plaçant à une distance assez considérable de lui, aura lieu sur un seul élément de la rétine. Supposons que l'on marque, à côté de A, un autre point B et que l'on s'éloigne jusqu'à ce que les images de A et de B aient lieu sur le même élément rétinien : les deux images seront confondues en une seule, on aura atteint la limite de séparabilité des deux points qui paraîtront n'en former qu'un seul. On peut définir l'acuité visuelle par : 1° l'angle α sous lequel on voit encore distinctement les deux points, ceux-ci étant le plus éloigné possible de l'observateur; 2° ou la distance des deux points restant fixe, la distance d; 3° ou encore la distance entre l'observateur et le plan contenant les deux points restant constante, la distance e, écart des deux points.

Nous nous adresserons, dans ce chapitre, à cette troisième méthode. Nous parlerons des avantages respectifs des trois méthodes par la suite.

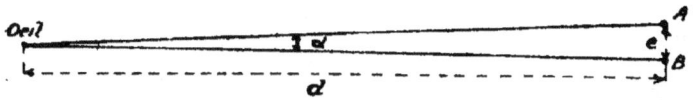

Fig. 142.

Les grands oculistes, tels que Mayer, Snellen, Javal, Klein, Fechner, Kœnig, etc., etc., ont prouvé que *l'acuité varie essentiellement avec l'éclairement des objets examinés et avec leurs couleurs*. Quelques-uns admettent que, jusqu'à un certain point, l'acuité est proportionnelle à l'intensité de l'éclairage ; mais cette loi est loin d'être régulière, car, *à un éclairage moyen, elle reste à peu près constante et normale, qu'on se serve pour éclairer de 10 ou de 25 bougies. Ce sont surtout les éclairages faibles qui la font baisser rapidement et dans des proportions tout à fait imprévues.* Ce dernier cas intéresse tout particulièrement les projecteurs.

On se rend compte ainsi que pour avoir des résultats d'une rectitude absolue, dans la mesure de l'acuité visuelle, il est nécessaire d'opérer avec une source toujours identique, dans les mêmes conditions de distance ou de réflexion des écrans. Mais il est fort difficile de se procurer des sources constantes en intensité, forme, etc., et le plus souvent on opère à la lumière du jour, par comparaison avec

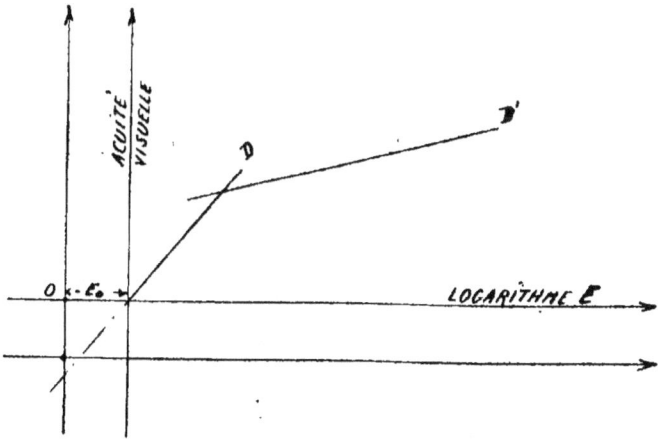

Fig. 143.

une personne qui a étudié sa vue préalablement et qui se rend compte si l'éclairement avec une échelle typographique déterminée est suffisant ou non.

La mesure de jour de l'acuité visuelle d'un individu ne prouve pas, toutefois, qu'avec de faibles éclairements de l'objet regardé, l'acuité de l'individu examiné soit très satisfaisante. Il est donc utile d'exécuter quelques mesures avec des éclairements très réduits et dans les conditions précisément où nous sommes appelés à examiner comme projecteurs.

Nous avons dit que, grâce à l'augmentation considérable du diamètre de la pupille qui, de nuit, peut atteindre jusqu'à 8 millimètres, on voit des objets éclairés de 16 fois à 20 fois moins que de jour. C'est ainsi que des objets éclairés de 0,20 à 0,25 lux sont visibles s'ils ne sont pas à une trop grande distance de l'observateur.

Fechner, en se servant des caractères typographiques de Snellen, a constaté que l'acuité visuelle d'un individu varie en fonction du logarithme de l'éclairement, suivant une double loi que l'on peut représenter par deux lignes droites d'inclinaisons différentes et répondant, l'une aux faibles éclairements et une valeur de l'acuité de 0 à 0,15 de l'acuité normale et qui résulte surtout de l'entrée en action des bâtonnets, l'autre droite correspondant à des éclairements plus considérables atteignant de 0,25 à 0,50 lux et correspondant à une brillance d'environ 0,05 à 0,1 bougie par mètre carré (fig. 143). Autant que possible, il faut chercher à dépasser cette brillance avec les projecteurs pour un but éclairé.

2° VARIATIONS DE L'ACUITÉ VISUELLE AVEC LA COULEUR DES OBJETS, DU FOND ET DE LA SOURCE ÉCLAIRANTE. — L'acuité visuelle dépend, en outre, de la couleur des objets et aussi de la couleur spectrale de la lumière qui les éclaire. De l'étude du spectre solaire, on déduit que le maximum de la sensibilité visuelle est atteint pour le jaune vert, et que cette sensibilité diminue très rapidement à droite et à gauche de cette bande du spectre. En outre, on constate une certaine gêne, un certain trouble à regarder la lumière bleue ou violette qui produit une réaction actinique dangereuse si elle est souvent répétée et si l'intensité lumineuse est considérable. Il peut donc être nécessaire, dans certains cas, d'éliminer autant que possible ces radiations.

Ce qui fait varier très rapidement l'acuité visuelle avec la couleur de l'objet éclairé, c'est que cette couleur a une brillance propre, ou mieux un pouvoir diffusant plus ou moins considérable au point de vue lumineux et un pouvoir absorbant qui en est la contre-partie.

Pour se rendre compte de l'acuité de certains individus au point de vue chromatique avec des éclairements très réduits, on peut prendre des tableaux recouverts de papiers ayant, comme teintes, les teintes courantes du paysage, sur lesquels on colle des lettres de diverses dimensions et dont les teintes sont également prises dans le paysage. Exemple : un tableau vert feuillage avec lettres couleur de brique rouge.

On peut produire les éclairements très réduits avec une source donnant le même spectre que celui du projecteur destiné à opérer. On constate d'ailleurs qu'avec des éclairements faibles, les couleurs se distinguent mal et prêtent à la confusion; elles changent de tons, appréciés différemment par les observateurs au fur et à mesure que l'éclairement baisse.

Malheureusement, il n'y a pas encore d'études très approfondies sur l'acuité chromatique. Les projecteurs, toutefois, nous montrent que les objets blancs ou jaunes sont ceux qui se distinguent le plus nettement dans les faisceaux dès qu'on étudie les détails, les bleus clairs sont aussi très visibles et paraissent blancs, etc.

3° VARIATIONS AVEC LA DISTANCE DE L'OBSERVATEUR ET DE L'OBJET. — Plusieurs causes nous font comprendre cette variation. D'abord, l'accommodation change, si la distance d'observation s'exécute à courte distance < 65 mètres. Si, au contraire, on examine au loin, ce qui est le cas du projecteur, l'absorption lumineuse par l'atmosphère agit comme un abaissement de l'éclairement du but, ce qui nous ramène à un cas déjà étudié. En outre, tout objet lumineux placé entre le but et l'observateur peut réduire son acuité visuelle jusqu'à l'annuler.

4° VARIATION AVEC LA DURÉE D'EXAMEN. — La durée d'examen ne doit être ni trop brève ni trop longue. Si elle est trop brève, elle réduira l'acuité, par suite de ce fait qu'une sensation doit durer un certain temps pour aboutir à une impression nette. Si elle est trop longue, la rétine et le nerf optique se fatiguent et le rendement de l'œil est amoindri.

5° VARIATION AVEC L'AMBIANCE DANS LAQUELLE ON OBSERVE. — Nous avons déjà indiqué que le sens lumineux diminue quand l'ambiance est éclairée, par suite du rétrécissement de la pupille. L'acuité subit aussi une diminution sensible pour un éclairement du but déterminé, si l'ambiance s'éclaire. Nous avons montré que l'éclairement de l'image d'un objet dans l'œil varie comme le carré du diamètre de la pupille. On voit ainsi que la luminosité de l'ambiance a pour effet de causer une certaine paresse de l'œil et de diminuer l'acuité d'une quantité qui peut être calculée en se servant de la loi de Fechner indiquée plus haut et du rapetissement du diamètre de la pupille, de diamètre D dans l'obscurité. En effet, si p est le rapetissement considéré et si E est l'éclairement de l'image du but, dans l'œil de diamètre de pupille D, on a un éclairement E' dans un milieu lumineux tel que :

$$E' = \frac{E(D-p)^2}{D^2}.$$

On regardera quelle acuité répond à la valeur E' de l'éclairement de l'objet dans l'obscurité, ce sera celle obtenue avec l'éclairement E de la rétine dans le milieu lumineux.

6° VARIATION AVEC LA PURETÉ DES MILIEUX RÉFRINGENTS ET LA PERFECTION DE LA RÉTINE. — Il est évident que, si les milieux réfringents ne sont pas purs, la netteté des images ne peut être obtenue et l'acuité tombe au-dessous de la normale, à quelque distance des objets que l'on se place. Si la rétine est malade, on n'aura pas de meilleurs résultats. La rétine ayant des organes sains verra croître l'acuité visuelle avec la petitesse des cônes et des bâtonnets et leur nombre de plus en plus grand, sans loi bien définie.

Projecteurs.

7° VARIATION DE L'ACUITÉ VISUELLE AVEC LA MOBILITÉ DES OBJETS REGARDÉS. — Il est utile de faire remarquer qu'outre les considérations de fond, de couleur, de forme, de dimension, de couleur de lumière éclairante, de transparence de l'atmosphère, etc., un fait important agit sur la visibilité d'un objectif : c'est la *mobilité*. Un objet mobile se fixe mieux qu'un objet immobile. Evidemment, on tombe ici plutôt dans la question de sens lumineux. Des essais permettent, d'ailleurs, de constater que la dimension très réduite d'un objet mobile n'entraîne pas la non-visibilité de l'objet regardé, si la dimension, évidemment, n'est pas par trop réduite.

C) La portée.

La faculté, pour l'œil, de distinguer suivant la portée, résulte de l'accommodation. Il apprécie d'ailleurs cette portée grâce à la vision binoculaire, et c'est ce qui explique pourquoi je traite ici la portée dans les facultés de sensation.

Fig. 144.

Un homme entraîné sent que tel but est à 400 mètres, à 1.500 mètres, à 2.000 mètres de lui. L'angle formé par les deux axes optiques des deux yeux convergeant sur l'objet, diminue lorsque l'objet s'éloigne, donc, à une grande variation de la distance correspond une petite rotation angulaire des deux yeux de plus en plus petite. On comprend pourquoi plus les objets sont loin et plus l'évaluation de la portée est délicate.

On conçoit d'ailleurs que la portée dépend directement de l'acuité, puisque ce ne sera que si l'image est nette, et si on y distingue les détails, que l'on sera sûr que la convergence des deux yeux a bien lieu sur l'objet.

On a, d'ailleurs, constaté à ce sujet que les grosses fatigues intellectuelles ou de l'œil entraînent, quand elles sont fréquemment renouvelées, une diminution notable de la portée visuelle. Il semble donc, *a priori*, qu'un bon observateur ne sera pas souvent un intellectuel.

D) L'éducation de la vue.

L'exercice de la vue joue un grand rôle sur le développement de celle-ci. Tel homme qui, au début d'essais de vision, ne voit pas, voit au bout d'une certaine pratique. Notamment pour l'observateur des projecteurs, il est fort utile d'exercer sa vue pendant de longs mois si l'on veut voir loin sans commettre d'erreurs. Il faut, en outre, être doué d'une vue perçante, comme celle du paysan qui distingue l'alouette dans le ciel ou le lièvre qui court dans la plaine. L'organe de la vue, comme tout organe, est perfectible, mais il exige un entraînement rationnel, progressif et surtout exempt de surmenage.

REMARQUES.

Mesure du sens lumineux et de l'acuité visuelle.

Nous allons ici nous placer au point de vue projecteur de campagne, qui est le seul qui nous intéresse.

Mesure de l'éclairement minimum perceptible.

MESURE EN CHAMBRE CLOSE. — On peut exécuter des mesures photométriques avec une source très réduite précédemment étalonnée. Soit E l'éclairement produit par la source placée en A, à une distance d d'un verre dépoli. Reculons la source, et soit B la position de cette source pour laquelle on ne perçoit plus d'éclairement appréciable sur la glace en verre dépoli. On a alors la valeur E_o de l'éclairement limite définie par l'équation :

$$\frac{E_o}{E} = \frac{d^2}{d'^2},$$

c'est-à-dire :

$$E_o = \frac{E\, d^2}{d'^2}.$$

Cette mesure est évidemment faite dans l'obscurité, de façon que la pupille de l'œil ait son diamètre maximum.

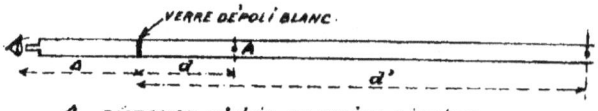

Δ DISTANCE MINIMA DE VISION DISTINCTE.

FIG. 145.

On peut, en changeant les couleurs des glaces en verre dépoli, exécuter de nombreuses mesures. Pour que les mesures exécutées se rapprochent un peu de ce qui se passe dans le faisceau du projecteur, on donne aux glaces la couleur qu'ont les objets du paysage de jour, avec la même tonalité pour le même éclairement.

On pourra ainsi déterminer, suivant la lumière employée et les teintes des glaces, toutes les valeurs limites de l'éclairement perceptibles à l'œil. De cette étude, on pourra déduire, suivant le fond du paysage, approximativement le champ d'action limite d'un projecteur. En fait, ce champ limite n'étant que théorique et non pratiquement utilisable, nous n'en parlerons que pour mémoire, donnant ici le côté pratique.

L'éclairement qui nous intéresse est en effet celui qui correspond au champ lumineux du projecteur pratiquement utilisable. Pour le déterminer, nous poserons cette base.

Eclairement minimum pratiquement utilisable.

Un soldat doit, à tout le moins, distinguer une sentinelle, un cavalier ennemi, un groupe d'hommes, compter les files d'un peloton, juger de leur état de repos ou de mouvement, de leur direction, de leur marche, etc., au moins à 250 ou 300 mètres. Il faut encore qu'à cette distance il puisse prendre une part effective et bien calculée au tir au fusil ou à la mitrailleuse.

L'éclairement pratiquement visible devra donc être constaté à une distance de 250 à 300 mètres; pour que cet éclairement soit suffisant pour permettre le tir, il faut encore que l'acuité visuelle soit suffisante pour cette distance.

Nous donnons ici les moyens de mesurer, ces éclairements. Ils dépendent essentiellement de la couleur du fond et des objets regardés. Pour étudier le projecteur procéder ainsi :

Prendre deux hommes, l'un comme objectif, l'autre comme observateur; l'objectif se déplace dans le faisceau; l'observateur, d'abord à une quarantaine de mètres du faisceau, s'en rapproche au fur et à mesure qu'il s'éloigne du projecteur. Les deux hommes avancent en maintenant entre eux un intervalle de 300 mètres. L'objectif porte des effets ayant la couleur de ceux de l'ennemi. Suivant le fond, l'inclinaison du plan sur lequel se déplace l'objectif et la position de l'observateur par rapport à ce plan, la limite de la portée du projecteur variera, mais dans d'assez faibles proportions, à moins que le sol soit très accidenté, auquel cas le projecteur sera difficilement utilisable.

Mesurons à ce moment là, l'éclairement produit par le projecteur au point où se trouve l'observé; ce sera, pour une même condition de fond, de clarté et de luminosité de l'ambiance, la valeur de l'éclairement minimum pratiquement utilisable. De nombreux essais, avec des fonds différents et des couleurs variables, donneront des séries de résultats très utiles. On pourra compléter le problème en étudiant aussi l'éclairement en fonction de la transparence et de la luminosité de l'atmosphère.

Acuité normale.

Des expériences ont montré que le minimum séparatible correspond normalement à l'angle de 1', occupant sur la rétine une étendue linéaire de $0^{mm}005$, ou plus exactement $0,00436$. Le corps qui donne cette acuité mesure la dimension de $0^{mm}1$, c'est-à-dire à peu près l'épaisseur d'un cheveu, et doit être vu à $0^m,33$. C'est encore l'angle sous lequel on voit 0mm29 à un mètre ou 29 centimètres à 1 kilomètre. Le corps d'un homme mesurant de 0m,30 à 0m,40 de large, doit donc être vu nettement, de jour, de 1.000 à 1.200 mètres. De nuit, cette distance doit être très sérieusement réduite pour l'observation à l'œil nu.

L'acuité visuelle se mesure au moyen d'échelles typographiques. Il en existe aujourd'hui un très grand nombre, mais, quel que soit leur nom ou la forme qu'on leur ait donnée, toutes sont constituées par une série de lettres ou de signes dont la grandeur varie d'un numéro au suivant dans une proportion régulière, de façon qu'un œil normal les distingue toujours nettement à une distance correspondant à chaque numéro. Tous, en effet, seront vus sous le même angle et formeront, par conséquent, sur la rétine, une image de même dimension, la plus petite qui soit perceptible. Elle correspond à peu près en étendue à la surface des plus petits éléments terminaux de la rétine.

En général, ces signes sont noirs sur fond blanc, et l'éclairement du fond est défini une fois pour toutes. Mais on pourrait prendre, comme nous l'avons dit, des lettres de couleur sur fond de couleur. Toutefois, dans les projecteurs, aux grandes distances, l'éclairement étant faible, toutes les couleurs tendent vers le gris et le blanc ou le jaune. Une mesure de l'acuité de lettres noir sur fond blanc donnera donc des résultats valables pour un projecteur.

Echelles pour la mesure de l'acuité.

Pour l'acuité, on a deux procédés qui résultent de la remarque suivante :

Si vous distinguez à 1 mètre un objet quatre fois plus petit que celui que je vois à cette même distance, ou si je vois, à 1 mètre, ce que vous voyez à 4 mètres, c'est que votre acuité est quadruple de la mienne.

Donc, pour mesurer l'acuité :

1º Ou bien, examiner à une distance finie des caractères de différente grandeur;

2º Ou bien, regarder des caractères de même dimension a des distances variables.

D'où deux sortes d'échelles.

Echelles de lettres. — Telles sont celles de Giraud-Teulon, Snellen, Wecker, de Monoyer, Parinaud, Perrin, Meyer.

Les échelles de Wecker et de Snellen, constituées par des signes très simples de forme, sont heureusement choisies.

 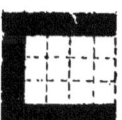  

Fig. 146. — *Caractères de Snellen.*

En quelques mots, on habitue l'homme à exécuter par gestes à reproduire le signe regardé.

Toutefois, dans l'échelle de Wecker, on a remarqué que les résultats d'examens étaient un peu trop forts. Ceci est dû au trop grand intervalle qui sépare parfois deux traits parallèles.

Dans les caractères de Snellen, chaque lettre ou signe est inscrit dans un carré dont le côté est égal à cinq fois la largeur du trait. Donc, chaque carré est divisible en 25 petits carrés dont le côté représente le minimum séparatible si l'intervalle blanc qui sépare un de ces petits carrés noirs est égal à son côté.

La difficulté de lecture est d'autant plus grande que les écarts des traits noirs de la lettre sont plus petits et la lettre plus compliquée. Si ceci a lieu, on a une plus exacte mesure de l'acuité visuelle, car la lecture du signe ou de la lettre ne pourra être faite que si l'on voit nettement.

Dans les premières échelles mathématiquement calculées, c'était la mesure $\overline{0^{mm}1}^2$ que l'on avait prise pour unité; les numéros se suivaient en progression arithmétique :

Le numéro 1 mesure $0^{mm}1$ et est vu à $0^m 33$;
Le numéro 10 mesure 1 millimètre et est vu à $3^m 30$;
Le numéro 100 mesure 1 centimètre et est vu à 33 mètres;
Le numéro 1.000 mesure 1 décimètre et est vu à 330 mètres.

Pour l'observateur du projecteur, il faut une bonne vue : 1° de jour, pour bien prendre possession du terrain pendant la reconnaissance; 2° de nuit, pour bien fouiller dans le faisceau.

Il est donc urgent, pour l'observateur, d'étudier sa vue et principalement son acuité visuelle. Il pourra s'exercer avec les échelles indiquées plus haut et, pour la question d'éclairement, par comparaison avec une personne douée d'une vue très perçante. On peut encore avoir recours aux échelles de distances.

Echelles de distances. — Dans ce procédé, la dimension des lettres reste constante, c'est l'observateur qui se déplace par rapport à l'objet. Cette méthode de mesure de l'acuité est peu utilisée par les oculistes ; mais elle serait très bonne dans le cas d'étude de projecteurs, puisque l'objectif et l'observateur voyagent souvent l'un par rapport à l'autre.

En général, on l'exécute sur de petites distances ne dépassant pas 1 kilomètre. Au point de vue projecteur, il n'est d'ailleurs pas utile de dépasser cette distance.

Conventions pour la notation de l'acuité visuelle.

On désigne communément l'acuité par la lettre V et l'on écrit $V = \dfrac{d}{N}$, d étant la distance en pieds à laquelle on lit le numéro N de l'échelle mathématique. Ainsi, une vue normale voit, à 15 pieds, le numéro 15.

Donc, $V = \dfrac{15}{15} = 1$.

Si on lisait à 15 pieds les numéros 14, 12, 20 ou 30, l'acuité visuelle correspondante serait : $\frac{15}{14}, \frac{15}{12}, \frac{15}{20}, \frac{15}{30}$.

On peut encore représenter V par le quotient $V = \frac{d}{D}$, où D est la distance à laquelle une lettre doit être lue et d celle à laquelle elle est lue.

Ainsi, si une lettre doit être lue à 15 pieds, mais l'est à 20 pieds, l'acuité visuelle $V = \frac{20}{15}$.

Les variations de l'acuité sont parfois très considérables, suivant les individus, mais elle ne doit jamais tomber au-dessous de 1/10, quelle que soit la réduction de l'éclairage.

2° TRANSPARENCE ATMOSPHÉRIQUE.

Milieux optiques. — Transparence atmosphérique.

Les milieux optiques peuvent, à des degrés différents, laisser passer la lumière. On dit qu'ils sont plus ou moins transparents ; suivant le degré de transparence, on les dit : très transparents, transparents, peu transparents, translucides, peu translucides, opaques.

Pour donner une idée de la transparence d'un milieu, on peut faire des études donnant la perte de lumière sur une certaine étendue du milieu transparent, variant précisément avec la plus ou moins grande transparence du corps soumis à l'étude. C'est ainsi que, *pour l'air, l'expérience pourra être faite sur un ou plusieurs kilomètres*, alors que, pour certains corps, comme l'or, on pourra opérer sur des pellicules d'une épaisseur inférieure à des fractions de millimètre.

L'air, qui nous intéresse, a été étudié spécialement au sujet des phares (1), et *toutes les fois que l'on parle de transparence de l'atmosphère, le kilomètre est l'unité de longueur*.

Soit donc Q la quantité de lumière émise par une source Si, sur 1 kilomètre, on a perdu q de lumière, il ne parvient à cette distance que $Q - q$, et le rendement de l'atmosphère a été $\frac{Q - q}{Q} = a$, que l'on appelle le *coefficient de transparence kilométrique de l'atmosphère*. Ce nombre est toujours < 1, car q n'est jamais nul.

Ayant ce coefficient, si l'on veut savoir quelle est la quantité de lumière transmise par une source donnant une énergie lumineuse E à 1 kilomètre, on a $E \times a = E'$. Pour 2 kilomètres, la lumière qui parviendra sera $E' a$ ou $E a^2$.

On voit ainsi que la quantité de lumière transmise à n kilomètres sera donnée par $E \times a^n$, autrement, que le coefficient de transparence pour n kilomètres est de a^n.

On voit aussi que, si a est quelque peu faible, la transparence d'un milieu baisse rapidement, et le corps peut alors se comporter comme un corps peu transparent, puis translucide, etc.

Bouguer a remarqué que le coefficient de transparence a, par une atmosphère exceptionnellement claire, ne dépasse pas 0,973. Si on éclaire à 3 kilomètres, on voit que la transparence est, de la source au

---

(1) Travaux de M. Allard, Ingénieur des ponts et chaussées (1876).

but, égale à $\overline{0.973}^3$, soit 0,92. Les travaux remarquables existant sur les phares ont montré que la transparence de l'atmosphère pouvait varier dans des proportions assez considérables et descendre dans le brouillard, à une valeur très infime. Mais on a assez couramment des valeurs de 0,90, 0,80, 0,70, 0,60 et même 0.50. Au-dessous de cette valeur de a, l'atmosphère subit l'effet du halo, et la distinction des objets devient presque impossible

La transparence de l'atmosphère est soumise à l'action plus ou moins diffusante des particules liquides (eau ou vapeurs condensées) dont l'arc-en-ciel, par exemple, est une preuve manifeste. Elle est soumise encore à l'action diffusante des poussières, qui varie avec la grosseur de celles-ci, l'éclairement qu'elles subissent, leur nature, leur couleur, et celle même de la lumière qu'elles reçoivent.

La presque totalité de la lumière perdue le long du faisceau est due à ces deux dernières causes Sans faire d'expériences, chacun sait que la diffusion due au brouillard est plus grande que celle de la pluie; il en résulte que l'opacité d'une couche d'air est plus grande avec une pluie très fine ou un brouillard qu'avec une grosse pluie ou encore de la neige, pour lesquelles on a une visibilité assez nette due à la persistance des impressions rétiniennes. Il suffit de regarder en plein jour un paysage par ces différents états de l'atmosphère, pour en être convaincu. L'importance du coefficient de transparence sur la portée d'un faisceau est donc assez variable, suivant les divers états de l'atmosphère. Il serait alors utile d'avoir des barèmes permettant de déterminer à coup sûr la portée du projecteur à un moment donné.

En dehors de la *transparence* de l'air, il y a lieu de considérer celle *du verre* du dioptre correcteur dans les miroirs Mangin, ou *des glaces planes ou divergentes* qui ferment le boisseau du projecteur à sa face avant. La perte par conductibilité de la lumière est pratiquement nulle dans de tels milieux. *Les pertes de lumière se font, au moment où la lumière pénètre de l'air dans le verre ou inversement, une partie de la lumière qui devrait être réfractée étant réfléchie, diffusée ou absorbée.* Aussi, le coefficient de rendement de ces masses étant dépendant des pertes que nous venons d'indiquer, est-il toujours plus petit que l'unité et pratiquement déterminé. Lorsque des pertes ont lieu dans le verre, c'est que celui-ci a des vices tels que brisures, soufflures, etc., nuisibles à la propagation lumineuse.

Il est utile de dire ici que la quantité de lumière réfléchie ou réfractée à la surface de séparation de deux milieux, dépend de la transparence des milieux et de leur épaisseur, et qu'un corps peut être transparent sous une très faible épaisseur, et opaque en lame mince. Ainsi, l'or, sous forme de pellicule d'un dix-millième de millimètre d'épaisseur, laisse filtrer de la lumière verte, alors qu'une lame d'un millimètre est complètement opaque. Si a est le coefficient de transparence pour 1/10.000 de millimètre celui du millimètre est donc $a^{10.000}$, c'est-à-dire pratiquement nul. Donc, tout corps opaque est un corps dont la transparence n'a lieu que sous des épaisseurs excessivement réduites. D'ailleurs, dans certains corps, la transparence peut s'exercer par suite de phénomènes spéciaux, comme dans le cas des rayons X. La conductibilité de la lumière se fait avec des pertes qui dépendent non seulement de l'état moléculaire de la matière, mais de l'inertie plus ou moins grande au point de vue calorifique ou chimique de la matière en question, et nous revenons ici aux théories de l'absorption.

3° LOI DES CONTRASTES.

Certaines circonstances spéciales de couleur, de forme, de fond des objets augmentent leur visibilité. On peut expliquer ce fait, dit de contraste, de la manière suivante :

La lumière blanche est la combinaison, ou encore la superposition d'un certain nombre de lumières de couleurs différentes entrant dans la composition du spectre solaire et dont les principales sont, comme chacun sait : violet, indigo, bleu, vert, jaune, orangé, rouge. Ce spectre peut être obtenu à l'aide d'un prisme de verre convenablement disposé et d'angle au sommet convenable, et le phénomène dit de décomposition de la lumière est dû à l'inégale réfrangibilité des diverses couleurs du spectre. Le spectre visible se prolonge à ses deux extrémités par l'ultra-violet et l'infra-rouge. Les couleurs du spectre sont caractérisées par des longueurs d'ondes différentes et croissantes du violet au rouge.

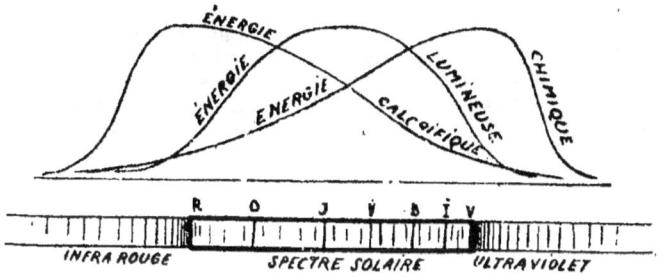

Fig. 147. — *Spectre solaire.*

Si l'on étudie le spectre au triple point de vue calorifique, chimique et lumineux, on trouve que le maximum calorifique est dans le rouge, ou mieux l'infra-rouge, le maximum chimique est dans l'ultra-violet et le maximum lumineux dans le jaune. Il résulte de là que, si l'on éclaire des objets de mêmes forme et dimension sur un fond de teinte uniforme, les objets blancs ou jaunes seront les plus visibles, puis les objets orangés ou verts, et finalement ceux teintés des autres couleurs du spectre. La décroissance de la visibilité diminue encore quand l'éclairement du faisceau diminue sensiblement, toutes les couleurs autres que le jaune-vert ou avoisinantes dans le spectre étant peu visibles et tendant vers le gris. La visibilité des objets blancs et jaunes se trouve en quelque sorte augmentée en ce que le fond sur lequel ils sont, s'assombrit. D'où le contraste.

Si, de jour, le fond du paysage est foncé, tout objet de couleur claire voisine du jaune ou du blanc sera très visible ; de nuit, en lumière blanche, si le fond est clair et voisin du jaune, les objets clairs seront difficiles à distinguer s'ils restent au repos. Ces conclusions expliquent pourquoi les maisons qui, de jour, n'apparaissent pas d'une façon saillante dans le paysage, prennent une grande importance de nuit (repères).

La forme et la dimension de l'objet jouent aussi un rôle important sur la visibilité. On voit mieux un objet aux contours saillants, qu'un même objet rond ; un objet suffisamment grand qu'un trop petit ; un objet mat qu'un objet brillant ou poli, si l'on n'est pas dans la direction de la lumière réfléchie.

Enfin, la couleur de la lumière émise par le projecteur joue un rôle important, qui résulte de la combinaison de la couleur de la lumière du projecteur avec celle propre du corps qui la reçoit. La visibilité des objets est d'ailleurs soumise aux lois régissant l'acuité visuelle, que nous avons données plus haut.

De nombreux essais ont été faits sur la visibilité des couleurs ; des expériences, il résulte que les teintes grises de toutes nuances sont peu visibles et se fondent dans le paysage. Les effets de troupe, bleu clair, sont visibles et font tache blanche. Sur fond sombre, on les distingue à d'assez grandes distances. Nos ennemis ont, dans le drap gris vert, un équipement peu visible de nuit sur fond sombre.

Le contraste naît encore de la mobilité des objets. Un objet peut ne pas être visible s'il reste fixe, et être visible s'il se déplace. Ainsi, une troupe éclairée par le faisceau à une assez grande distance, si elle reste immobile, pourra n'être pas découverte, alors qu'elle le sera si elle bouge, même si elle se trouve sur un fond se rapprochant de la couleur de son équipement. On voit ainsi que *la visibilité d'un objectif fixe est beaucoup moindre que celle d'un objectif mobile*, et le fait peut avoir, dans certains cas, une grosse importance. On ne saurait trop répéter que, souvent, on n'est pas vu et on croit l'être.

4° ROLE DE L'OFFICIER OBSERVATEUR.

L'officier observateur.

Le rôle de l'officier observateur est un rôle capital. C'est grâce à lui que le projecteur atteint son maximum d'efficacité. Le rôle des sapeurs préposés au fonctionnement de l'appareil est de bien régler la marche des différents organes : moteur, dynamo, arc électrique, de façon à réaliser le maximum de puissance de l'arc du projecteur.

Le rôle de l'officier observateur est de manœuvrer le faisceau du projecteur d'une manière rationnelle :

1° *En tenant compte de la puissance de l'appareil, et des propriétés de son faisceau ;*

2° *En étudiant à fond la configuration du sol où il est appelé à manœuvrer ;*

3° *En se tenant au courant, grâce à un système de liaison approprié de la position respective des troupes qui participent à la manœuvre à laquelle il coopère ;*

4° *En visant, autant que possible, à satisfaire aux ordres préalablement reçus du commandement, qui indique aussi clairement que possible le but à atteindre.*

Toutes ces conditions réalisées ne suffisent pas pour obtenir un bon résultat. *L'officier observateur doit jouir d'une vue exceptionnel-*

lement bonne. Nous avons, au chapitre de l'observation, exposé assez longuement l'importance de la perfection de l'œil dans l'observation, et nous n'y reviendrons pas. *L'officier observateur doit, en outre, être doué de l'ensemble des qualités suivantes pour faire un bon tacticien :*

1° *Avoir les connaissances techniques suffisantes sur l'arme qu'il manœuvre et celles avec lesquelles il coopère;*

2° *Avoir une connaissance approfondie de la psychologie des réflexes humains en cas de danger;*

3° *Avoir un esprit décisif et clairvoyant;*

4° *Avoir un sang-froid d'une opiniâtreté infatigable.*

Nous pouvons examiner tous ces points en détail.

Connaissances techniques de l'officier observateur.

L'officier observateur peut appartenir à différentes armes (artillerie, infanterie, mitrailleurs, aviateurs). L'officier observateur doit tout d'abord connaître de façon parfaite et la technique et la tactique de son arme. Ainsi, par exemple, l'artilleur doit connaître à fond tous les organes du canon de la batterie à laquelle il appartient; notamment les organes de pointage et de manœuvre dudit canon; il doit connaître les formations de bataille et de tir, la puissance des pièces et la rapidité du tir, la trajectoire de l'obus, le volume de fumée qu'il donne à l'éclatement, ainsi que la couleur de la fumée; le mode de progression de la batterie dans la marche en avant et le moment où elle doit entrer en action, etc., etc. En un mot, il doit être capable de comprendre sans explications oiseuses tout ordre ou renseignement donné au cours d'une manœuvre par le commandement. *Au sujet de l'arme à laquelle appartient l'officier observateur, aucune ignorance ne doit être tolérée.*

L'officier observateur doit, en outre, avoir des *notions élémentaires sur la technique des armes avec lesquelles il coopère, de façon à comprendre la raison de telle ou telle manœuvre, de telle ou telle arme sur le champ d'opérations.* Ce sont les notions simples, que nous donnons plus bas en annexes et qui suffiront, à ce point de vue, à l'officier observateur.

Ainsi, un artilleur d'une batterie de 75 ne devra pas nécessairement connaître à fond le canon de 120 court; mais il devra avoir une idée du tir qu'il fait (plongeant ou vertical) et des effets de l'obus à des distances variables. Il devra connaître le rôle des mitrailleuses, pour aider celles-ci, le cas échéant, s'il en reçoit l'ordre; il devra même aider l'infanterie et les aviateurs, si, pour une cause ou pour une autre, le commandement n'a que lui à sa disposition. Le but de ce livre est précisément de donner à l'officier observateur ces notions indispensables.

Tous les officiers observateurs doivent connaître de façon parfaite les projecteurs de campagne, surtout au point de vue manœuvre. Tout ce qui touche au fonctionnement du moteur, de la dynamo ou de l'arc est de la compétence du chef d'équipe, *le rôle de l'observateur est de diriger le faisceau par les commandements appropriés.* On ne saurait trop recommander à MM. les officiers observateurs de porter toute leur attention sur la manœuvre du projecteur qui, sciemment manœuvré, devient un outil d'une grande utilité, mais dont les effets sont désastreux et criminels dans les mains de gens inexpérimentés.

Nous allons donner ici une idée de l'instruction que doit suivre l'officier observateur pour connaître suffisamment le projecteur et sa manœuvre.

Instruction à donner à l'officier observateur.

Nous supposons que l'officier est doué d'une bonne vue et exempt de troubles visuels tels que hallucination, etc., etc.

L'instruction se divise en deux parties (l'une technique, l'autre tactique) que nous allons traiter successivement. Les études faites dans ce livre ne seront plus reprises ici.

Etudes techniques et tactiques.

A. — Projecteur proprement dit.

Avant de manœuvrer un appareil, l'officier observateur doit le connaître. A cet effet, il examine ses *organes de commande* : manivelles et cercles gradués horizontal et vertical ; *il cherche la correspondance qui existe entre le tour de volant et la rotation horizontale ou verticale du projecteur comptée en millièmes*; par un simple raisonnement, il déduit la valeur de 10, 20, 30 millièmes en tour de volant. Il pourra ainsi donner un commandement pratiquement réalisable pour l'électricien sans hésitation. L'officier observateur peut ensuite voir d'une manière rapide tout ce qui touche à la production de l'énergie alimentant l'arc (moteur, dynamo, arc lui-même et son réglage) mais *ce qu'il doit connaître de façon parfaite, c'est le faisceau donné par l'appareil qu'il est appelé à manœuvrer; il doit étudier les propriétés de celui-ci dans ses moindres détails*. L'essai que nous avons fait plus loin peut le guider judicieusement dans cette étude. L'officier peut alors avantageusement voir, de nuit, les effets du faisceau sur un paysage qu'il a vu de jour. Il peut aussi étudier toutes les propriétés des faisceaux en dirigeant ceux-ci sur les divers points du paysage d'abord en manœuvrant un faisceau, ensuite en en combinant plusieurs: il pourra se placer lui-même dans les faisceaux pour juger de l'effet de ceux-ci aux différentes distances. C'est quand l'officier observateur *aura la connaissance parfaite des faisceaux qu'il commencera à exercer sa vue au rôle d'observateur*; il lui sera alors présenté, dans le paysage, des objectifs variables en dimension, en couleur, en mobilité, etc., et à des distances variables du projecteur *il se rendra compte, ainsi, de la difficulté de l'observation et de l'intelligence ou de l'exercice qu'elle suppose*.

L'officier pourra, dès lors, *apprendre quels sont les commandements usités pour la manœuvre du projecteur et comment ils s'opèrent, par téléphone ou optiquement, suivant les cas*. Il étudiera, à cet effet, l'alphabet Morse ainsi que les chiffres de 1 à 10 et exécutera tous les signaux de l'Ecole des projecteurs de campagne, à l'aide de la lampe électrique portative qui lui est donnée. *Il pourra alors procéder à la* reconnaissance des terrains et au choix des emplacements, en tenant compte des observations faites plus haut à ce sujet. *Il exécutera des croquis de reconnaissance des types indiqués plus loin.* Sur le croquis de repérage et le croquis perspectif, il devra se rendre compte de ce que représente le millième aux différentes distances, afin de ne pas avoir de surprise dans la manœuvre du faisceau. *Il choisira judicieusement ses repères.*

Ceux-ci doivent être : 1° *faciles à retrouver et distinguer* (une borne, un poteau télégraphique, un arbre peint en blanc sur fond sombre, aux courtes distances; une maison, une route dans certains cas, aux grandes distances, peuvent servir de bons repères).

2° *Ils ne doivent pas avoir de dérives trop voisines l'une de l'autre* du point où se trouve le projecteur. Afin d'éviter toute erreur, l'observateur les numérote et fixe, dans chaque manœuvre, le repère initial, qui est en général celui le plus voisin de la zone à battre; s'il ne donne pas de repère avant ou après une manœuvre l'appareil revient à un repère choisi une fois pour toutes et dit *repère origine*.

Ils ne doivent pas être choisis trop proches du projecteur, car, dans ce cas, le repérage serait assez peu précis; ils ne doivent pas, non plus, être trop nombreux sur un même croquis. Dans le cas où les repères naturels manquent, on peut en créer d'artificiels avec des jalons portant ou non des lampes de repérages analogues à celles de l'artillerie, qui comportent 300 mètres de câble et des fentes lumineuses permettant d'assurer la direction avec une assez grande précision. Pour diriger le faisceau du projecteur dans une direction déterminée, on place le projecteur de manière que son axe passe par le repère, et on le fait tourner à droite ou à gauche de cette position d'autant de millièmes qu'il y en a d'indiqués, à droite ou à gauche de la ligne de repère, pour la direction désirée, sur le croquis perspectif.

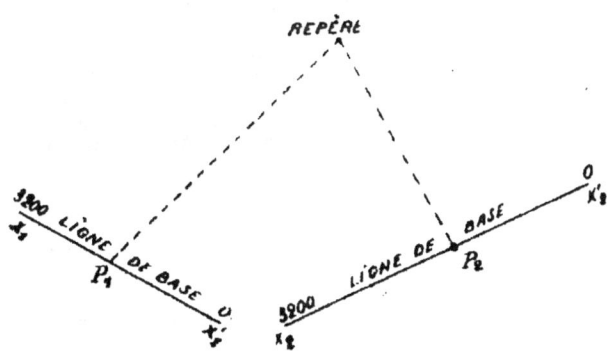

Fig. 148.

Si l'officier observateur a plusieurs projecteurs à commander, il arrivera des cas où deux projecteurs, par exemple, pourront éclairer le même point. Si, sur un tableau, on marque les sites et les dérives relatifs aux deux projecteurs pour tomber sur le même point en partant de leurs lignes de bases respectives, *on a, pour ce point, un tableau de correspondance liant les deux projecteurs susceptibles de l'éclairer.*

On peut ainsi faire un tableau de correspondance relatif à l'observateur et à tous les projecteurs qu'il commande concernant les divers points que l'on peut éclairer.

Ainsi soient deux projecteurs P_1 et P_2, ayant pour lignes de base $X_1 X'_1$, $X_2 X'_2$.

Pour atteindre le repère R, P_1 exécutera en millièmes :
  Site : Haut 10.
  Dérive : Gauche 1.400.

Et P_2 exécutera de même :
  Site : Bas 75.
  Dérive : Gauche 1.300.

} Tous ces chiffres seront convertis en tours ou demi-tours de volant suivant le choix de l'unité de déplacement du faisceau.

Et l'on écrira :

OBJECTIF.	PROJECTEUR 1.	PROJECTEUR 2.
Repère R	Haut 10 Gauche 1.400	Bas 15 Gauche 1.300

Ce qui veut dire que le même point R est éclairé par ces deux manœuvres des deux projecteurs.

Des tableaux de correspondance plus complets peuvent être dressés pour le poste d'observateur et plusieurs projecteurs que l'observateur peut alors utiliser alternativement ou simultanément pour éclairer divers points, suivant les cas.

Il peut arriver qu'il soit avantageux de choisir un même repère pour déterminer les lignes de bases de deux projecteurs, autrement dit que les deux lignes de base $X_1 X'_1$ et $X_2 X'_2$ des projecteurs P_1 et P_2, dont nous avons parlé, passent par le même point qu'ils éclairent.

Dans ce cas, tous les commandements seront faits en tenant compte de cette disposition.

Ainsi soit A le point à éclairer.

On aura le tableau de correspondance :

OBJECTIF.	PROJECTEUR 1.	PROJECTEUR 2.
Point A	Haut 10 Droite 500	Haut 0 Droite 800

Si l'on se sert, pendant les opérations, de divers repères pour la manœuvre, on devra toujours faire précéder chaque manœuvre du nom du repère, auquel on se reporte pour tous les appareils qui sont utilisés.

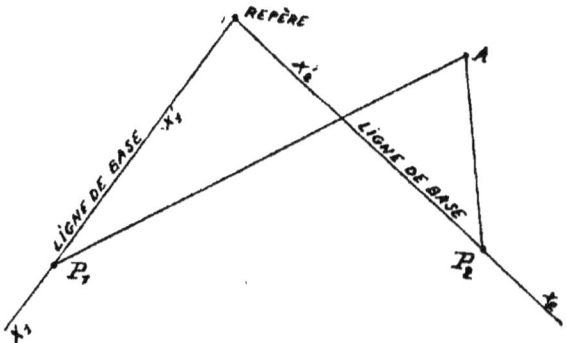

Fig. 149.

Ainsi, si on se sert du repère 1 et du projecteur 1, on dira :

1er *cas* :

Repère 1.
Projecteur 1 : point A.

ou :

2e *cas* :

Repère 1.
Projecteur 2 : point A.

et les projecteurs attendront, pour démasquer leur feu, les commandements réglementaires, en ayant exécuté :

Dans le premier cas, pour le projecteur 1 :

Haut 10. — Droite 500.

Dans le second cas, pour le projecteur 2 :

Haut 0. — Droite 800.

En général, il arrive rarement que plus de deux appareils opèrent simultanément sous les ordres d'un même observateur ; les tableaux de correspondance seront donc très rapidement dressés. De nombreux exercices rompront d'ailleurs les officiers observateurs à ce genre de travail, qui n'est pas difficile mais délicat, toute erreur pouvant entraîner des impossibilités de manœuvre.

De plus, pour exécuter rapidement la manœuvre, l'officier observateur devra étudier à fond les commandements du projecteur et ce à quoi ils correspondent, de façon à bien se rendre compte de l'importance d'une erreur commise par lui. Des exercices pratiques, répétés un certain nombre de fois, permettront à l'officier de se mettre également au courant de la manœuvre de l'appareil qu'on lui confie.

Les ordres sont donnés téléphoniquement ou optiquement. Ce sont :

AU TÉLÉPHONE.

*Marchez*¹.............	Mettre le moteur du groupe électrogène en marche. Exciter la dynamo.
Allumez	Allumer la lampe, les volets étant occultés.
Ouvrez	Ouvrir l'obturateur ou les volets d'occultation.
Droite n	Porter le faisceau à droite de l'observateur, supposé placé comme le projecteur et regardant dans la direction du faisceau de n tours ou 1/2 tours de volant correspondant à x millièmes de tour d'horizon. (L'amplitude de l'unité de rotation doit toujours être inférieure à la divergence du faisceau.)
Gauche n	Même manœuvre que plus haut, à gauche au lieu de à droite.
Haut n.............	Relever le faisceau de n tours ou 1/2 tours.
Bas n.............	Abaisser le faisceau de n tours ou 1/2 tours.
Fermez	Fermer l'obturateur ou les volets d'occultation, la lampe restant allumée.
Eteignez	Eteindre la lampe, en conservant le moteur en marche et la dynamo excitée.
Arrêtez	Arrêter le moteur.
Avarie au projecteur..	Projecteur ne pouvant fonctionner; si l'ordre a lieu suivi de *Attente :* la **réparation** va être faite immédiatement.

A LA TÉLÉGRAPHIE OPTIQUE.

Les signaux suivants :

Marchez	M	▬ ▬
Allumez	A	. ▬
Ouvrez	P	. ▬ ▬ .
Droite n	T (n fois)	▬ ▬ ▬ ▬ ▬ (n fois)
Gauche n	I (n fois)	. . . . (n fois)
Haut n.	R (n fois)	. ▬ . . ▬ . . ▬ . . ▬ .
Bas n	D (n fois)	▬ . . ▬ . . ▬ . . ▬ . .
Fermez	F	. . ▬ .
Eteignez	X	▬ . . ▬
Arrêtez	Z	▬ ▬ . .
Avarie au projecteur..... {	V AS	. . . ▬ (Le faire suivre du signal *Attente*) . ▬ . . . (Si l'avarie va être réparée immédiatement.)
Appel..... A (au moins 7 fois).		. ▬ . ▬ . ▬ . ▬

PROJECTEURS ÉLECTRIQUES A ARC.   221

Désignation du numéro du projecteur :
Projecteur n° 1..............   ▪ ━ ━ ━
Projecteur n° 2..............   ▪ ▪ ━ ━
Projecteur n° 3..............   ▪ ▪ ▪ ━ ━

Le mode de liaison optique doit être employé toutes les fois que la ligne téléphonique est rompue, si les circonstances atmosphériques le permettent. (En cas de rupture dans les liaisons téléphoniques, l'officier observateur prévient immédiatement le commandement, qui prend les dispositions nécessaires pour que leur réparation soit effectuée.)

Afin d'éviter tout inconvénient dû au manque de liaison, l'officier observateur devra s'habituer à vérifier le fonctionnement de celle-ci de temps en temps, toutes les deux heures par exemple, et même plus souvent si les lignes sont très exposées, ce que l'on devra éviter. Il est toujours prudent de doubler la liaison téléphonique d'une liaison optique.

B. — ARTILLERIE, INFANTERIE, AVIATION.

L'officier observateur doit connaître tout ce qui est indiqué plus loin et qui est relatif à ces armes.

Ce qui caractérise la tactique du projecteur, c'est la solidarisation absolue de l'appareil avec les armes avec lesquelles il coopère.

Afin d'éviter les erreurs, on doit assurer les liaisons des divers commandements avec les projecteurs, sous peine de s'exposer aux pires mécomptes, les ordres des commandements pouvant, alors suppléer à l'insuffisance des renseignements obtenus par l'officier au cours de son observation, et les conseils des mêmes commandements pouvant, dans certains cas, le guider d'une façon sûre dans la manœuvre du projecteur.

Avant de manœuvrer, l'officier observateur reçoit les instructions du commandement qui le détache. Arrivé au poste d'observation, il peut y recevoir téléphoniquement tous les compléments qui lui sont nécessaires s'il y a lieu. Dans tous les cas, il devra se renseigner d'une façon complète sur la situation tactique du moment. *Les ordres qu'il reçoit avant la manœuvre ainsi que les renseignements doivent être courts, clairs, précis.* Ils doivent indiquer :

1° *Le but de la manœuvre et les limites du secteur à éclairer ;*

2° *Les points sur lesquels son attention spéciale doit se porter et le motif de cette surveillance* (passages de troupes, de convois, ponts, gués, cols, villages occupés, etc.);

3° *Les points ou zones où peuvent s'installer les projecteurs et les observateurs, ainsi que la répartition des appareils dans le secteur et les raisons qui ont motivé cette répartition ;*

4° *Les conditions de fonctionnement et le moment d'entrée en action des divers projecteurs mis sous le commandement de l'officier observateur.*

Ces ordres pourront d'ailleurs subir des modifications importantes si l'action elle-même se trouve modifiée par les résultats atteints ou subis.

Projecteurs.   15

L'officier observateur doit être laissé juge du moyen à prendre pour réaliser les ordres du commandement; notamment, il est avantageux, comme nous l'avons exposé, que ce soit lui qui commande en même temps le projecteur et les tirs, dont il verra ainsi mieux les effets. Il devra s'habituer, dans ce but, à commander de la façon la plus rapide possible, sans toutefois négliger la clarté qui est indispensable à la bonne exécution des ordres.

Si, au cours d'une manœuvre, il aperçoit certaines anomalies, il peut en faire part au commandement qui prendra les dispositions nécessaires pour faire vérifier l'exactitude des renseignements communiqués et éviter toute surprise.

Pendant l'exécution des tirs, il peut à volonté maintenir le projecteur allumé pendant le temps qu'il juge nécessaire. Si l'objectif est mobile, il doit le maintenir dans le faisceau en commandant autant de fois *Droite* ou *Gauche* qu'il est nécessaire et à la cadence qu'il juge bonne, suivant la vitesse de déplacement de l'objectif et la distance de celui-ci au projecteur. Cette manœuvre varie de vitesse, évidemment, avec la direction du déplacement de l'objectif et la configuration du sol.

Tous les renseignements sur la manœuvre combinée du projecteur et des différentes armes sont donnés plus loin.

Connaissances psychologiques et physiologiques de l'officier observateur.

L'officier observateur doit connaître les effets du tir et du projecteur sur les troupes. Nous avons décrit dans ce livre toutes les propriétés des faisceaux, et nous avons dit : 1° que l'on peut se croire vu sans être vu; 2° que l'homme ébloui par un faisceau ne peut tirer convenablement; 3° qu'une troupe éclairée et perdant sa présence d'esprit peut être mise facilement en déroute par l'action rapide de tirs exécutés par les mitrailleuses ou par l'infanterie. Nous avons montré aussi que le tir et la lumière obligent souvent les troupes à se réfugier dans les bois, où des tirs pourront être dirigés efficacement par l'artillerie, si le bois est découvert et de petite dimension.

Il résulte de ce que nous avons dit que l'homme éclairé doit se coucher rapidement à terre. L'observateur qui veut voir doit donc être très rapide dans ses observations, s'il veut percevoir quelque chose; il doit, en outre, procéder dans ses investigations avec un manque de logique déconcertant de temps ou de direction des coups de sonde, de façon à tenir toujours l'ennemi en haleine. Ainsi, il donnera des coups de sonde se succédant à 1, 3, 4, 2, 1, 2, 4, 3, etc. secondes d'intervalles et dans des directions définies par D-2, G-4, G-6, D-3, G-5, D-1, etc. S'il découvre de la cavalerie ou des convois, il actionnera son projecteur de façon intermittente, de façon à affoler si possible les chevaux et à provoquer le désordre. Il devra d'ailleurs indiquer les effets produits au commandement dès qu'il les aura constatés.

L'officier observateur devra toujours s'assurer du résultat de ses observations avant de les communiquer comme certaines. Il fera vérifier, par un homme qui lui est adjoint, le fait qu'il croit exact.

En effet, il arrive fort souvent que la fatigue de la vue crée des sensations de mouvement en regardant des objectifs qui, cependant, sont fixes. *L'observateur, s'il est fatigué, doit être renouvelé, les méprises pouvant entraîner des manœuvres dont la conséquence peut être grave.*

Ce qui caractérise l'officier observateur, c'est son esprit de décision. Il doit se pénétrer qu'il suffit de quelques minutes pour causer beaucoup de mal à un ennemi placé dans une position désavantageuse. C'est donc à lui de profiter des moindres incidents pour nuire à l'ennemi. Il doit user de ruse et agir à l'improviste, de façon à produire sur l'ennemi l'effet moral maximum. Mais, pour réussir, il faut qu'il garde tout le sang-froid voulu pour mener l'exécution de son plan à bout. Il doit faire preuve d'une grande patience dans la préparation des détails devant assurer sa manœuvre ; il doit ne se laisser distraire ni par la canonnade ennemie, ni par tous les petits événements qui troubleront sa manœuvre (liaisons coupées, troupes amies en combat, etc., etc). Aussi doit-il avoir prévu tout avec minutie, et les liaisons doublées ou triplées par des moyens indiqués plus haut doivent-elles toujours être assurées. Sans liaisons, c'est le désordre, et le maniement désordonné du projecteur, c'est un danger.

Quand l'officier observateur est tué ou blessé, le projecteur ne doit plus fonctionner ; on avertit les projecteurs voisins, de manière à ce qu'ils surveillent la zone non éclairée, si possible, à l'aide de leurs observateurs. Dans chaque unité, on a un certain nombre d'officiers pouvant jouer le rôle d'observateurs. L'un de ceux-ci reconnaîtra le poste de projecteurs dans la journée du lendemain et prendra possession de son poste d'observation le lendemain soir, si le commandement le juge nécessaire. Il devra, avant de manœuvrer, être au courant de la situation tactique du moment.

REMARQUES.

1. Un même observateur peut commander plusieurs projecteurs, comme l'inverse peut avoir lieu : plusieurs observateurs peuvent être affectés au même projecteur. Nous indiquerons l'influence de la position de l'observateur sur le champ d'action du projecteur ; on voit, ainsi, que dans le cas d'un seul observateur pour deux projecteurs, l'observateur doit se trouver sensiblement au milieu de la zone qui se trouve entre les deux capitales des projecteurs. *On appelle capitale la direction principale de tir d'un projecteur.* On aura, en face de l'observateur, une zone où, par recoupement, on pourra diriger les deux faisceaux sur le même point, de façon à en augmenter la visibilité. Le champ en face de l'observateur pourra être assez étendu.

Au delà d'une certaine zone à droite et à gauche de l'observateur, on aura intérêt à ne faire fonctionner qu'un seul projecteur, le voisinage d'un faisceau pouvant nuire à la visibilité comme il a été dit.

La partie hachurée peut être ainsi éclairée par les deux faisceaux, tout le reste étant éclairé par un seul projecteur.

Dans le cas où plusieurs observateurs agissent pour le compte du même projecteur, ce qui peut être nécessaire dans le cas où le terrain l'exige, un seul d'entre eux commande le projecteur, les autres observateurs servant d'agents de renseignements et permettant de compléter les observations de l'officier qui commande l'appareil. La liaison de ces observateurs de complément avec l'officier commandant le projecteur devra être téléphonique, de façon à s'exercer le plus rapidement possible, et pourra se faire par embranchement sur une ligne principale.

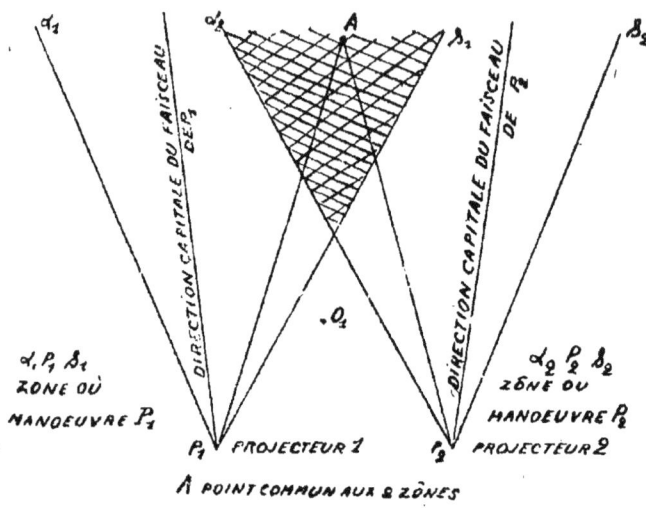

Fig. 150.

Ces observateurs auxiliaires ne demanderont la communication que dans des cas urgents et s'il y a du danger en vue (ennemi contournant une position, etc., etc.). Ils donneront à l'officier observateur et au commandement tous les renseignements qu'ils ont pu recueillir, dès que ceux-ci en donneront l'ordre.

2. L'officier observateur doit réunir toutes les qualités indiquées, mais l'arme avec laquelle il opère entraînera souvent le choix et la disposition de manœuvre des projecteurs qui varieront largement avec les différentes armes. Toutes, en effet, n'emploieront pas les mêmes types d'appareils.

L'artillerie emploiera, ainsi que l'aviation, de préférence les gros calibres (90 et 60 centimètres). L'infanterie emploiera le plus souvent les calibres moyens et les plus petits (60 centimètres, 40 centimètres, 35 centimètres et même 30 centimètres dans certains cas). Les mitrailleurs utiliseront le plus souvent les appareils de 60 centimètres et de 40 centimètres. Il résulte de là que les études faites par les officiers observateurs devront surtout porter sur ces appareils. Ils se feront donner (dès qu'un de ces appareils leur sera affecté) toutes les caractéristiques de l'appareil et notamment sa portée moyenne et sa portée maxima. La divergence du faisceau, et tous renseignements qu'ils jugeront utiles pour effectuer judicieusement leur reconnaissance et distribuer intelligemment leurs appareils.

Nous avons indiqué plus loin comment les tensions des trajectoires de tir influaient sur le choix des emplacements de projecteurs. L'artilleur considérera donc l'établissement de son chantier de projecteur différemment du fantassin et, entre artilleurs, la disposition du chantier variera suivant que la batterie qui dispose du projecteur fait du tir de plein fouet ou du tir plongeant et du tir vertical.

Toutes ces variantes dues aux armes expliquent pourquoi, dans la manœuvre du projecteur, un artilleur pourra commander plus aisément avec un croquis de repérage qu'avec un croquis perspectif; et pourquoi le contraire peut être avantageux pour un fantassin. L'officier observateur n'a qu'un seul but, rendre la manœuvre sûre et rapide; à cet effet, il pourra, sur ses croquis, ajouter tous les renseignements qu'il jugera utiles. Il indiquera la forme schématique des repères, leur distance au projecteur et à son poste d'observation. Il préparera ses systèmes de liaison, en cas de non-fonctionnement du téléphone; il indiquera sommairement les mesures à prendre en cas d'offensive heureuse ou malheureuse, de façon à ne pas entraver la manœuvre. De l'officier observateur dépend le succès du projecteur sur le front. Nous espérons qu'après avoir lu cette exposition toute nouvelle du projecteur, chacun voudra le connaître et l'utiliser.

Ce livre, quoique fort incomplet, permettra à MM. les officiers de comprendre néanmoins tout le parti que l'on peut tirer d'un appareil qui vient de faire son apparition dans la guerre moderne et dont le perfectionnement ultérieur fera sûrement un auxiliaire indispensable des combats de nuit.

B) **Théorie des faisceaux des projecteurs de lumière.**

NOTIONS SUR LA PORTÉE ET LES PROPRIÉTÉS DES FAISCEAUX.

Ce qui caractérise un projecteur, c'est *sa portée. La portée n'est d'ailleurs pas, comme beaucoup de gens se l'imaginent, une grandeur constante, propre à chaque projecteur.* Dire qu'un projecteur porte à 3 kilomètres a aussi peu de sens que de dire le volume d'un gaz est de 6 litres. La portée dépend, en effet, d'un grand nombre de variables que nous allons indiquer :

1º *L'intensité de la source;*
2º *L'état hygrométrique de l'air et ses poussières;*
3º *La température de l'atmosphère;*
4º *La position relative du projecteur et de l'observateur;*
5º *Les qualités visuelles de l'observateur et de sa jumelle.*

D'autres quantités influent encore sur la portée du projecteur, mais ces variables ne doivent pas être considérées comme telles dès que l'on a choisi le type de charbons et le miroir du projecteur; ce sont :

1º *Le calibre du projecteur et la nature de sa surface réfléchissante;*
2º *Les radiations de la lumière émise par les charbons utilisés.*

Voyons rapidement quelle est l'influence de chacune de ces quantités sur la portée d'un projecteur.

1° Influence de l'intensité lumineuse.

La portée dépend évidemment de l'éclairement au but et de la distance séparant le but de l'observateur, que nous supposons doué d'une vue normale. *Supposons que la distance séparant l'observateur du but regardé est celle de son* punctum proximum, *le but étant une feuille de papier sur laquelle sont tracés les caractères de Snellen répondant à la distance du* punctum proximum *pour la vue normale et un éclairement de 0,20 lux par exemple.*

Définition de la portée théorique d'un projecteur.

L'observateur se déplace dans le faisceau en y tournant le dos, tenant la feuille de papier normalement au faisceau. La distance qui le séparera du projecteur, quand il ne pourra plus distinguer les lettres, sera la portée théorique du projecteur.

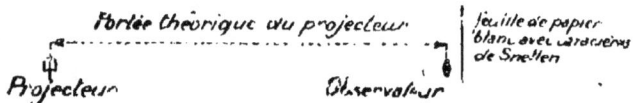

Fig. 151.

On constate ainsi, si l'on opère dans une atmosphère calme, pure et de réfraction constante sur tout le trajet du faisceau, que *la portée varie proportionnellement à la racine carrée de l'intensité lumineuse de la source*. On suppose évidemment les pertes par absorption dans l'atmosphère négligeables.

On peut expliquer aisément le fait.

L'éclairement d'un but à distance fixe E est proportionnel à l'intensité I de la source et inversement proportionnel au carré de la distance de la source au but. Faisons croître I et cherchons la distance à laquelle on doit placer le but pour avoir le même éclairement. On trouve :

$$E = \frac{\alpha I}{d^2} = \frac{2 \alpha I}{d'^2} = C^{te}$$

donc :

$$d'^2 = \frac{2 \alpha I}{C^{te}}$$

et :

$$d' = K \sqrt{I}.$$

On voit ainsi que de légères variations dans l'intensité lumineuse de la source de surface constante n'ont pas une influence sérieuse sur la portée du projecteur. Néanmoins, on doit veiller à ce que l'écart des charbons oscille le moins possible de part et d'autre de la distance répondant à l'intensité lumineuse maximum de la source (de 3 à 4 millimètres).

Lorsque l'intensité de la source augmente assez considérablement, il semble *a priori* que la portée du projecteur doit aussi s'accroître. Ce n'est pas toujours vrai. L'intensité d'une source est, en effet, la somme des éclats des diverses unités de surface composant la source; ce qui revient à dire que l'on peut augmenter l'intensité en augmentant l'éclat de tous ses points, ou encore en doublant ou quadruplant ses dimensions. Seule la première opération augmente la portée du faisceau, l'autre agissant sur sa divergence. C'est ce qu'on exprime en disant que la *portée d'un projecteur dépend de la brillance du cratère du charbon positif de l'arc qu'il possède.*

2° INFLUENCE DE L'ÉTAT HYGROMÉTRIQUE DE L'AIR ET DES POUSSIÈRES.

La portée d'un projecteur varie dans des proportions assez considérables avec l'état hygrométrique de l'air. Il serait d'ailleurs très intéressant de déterminer les variations de la portée suivant l'état hygrométrique de l'air, en utilisant une source à intensité constante et le même opérateur. On pourrait, par exemple, opérer à des jours différents. Je conseille vivement aux gradés appelés à opérer sur le front d'enregistrer, si possible, les points qu'ils ont vus avec leur appareil à des dates variables, et en même temps la position relative du projecteur, du but et de l'observateur, ainsi que l'état hygrométrique de l'air. Avec un certain nombre de résultats, on pourrait déterminer approximativement l'influence de l'humidité aérienne sur la portée du projecteur. On pourrait construire des tables de tir donnant la portée du projecteur en fonction de l'état hygrométrique du milieu où l'on opère.

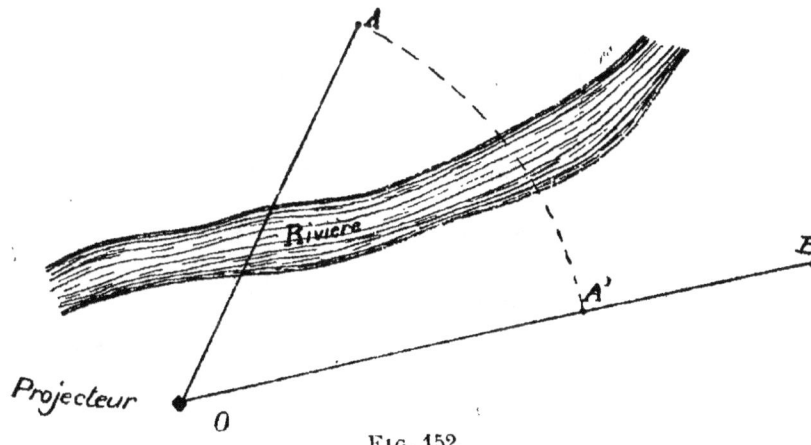

Fig. 152.

Il est utile d'ajouter que la quantité d'eau dans l'air n'influe de façon sérieuse que si l'eau se trouve condensée à l'état de fines particules diffusant la lumière et nuisant par suite à sa propagation. Donc, il faudra non seulement tenir compte de l'état hygrométrique de l'air, mais encore de la température, pour savoir si l'eau est à l'état de condensation ou à l'état de vapeur.

Par cette méthode toute nouvelle, on éviterait beaucoup de fausses manœuvres. On pourrait immédiatement déterminer d'une façon assez exacte la portée de son appareil à un moment donné et dire si oui ou non un but qui était vu la veille, peut être vu le lendemain, ce qui peut ne pas avoir lieu.

L'hygrométricité de l'air a une telle importance que, si le faisceau passe au-dessus d'une rivière ou d'un étang assez large (100 à 200 mètres), sa portée peut se trouver très réduite, parfois de plusieurs centaines de mètres si l'eau est à l'état de condensation. Si donc un projecteur pivote de façon à passer de la position O A à la position O'B, on peut avoir, dans ces deux directions, deux portées très différentes ; la différence étant par exemple A'B. Ces notions très élémentaires sont très importantes pour la manœuvre.

Les poussières ont aussi une importance assez grande sur la portée d'un faisceau. On se rend compte aisément de la quantité approximative des poussières à la visibilité du faisceau dont on sent les contours grâce à ces poussières qui diffusent la lumière. La quantité de lumière diffusée dépend non seulement de la quantité de poussières, mais de leur forme, de leur grosseur, de leur couleur, de leur degré plus ou moins grand d'opacité, etc., etc. Dans certains pays miniers ou d'usines, la poussière se trouve en quantités considérables et réduit notablement la portée des projecteurs. Il faut d'ailleurs ajouter que cette quantité de poussières varie assez notablement avec la vitesse du vent et le régime des pluies. Elle augmente par grand vent, à cause de la puissance de charriage qui augmente; elle diminue après la pluie, si la température est assez élevée. On voit ainsi qu'après la pluie et par temps calme, en pays miniers, on aura un rendement des appareils notablement supérieur à ce que l'on a en temps normal. Si, dans un tel pays, l'appareil donne une portée moindre qu'en atmosphère pure, il n'y a pas lieu d'être surpris. En pays de montagne, où l'atmosphère est très pure et moins dense, la portée du projecteur est maximum.

3° Influence de la température.

La température de l'atmosphère joue aussi un rôle important. Il semble qu'on ait jusqu'ici négligé cette quantité qui a pour effet de modifier très sensiblement la réfraction atmosphérique, donc la vitesse de la lumière et les pertes par diffusion ou diffraction. Aucune mesure à ce sujet n'a été faite pour les projecteurs de campagne. La théorie semble indiquer que la portée du projecteur doit croître avec la température ; la vitesse de la lumière comme celle du son croissant proportionnellement à $\sqrt{1 + \alpha t}$, où α coefficient de dilatation de l'air égal à $\frac{1}{2\,3}$. Si la température varie de 40 degrés, on voit que la vitesse subit déjà une variation appréciable; si cette portée est influencée par la vitesse, il serait utile de savoir de quelle quantité.

Des tables pourraient avantageusement indiquer l'influence des variations de température.

Si la température joue un rôle sur la portée, comme l'hygrométricité, elle peut influer sur la trajectoire du faisceau, si la réfraction des divers milieux qu'il traverse varie dans des proportions notables. On peut avoir ainsi des déviations de plusieurs mètres sur 2 ou 3 kilomètres. Vu l'étendue du faisceau, due à sa divergence, cette variante n'a pas grosse importance à la manœuvre, et nous la citons surtout pour mémoire, mais elle joue parfois un rôle important sur la visibilité dans le faisceau, les phénomènes de variabilité de la réfraction atmosphérique pouvant faire croire à la mobilité d'objectifs fixes.

4° INFLUENCE DE LA POSITION RELATIVE DU PROJECTEUR ET DE L'OBSERVATEUR.

Cette partie est capitale. Pour ne l'avoir pas comprise, beaucoup de fautes peuvent être commises. Il faut donc y porter toute son attention si l'on veut comprendre la manœuvre du projecteur.

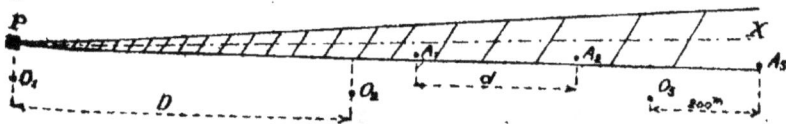

Fig. 153.

Soit un projecteur P et un observateur O qui peut se déplacer dans le champ d'action du projecteur, que, pour plus de facilité, nous supposerons plan. Supposons que le projecteur éclaire dans une certaine direction, par exemple P X. Si l'observateur, muni de tubes pare-lumière (dont nous avons parlé au chapitre de l'observation), se place en O_1, à une dizaine de mètres du projecteur, il verra un objet placé en A_1 dans le faisceau, et la *distance* $P A_1$ *est la portée pratique du projecteur, l'observateur étant en* O_1. Supposons que l'observateur avance et vienne en O_2, il verra un objet placé en A_2 à une distance telle que $O_2 A_2 < O_1 A_1$. Supposons que l'observateur avance encore, la distance qui le sépare d'un but qu'il peut voir va toujours aller en diminuant. *La portée utile du projecteur, donc la portée pratique, sera la distance qui sépare le projecteur d'un objet éclairé par lui et tel que la distance de l'observateur à cet objet ne descende pas au-dessous de 200 mètres.* L'observateur, dans ces circonstances, pourra prendre une décision en cas de surprise.

Soit A_3 cet objet limite, c'est-à-dire $P A_3$ la portée pratique du projecteur, plus petite d'ailleurs que la portée théorique. Soit, d'autre part, $P A_1$ la portée pour l'observateur en O_1. On a toujours $A_1 A_3 < P A_1$, mais toutefois la valeur de $A_1 A_3$ est une fraction notable de $P A_1$, dépassant très souvent 1/2. *Dans tous les cas, l'équipe* manœuvrant le projecteur doit être avertie que l'observateur seul est compétent pour juger si le projecteur éclaire ou n'éclaire pas un but placé au delà de A_1. Cette méconnaissance du fait peut souvent entraîner de fausses manœuvres, le manipulant croyant éclairer quand il n'éclaire pas, ou inversement,

Ceci posé, prenons un projecteur P et un observateur O, l'observateur et le projecteur étant supposés fixes comme cela a lieu dans la plupart des cas, et faisons tourner le projecteur. *Le lieu des points que l'observateur voit en avant de lui, à la distance maximum, et au fur et à mesure que le faisceau tourne, constitue le champ pratique de manœuvre du projecteur* P *pour l'observateur* O (fig. 154).

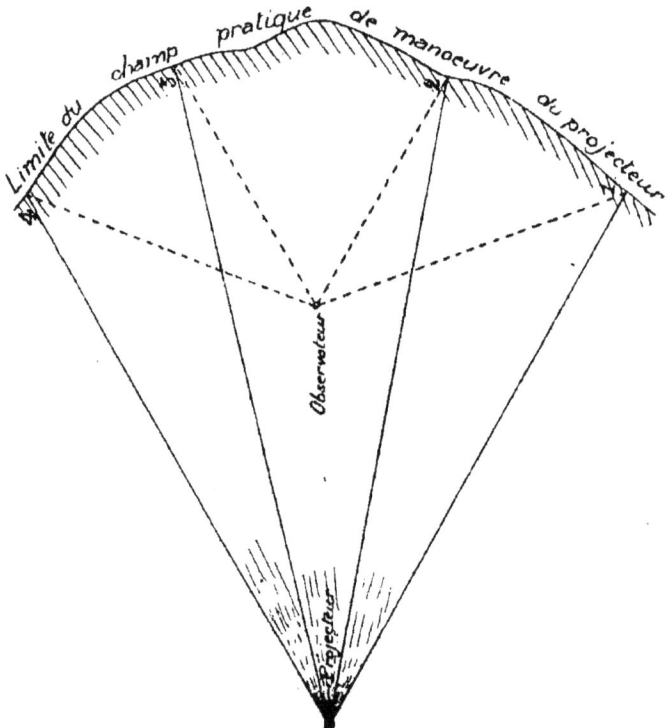

Fig. 154.

Supposons, maintenant, qu'au lieu d'un observateur, nous en ayons plusieurs. Ex. : des soldats placés dans diverses tranchées et profitant du projecteur pour scruter le terrain. Faisons à nouveau tourner le projecteur. Soient O_1, O_2, O_3 les trois postes d'observation. Les champs pratiques de manœuvre de O_1, O_2, O_3 et du projecteur se recoupent. Le champ pratique de manœuvre réel est donc la courbe continue $\alpha_1 \Sigma_1 \Sigma_2 \alpha_2$ (fig. 155).

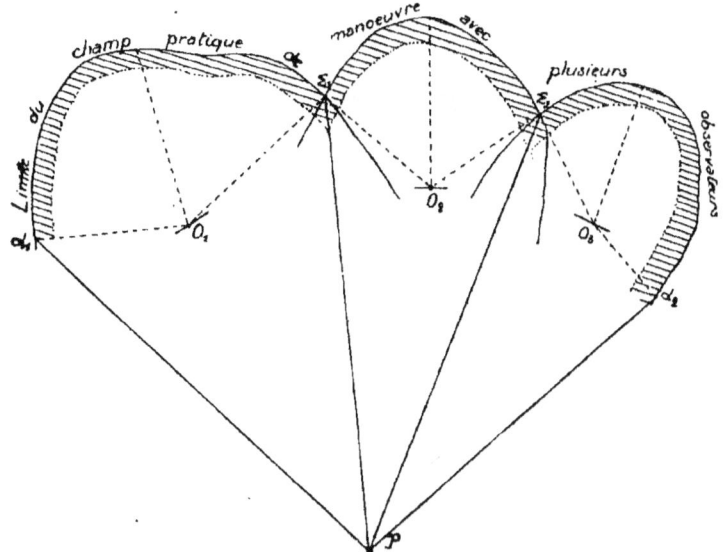

Fig. 155.

Nous avons jusqu'ici supposé le sol plan ou sensiblement plan, pouvant du moins être balayé en tous ses points par le projecteur. Il est rare qu'il en soit ainsi. Il est donc un certain nombre d'espaces où ne peut agir le projecteur. Un arbre, un petit monticule, une petite vallée, en effet, suffisent pour supprimer une fraction du champ d'action. Quand les obstacles sont des arbres à proximité du projecteur, on les coupe de façon à pouvoir opérer en toute liberté. Si l'on ne peut supprimer l'obstacle, on peut supprimer comme inutilisable toute la portion du champ qu'il cache. Si l'on déduit, dans un croquis, toutes les portions du champ que l'on n'éclaire pas, il faut agir de même pour celles que l'observateur ne voit pas. On aura alors toute une série de points où la manœuvre du projecteur peut être commandée à tour de rôle par les divers observateurs auxquels il est affecté. Le champ de manœuvre pourra alors être représenté par un croquis du genre ci-après (fig. 156).

Lorsque les postes de manœuvre et ceux d'observation restent un certain temps en station, il est de toute nécessité d'enregistrer l'étendue du champ de manœuvre en tenant compte évidemment de l'état hygrométrique de l'air. Celui-ci variant d'un jour à l'autre, on pourra étudier quelles sont les différentes courbes limites du champ avec des états hygrométriques numérotés 1, 2, 3, etc., suivant la quantité d'eau en suspension dans l'air. On aura ainsi, non plus une seule courbe, mais une série de courbes 1, 2, 3, etc., d'autant plus rapprochées de

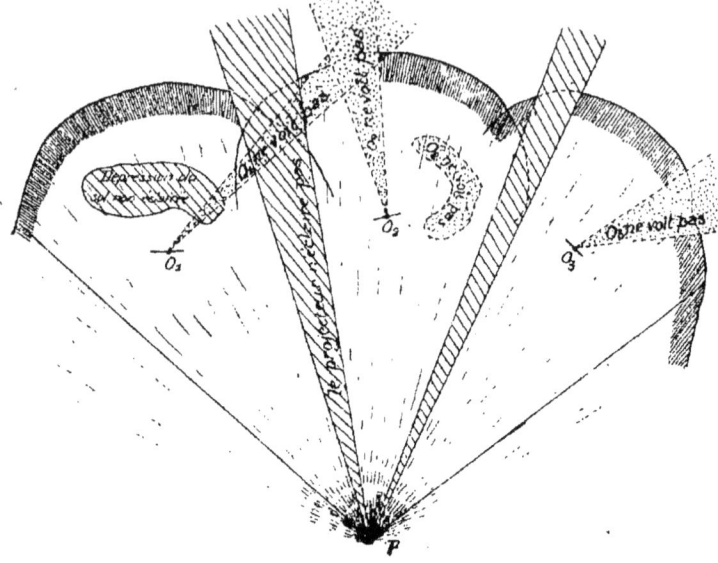

Fig. 156.

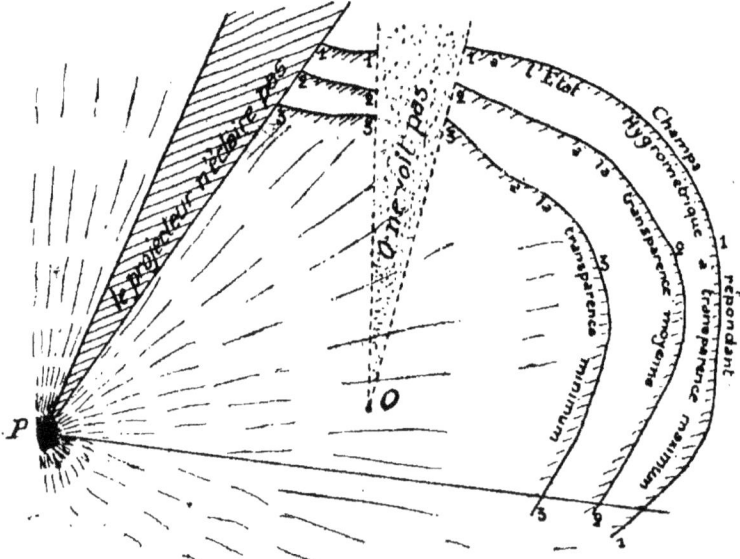

Fig. 157.

l'observateur que l'hygrométricité de l'air est plus grande. En pratique, deux ou trois courbes suffiront, par exemple une moyenne et deux extrêmes encadrant la moyenne et correspondant au minimum et au maximum de brouillard dans l'atmosphère (*fig.* 157).

La théorie que nous venons d'exposer ici jouera un grand rôle dans l'étude du croquis de repérage et nous indique déjà quelques points capitaux de la reconnaissance, dont elle souligne la nécessité et l'importance si l'on veut éviter des surprises de manœuvre.

Dans le choix de l'emplacement du projecteur intervient, en effet, cette chose capitale : trouver des postes d'observation. Il ne s'agit pas seulement d'avoir devant soi un grand champ de tir si l'on opère à de grandes distances, il faut encore que l'on puisse voir tous les objectifs éclairés.

Nous avons indiqué que la zone utile du faisceau s'allonge quand on avance le long du faisceau, en s'éloignant du projecteur. Il serait utile de voir ce qui se passe lorsque l'observateur, au lieu d'avancer, recule. On remarque ainsi que la portée du projecteur se trouve assez peu réduite, si l'observateur se trouve à une distance assez faible en arrière du projecteur, par exemple un ou deux kilomètres. Cette remarque peut permettre, dans certains cas, de placer l'observateur fort en arrière du projecteur, s'il voit encore nettement l'objectif. L'observateur pourra ainsi se placer à mi-chemin entre le projecteur et le commandement, ce qui facilitera les liaisons dans certains cas.

5° Influence des qualités visuelles de l'observateur et de sa jumelle.

Il est de toute évidence que, si l'on utilise un observateur doué d'une vue défectueuse, les résultats de la manœuvre seront très mauvais. *Le choix des observateurs est donc chose capitale et sur laquelle on ne saurait trop insister.* Il est utile, en outre, de faire remarquer que beaucoup d'individus voyant très bien de jour, sont de médiocres observateurs de nuit, et inversement. Ceci fait que l'on ne rencontre pas des observateurs parfaits aussi fréquemment qu'on est porté à se l'imaginer. Les qualités du bon observateur doivent être les suivantes :

1° Un sens lumineux et une acuité visuelle très développés aux courtes comme aux grandes distances, cela de nuit, c'est-à-dire avec des éclairements réduits et en atmosphère sombre;

2° Aucune trace de daltonisme;

3° Un œil très fortement constitué et pouvant regarder longtemps avec persistance, sans fatigue (la fatigue amenant des troubles visuels dont ne se rend pas toujours compte l'observateur et qui l'induisent en erreur);

4° Une vue distinguant facilement les effets de contraste.

Certains observateurs peuvent distinguer à plusieurs centaines de mètres plus loin que d'autres. *C'est donc augmenter considérablement la portée de son projecteur que d'y adjoindre un bon observateur.*

Remarque. — L'angle d'acuité unité pour un œil normal, avec un éclairement de 20 lux et caractères noirs sur papier blanc mat, est de 1', ce qui correspond à 29 centimètres à 1 kilomètre. Si des objets sont plus rapprochés angulairement, une vue normale ne pourra les distinguer. Si l'angle sous-tendu est supérieur à cette limite, il suffit d'un éclairement moindre pour distinguer l'objet, à condition toutefois que l'on ne descende pas au-dessous de l'éclairement minimum perceptible de l'image rétinienne. Nous avons montré comment l'acuité visuelle varie en fonction de l'éclairement: elle varie encore avec la couleur des objets et la couleur spectrale de la lumière émise atteignant : 1° son maximum, comme l'a indiqué Langley, pour les radiations jaune-vert, 2° et un minimum vers le bleu et le violet qui, par conséquent, pourront être éliminés, produisant sur l'œil des actions actiniques très désagréables.

Jumelles. — On augmente considérablement l'étendue du champ d'action d'un projecteur en se servant de jumelles. Alors que de jour les jumelles à prismes sont préférables aux jumelles de Galilée, qui en général ont un champ beaucoup plus petit, ces dernières sont meilleures de nuit pour l'observation des objectifs éclairés par les projecteurs. Aussi leur emploi est-il des plus répandus. Les jumelles à prismes sont écartées comme absorbant une trop grande quantité de lumière.

L'augmentation de la portée, avec une jumelle, peut atteindre un kilomètre et même plus suivant les cas.

6° Influence du calibre du projecteur et de sa surface réfléchissante.

La portée d'un projecteur est proportionnelle au calibre; donc pour avoir un appareil à grande portée, il faut augmenter le calibre. Ces résultats ont été déterminés mathématiquement par la formule de M. Blondel. *En pratique*, avec deux sources d'égale intensité, des miroirs de calibres différents et dans la même atmosphère, l'observateur étant au même point, cette loi ne semble pas absolument vérifiée. Des mesures précises devraient être exécutées à cet effet, de manière à déterminer à quelle puissance exacte du diamètre d la portée d'un projecteur est proportionnelle. Il semble que la portée soit de la forme $P = K d^{\frac{n}{m}}$, où $n < m$, mais voisin de m. Un fait certain, c'est que la portée croît avec le calibre et assez rapidement avec lui. Si donc on veut opérer aux grandes distances (3 kilomètres ou plus) employer les projecteurs à gros calibre. C'est à ceux-ci que l'on a recours quand on veut opérer avec l'artillerie. Les projecteurs de moyen calibre, portant à une distance normale de 1 kilomètre à 1 km. 500, seront utilisés par contre plus souvent avec l'infanterie.

La nature de la surface réfléchissante joue aussi un rôle important sur la portée du projecteur, et ceci est dû, d'une part à son pouvoir réflecteur plus ou moins considérable, et aussi à une action physiologique de l'œil. Ainsi, on sait que le pouvoir réflecteur de l'argent est supérieur à celui de l'or; pourtant, à la suite d'expériences, on a conclu que le miroir doré donnait un meilleur résultat que le miroir argenté: ceci serait dû à ce que la lumière réfléchie par le miroir doré éliminerait une fraction des radiations du spectre émis par l'arc, notamment des radiations bleues et violettes, désagréables à l'œil, sur lequel elles produisent la sensation d'un nuage diminuant la visibilité des objectifs.

Par contre, si l'on étudie le spectre de la lumière réfléchie, on trouve beaucoup de radiations jaunes et rouges (strontium). Nous avons montré qu'une autre raison explique les avantages du miroir doré, c'est la solidité aux chocs dans le transport ou au combat.

7º Influence des radiations de la lumière émise par les charbons utilisés.

Les charbons utilisés dans les projecteurs de campagne sont : des positifs à mèche et flamme colorées, des négatifs à gaine de cuivre destinée à diminuer leur résistance. Les sels de la mèche du positif d'une part, le cuivre d'autre part, ont pour but de modifier très sensiblement la composition spectrale de la lumière émise par l'arc, laquelle contient normalement un excès de radiations bleues et ultra-violettes, nuisibles, comme nous l'avons vu. Les radiations ajoutées, dues aux sels, sont surtout : rouges (strontium) et jaunes (calcium); celles dues au cuivre sont vertes. Toutes ces radiations, sauf le strontium, dont il ne faut pas abuser, sont excellentes et presque intégralement réfléchies par le miroir doré, qui absorbe ou transforme en chaleur une partie des radiations bleues et ultra-violettes. Ce qui reste de ces radiations ne se trouve d'ailleurs pas entièrement absorbé par l'atmosphère. En effet, la quantité de lumière diffusée et renvoyée en arrière vers l'observateur par l'eau et les poussières de l'atmosphère, et se trouvant sur le trajet du faisceau, est proportionnelle à l'inverse de la quatrième puissance de la longueur d'onde de la lumière émise (théorie de Airy et lord Raleigh). On voit, ainsi, que la lumière bleue ou violette, à plus courte longueur d'onde, renvoie une quantité plus grande de son énergie vers l'observateur que les lumières jaune ou rouge, qui ont des longueurs d'onde plus considérables. C'est pourquoi les miroirs dorés éliminent avantageusement les radiations les plus réfrangibles du spectre de l'arc.

En outre, on a remarqué que les lumières sensiblement monochromatiques donnent une acuité visuelle supérieure aux lumières mélangées polychromatiques. On devra donc chercher à réaliser, autant que possible, de la lumière jaune-verte pour laquelle la visibilité atteint son maximum. La lumière du miroir doré approche beaucoup de cette condition.

Nous pouvons maintenant aborder un autre chapitre fort important.

PROPRIÉTÉS DES FAISCEAUX DE PROJECTEURS.

Tout le monde a vu un faisceau de projecteur, par contre peu de gens savent ce que c'est.

Connaître un faisceau, c'est en avoir précisé les dimensions, la densité lumineuse, la portée, c'est être capable d'en dire les propriétés et d'en déduire des conséquences tactiques. Nous allons chercher à exposer clairement ce que c'est qu'un faisceau et comment on le manie.

Définition du faisceau.

Le faisceau d'un projecteur, c'est l'étendue du champ lumineux créé par ce projecteur. Ce qui caractérise l'originalité d'une telle définition, c'est que le faisceau d'un projecteur ne correspond pas, comme beaucoup de gens le croient, à la trace lumineuse que le projecteur dessine dans l'espace. L'étendue du faisceau apparent est beaucoup moindre que celle du faisceau réel, nom que nous donnerons au champ lumineux dû au projecteur.

Étudions d'abord le faisceau pratiquement utilisable pour l'éclairage des objectifs; nous verrons ensuite le faisceau apparent, le faisceau d'aveuglement, le faisceau télégraphique et le faisceau réel.

A) Faisceau pratiquement utilisable pour l'éclairage des objectifs.

Pour définir le faisceau pratiquement utilisable, on est obligé de faire intervenir la notion précédemment développée de position relative du projecteur et de l'observateur. On doit même y ajouter la notion de position relative de l'objet regardé par rapport à l'observateur.

Supposons que l'observateur reste fixe et soit placé latéralement, à une vingtaine de mètres sur le côté du projecteur que nous supposons éclairant le sol en avant de lui. Le sol étant plan et le projecteur ayant son axe parallèle au sol, un objectif se déplace sur le bord du faisceau, de façon à être tout juste visible de l'observateur; la ligne décrite par cette seconde personne sera la limite latérale de visibilité dans le faisceau du projecteur pour un observateur placé au voisinage du projecteur et doué de certaines qualités visuelles. Si on recommence la même expérience sur l'autre côté du faisceau, on aura délimité ainsi sa largeur.

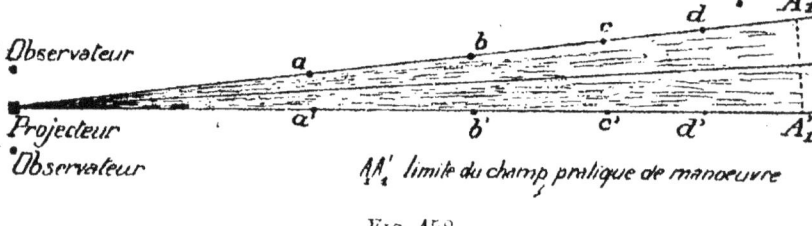

Fig. 158.

Dans tous les cas, à droite et à gauche de l'axe du faisceau, il y aura une certaine limite correspondant au plan $A_1 A'_1$, par exemple, au delà duquel on ne verra rien. C'est le plan correspondant à la limite du champ pratique de manœuvre du projecteur avec l'observateur placé près de l'appareil.

Si l'on examine les formes des deux courbes $P\,a\,b\,c\,d\,A_1$ et $P\,a'\,b'\,c'\,d'\,A'_1$, on voit que ces deux courbes sont sensiblement symétriques, admettant comme axe de symétrie l'axe optique du projecteur. Ces deux courbes ne sont pas des lignes droites, comme on serait tenté de le croire, mais des courbes dont la concavité est tournée vers l'axe de symétrie.

De là, on déduit que la *divergence d'un faisceau n'est pas constante quelle que soit la distance; elle varie dans de certaines limites et diminue avec la distance.* Ceci est dû à : 1° à des pertes de lumière sur le trajet du faisceau; 2° et à l'influence de l'éclairement minimum perceptible exigible pour avoir une impression rétinienne. Il est évident que plus l'objet est loin de l'observateur, plus il devra être éclairé pour être vu de celui-ci. L'objet devra donc de plus en plus se rapprocher de l'axe du faisceau qui aura bien le contour courbe annoncé.

Jusqu'ici, nous avons supposé que l'observateur restait fixe. S'il avance de D_1, le contour apparent de la portion de faisceau qu'il a devant lui ne sera plus le même. On le constaterait aisément en renouvelant l'expérience précédente et déplaçant un autre objectif sur le bord du faisceau. On obtiendrait une seconde courbe extérieure à la première et se terminant à une distance d_1 de A_1 telle que la portée du projecteur soit celle correspondant à la position de l'observateur supposé stationné en O_1 par exemple.

Fig. 159.

Si l'observateur avançait en O_2, on aurait également de nouvelles courbes $S_2\,A_2$, $S'_2\,A'_2$, aboutissant en $A_2\,A'_2$ au delà de $A_1\,A'_1$, à une distance correspondant à la portée du projecteur pour un observateur placé en O_2.

Le faisceau pratiquement utilisable n'est pas de dimensions constantes si l'observateur voyage. Il n'est déterminé que pour une position définie de l'observateur. Dans tous les cas, le faisceau apparent décrit un contour concave, comme il a été dit et pour les mêmes raisons.

Il résulte de là que les plages éclairées par un faisceau ne sont pas proportionnelles à la distance qui les sépare du projecteur, mais seulement voisines de cette proportionnalité. La divergence d'un faisceau varie donc avec la distance; elle diminue quand la distance croît, d'une quantité toutefois peu appréciable pour une manœuvre.

Quelquefois, quand on regarde un faisceau en se plaçant très près du projecteur, il paraît sensiblement cylindrique quoique étant divergent. Ceci est dû à ce que plus un objet est loin et plus son image et l'angle sous lequel il est vu, sont petits.

Projecteurs.

B) Faisceau apparent.

Lorsqu'un observateur placé en un point quelconque de l'espace par rapport à un projecteur regarde le faisceau lumineux sortant du projecteur, il voit sa trace lumineuse dans l'espace. Cette trace constitue ce que l'on peut appeler le faisceau apparent, pour un certain état de l'atmosphère et l'observateur considéré. En effet, avec un appareil fonctionnant de la même manière, le faisceau apparent peut être très différent, suivant que l'on a plus ou moins de brouillard ou de poussières dans l'atmosphère et que la vue de l'observateur est plus ou moins bonne. En cela, il est soumis à des lois analogues à celles du faisceau pratiquement utilisable. La trace d'un faisceau dans l'espace dépend donc de la loi de la diffusion de la lumière à travers les gouttes d'eau ou sur les poussières. Cette perte par diffusion est d'ailleurs beaucoup plus sensible, comme nous l'avons vu, pour certaines couleurs que pour d'autres. La quantité de lumière renvoyée en arrière vers l'observateur est, pour les vésicules d'eau et les poussières, proportionnelle à l'inverse de la quatrième puissance de la longueur d'onde de la lumière émise. Il en résulte que le faisceau apparent peut avoir des formes assez différentes suivant la couleur de la lumière polychromatique issue du projecteur, celle des poussières, la forme de celles-ci, leur grosseur, leur quantité, etc. Il pourra ainsi se faire qu'étant donnés certains objets à observer, la dimension du faisceau apparent soit plus petite que celle du faisceau pratiquement utilisable, ou — le cas contraire — qu'elle soit plus grande que celle de ce faisceau.

C) Faisceau d'aveuglement.

Le faisceau d'aveuglement est l'ensemble de tous les points de l'espace où un observateur, se déplaçant en regardant le projecteur, est aveuglé par lui, le projecteur étant naturellement supposé fixe. L'étendue du faisceau d'aveuglement dépend donc non seulement de la source et de l'atmosphère de transmission, mais encore de la vue de l'observateur, et plus spécialement de son *sens lumineux*. L'acuité visuelle de l'observateur a, en effet, dans ce cas, une influence médiocre. Le faisceau d'aveuglement est beaucoup plus étendu que les faisceaux apparent et pratiquement utilisable qu'il englobe en son milieu. S'il les déborde latéralement, on doit dire que la différence entre ces faisceaux se fait surtout sentir longitudinalement.

Nous verrons plus loin, dans la combinaison des faisceaux, que deux faisceaux d'aveuglement peuvent parfois, en se combinant, donner un faisceau pratiquement utilisable. On a ainsi un moyen, en combinant deux faisceaux invisibles, d'obtenir un éclairement d'objectifs sans être incommodé par la trace du faisceau pour l'observation. Cette réalisation, malheureusement, n'a de sens qu'avec de gros appareils très puissants, et son application est toujours délicate, du moins nous la signalons ici en passant. Nous en reparlerons au paragraphe relatif à la combinaison des faisceaux. Sauf dans des cas exceptionnels les faisceaux d'aveuglement sont peu utilisés.

D) Faisceau télégraphique.

Le faisceau télégraphique, c'est l'étendue de l'espace où un observateur tourné vers le projecteur voit celui-ci en lumière directe. Ce faisceau englobe le faisceau apparent et le faisceau d'aveuglement; il a une étendue beaucoup plus considérable tant latéralement que longitudinalement.

En effet, soit un faisceau produit par le projecteur P.

Supposons qu'un objectif se déplace à une certaine distance en avant de l'observateur O_1, dans le sens de X vers X', d'abord en partant du milieu du faisceau I. Jusqu'en B, l'objectif sera visible, il *sera à ce moment, sur le contour du faisceau pratiquement utilisable répondant à la position O_1 de l'observateur et à l'objet considéré.* Si l'objectif continue son trajet, il recevra de la lumière directe du miroir du projecteur jusqu'en α' qui sera un point du contour du faisceau télégraphique si on voit encore distinctement la source. En recommençant une expérience analogue sur le côté droit, on trouve une zone A α où l'objectif n'est pas vu, mais où il peut voir directement la source. Si un ennemi est dans cette zone, il ne sera pas vu, mais il se croira vu s'il se trouve dans la zone du faisceau d'aveuglement, et le résultat sera qu'il se dérobera. On peut donc diviser les zones B α' et A α en deux : l'une, voisine de B et de A, correspondant au faisceau d'aveuglement; l'autre, voisine de α' et α, appartenant au faisceau télégraphique.

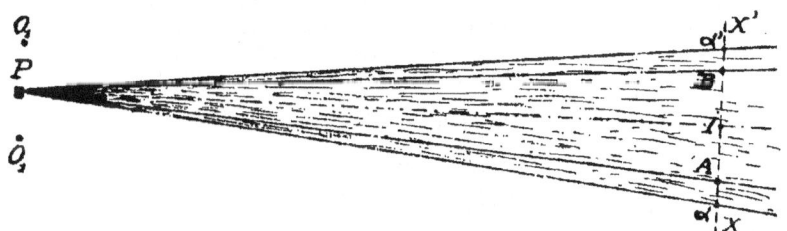

Fig. 160.

Nous verrons que les deux bandes latérales au faisceau pratiquement utilisable et servant à l'aveuglement peuvent prendre une certaine importance dans le cas où l'on emploie les glaces divergentes.

Longitudinalement, un objectif ennemi, placé dans le champ du faisceau d'aveuglement, peut être aveuglé au delà de la limite d'action du faisceau pratiquement utilisable. Le champ d'aveuglement dépasse de beaucoup le champ pratique de manœuvre dont nous avons parlé, autrement dit, l'ennemi peut être aveuglé bien au delà de la limite où on le voit et les faisceaux (pratiquement utilisable, d'aveuglement et télégraphique) se présentent, pour l'observateur placé en O comme l'indique la figure ci-après. Si l'observateur se déplace, le faisceau pratiquement utilisable se modifie, mais le faisceau d'aveuglement reste le même. Le faisceau pratiquement utilisable, dans tous les cas, est plus petit que le faisceau d'aveuglement; le faisceau d'aveuglement est lui-même plus petit que le faisceau télégraphique, qui est englobé dans le faisceau réel.

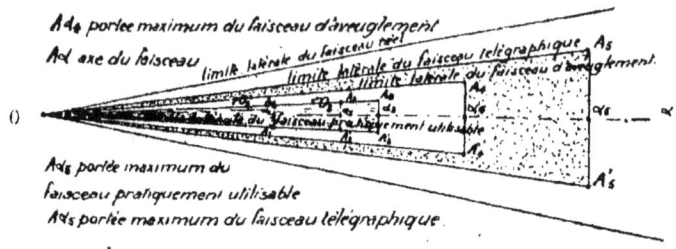

Fig. 161. — *Faisceau d'un projecteur.*

Il serait très utile de savoir exactement non seulement la distance à laquelle on voit un objectif dans le faisceau pratiquement utilisable avec un observateur doué d'une vue normale, pour les différentes positions de l'observateur par rapport au projecteur, mais encore la distance à laquelle, par un temps donné, on peut produire l'aveuglement des troupes ennemies. Au delà de cette distance, le projecteur peut être avantageusement utilisé pour la signalisation.

Des essais ont été faits à ce sujet avec les projecteurs oxyacétyléniques, qui donnent comme limite de la zone pour la télégraphie de nuit, 75 à 100 kilomètres, de jour 15 à 20 kilomètres, jouant dans ce cas le véritable rôle de phares et non de projecteurs. Si la télégraphie, à l'aide des projecteurs, a l'inconvénient de pouvoir être captée par l'ennemi de nuit, ceci ne peut avoir lieu de jour. On pourrait donc avantageusement, si nécessité y obligeait, utiliser le projecteur oxyacétylénique ou électrique de jour. Malheureusement, aucun résultat pratique n'a été donné à ce sujet. Au lieu de faire très souvent de jour des courses inutiles, on pourrait, grâce à ces appareils, rendre parfois de sérieux services.

Les faisceaux sont parfois utilisés aussi en lumière indirecte, pour la télégraphie de nuit sur les nuages. A ce sujet, il sera utile de faire des expériences permettant de trouver quelques résultats.

E) Faisceau réel.

C'est le champ lumineux théorique du faisceau, c'est-à-dire l'ensemble de tous les points où il tombe de la lumière, même non visible, mais provenant du projecteur. Ce faisceau ne présente aucun intérêt pratique.

PROJECTEURS ÉLECTRIQUES A ARC. 241

Étude du faisceau pratiquement utilisable.

ACTION DE L'ATMOSPHÈRE SUR UN FAISCEAU.

En général, quand on parle d'un faisceau, pour le manipulant d'un projecteur, c'est du faisceau pratiquement utilisable qu'il s'agit. Nous allons donc l'étudier le premier.

L'atmosphère, par sa composition, par sa température influe, comme nous l'avons vu, sur la portée du faisceau d'un projecteur et sur sa forme. Le projecteur pouvant être utilisé pour la recherche d'aéronefs ennemis, nous allons indiquer ici quels sont les effets de la réfraction astronomique.

L'indice de réfraction de l'atmosphère terrestre diminuant quand on s'élève, il en résulte que si on lance dans l'atmosphère un faisceau lumineux, celui-ci décrira dans l'espace une certaine courbe dont la concavité sera tournée vers le sol. Si, à une hauteur de 3 kilomètres, on regarde quelle est la distance séparant l'axe optique du projecteur de l'axe courbe du faisceau, on trouve une différence de plusieurs mètres. Si cette remarquable propriété n'a pas une grosse importance dans nos régions, avec un projecteur, elle en a, par contre une très grande pour la pièce qui, combinée avec le projecteur, devra exécuter un tir sur l'objectif dans les pays très chauds.

Pour atteindre A avec le canon, on visera dans la direction parallèle à celle de l'axe du projecteur lorsque son faisceau passe par A', tel que $AA' = AX$.

Si le projecteur et la pièce sont très voisins et l'avion visé au milieu du faisceau, la pièce d'artillerie devra prendre *un angle de site* un peu plus grand et *un angle de tir « corrigé »* plus faible que celui qu'il semble devoir prendre apparemment, d'abord à cause de la réfraction atmosphérique, ensuite à cause de la vitesse propre de l'avion (s'il vient sur le projecteur). Nous verrons plus loin quelques notes à ce sujet.

Nous allons maintenant indiquer des phénomènes modifiant la densité du faisceau.

DENSITÉ D'UN FAISCEAU.

C'est la quantité de lumière par unité de surface du faisceau, cette surface étant prise normalement à la direction du faisceau.

On peut constater que la densité varie avec la position de l'unité de surface par rapport au projecteur. Dans un même plan perpendiculaire à l'axe du faisceau elle augmente rapidement de la périphérie du faisceau jusqu'à une certaine distance du centre d à partir de laquelle la densité est uniforme E_1. A cette répartition du flux lumineux correspond une courbe de visibilité dont le maximum est atteint à une distance $d' < d$ du centre du faisceau.

On peut évaluer aisément la densité du faisceau en se promenant à l'intérieur de celui-ci avec un photomètre lucimètre, auquel on peut ajouter des glaces fumées étalonnées dès que la lumière du projecteur devient trop vive, ce qui aura lieu lorsqu'on se rapprochera très près

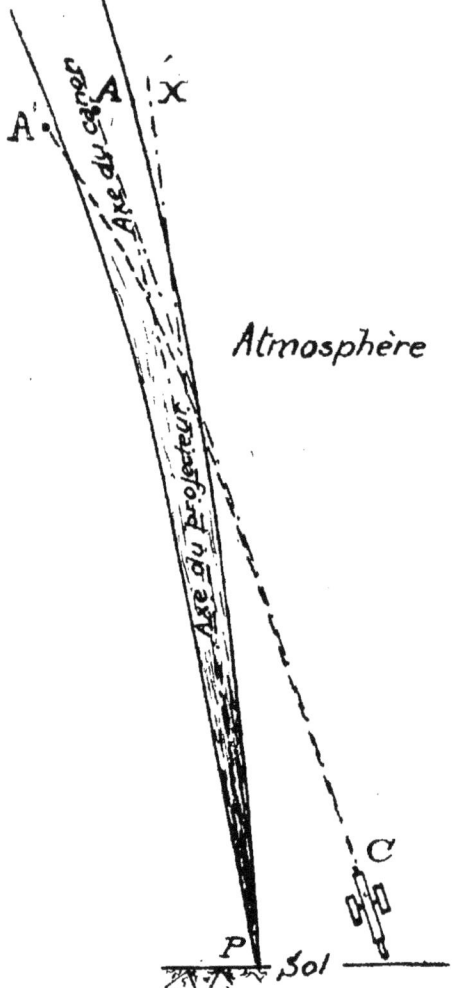

le canon devra viser A' pour atteindre A
PA axe courbe du faisceau.

Fig. 162. — *Effet de la réfraction terrestre.*

du projecteur. Les deux plages éclairées du lucimètre devront être très voisines si l'on veut comparer exactement l'éclairement dû au projecteur à l'éclairement étalon.

Fig. 163.

La densité en divers points d'un faisceau peut être modifiée par des circonstances diverses : une variation de l'intensité lumineuse de la source, due à la répartition des éclats de celle-ci, une modification apportée à la surface réfléchissante, ou encore des accidents atmosphériques et la distance du projecteur au point éclairé. Comme de la densité, dérive la portée, on doit donc toujours chercher à réaliser la densité la plus grande possible en un point de l'espace avec un pro-

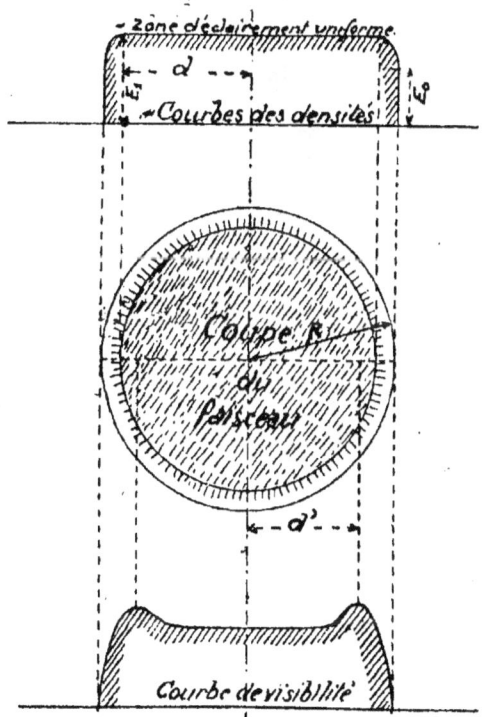

Fig. 164. — *Densité d'un faisceau lumineux.*

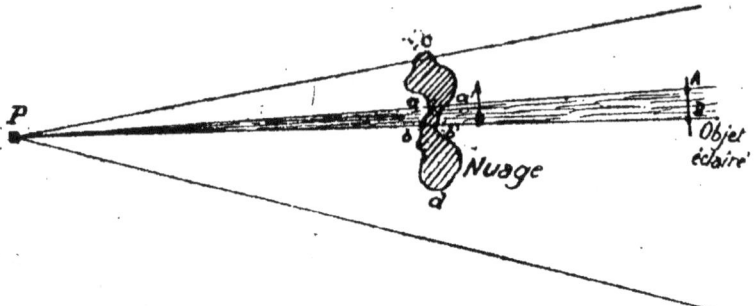

Fig. 165. — *Modification apportée à la densité lumineuse par un nuage.*

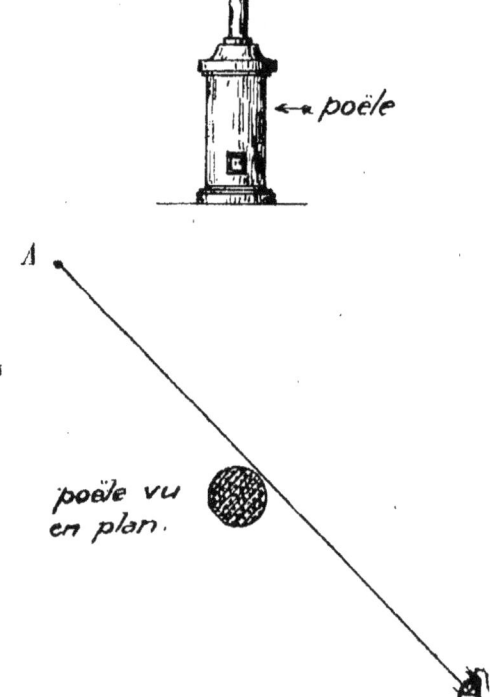

Fig. 166. — *Modification de la réfraction des diverses couches d'air sous l'action de la chaleur.*

jecteur éclairant ce point d'un emplacement déterminé. Par suite, il faut : 1° veiller à régulariser les effets de la source en lui faisant rendre son maximum d'intensité ; 2° nettoyer son miroir ; 3° enfin, jouir d'un temps favorable.

Le brouillard et la pluie fine se comportent sensiblement comme des corps opaques et rendent le projecteur inutilisable. La grosse pluie et la neige, grâce à la persistance des impressions rétiniennes, ne produisent pas d'effet aussi nuisible et permettent encore l'observation, tout en réduisant toutefois la distance.

La densité d'un faisceau, quand elle se trouve modifiée, entraîne la formation de plages sombres. C'est ainsi qu'un léger nuage, pénétrant dans un faisceau, peut y créer un désordre assez sérieux.

Soit, en effet, un faisceau et un objet éclairé et un nuage C D se déplaçant dans le sens de la flèche. Ce nuage, n'ayant pas en tous ses points la même épaisseur, absorbera par exemple plus de lumière sur le trajet P A que sur le trajet P B, car on a aa' plus grand que bb', donc une absorption plus grande sur P A que sur P B. Ce phénomène fort simple est très fréquent. Un autre se présente aussi dans les pays humides par fortes chaleurs.

Regardez un poêle qui chauffe une salle, juste près la tôle, et fixez un objet au delà, en A par exemple. A chaque instant, l'objet paraît déformé, et la coloration uniforme de l'objet vous semble zébrée de plages sombres. De même, considérons un faisceau rasant le sol humide et chaud et frappant sur une maison ; cette maison semblera zébrée, comme tout à l'heure l'objet A, d'une série de plages sombres toujours en mouvement. Ceci est dû, dans le premier cas, à l'inégalité de réfraction des diverses couches d'air circulant sur les parois du poêle ; dans le second cas, au dégagement de vapeur d'eau au voisinage du sol, ce dégagement étant inégal suivant les directions.

Fig. 167.

Ce phénomène a lieu aussi avec les circulations d'air chaud. Il est très bien connu des poseurs de tuyauteries et de radiateurs de chauffage par l'air chaud, qui évitent de placer ces appareils en dessous du faisceau lumineux du cinématographe dans les salles de spectacle, où ils produiraient un perpétuel tremblement sur la toile, ainsi qu'une déformation des figures qui peut faire croire que des objets immobiles se déplacent.

Etudions maintenant la coloration des faisceaux.

COLORATION D'UN FAISCEAU.

Pour qu'un faisceau soit utilisable, il faut choisir une coloration convenable. On choisit naturellement celle qui donne le meilleur rendement à intensité de source égale. Ceci dépend de la couleur du paysage dans lequel on est appelé à opérer. On doit chercher à produire, autant que possible, des effets de contraste. La lumière jaune vert est celle qui a donné les meilleurs résultats. Dans un tel faisceau se détachent très nettement les maisons, les objets jaunes, blancs, les gris clair, le bleu clair de la nouvelle tenue militaire ; les teintes kaki ou verdâtres sont beaucoup plus difficiles à remarquer. Les Allemands ayant le drap gris vert, il serait utile de se rendre compte de la visibilité d'hommes revêtus d'une tenue de même couleur. Il est difficile de les voir à plusieurs centaines de mètres en avant de l'observateur. Les maisons étant visibles à de très grandes distances, sont des repères tout indiqués dans les croquis de repérage et les croquis perspectifs. Par contre, les bois sur fond sombre se détachent très mal dans un faisceau, et peuvent avantageusement être négligés dans les croquis.

OPACITÉ D'UN FAISCEAU.

Le faisceau d'un projecteur est rendu visible grâce aux poussières de l'air. Si un observateur se place par côté du faisceau du projecteur, il ne pourra rien voir au delà de ce faisceau, qui forme un rideau opaque. D'ailleurs, l'opacité du faisceau dépend de la densité lumineuse au point du faisceau où l'on étudie l'opacité. L'explication du phénomène est très simple.

Fig. 168.

De même qu'il faut éviter que l'observateur se place trop près du faisceau sans tube pare-lumière, parce que la lumière diffusée par le faisceau tombe dans l'œil dont elle ferme la pupille, de même, quand on regarde un faisceau transversalement, la pupille se referme, et les images des objets autres que le faisceau, n'étant pas assez éclairées, ne sont plus visibles.

Moins l'intensité lumineuse du faisceau est considérable, et moins évidemment, l'opacité est grande.

C'est ce qui explique pourquoi, à l'extrémité du faisceau l'opacité due au faisceau sur les objets qu'il éclaire est très réduite, si l'on

PROJECTEURS ÉLECTRIQUES A ARC.

recoupe une toute petite longueur du faisceau pour voir l'objet. Ce phénomène nous montre pourquoi on voit mieux au bord du faisceau qu'au milieu, et pourquoi il y a intérêt à écarter l'observateur du faisceau. En effet, on a $AB < A'B_1$ et $AB' < A'B'_1$, ainsi que $AB < AB'$.

Fig. 169.

L'opacité dépend en outre de la diffusion des radiations ultra-violettes de la lumière du projecteur; ainsi le faisceau du miroir argenté est plus opaque que celui du miroir doré.

COMBINAISON DES FAISCEAUX.

Supposons que nous ayons plusieurs appareils dont la distance ne soit pas trop considérable et permette le mariage des faisceaux. Plusieurs cas pourront se présenter.

1° *Les deux faisceaux, ayant leurs origines voisines, concentrent leurs feux sur le même but, et leurs axes sont sensiblement parallèles.*

Si l'observateur placé en O_1 regarde un objectif éclairé par les deux faisceaux, il le verra plus éclairé qu'avec un seul faisceau. Si les deux projecteurs sont de puissance égale, l'éclairement d'un but avec les deux projecteurs sera le double de celui qu'on aurait avec un seul.

En combinant intelligemment les deux projecteurs, on voit qu'on pourra éclairer beaucoup plus loin avec deux faisceaux qu'avec un seul. S'il n'y avait pas de perte de lumière, le rapport des distances serait voisin de $\sqrt{2} = 1.414$. S'il y a des pertes de lumière, on a, en désignant par a le coefficient de transparence du milieu, en exprimant que l'on a le même éclairement avec un seul projecteur à la distance l, l'observateur étant à l' du but, et avec deux projecteurs à la dis-

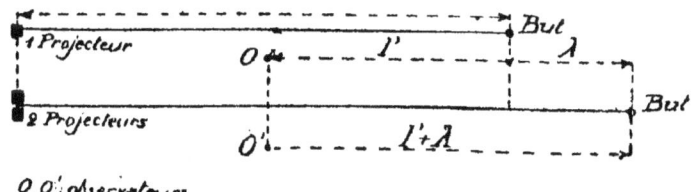

O, O': observateurs

Fig. 170.

tance $l+\lambda$ l'observateur étant resté au même point, c'est-à-dire à une distance $l'+\lambda$ du but éclairé :

$$E = a^{(l+l')} \times \frac{I}{l^2} = a^{(l+l'+2\lambda)} \times \frac{2I}{(l+\lambda)^2},$$

c'est-à-dire :

$$\frac{1}{l^2} = a^{2\lambda} \times \frac{2}{(l+\lambda)^2},$$

ou :

$$(l+\lambda)^2 - 2\,l^2\,a^{2\lambda} = 0.$$

Equation exponentielle à résoudre, qui donnerait λ en fonction de l.

On peut encore avoir l'observateur se plaçant par côté des deux faisceaux. L'opacité, dans le cas de deux faisceaux, sera plus considérable que dans le cas d'un seul, la quantité de lumière diffusée étant plus considérable.

Fig. 171.

Il est à noter que, dans le groupement de deux faisceaux, le recoupement de deux zones de faisceaux d'aveuglement peut donner une zone de visibilité au delà du plan de non-visibilité dans chaque fais-

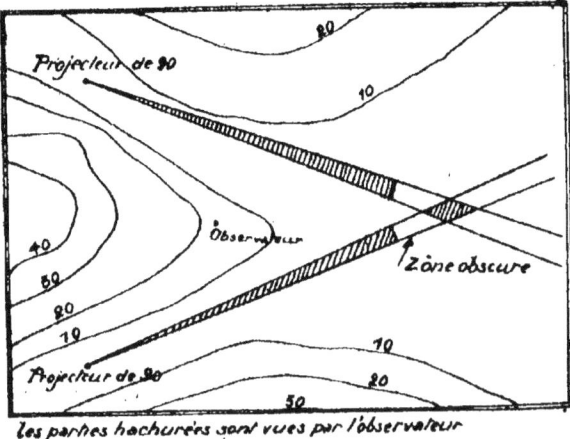

Fig. 172.

ceau pris séparément. Cette remarque a une grosse importance pour l'emploi tactique des gros projecteurs.

2° *Les deux faisceaux, ayant leurs origines à des distances assez grandes, se recoupent sur un même but, leurs axes faisant un certain angle : un angle droit par exemple.*

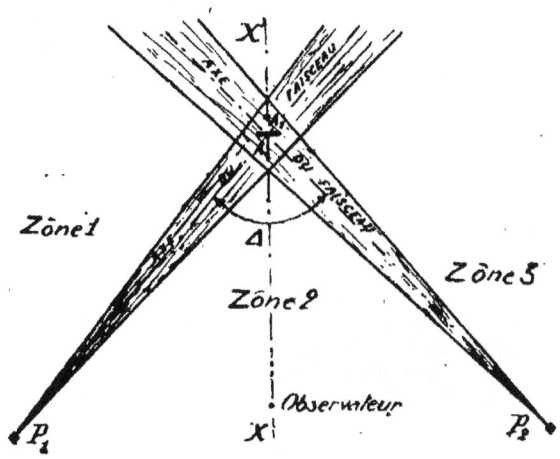

Fig. 173.

Dans ce cas, le résultat de la coopération des deux faisceaux devient beaucoup plus complexe.

Il y a trois zones dans lesquelles peut se trouver un observateur.

S'il se trouve dans la zone 1, il verra les objectifs éclairés par le projecteur P_1 jusqu'à l'intersection de son faisceau avec celui du projecteur P_2. S'il se trouve, de même, dans la zone 3, il verra dans le faisceau P_2 jusqu'à l'intersection du faisceau de P_2 avec celui de P_1, les deux faisceaux formant masque : celui de P_2 pour l'observateur dans la zone 1, celui de P_1 pour l'observateur dans la zone 3.

Voyons maintenant ce qui se passe dans la zone 2. Si l'observateur est voisin d'un des faisceaux l'autre jouera encore pour lui le rôle de faisceau-masque. Supposons que l'observateur, par contre, se déplace sur la bissectrice de l'angle des axes des faisceaux, ou au voisinage de cette bissectrice. Les deux faisceaux, d'une part, ont tendance à faire masque pour les points tels que A_1, mais, par contre, leurs actions s'ajoutent en A pour augmenter la visibilité de ce point ; donc, en allant de A vers A_1, l'opacité du faisceau va en croissant.

Considérons une surface plane perpendiculaire à X' X. Cette surface faisant avec les deux axes des faisceaux des angles de 45 degrés, l'éclairement de la surface par chaque faisceau est égal à celui donné par chacun d'eux sur une surface perpendiculaire à leurs axes respectifs $\times \cos 45°$. Si E_1 est l'éclairement dû à P_1, E_2 l'éclairement dû à P_2, on a, pour l'éclairement de la surface :

$$E_1 \frac{\sqrt{2}}{2} + \frac{E_2 \sqrt{2}}{2}.$$

Si l'on a $E_1 = E_2$, on voit que l'éclairement $= E\sqrt{2}$, donc plus grand que E. La zone de visibilité est telle que sa limite est plus voisine de A_1 que de A. Elle diminue au fur et à mesure que l'angle Δ croît; donc, la zone d'opacité croît avec cette grandeur.

Nous arrivons ainsi à la troisième combinaison.

3° *Les faisceaux des deux projecteurs sont parallèles ou sensiblement, mais de sens contraires.*

Dans ce cas, l'observateur ne peut observer dans les faisceaux que s'il est au voisinage de chacun d'eux, et il ne peut voir que jusqu'à leur point de recoupement. Pour l'ennemi, les deux feux forment barrage l'empêchant de distinguer en arrière des faisceaux. Si l'on veut rendre très difficile le repérage des faisceaux, il suffit de les recouper de façon que le projecteur de l'un soit aux vues de l'ennemi, caché par le faisceau de l'autre et réciproquement. On constitue ainsi des feux de barrage au delà desquels l'ennemi ne peut rien distinguer, et le repérage des projecteurs devient chose très délicate sans avions, ballons captifs ou tout engin susceptible de s'élever au-dessus du sol.

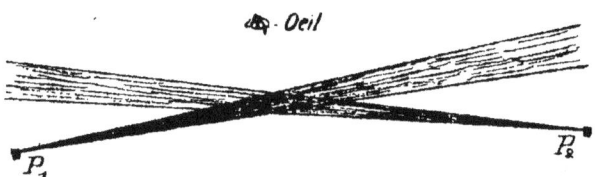

Fig. 174. — *Faisceaux de barrage.*

On peut voir ce que devient le champ de manœuvre, si un observateur opère avec deux projecteurs combinés. On constate que ce champ est plus étendu qu'avec un seul projecteur si les deux projecteurs sont voisins et intelligemment combinés.

Fig. 175. — *Recoupement de deux faisceaux dissimulant les projecteurs.*

TRACE DES FAISCEAUX SUR LE SOL.

Quoique les faisceaux ne soient pas rigoureusement coniques, on peut les assimiler à des cônes de révolution sensiblement. Il en résulte que les traces des faisceaux sur un sol plan peuvent être assimilées à des ellipses, des paraboles ou des hyperboles, suivant l'angle fait par l'axe du faisceau avec le plan sécant. Soit β cet angle, soit α la divergence du faisceau, c'est-à-dire l'angle figuré.

Si β = α, on a une parabole; si β < α, on a une hyperbole; si β > α, on a une ellipse.

La portion la plus éclairée de ces surfaces est celle qui est la plus proche. La répartition lumineuse a donc lieu sensiblement, comme nous l'indiquons en hachures sur nos figures, à l'intérieur des ellipse, parabole, hyperbole que nous avons tracées, les points les plus sombres étant en fait les plus éclairés. En outre, on est obligé de faire intervenir la loi du cosinus de l'angle fait par la normale au plan recevant le flux lumineux avec la direction du flux. Quand on a une hyperbole ou une parabole sur le sol, l'éclairement de ce dernier est faible; par contre, il est plus considérable pour un même faisceau avec une ellipse, et, de deux ellipses dues au même faisceau, c'est celle qui a le grand axe le plus petit qui est la plus éclairée. Cette dernière remarque est évidente, la densité étant plus forte si la surface éclairée est plus petite.

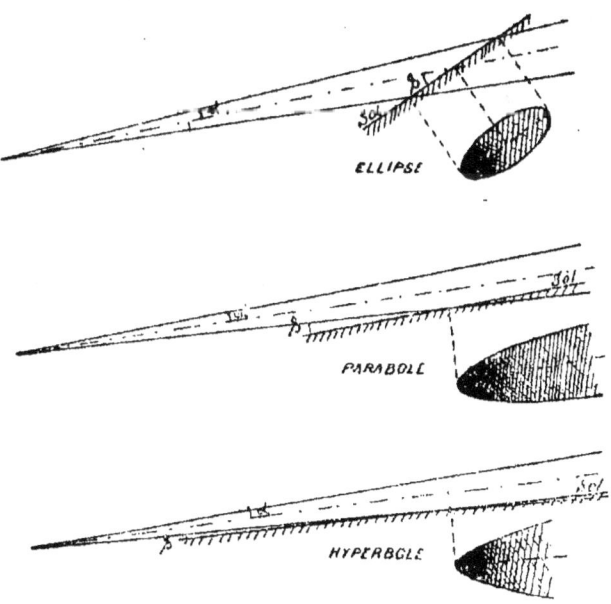

Fig. 176.

252   LES PROJECTEURS DE CAMPAGNE.

On comprend maintenant, en tenant compte de la loi du cosinus, pourquoi une maison se distingue nettement dans le faisceau. Pour une maison qui a ses murs verticaux, on a toujours le cosinus voisin de l'unité, alors que, pour les objets environnants, le sol par exemple, on a le cosinus très petit. Cette propriété, jointe à la différence de couleur de la maison et du sol, contribue à augmenter le contraste de nuit dans le faisceau.

Si un homme se met debout, il se présente aussi normalement au faisceau et il deviendra visible, étant plus éclairé que le fond qui l'environne. Un homme qui avance en rampant, même s'il présente tout son corps à l'ennemi, sera de beaucoup moins visible que s'il se tient debout. Ces notions sont très importantes.

DISTANCES AUXQUELLES ON PEUT DISTINGUER LES DIVERS OBJECTIFS DANS UN FAISCEAU.

Nous avons vu au début quelles sont les quantités qui influent sur la portée du faisceau: nous n'y reviendrons plus. La visibilité des objectifs dépend non seulement de l'éclairement produit par le projecteur sur le but, vu de la position de l'observateur, mais encore des dimensions de l'objectif, de sa couleur et de celle du fond qui l'environne.

C'est ainsi que les capotes bleu clair se voient très bien sur un fond sombre, mais se verraient très mal sur un sol crayeux. L'acuité visuelle normale étant telle que l'on puisse, avec un éclairement de 20 lux, voir deux ou plusieurs objets ayant 0^m29 d'épaisseur, les uns étant blancs, les autres noirs, on doit considérer qu'avec des éclairements réduits comme ceux du projecteur, l'acuité sera beaucoup plus faible. En tout cas, elle devra être telle qu'on puisse distinguer un homme, un cavalier, une troupe en marche à une distance de 200 mètres (250 ou 300 mètres si possible) en avant de l'observateur.

Fig. 177.

La notion de forme de l'objet joue un grand rôle sur sa visibilité. Un objet aux formes nettement définies est beaucoup plus visible qu'un objet aux contours imprécis. On voit, ainsi, les maisons à de très grandes distances. Ceci peut être très utile (bombardements par l'artillerie).

On peut admettre comme distances maxima de visibilité avec et sans jumelles les chiffres suivants, avec le miroir en verre :

Appareils de 90 *centimètres (atmosphère très transparente).*

		OBSERVATEUR EN O_1.	OBSERVATEUR EN O_3.
Maisons ou groupe de maisons sur fond sombre...	à l'œil nu...	$d_1 = 2$ km. 500	$d_3 = 4$ km. 000
	à la jumelle.	$d_1 = 3$ km. 500	$d_3 = 4$ km. 500
Maisons ou groupe de maisons sur fond clair.....	à l'œil nu...	$d_1 = 2$ km. 000	$d_3 = 3$ km. 000
	à la jumelle.	$d_1 = 3$ km. 000	$d_3 = 3$ km. 500
Troupe en masse en effets clairs sur fond sombre..	à l'œil nu...	$d_1 = 1$ km. 500 à 2 km. 000	$d_3 = 2$ km. 000 à 2 km. 500
	à la jumelle.	$d_1 = 2$ km. 000 à 2 km. 500	$d_3 = 2$ km. 500 à 3 km. 000
Homme isolé en effets clairs sur fond sombre......	à l'œil nu...	$d_1 = 600$ m. à 800 mètres.	$d_3 = 1$ kilomètre.
	à la jumelle.	$d_1 = 1$ km. 200 à 1 km. 400	$d_3 = 1$ km. 500 à 1 km. 800

Appareils de 60 *centimètres (atmosphère très transparente).*

		OBSERVATEUR EN O_1.	OBSERVATEUR EN O_3.
Maisons ou groupe de maisons sur fond sombre...	à l'œil nu...	$d_1 = 2$ km. 000 à 2 km. 500	$d_3 = 2$ km. 800 à 3 km. 000
	à la jumelle.	$d_1 = 2$ km. 800 à 3 km. 300	$d_3 = 3$ km. 000 à 3 km. 800
Maisons ou groupe de maisons sur fond clair.....	à l'œil nu...	$d_1 = 1$ km. 800 à 2 km. 000	$d_3 = 2$ km. 200 à 2 km. 500
	à la jumelle.	$ = 2$ km. 000 à 2 km. 500	$d_3 = 2$ km. 800 à 3 km. 000
Troupe en masse en effets clairs sur fond sombre..	à l'œil nu...	$d_1 = 1$ km. 200 à 1 km. 500	$d_3 = 1$ km. 500 à 2 km. 000
	à la jumelle.	$d_1 = 1$ km. 500 à 1 km. 800	$d_3 = 2$ km. 000 à 2 km. 500
Homme isolé en effets clairs sur fond sombre......	à l'œil nu...	$d_1 = 600$ m. à 700 mètres.	$d_3 = 800$ mètres environ.
	à la jumelle.	$d_1 = 1$ kilomètre.	$d_3 = 1$ km. 400 environ.

Appareils de 40 *centimètres (atmosphère très transparente).*

		OBSERVATEUR EN O_1.	OBSERVATEUR EN O_3.
Maisons ou groupe de maisons sur fond sombre...	à l'œil nu...	$d_1 = 1$ km. 500 à 1 km. 800	$d_3 = 2$ km. 000 à 2 km. 500
	à la jumelle.	$d_1 = 2$ km. 000 à 2 km. 500	$d_3 = 2$ km. 500 à 3 km. 000
Maisons ou groupe de maisons sur fond clair.....	à l'œil nu...	$d_1 = 1$ km. 000 à 1 km. 200	$d_3 = 1$ km. 400 à 1 km. 800
	à la jumelle.	$d_1 = 1$ km. 200 à 1 km. 500	$d_3 = 1$ km. 500 à 2 km. 200
Troupe en masse en effets clairs sur fond sombre..	à l'œil nu...	$d_1 = 800$ mètr. à 1 kilom.	$d_3 = 1$ km. 000 à 1 km. 400
	à la jumelle.	$d_1 = 1$ km. 200 à 1 km. 500	$d_3 = 1$ km. 400 à 1 km. 800
Homme isolé en effets clairs sur fond sombre......	à l'œil nu...	$d_1 = 600$ mètres environ.	$d_3 = 700$ mètres environ.
	à la jumelle.	$d_1 = 800$ mètres environ.	$d_3 = 1$ kilomètre environ

EFFETS DE LA LUMINOSITÉ DE L'ATMOSPHÈRE SUR LA PORTÉE DES FAISCEAUX (LUNE ET ÉTOILES).

La lune a, en général, une action nuisible pour l'observation à l'aide des projecteurs. Ceci est dû à ce que, la lune étant très élevée dans l'espace, elle éclaire le sol presque perpendiculairement. Il en résulte que la lune, quoique d'intensité faible, éclaire plus que le faisceau qui aborde le sol sous des angles rasants. La lune éclaire à raison de 0,3 lux uniformément sur le sol; elle diffuse un peu de lumière, ce qui contribue à diminuer la visibilité. En effet, si le projecteur éclaire un objet vertical, celui-ci ne se détachera plus sur le sol, puisque celui-ci est illuminé. En outre, la lune éclairant l'ambiance agit sur la pupille des individus ; il est donc utile, à la pleine lune, de prendre des tubes pare-lumière. Toutefois, si la lune est près de l'horizon et en arrière du projecteur, elle peut contribuer à augmenter l'action du projecteur.

Fig. 178.

Quant au ciel étoilé, il a toujours pour effet de réduire l'acuité visuelle des individus, donc, par suite, la visibilité du but. Cette réduction de la visibilité est d'ailleurs faible.

DÉNOMINATIONS DES FAISCEAUX PRATIQUEMENT UTILISABLES DES PROJECTEURS.

Les faisceaux pratiquement utilisables des projecteurs ont, suivant leur portée et leur étendue, le nom de : 1° *faisceaux cylindriques*, 2° et *faisceaux divergents*.

Les faisceaux cylindriques, que seuls nous avons envisagés jusqu'ici, ne sont pas cylindriques, mais légèrement divergents, de 30 à 40 millièmes suivant les cas.

Les faisceaux divergents, obtenus avec les glaces divergentes, ont une divergence pouvant atteindre 10 à 11°, c'est-à-dire 200 millièmes environ. Nous verrons plus loin ces faisceaux.

Variations de la divergence d'un faisceau cylindrique.

La variation de la divergence du faisceau cylindrique s'opère en déplaçant légèrement l'arc électrique soit en avant, soit en arrière du foyer. Si l'on rapproche l'arc du sommet du miroir, la divergence du faisceau augmente; si l'on éloigne l'arc du sommet du miroir un peu au delà de l'arc, on la diminue pour l'augmenter ensuite. Ces variations de la divergence créent naturellement des variations de densité dans le faisceau, qui est d'autant plus dense qu'il est moins divergent. Il ne faudrait cependant pas trop écarter l'arc du foyer, sous peine d'avoir des inconvénients assez graves au point de vue optique, dus à la répartition du flux lumineux émis par la source. On crée en effet des zones sombres impropres à l'éclairage des buts. La divergence est d'environ 1/25 de la distance (40 millièmes) pour le projecteur de 60 centimètres, et de 1/30 seulement pour les calibres inférieurs.

Faisceau divergent.

La divergence du faisceau s'obtient par l'interposition d'une glace divergente à l'avant de l'appareil. Cette glace posée, on peut faire varier la divergence comme il vient d'être dit, en faisant varier la position de l'arc par rapport au miroir; supposons donc l'arc fixe une fois pour toutes.

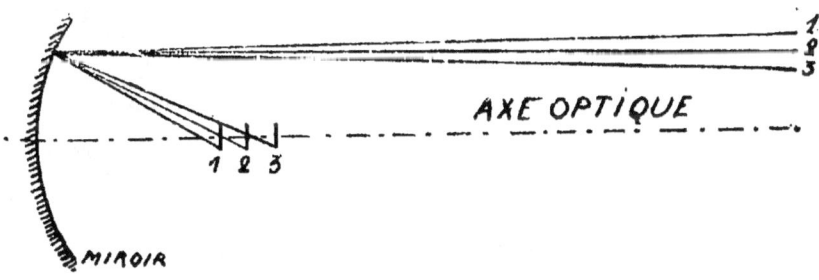

Fig. 179.

La lentille divergente, en élargissant le champ des faisceaux de toute nature, diminue leur portée. Des résultats pratiques, il résulte que la portée est diminuée de plus de moitié.

Le faisceau divergent, qui ne peut être utilisé qu'avec des appareils puissants, permet d'éclairer à courte distance une grande zone en avant de soi. Il est surtout utilisable pour les actions d'infanterie, laquelle pourra exécuter par exemple un tir à 200 ou 400 mètres, suivant la distance qui la sépare de l'ennemi. Les portées des divers appareils avec les glaces divergentes oscillent, suivant les calibres, entre 400 et 800 mètres.

256   LES PROJECTEURS DE CAMPAGNE.

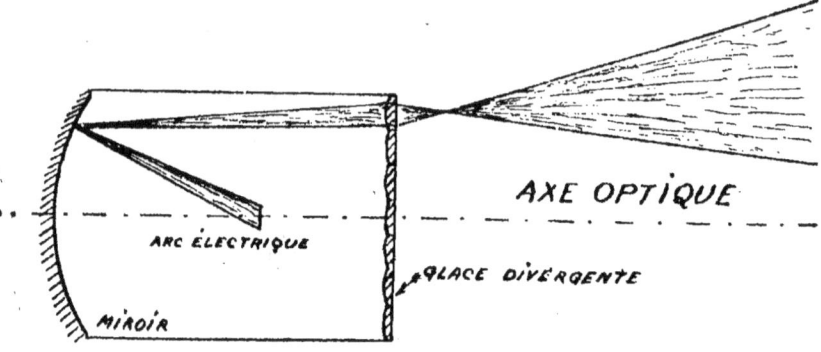

Fig. 180. — *Vue en plan.*

ÉMISSION ET OCCULTATION D'UN FAISCEAU.

La vitesse de la lumière étant instantanée, puisqu'elle atteint de 300.000 à 330.000 kilomètres à la seconde, on peut dire que l'émission du faisceau, ainsi que son occultation, sont consécutives des opérations de démasquement et d'occultation résultant de la manœuvre du volet à persiennes du projecteur ou de son obturateur. De ce fait que la lumière agit instantanément sur le but et qu'elle revient, après diffusion, à l'œil, il résulte que l'on peut voir l'objectif au moment voulu, en démasquant le faisceau à ce moment-là. En fait, il faut pour l'œil un certain temps pour percevoir nettement l'objectif. On ne pourra donc pas émettre puis occulter sans laisser un certain intervalle de temps entre les deux opérations. Cet intervalle doit atteindre environ une seconde, quelquefois même plusieurs secondes, suivant la plus ou moins grande impressionnabilité de la rétine.

Etude des divers faisceaux.

Les autres faisceaux subissent, comme le faisceau pratiquement utilisable, des modifications dues à la variabilité des quantités dont nous avons parlé au début de ce chapitre de tactique proprement dite.

Les propriétés de ces faisceaux, au point de vue tactique, sont loin de présenter le même intérêt que celles du faisceau pratiquement utilisable puisqu'on n'en tire que deux conséquences ; l'aveuglement possible de l'ennemi par l'un de ces faisceaux, et l'emploi d'un autre à la télégraphie.

Les variations de position de l'arc par rapport au miroir, l'interposition de glaces divergentes modifient l'allure des faisceaux dans le même sens que le faisceau pratiquement utilisable. L'étendue du champ où l'on peut produire un aveuglement, à droite et à gauche du faisceau apparent, peut être assez grande dans le cas du faisceau divergent. Ceci est un inconvénient à noter, car, ainsi, un ennemi peut, dans l'étendue du faisceau réel, se cacher sans être vu. Nous verrons plus loin l'emploi du faisceau réel pour la télégraphie.

Maintenant que nous avons les notions nécessaires sur les faisceaux, voyons comment on les emploie.

C) **Utilisation des projecteurs électriques au combat.**

Reconnaissances et croquis. — Manœuvre avec l'artillerie; avec les mitrailleuses; avec l'infanterie; avec avions; avec dirigeables.

EMPLOI DES PROJECTEURS ÉLECTRIQUES DE CAMPAGNE.

De tous les appareils dont on se sert au combat, le plus difficile à manœuvrer est le projecteur.

Par suite de l'incertitude dans laquelle on se trouve relativement à la portée de l'appareil, il est fort difficile d'utiliser le projecteur d'une façon permanente. Alors qu'avec un canon d'un type donné, l'artilleur peut toujours dire : je tire à 10 kilomètres, à 100 mètres près, le projecteur peut être incapable de fournir un chiffre si on lui en demande un. Il peut seulement dire : je ferai de mon mieux, mais, si un brouillard survient, mon appareil est inutilisable; par contre, avec un beau temps sec, j'éclairerai le paysage à 3 kilomètres. Ce manque de régularité dans la portée — dû à des circonstances de temps ou de lieu — a fait que, dans certains secteurs, le projecteur est effectivement inutilisable. Dans d'autres secteurs, par contre, où les appareils opèrent dans une atmosphère favorable et sur un sol approprié, le projecteur a eu la vogue qui lui était due. Nous avons vu l'emploi des projecteurs oxyacétyléniques; voyons celui des projecteurs électriques.

Projecteurs électriques.

C'est sur ces projecteurs que nous allons porter toute notre attention.

L'emploi des projecteurs peut avoir lieu dans un grand nombre de cas, que nous allons ranger autant que possible par ordre d'importance, ce sont :

1° La recherche des objectifs ennemis, pour les battre par le feu soit de l'artillerie, soit de l'infanterie, soit même des mitrailleuses, des avions ou des dirigeables;

2° La reconnaissance des mouvements de l'ennemi pendant la nuit, à l'aide d'une exploration méthodique du terrain placé en avant du projecteur;

3° L'aveuglement de l'ennemi, entraînant sa démoralisation et l'empêchant d'exécuter convenablement un tir;

4° Le rôle de contrebattre les projecteurs ennemis en flanquant les troupes amies à sa droite et à sa gauche ;
5° L'éclairage pour diriger la marche d'une colonne, d'un avion, etc. ;
6° L'éclairage des travaux de nuit ;
7° La signalisation et la télégraphie optique ;
8° Les feintes.

Avant de développer chacun de ces paragraphes, nous allons aborder une question très importante : c'est celle de la reconnaissance du terrain de manœuvre.

RECONNAISSANCE DU TERRAIN DE MANŒUVRE.

La reconnaissance a pour but de déterminer les emplacements qui conviennent, d'une part au projecteur, d'autre part à l'observateur ou aux observateurs, de façon à avoir la zone la plus considérable possible de visibilité. La reconnaissance comporte, en outre du choix des emplacements de manœuvre, leur organisation et l'indication précise des itinéraires à suivre pour se rendre à chacun d'eux. L'organisation des postes comporte :

1° La constitution d'un certain nombre de croquis (croquis de repérage, croquis perspectifs) dressés tant au poste de manœuvre du projecteur qu'aux postes d'observation ;
2° La constitution de croquis donnant les types d'abris à construire pour le projecteur et ses accessoires (voitures, chevaux, etc., etc.) ;
3° Un plan indiquant les positions respectives des postes de manœuvre et d'observation avec leurs cotes et le tracé des cheminements permettant de se rendre d'un poste à l'autre en étant le plus possible défilé aux coups de l'ennemi ;
4° Une indication sommaire des postes de soutien s'il y en a ;
5° L'indication d'une position de repli en cas de retraite et les cheminements pour y parvenir ;
6° Un plan indiquant approximativement l'emplacement des troupes auxquelles le projecteur est affecté ;
7° L'emplacement et la répartition des armes ennemies dans le secteur où l'on est appelé à opérer.

Tous ces croquis, exécutés rapidement pendant la reconnaissance, sont d'ailleurs complétés et corrigés s'il y a lieu par la suite. Ils doivent néanmoins être faits avec conscience, de façon à ne pas être obligé de modifier perpétuellement la position du projecteur si la situation tactique reste la même dans le secteur où l'on opère.

Avant d'exécuter une reconnaissance, le chef de la section de projecteurs, accompagné s'il le juge utile de ses chefs d'équipe, doit se mettre en contact avec toutes les unités opérant dans le même secteur que lui, de façon à recueillir tous les renseignements relatifs aux positions occupées par nos troupes : emplacement des tranchées, des batteries, etc., de manière à ne pas les éclairer et les indiquer par là à l'ennemi dont il cherche, par contre, à connaître les positions, de façon à les indiquer particulièrement aux observateurs et aux chefs d'équipe des manœuvriers du projecteur, si ceux-ci peuvent voir ces positions en s'écartant quelque peu du projecteur.

Si le projecteur a été affecté plus particulièrement à une unité, le chef de section se met en rapport avec ce chef d'unité, avec lequel il discute les manœuvres à exécuter. Le chef de l'unité à la disposition duquel le projecteur est affecté expose le but qu'il désire atteindre et donne un ensemble de points où il peut exécuter un tir, ou encore sur lesquels son attention est en éveil; le chef de section du projecteur expose le fonctionnement de son appareil, en indique la portée en ayant soin d'en expliquer la variabilité, comme nous l'avons exposé, et commence la reconnaissance.

Choix d'un emplacement de projecteur.

Le choix de l'emplacement du projecteur dépend, le plus souvent, de l'objectif fixé et à battre; dans tous les cas, le projecteur doit se placer de façon à pouvoir battre la zone de terrain qui l'entoure aussi bien de flanc que face à l'ennemi, à moins que la configuration du sol ne s'y oppose. A cause de celle-ci, il peut y avoir intérêt, afin de diminuer les zones d'ombres formées par les accidents de terrain, à surélever les projecteurs On y arrivera, soit à l'aide de supports spéciaux atteignant jusqu'à 4 mètres de haut, soit en construisant des plates-formes spéciales, où l'on sera obligé de hisser le projecteur.

Le projecteur pouvant osciller dans un plan vertical de $-25°$ à $+90°$, on devra vérifier que tout son champ de manœuvre n'est pas réduit par des obstacles avoisinants; si ces obstacles sont des arbres, on pourra couper leurs branchages. Si les obstacles ne peuvent être déplacés, on verra s'il n'y a pas lieu de déplacer le projecteur pour un meilleur emplacement.

Dans tous les cas, il faut encore que le projecteur atteigne sûrement l'objectif en vue. Ceci dépend du poste de l'observateur. Connaissant les caractéristiques de l'appareil, on pourra toujours réaliser la condition, si l'on a des données sur la transparence moyenne approximative dans le pays où l'on opère.

Le choix de l'emplacement du projecteur doit permettre sa liaison facile avec le poste observateur, d'une part, et avec le commandement, d'autre part; il doit permettre de se replier facilement si l'on en reçoit l'ordre. Quand le projecteur opère, non seulement il doit avoir un bon emplacement pour éclairer l'ennemi, mais il doit encore éviter de gêner les mouvements de troupes amies, facilitant au contraire leur marche en avant et leurs déplacements.

Le projecteur doit, autant que possible, être susceptible de pouvoir éclairer tous les cheminements permettant à l'ennemi d'arriver aux positions amies.

Le projecteur peut chercher en outre à se défiler aux coups et aux vues de l'ennemi (artillerie, mitrailleuses, etc.), mais il doit aussi chercher à contrebattre les projecteurs ennemis; toutefois, le souci de se protéger ne doit pas dominer celui d'éclairer la plus grande zone possible de terrain ou d'espace. Pour éviter, de jour, le repérage, il sera bon de planter des arbustes sur la butte du projecteur, de façon à ne pas la laisser repérer par l'ennemi soit directement, soit par avions.

En général, les meilleurs emplacements sont les points dominants du terrain et ceux où l'on a une action de flanc sur la zone à éclairer.

Dans la défense, les projecteurs seront placés légèrement en arrière de la position amie. Il n'est pas à recommander de les pousser en avant pour obtenir de meilleures conditions d'éclairement. Toutefois, dans l'offensive, il sera parfois avantageux de le faire, en donnant au projecteur un soutien suffisant. On pourra ainsi mieux éviter l'éclairage des premières lignes amies. Le soutien sera constitué par de l'infanterie, qui pourra creuser en avant du projecteur un ouvrage de défense, de façon à pouvoir éviter le feu dirigé sur le projecteur.

La configuration du sol jouant un rôle capital sur le choix de l'emplacement du projecteur, il n'est pas possible de donner de règle générale sur ce choix, qui dépend d'une foule de conditions. Il est laissé, le plus souvent, à l'initiative du chef de section, qui ne devra jamais perdre de vue la question de mobilité plus ou moins grande de ses appareils.

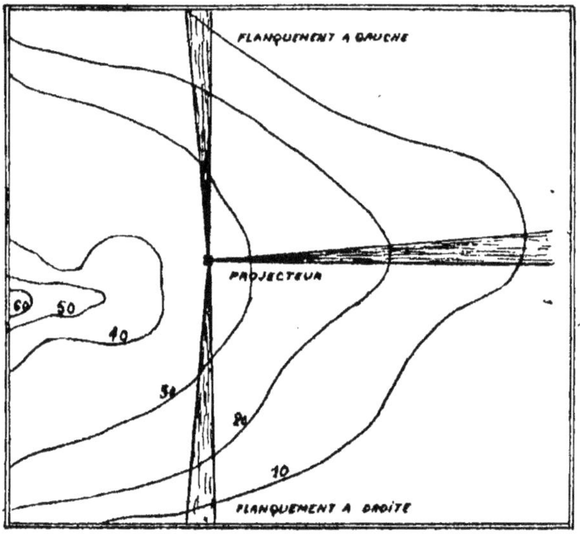

Fig. 181.

En général, les propriétés des faisceaux nous l'indiquent, le projecteur devra se trouver à une distance moyenne sensiblement constante de tous les points importants à éclairer.

Le projecteur, pour être difficilement repéré, devra s'éloigner des maisons et de tout objet de couleur claire susceptible d'être vu à grande distance, grâce à la lumière diffusée par lui.

Choix d'un emplacement d'observateur.

Le rôle de l'observateur étant de voir, il doit chercher un point d'où la visibilité est bonne et le champ d'observation suffisamment grand.

Pour la visibilité, il faudra éviter de placer l'observateur trop près du faisceau, autant que possible la côte du poste devra être plus petite que celle du projecteur, de façon que le faisceau passe par-dessus la tête de l'observateur, en éclairant le but, que l'on verra ainsi en recoupant le faisceau sur une moins grande longueur. Cette condition de mettre l'observateur plus bas que le projecteur est souvent justifiée encore par ce fait, que l'on a plus de facilités à élever le faisceau qu'à l'abaisser, à cause de la configuration du sol. Une autre raison en faveur de cette disposition est que le bas du faisceau éclaire le sol plus vigoureusement que la partie supérieure, en vertu de ce que nous avons exposé sur la trace des faisceaux sur le sol.

Fig. 182.

Toutes les fois que le poste peut être fixe, on créera un poste fixe que l'on fortifiera de façon à protéger autant que possible l'observateur des balles et des éclats d'obus. Dans le poste fixe, l'observateur pourra organiser son téléphone et sa table de travail. Si le poste est mobile — ce qui sera assez fréquent, soit pour augmenter le champ de visibilité, soit pour juger par expérience du meilleur emplacement à conserver en cas d'immobilisation par suite du tir de l'ennemi — tout en observant, l'observateur devra toujours maintenir la liaison avec le commandement et surtout avec le projecteur. Cette dernière liaison peut être optique ou *téléphonique*, la liaison avec le commandement pouvant avoir lieu à l'aide de plantons ou d'estafettes, ou encore *téléphoniquement*. Le choix du poste d'observation doit être l'objet d'une reconnaissance attentive du terrain, toute erreur grave dans la lecture du paysage à l'observation de nuit pouvant entraîner de sérieux mécomptes.

EXÉCUTION DES DIVERS CROQUIS PENDANT LA RECONNAISSANCE.

1° Croquis de manœuvre.

A) *Croquis de repérage.*

Ils sont au nombre de deux : l'un pour le projecteur, l'autre pour l'observateur.

Ils ne peuvent être dressés et utiles que si l'on opère avec les projecteurs de 90 ou de plus grand calibre, qui éclairent en restant à une assez grande distance des lignes de feu.

PROJECTEUR.

Le croquis de repérage du projecteur est un travail qui doit être fait avec le plus grand soin, puisqu'il joue le rôle de table de tir ; c'est là que sont consignés tous les renseignements qui permettront à l'électricien chargé de la manœuvre de l'appareil de l'exécuter sans aucune espèce d'hésitation. Ce croquis de repérage du terrain devra d'ailleurs toujours être fait en double, un exemplaire pour le chef d'équipe du projecteur, le second exemplaire devant être à la disposition de l'officier observateur.

Nous croyons utile de rappeler ici que le croquis de repérage doit tenir compte, dans une large mesure, *qu'un paysage vu de jour ne ressemble en rien au même paysage vu de nuit*. Tel ou tel édifice qui, de jour, n'apparaît pas comme saillant dans le paysage, sera, de nuit, d'une grande visibilité ; au contraire, tel bois qui, de jour paraît très sombre sur le fond d'un pré qui paraît vert clair, sera à peine visible de nuit. Le choix des repères exige donc un certain doigté, qu'on n'acquiert que par la pratique. Un bon procédé consiste à faire dresser, par des hommes, un croquis de ce qu'ils voient, de jour, de plus apparent. En éclairant le soir, avec les projecteurs, ils verront combien il est difficile de retrouver un grand nombre de points qu'ils ont désignés et qui, par conséquent, ne doivent pas figurer dans un croquis de repérage. Les meilleurs repères sont les maisons sur fond sombre et les points sombres sur fond blanc.

Le croquis de repérage ne doit être exécuté que dans l'étendue du champ de manœuvre du projecteur qui en fait l'objet. Nous nous appuierons donc, dans l'exposé de l'établissement du croquis, sur les théories exposées plus haut. Nous donnerons, par la suite, la méthode d'établissement du croquis perspectif, qui est le complément du croquis de repérage.

Le croquis de repérage exige l'emploi d'un appareil analogue au théodolite, comportant par conséquent deux cercles ayant leurs plans orthogonaux et dont un diamètre de l'un est perpendiculaire au plan et passe par le centre de l'autre; ce second cercle étant horizontal, le

PROJECTEURS ÉLECTRIQUES A ARC.

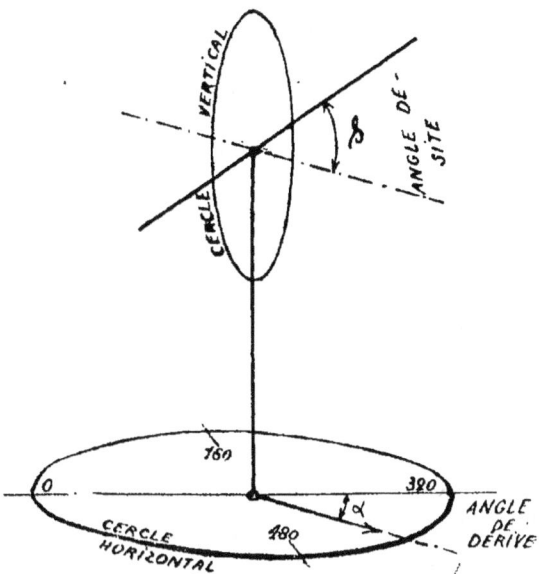

Fig. 183. — *Schéma du théodolite.*

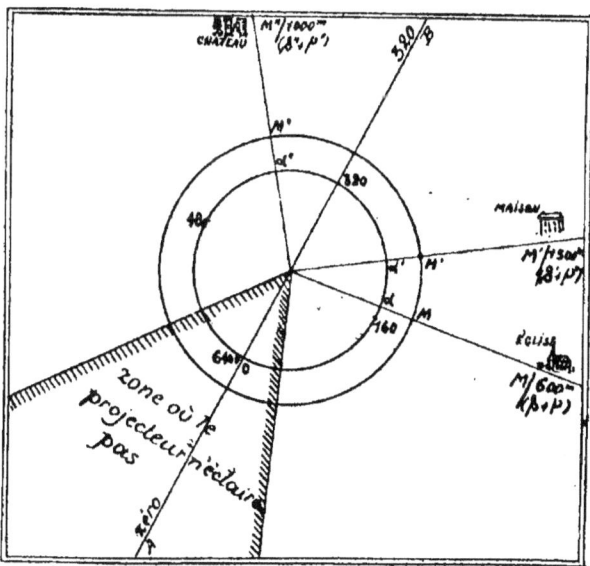

Fig. 184.

plan de l'autre est, par suite, vertical. Une lunette portant un index parallèle à son axe se déplace sur le cercle vertical, gradué de 10 en 10 millièmes, ainsi que le cercle horizontal. Cette lunette peut tourner autour d'un axe horizontal perpendiculaire au centre du cercle vertical, et prendre des positions intermédiaires entre — 25° et + 90°, un petit miroir à 45° permettant de faire, si c'est nécessaire, la visée verticale.

Cet appareil, fort simple et d'une précision qui n'aurait pas besoin d'être très rigoureuse, n'existant pas aux projecteurs, où il pourrait rendre les plus grands services, peut être remplacé par la planchette et la règle à lunette dont nous allons donner plus loin le fonctionnement.

Voyons d'abord le tracé du croquis de repérage au théodolite. Le cercle horizontal ayant la même graduation que celui du projecteur, le cercle vertical aussi; ce dernier, pouvant tourner autour de son axe, indique les angles α dont son plan tourne sur la graduation du cercle horizontal, grâce à un index I.

La rotation β, dans un plan vertical, de la lunette autour de son axe, se lit aussi à l'aide d'un autre index I' solidaire de la lunette, qui glisse sur le cercle vertical gradué.

Plaçons le théodolite de manière que sa ligne 0,320 coïncide avec la ligne A B repérée sur le terrain, le cercle des dérives ayant son plan bien horizontal, ce que l'on peut voir à l'aide de niveaux à bulle. Visons alors un point M quelconque du paysage, en ayant préalablement réglé la lunette de façon à ce qu'elle soit au point pour voir distinctement M. En face de I, on lira un chiffre en dizaine de millièmes; de même, en face de I', on lira un autre chiffre aussi en dizaine de millièmes. Soient α et β ces deux nombres. On obtiendra ainsi deux séries de nombres pour tous les points du plan. Les nombres tels que α sont les angles de dérive, les nombres tels que β sont les angles de site.

Supposons alors tracé sur un carton un cercle analogue au cercle horizontal gradué du projecteur. Puis, extérieurement à ce cercle, un autre cercle. On pourra tracer, sur ce carton, toutes les directions correspondant aux angles α, α', α'', etc., correspondant à des repères M, M', M'', etc., que nous marquerons sur le grand cercle, en y ajoutant la distance approximative à laquelle ils sont du théodolite, en s'aidant si c'est nécessaire d'une carte à grande échelle.

On pourra, pour faciliter la compréhension du croquis, indiquer sommairement la forme des repères. Ex. : M (église); M' (maison à 6 fenêtres); M'' (château), etc.

Soit 1.500 mètres la portée maxima du projecteur. Aucun repère ne devra dépasser cette distance. Il sera utile d'avoir un certain nombre de repères à des distances différentes, de façon à se rendre compte rapidement de la portée de son projecteur. Si on ne voit pas le repère

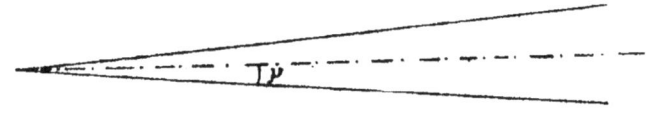

Fig. 185.

à la distance maxima par temps très clair, on sera averti que son appareil porte à une distance moindre; un ou deux essais supplémentaires à d'autres distances pourront nous fixer très rapidement sur la valeur momentanée de notre appareil.

Dans le croquis de repérage, on doit marquer en hachuré la zone qui correspond à une impossibilité de manœuvre due à la configuration du terrain, en indiquant à partir de quel angle de site l'espace peut être exploré pour les avions, etc., etc.

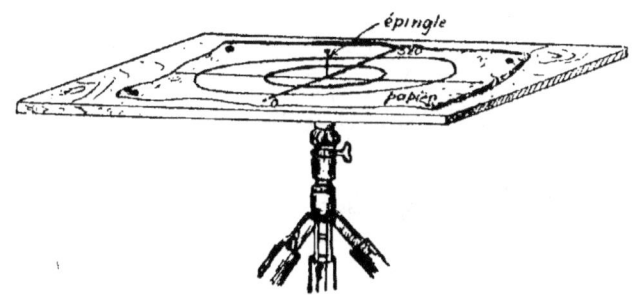

Fig. 186.

Nous avons dit que nous marquions sur le grand cercle, à côté des repères, la valeur β de l'angle de site trouvé par le théodolite. A cause de la divergence du faisceau, on doit faire une correction. Soit, en effet, p étant la moitié de l'angle de divergence du faisceau à la distance à laquelle se trouve le repère. On devra marquer, pour M : non pas β mais $(β + p)$; pour M': $(β' + p')$, pour M'': $(β'' + p'')$, p' et p'' étant les demi-divergences du faisceau aux distances correspondant à M' et M''.

On voit, ainsi, que l'on aura touché avec le faisceau le but, en

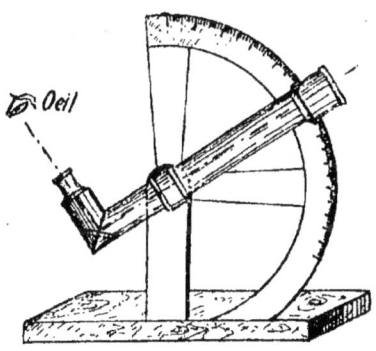

Fig. 187. — *Règle à lunette.*

abaissant le faisceau, manœuvre qui est bonne. *Il vaut toujours mieux atteindre le but en abaissant le faisceau qu'en l'élevant*, car on risquerait, en opérant autrement, de faire voir les tranchées amies.

Si l'on ne dispose pas de théodolite, on peut se servir d'une planchette horizontale sur laquelle on trace un cercle gradué analogue à celui du projecteur. Cette planchette, placée sur trépied, est rendue

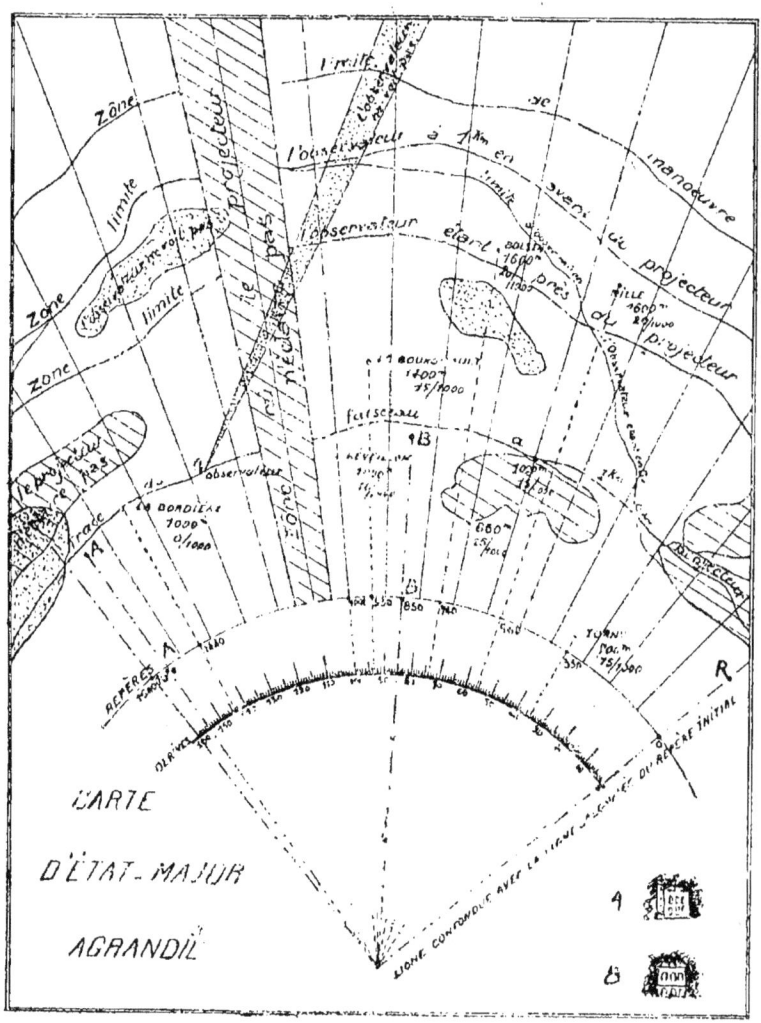

Fig. 188.

très sensiblement horizontale grâce à un niveau d'eau placé dans deux positions rectangulaires. On oriente cette planche de façon que la ligne 0,320 coïncide avec la direction jalonnée sur le sol. On plante une épingle au centre du cercle, et l'on vise l'objectif avec la lunette fixée à la règle dont le côté s'appuie à l'épingle quand la lunette, dont la mise au point a été faite sur l'objet visé, passe par l'objectif, on trace, le long de la règle, du côté où se trouve l'épingle et vers l'objet visé, une droite : c'est celle correspondant à la direction de visée vers l'objectif. Cette première opération nous donne la dérive. On peut lire l'angle de site sur une circulaire graduée, où l'index solidaire de la lunette indique son inclinaison. Ces opérations peuvent d'ailleurs être faites avec une très grande rapidité.

Au croquis de repérage, il est très utile d'adjoindre un croquis de champ de manœuvre utile du projecteur, exécuté comme celui représenté plus haut indiquant les zones d'obscurité ou d'observation impossible. Muni de la carte d'état-major, on situe tous les points intéressants à viser, qui servent de repères.

Nous donnons ici un exemple de croquis de repérage complet pour un certain secteur. On agrandit la carte d'état-major (ce qui suppose qu'on sait la lire parfaitement) et l'on trace les cercles de repérage en prenant comme centre, sur l'agrandissement, le point répondant à l'emplacement du projecteur. Nous avons indiqué ici quelques zones où le projecteur ne peut éclairer par suite de la configuration du sol. Muni de ce croquis, l'électricien chargé de la manœuvre du projecteur pourra instantanément amener son appareil sur le point demandé, une petite lampe éclairant les graduations de son cercle gradué.

OBSERVATEUR.

Si l'observateur se trouve au voisinage du projecteur, le croquis dressé pour la manœuvre du projecteur sera sensiblement le même que celui que nous venons de tracer, à moins que la configuration du sol soit très accidentée. Mais s'il avance, il pourra se faire que, dans le champ éclairé, l'observateur ne puisse voir tous les points. Il devra alors indiquer, s'il fixe un poste d'observation, tous les points qui ne sont pas vus de ce poste et qui doivent être le moins nombreux possible. Nous les traçons *en rouge* sur le croquis; la zone limite de manœuvre pour le poste P_1 et toutes les plages où ce poste ne peut voir par suite de la configuration du sol sont également représentées avec la *même couleur*. Dans ce croquis, on peut, pour les repères, tracer des dessins schématiques suffisamment clairs. Voyons maintenant les croquis perspectifs.

B) *Croquis perspectif.*

EXÉCUTION DU CROQUIS PERSPECTIF.

La manœuvre exige l'exécution de deux croquis :

1° Celui fait du poste du projecteur;
2° Et celui du poste d'observation.

268   LES PROJECTEURS DE CAMPAGNE.

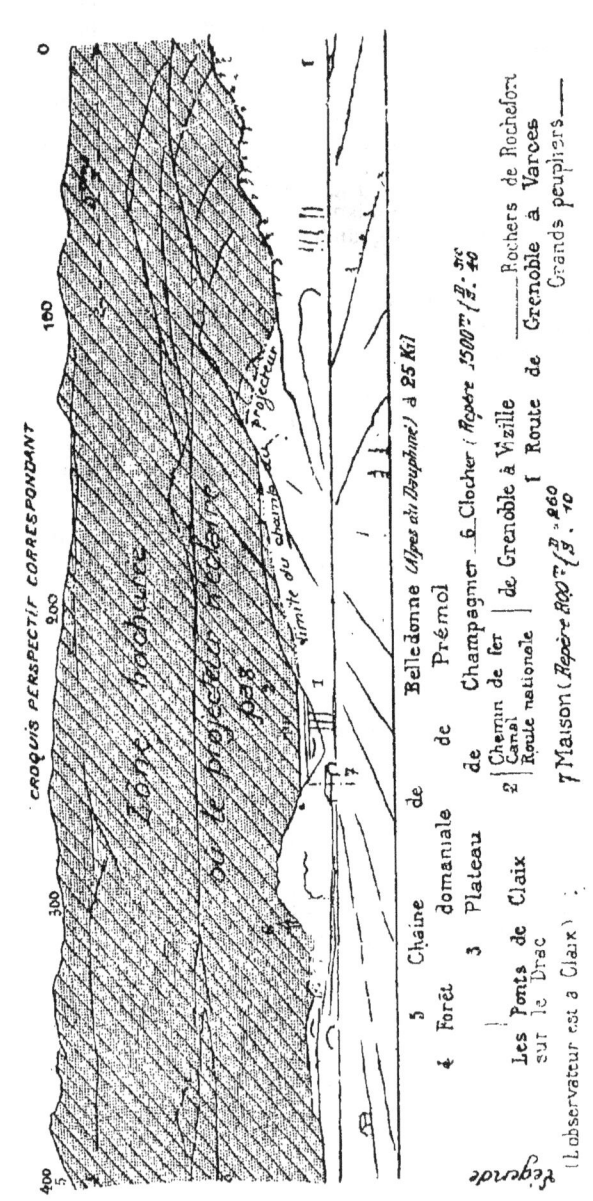

Fig. 189. — *Croquis correspondant à la vue panoramique suivante.*

Nota. — Ce croquis peut être fait avantageusement sur un papier divisant le paysage de 25 en 25 millièmes pour les dérives ainsi que pour les sites. Lorsque le sol est très plat, il est bon de représenter les sites à une échelle double, triple ou même quadruple de celle des angles de dérives, de façon à situer les objectifs avec plus de précision.

Au lieu d'écarts de 25 millièmes, on peut diviser la feuille de 33 en 33 millièmes pour les projecteurs Harlé par exemple; 33 millièmes correspondant à 1 tour de volant. On a ainsi un croquis très facile à lire au moment d'une manœuvre.

PROJECTEURS ÉLECTRIQUES A ARC.   269

Les zones éclairées doivent, autant que possible, se trouver reproduites sur le premier croquis. L'exécution des deux croquis est d'ailleurs analogue.

BUT DU CROQUIS PERSPECTIF.

Le but du croquis perspectif est de faire la connaissance du terrain ; celle-ci est, en effet, une des qualités primordiales de l'officier observateur en général (artillerie, infanterie, génie, etc.). La connaissance du terrain comporte non seulement la lecture de la carte, son orientation, mais encore une étude permettant de trouver sans retard les cheminements du champ de bataille dans le panorama d'une position et tous les points dont l'importance stratégique a quelque valeur. Cette étude comporte précisément le croquis perspectif où l'on reportera, d'une façon aussi rudimentaire que possible et sans aucune prétention artistique, tout ce que l'on a pu découvrir devant soi en examinant le panorama dans ses moindres détails. On se rend ainsi compte de certains indices et de certaines particularités du terrain qui échapperaient à un observateur non préparé. Par des exercices répétés, on arrive à une véritable éducation de l'œil. Pour l'exécution du croquis, on peut suivre les prescriptions suivantes, qui sont en vigueur dans l'artillerie :

Fig. 190. — *Vue panoramique*.

1° *Principes des mesures*. — Tendre le bras droit, tenir les doigts verticalement ; prendre la largeur de trois doigts jointifs pour unité d'écart angulaire. Cette largeur a été choisie parce qu'elle est la dixième partie de la longueur du bras ; par suite, l'étendue de front qu'elle couvre sur le terrain est le dixième de la distance ; 100 mètres à 1 kilomètre, 200 mètres à 2 kilomètres.

L'unité de largeur angulaire se définit donc par la fraction 1/10 ou 100/1000, soit 100 millièmes de la distance. Sa valeur est de 6 degrés environ.

Projecteurs.   18

La hauteur angulaire peut être estimée de même, à l'aide des doigts tenus horizontalement.

Pour plus de précision on recommande aux sapeurs projecteurs de construire une petite réglette en bois, bien droite et de 20 centimètres de longueur par exemple.

Cette réglette est divisée en centimètres à partir de deux centimètres de ses extrémités. Elle se trouve traversée en son milieu par une cordelette terminée par deux nœuds, un à chaque bout, de façon que la règle puisse glisser de l'un à l'autre. La cordelette compte 40 centimètres de longueur.

L'opérateur prend une des extrémités de la corde entre ses dents; il tend celle-ci et tient la réglette perpendiculairement à la ficelle, horizontalement et à la hauteur de ses yeux. Tous les rayons visuels passant par deux divisions voisines représentent alors 25 millièmes, 4 divisions comptant pour 100 millièmes de dérive.

Cette réglette pourra également servir pour la mesure des angles de site en la tenant verticalement et en comptant ceux-ci par rapport à une ligne horizontale passant par le repère initial.

2° *Définition du quadrillage.* — Il est convenu que, sur le papier quadrillé, l'intervalle entre deux lignes verticales correspondra au front couvert par la largeur de trois doigts ou quatre divisions de la règle correspondant à 100 millièmes; c'est ce qu'indique la graduation en chiffres, 100, 200, 300, 400 millièmes.

Dans certains cas, il sera bon de diviser le paysage en tranches correspondant au tour ou au demi-tour de volant du projecteur en direction et en hauteur.

3° *Figuration du sol.* — On admet que la ligne horizontale supérieure peut servir à figurer, suivant les régions, soit l'extrême horizon, soit une ligne importante du paysage (route, rivière, voie ferrée) sans qu'il y ait à tracer un trait. On ne peut utiliser cette ligne que si elle correspond à des objectifs se trouvant dans le champ de tir du projecteur.

La ligne horizontale inférieure sera souvent la bordure d'encadrement.

Dans le cas du projecteur on prend toujours, comme nous l'avons dit, pour ligne horizontale origine des angles de site, celle qui passe par le repère initial choisi dans le paysage une fois pour toutes.

Deux ou trois traits supplémentaires suffisent pour indiquer les formes principales du terrain.

4° *Légende.* — La légende est disposée de manière à parler aux yeux. Il est commode d'établir une relation entre l'espacement réel sur le sol des lignes écrites horizontalement et l'espacement réel sur le sol des lignes correspondantes. On peut aussi observer un rapport entre la longueur de la ligne écrite et l'étendue de la ligne du terrain. Le nom d'une localité est intercalé entre les formes du terrain.

Les mots ne sont écrits dans le sens vertical que si l'objet représenté n'a qu'une largeur restreinte (clocher, arbre, cheminée, moulin).

Les lignes verticales en pointillé sont suffisantes pour rattacher les objets représentés aux noms de la légende. En mettre davantage c'est encombrer le papier. On se gardera surtout de les prolonger à travers l'espace blanc réservé au ciel.

Si on numérote les lignes successives, donner le chiffre le plus faible à la ligne la plus rapprochée, l'ordre des numéros croissant avec la distance.

Employer un gros crayon tendre, des traits vigoureux, une écriture ferme, une orthographe exacte des noms propres.

Ne rien écrire entre la ligne d'extrême horizon et la demi-page réservée à la légende.

Indiquer, en bas et à gauche, quel à été le point de station. Signer en bas et à droite (*fig.* 189).

5° *Tour d'horizon.* — Pour un tour d'horizon, il vaut mieux ouvrir les cinq doigts. On triple ainsi l'angle de visée ou l'unité de largeur angulaire.

En faisant correspondre à cette unité triple le même intervalle sur le papier, on réalise une économie de temps et de papier. L'intervalle entre deux verticales correspond alors à 300 millièmes et la feuille quadrillée à 1.200 millièmes. Cinq feuilles donnent le tour d'horizon de 360 degrés.

REMARQUE. — L'intervalle entre deux verticales du quadrillage est de 5 centimètres, soit le dixième de 50 centimètres. Le croquis est donc la vue perspective du terrain sur un tableau situé à 50 centimètres de l'œil.

Particularités du croquis perspectif utilisé pour la manœuvre d'un projecteur.

Ce serait une grave erreur de croire que le croquis perspectif doit être exécuté de la même manière, qu'il doive servir à un artilleur ou à un sapeur projecteur. Dans l'exécution du croquis perspectif, *le sapeur projecteur doit tenir compte de ce fait que le paysage, vu de jour, n'est pas du tout celui qu'il verra de nuit.* Il faut donc qu'il sache « *raisonner son paysage* », car, en aucun cas, le croquis qu'il doit prendre ne peut être assimilé à un paysage dessiné par un peintre. De nuit, le ciel ne sera pas bleu, mais gris; les arbres qui sont verts, de jour, seront gris de nuit; il en sera de même pour tous les objectifs colorés, dont la teinte se trouvera complètement modifiée sous l'action du faisceau du projecteur. Il sera inutile de représenter tous les objectifs qu'on ne peut distinguer de nuit du poste d'observation supposé choisi préalablement; c'est encombrer le croquis perspectif de détails inutiles qui en rendront la lecture très difficile, pour ne pas dire impossible.

On ne saurait trop répéter combien il y a intérêt à faire un croquis aussi rudimentaire que possible, le fait d'opérer la nuit augmentant les difficultés de la lecture assez sérieusement.

Tout croquis doit enregistrer très exactement tous les repères indispensables à la manœuvre. Nous allons donner ici quelques notions sur le choix des repères, qui est une opération fort délicate.

Choix des repères.

Tout repère doit être :

1° *Dans le champ du projecteur*, c'est-à-dire en un point tel que l'observateur puisse le distinguer nettement dans le faisceau, sinon on s'expose à ne pas le retrouver, de nuit, s'il n'est pas suffisamment éclairé.

L'état atmosphérique étant variable avec le temps, il ne faut donc jamais prendre de repères trop loin du projecteur et de l'observateur, qu'ils soient naturels ou artificiels (lampes portatives à fente lumineuse).

Le croquis du sapeur projecteur est donc très différent de celui de l'artilleur, puisque ce dernier représente tout le paysage qu'il a devant lui, alors que celui-là n'en indique qu'une partie, celle où le projecteur éclaire. L'artilleur peut, en effet, régler son tir en direction sur des buts inaccessibles, tandis que le projecteur ne peut régler le sien sur des buts qu'il ne voit pas.

2° *Distinct du fond sur lequel il se projette*. Ici interviennent : la loi des distances, la loi des cosinus, la loi des contrastes dus aux différences de couleur et de forme, les lois sur la visibilité des objectifs liées à l'acuité visuelle et au sens lumineux de l'observateur.

Pour qu'un repère soit visible à une grande distance :

1° Il faut qu'il soit clair sur fond sombre ou sombre sur fond clair;
2° Il faut qu'il présente autant que possible une face plane perpendiculaire à la direction du faisceau, et que cette face ait une dimension suffisante.

En général, une maison isolée, située dans le champ du projecteur et dont la façade est perpendiculaire au faisceau, est un très bon repère, si elle se projette sur un fond sombre, vue du poste de l'observateur.

Le fond peut être sombre soit par sa nature, soit parce que le faisceau du projecteur l'aborde sous un angle trop petit, c'est-à-dire presque tangentiellement (loi des cosinus).

La maison doit être isolée, sous peine d'être confondue avec une autre, surtout si elle n'a pas de forme caractéristique. Afin de ne pas avoir de surprise, de nuit, il est bon de « raisonner le repère » c'est-à-dire de le représenter comme il apparaîtra de nuit, en supprimant, dans la représentation de la maison, tout ce qui ne sera pas vu de nuit. Ex. : façades trop inclinées sur le faisceau, donc peu éclairées et par suite invisibles; toits inclinés et rouge foncé également non visibles.

La maison doit être de dimension suffisante et la façade ne doit pas présenter de parties rondes qui, éclairées par un faisceau, s'estompent sur leurs bords, en perdant ainsi une partie de leur dimension quand on les observe de nuit.

En outre des repères, on doit noter, dans la légende du croquis perspectif, tous les emplacements exacts en sites et dérives des points ayant une importance stratégique capitale (défilés, viaducs, ponts, etc.) sur lesquels le commandement exige une surveillance permanente. Dans tous les cas, il est utile d'attacher la plus grande rigueur à l'évaluation des angles de sites qui ont, aux grandes distances, une très haute importance pour un projecteur opérant en sol peu accidenté, alors qu'on les néglige le plus souvent pour un tir d'artillerie.

Ceci est dû à ce que le projectile d'un canon tombe presque toujours au même point, pour deux angles de sites peu différents, si l'on conserve la même dérive et la même hausse (hypothèse de la rigidité de la trajectoire). Avec un faisceau lumineux, au contraire, la zone éclairée fait de très grands bonds sur le sol, dès qu'on tourne d'un millième, lorsque la trace du faisceau sur le sol est à grande distance du projecteur. Le bond sur le sol va d'ailleurs en croissant, en tournant toujours du même angle del millième, au fur et à mesure qu'on s'éloigne du projecteur. On voit ainsi que *le millième de site n'a pas toujours la même importance dans la manœuvre et que sa rigueur, dans l'appréciation comme dans l'exécution, doit croître avec la distance à laquelle on opère.*

2° **Croquis de types d'abris pour projecteurs de campagne.**

Les abris à créer sont en général :
a) Celui du projecteur et de l'électricien ;
b) Celui de l'officier observateur ;
c) Celui de la voiture constituant le groupe électrogène.

Tous ces abris doivent satisfaire aux conditions auxquelles sont soumis tous les travaux de fortification de campagne du génie, à savoir :

1° Etre défilés aux vues de l'ennemi ;
2° Etre défilés aux coups ;
3° Etre suffisamment résistants, suivant le but à atteindre ;
4° Permettre, s'il le faut, un stationnement prolongé ;
5° Commander une certaine zone de terrain visible de l'ouvrage et à une certaine distance en avant de lui ;
6° Communiquer facilement avec une autre position, dite de repli, sans s'exposer d'une façon trop prolongée aux feux de l'assaillant ;
7° Souffrir le moins possible des agents atmosphériques (eau, pluie, froid, etc.).

1° *Défilement de l'ouvrage aux vues de l'ennemi.*

Le projecteur ayant besoin d'un champ entièrement libre et devant occuper une position dominante, il est souvent assez difficile de le dissimuler aux vues de l'ennemi. Dans ce but, on doit user des stratagèmes les plus ingénieux, de façon à éviter le repérage, pendant le jour, des buttes ou emplacements de projecteurs. On est, en effet, très souvent amené, pour surélever le projecteur, à créer des buttes sur lesquelles on l'installe. Celles-ci peuvent être avantageusement constituées en sacs à terre recouverts de terre et de gazon. On cachera la butte derrière un massif d'arbustes et l'on veillera à ce que, derrière, se trouve également une masse d'arbres, de façon que de jour la butte ne se détache pas sur fond blanc dans le paysage environ-

274   LES PROJECTEURS DE CAMPAGNE.

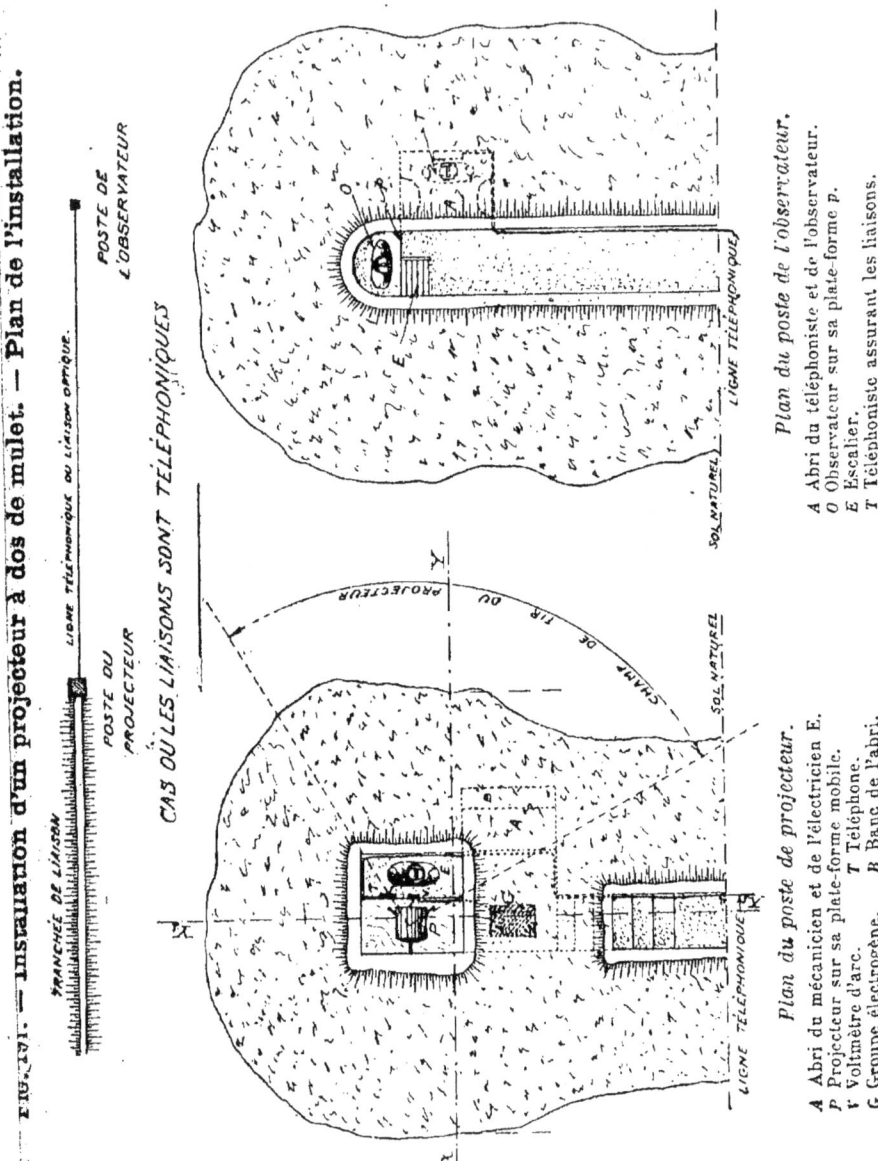

Fig. IV. — Installation d'un projecteur à dos de mulet. — Plan de l'installation.

CAS OÙ LES LIAISONS SONT TÉLÉPHONIQUES

Plan du poste de projecteur.

A Abri du mécanicien et de l'électricien E.
P Projecteur sur sa plate-forme mobile.   T Téléphone.
V Voltmètre d'arc.   B Banc de l'abri.
G Groupe électrogène.

Plan du poste de l'observateur.

A Abri du téléphoniste et de l'observateur.
O Observateur sur sa plate-forme p.
E Escalier.
T Téléphoniste assurant les liaisons.

PROJECTEURS ÉLECTRIQUES A ARC.

NOTA. — *La nasse couvrante au-dessus de l'abri dépend essentiellement des matériaux qui la composent et du projectile ennemi dont on veut se protéger.*

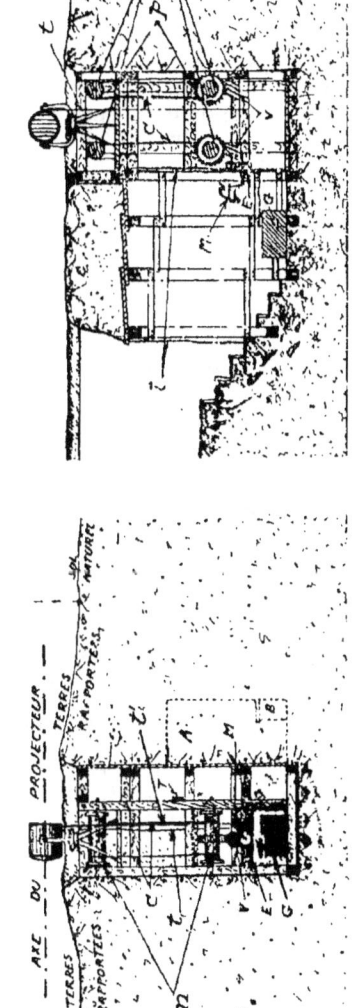

COUPE X Y.

COUPE X1 Y1.

A Abri du mécanicien et de l'électricien.
B Banc de l'abri.   *C* Câbles en acier.
m Moulinets supportant le câble.
v Vis sans fin actionnée par E.
p Positions extrêmes de la plate-forme du projecteur.
E Engrenage commandé par la manivelle M.
G Groupe électrogène.
t, t′ Tiraudes pour la manœuvre du projecteur.
T Téléphone de l'électricien.
Étoffes amortissant le bruit du moteur.

Le projecteur peut être élevé sans grand effort en tournant la manivelle M dans le sens de la flèche.

nant, vue des emplacements occupés par l'ennemi. Dans tous les cas, il est utile de donner à l'ouvrage une teinte locale.

De bons emplacements peuvent être pris sur des croupes à l'emplacement de la crête militaire, c'est-à-dire un peu en avant de la crête topographique. Le projecteur peut alors prendre une inclinaison assez grande au-dessous de l'horizontale (on sait qu'en général les projecteurs sont construits pour descendre jusqu'à — 25° c'est-à-dire — 446 millièmes). Si donc on place un projecteur sur une butte, la plongée de celle-ci devra avoir une pente d'environ 30 degrés sans raccords brusques avec le sol environnant, les raccords brusques étant très visibles, par suite des variations d'éclairement.

Les projecteurs n'opérant que de nuit, on pourra avantageusement jeter des branchages sur l'ouvrage pendant le jour, de façon à ne pas le rendre repérable par les avions ennemis.

Pour ne pas être facilement repéré de nuit, on recommande de ne pas éclairer d'une façon continue, mais par alternatives assez courtes d'ombre et de lumière. On évitera, en outre, de choisir un emplacement de projecteur au voisinage d'un mur, et le sol environnant devra être de couleur sombre. En effet, le mur ferait repérer le projecteur par un observateur ennemi placé sur le sol; et le sol éclairé ferait repérer le même emplacement par un avion ennemi en reconnaissance de nuit. Toutes ces précautions seraient d'ailleurs insuffisantes si l'appareil laissait passer des filtrations de lumière autres que le faisceau de l'appareil.

Quel que soit le souci de défiler l'ouvrage aux vues de l'ennemi, on devra l'aménager de façon à toujours pouvoir opérer confortablement; c'est la condition essentielle pour la manœuvre du projecteur, dont la plate-forme doit être d'un accès facile, permettant d'amener ou de replier facilement l'appareil.

2° *Défilement de l'ouvrage aux coups.*

Plus l'ouvrage sera difficile à atteindre, plus l'électricien manœuvrant l'appareil aura de sang-froid et par suite meilleure sera la manœuvre qu'il exécutera. Il est indispensable que l'opérateur se croit en sécurité, si l'on veut éviter les fausses manœuvres, dont les conséquences sont toujours graves (arrosage lumineux des tranchées amies, indication de mouvements de troupes amies en marche pendant la nuit, etc., etc.).

On devra faire des parapets assez épais (1 mètre au minimum), de façon à n'être pas traversés par les balles du fusil et de la mitrailleuse. Nous signalons en passant qu'il est très difficile d'atteindre les projecteurs avec le tir au fusil ou à la mitrailleuse, et ceci pour une cause encore mal connue, et qui est vraisemblablement l'éblouissement partiel dû à la source sur laquelle on vise. Il est en outre très difficile, pour un tireur, de juger exactement la distance qui le sépare du projecteur qu'il vise. Aussi, les projecteurs sont-ils très rarement atteints, comme l'a prouvé l'expérience de la guerre.

Les abris de projecteurs ne peuvent protéger l'opérateur contre l'artillerie qui, seule, peut efficacement détruire un projecteur repéré, soit à l'aide d'obus percutants, soit à l'aide d'obus fusants. Le manipulant sera légèrement protégé des obus fusants si ceux-ci éclatent en avant de l'abri, auquel cas la gerbe d'ogive tombera sur le parapet;

mais il ne sera nullement abrité contre les obus fusants éclatant en arrière et au-dessus de lui, auquel cas il recevra les gerbes de culot ou les gerbes latérales; il faut alors un tir très bien réglé. On évitera le réglage de l'artillerie en éteignant l'appareil pendant le tir de celle-ci, qui ne pourra situer la longueur de ses coups par rapport à la naissance du faisceau.

Lorsque le projecteur ne fonctionne pas, l'opérateur peut se réfugier dans un abri souterrain où il se trouve à l'abri de l'artillerie de moyen calibre ainsi que des bombes d'aéroplanes, le plafond ayant au minimum une épaisseur de 1 mètre 50 et pouvant atteindre 3 mètres suivant l'artillerie ennemie du secteur.

3° *Résistance de l'ouvrage.*

Afin que l'ouvrage ne soit pas bouleversé facilement, il y a intérêt à exécuter rationnellement les mélanges de terre, bois, cailloux, fils de fer, etc., surtout quand on est obligé de constituer l'ouvrage entièrement de matériaux d'apport. On pourra, si cela est nécessaire, faire des gabions pour renforcer la solidité de la plate-forme et éviter les éboulis. En ce qui concerne les abris pour projecteurs avec puits et galeries, il y a tout lieu de recommander l'emploi du matériel des sapeurs mineurs. Les élévateurs pour projecteurs pourront être faits avec du matériel de fortune.

4° *Stationnement prolongé possible.*

L'ouvrage doit être assez difficile à atteindre; on pourra, si c'est nécessaire, l'entourer de réseaux de fils de fer et lui donner un soutien qui empêchera toute attaque par surprise. On ne donnera pas de soutien si le projecteur est beaucoup en arrière de la ligne de défense. Si l'on doit rester longtemps à l'emplacement choisi pour le projecteur, on pourra l'aménager de façon à pouvoir y vivre. On agrandira alors l'abri qui sert à loger la voiture, de façon à le transformer en logement avec lits, tables, planches à paquetages, etc., aménageant le tout comme une petite caserne ou un petit poste pour l'équipe de manœuvre. A ce sujet, suivant les circonstances et suivant les initiatives, on peut avoir des dispositifs d'abris plus ou moins confortables. Mais il y a lieu de recommander de créer une ou plusieurs sorties supplémentaires pour le personnel desservant le projecteur, en cas de bouleversement de l'abri.

5° *Commandement d'une zone de terrain.*

Nous avons déjà parlé de ce point en détail. Si la zone battue par l'appareil du point choisi est insuffisante, il faut changer d'emplacement. De même, si le poste d'observation a un champ réduit, il est à rejeter.

6° *Communication facile avec une position de repli.*

C'est une condition importante permettant à l'appareil d'être sauvé en cas de retraite et d'être remis en batterie en un autre point, si la

278   LES PROJECTEURS DE CAMPAGNE.

situation tactique l'exige. On doit veiller à ce que les pentes du cheminement ainsi que l'état de celui-ci n'empêchent pas l'arrivée au point choisi. Il faut donc qu'il soit autant que possible à l'abri des coups de l'ennemi.

7° Évitement des inconvénients dus aux agents atmosphériques.

Il est difficile d'éviter l'eau de pluie; dans tous les cas, veiller autant que possible à ne pas être inondé. Si le vent souffle et engendre le froid, on pourra créer des rideaux d'arbres du côté d'où vient le vent, si ce côté n'est pas dans le champ de manœuvre. Quand on se trouve sur l'emplacement, on voit le plus souvent comment on doit réaliser des améliorations du poste à ce sujet.

3° Plan indiquant les positions des postes de manœuvre et celles des postes d'observation.

Tout le long de la ligne de feu, on répartit les appareils de façon que le front puisse être battu en tous ses points. La répartition des appareils dépend donc de la puissance de ceux-ci. Sur tel point, on pourra avoir un appareil par kilomètre, sur d'autres, un tous les 2 kilomètres seulement; même, avec des appareils très puissants, un appareil tous les 3 kilomètres sera suffisant si la configuration du sol s'y prête. Quelle que soit la disposition prise, il y aura toujours un certain nombre de régions que l'on ne pourra battre avec les projecteurs. On devra viser à ce que ces plages d'ombres soient réduites le plus possible.

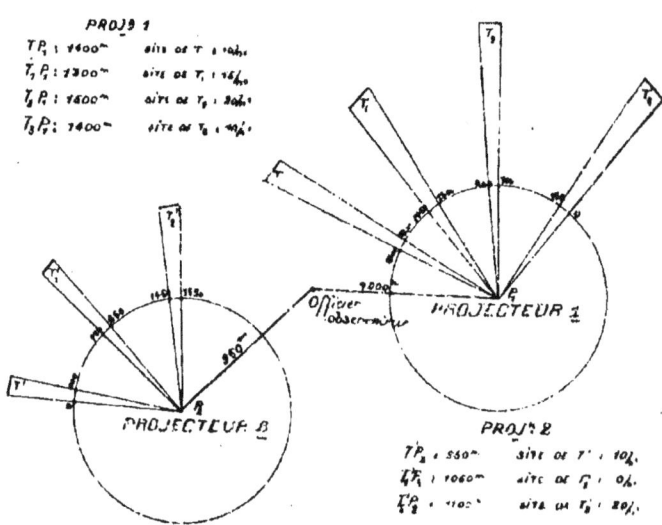

Fig. 192. — *Plan de manœuvre pour deux projecteurs.*

En général, on appelle observateur l'officier chargé de la manœuvre du projecteur, lequel agit dans un but tactique déterminé. Le projecteur sert encore pour un grand nombre d'autres observateurs, ce sont ceux qui sont dans les tranchées. Il est utile que l'observateur sache approximativement où se trouvent ces observateurs, de façon à ne pas les faire éclairer, ou de façon à les aider avec le projecteur en cas d'attaque de l'ennemi. Trop souvent, pour avoir omis de prendre une telle précaution, des projecteurs ont éteint leur feu au moment où il était le plus utile. L'officier observateur peut ne pas voir, alors que les hommes des tranchées placées en avant de lui voient. On n'insistera jamais assez sur ce point. On voit de quelle importance sont les liaisons, puisqu'elles permettent, par le commandement, de savoir si l'on voit ou si l'on ne voit pas. Les liaisons sont capitales pour la commande intelligente d'un projecteur; nous traiterons d'ailleurs ce sujet plus loin. Ayant le croquis donnant la configuration du sol et les emplacements des tranchées où l'on peut observer, un observateur exercé déduit l'étendue du champ de manœuvre avec un projecteur déterminé.

4° Postes de soutien.

Si le projecteur est placé en avant des troupes, il peut et doit même demander un soutien. Le soutien doit être suffisant pour assurer la protection du poste de manœuvre ainsi que du poste d'observation. Ce soutien pourra être, suivant les cas, une section ou plusieurs; il

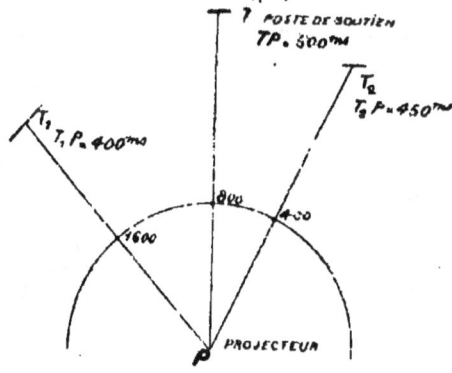

Fig. 193.

devra être suffisant pour permettre le repliement de l'appareil. On devra indiquer à ce poste de soutien une position de repli en cas de retraite et les moyens de s'y rendre sans se trouver par trop exposé aux coups de l'ennemi. Le poste de soutien pourra comporter une ou plusieurs fractions, il devra exercer une surveillance attentive tant sur le front du projecteur que sur ses flancs.

5° Position de repli et cheminements pour s'y rendre.

On indique sur un croquis la position choisie comme position de repli. Le chemin pour s'y rendre doit être parfaitement connu de l'équipe manœuvrant le projecteur, afin que celle-ci n'hésite pas, de nuit, sur le chemin à suivre en cas de retraite. L'observateur, de son côté, doit connaître, lui aussi, la position de retraite du projecteur et le chemin pour s'y rendre. La position de repli doit permettre une nouvelle mise en batterie, si les besoins tactiques l'exigent.

En aucun cas, une batterie ne doit replier sans en avoir reçu l'ordre de l'officier observateur, qui est le seul juge à cet effet et qui le fait sous sa responsabilité. L'officier observateur ne peut d'ailleurs donner l'ordre de replier que s'il l'a reçu lui-même du commandement de la troupe qui l'a détaché.

Si l'on dispose de beaucoup de temps, on pourra organiser la position de repli comme on a organisé celle de combat, que l'on devra détruire si l'ennemi peut s'en servir avantageusement pour y installer ses appareils.

6° Plan indiquant les positions des troupes amies.

On devra exécuter un plan donnant approximativement l'emplacement des troupes amies, tranchées ou batteries, de façon à éviter autant que possible d'éclairer celles-ci et de les indiquer par conséquent à l'ennemi. On indiquera chaque position occupée par sa distance, à laquelle on ajoute l'angle de dérive et l'angle de site pour lequel le cône de lumière touche à la position par sa partie inférieure.

En évitant, dans la direction de la position, de descendre au-dessous de cet angle de site, on n'éclairera jamais l'ouvrage ami. Les postes d'observation et le tracé des lignes téléphoniques feront d'ailleurs partie de ce plan.

On ajoutera, sur ce plan, la position exacte des ouvrages accessoires de la défense, à savoir, les réseaux de fils de fer, les abatis, les trous de loups, petits fossés, etc., qui sont exécutés devant chaque ouvrage de défense. Le repérage de ces ouvrages accessoires devra être fait avec grand soin, de façon qu'on puisse les éclairer sans éclairer les tranchées. Le projecteur pourra ainsi faciliter le tir des troupes amies.

7° Plan indiquant l'emplacement des troupes ennemies avec la répartition des armes.

Ce plan devra contenir tout ce que l'on connaît sur la position de l'ennemi, sur la situation de ses tranchées, celle de ses batteries, qui seront le plus souvent les objectifs à battre pendant l'exécution de tirs d'infanterie ou d'artillerie. On y ajoutera l'emplacement des points de passage utilisables par l'ennemi. Avec un croquis bien fait, on évitera ainsi toute erreur de manœuvre.

Avec une reconnaissance menée ainsi méthodiquement, les projecteurs pourront, dès la première manœuvre, exécuter intelligemment une manœuvre du projecteur dans un pays qu'ils n'ont pas parcouru.

Toutefois, on aurait tort de croire que la reconnaissance suffit pour dresser un croquis exact de manœuvre. Les chiffres distance, dérive, site, calculés intelligemment, sont quelquefois à corriger légèrement à la manœuvre. L'observateur habitué donne les corrections à faire et corrige son croquis, qui peut être très exact après un certain nombre d'essais. En outre, l'observateur doit tracer les lignes de portée du projecteur, variables avec l'hygrométricité de l'atmosphère; il délimitera ainsi nettement son champ d'action, suivant le temps.

La reconnaissance doit donc être parfaite, par la suite, par une série d'observations. Pour que le projecteur fonctionne convenablement, il faut que le plan du cercle gradué soit bien horizontal, et que l'axe de rotation ne soit pas déformé. Si le projecteur se trouve sur un sol mou, peu à peu il s'enfoncera. Il est bon, si l'on a le temps et les moyens nécessaires, de faire une plate-forme en maçonnerie, sur laquelle reposera l'appareil, qui alors pourra fonctionner avec précision. On évite ainsi des réglages perpétuels de l'appareil et l'on obvie à des erreurs de pointage dont les conséquences peuvent être très graves.

I. — RECHERCHE DES OBJECTIFS ENNEMIS POUR LES TIRS DE NUIT.

1º Manœuvre combinée de l'artillerie et du projecteur.

Nous avons expliqué clairement comment on dressait un croquis de repérage pour projecteur; cette méthode ne donne que des détails absolument généraux relatifs à toutes sortes de manœuvres. Lorsque le croquis doit servir soit à l'artillerie, soit à l'infanterie, etc., le croquis doit être complété par une série d'observations supplémentaires dépendant de la tactique de l'arme à laquelle le projecteur a été affecté. La reconnaissance définitive du terrain doit être faite, nous l'avons dit, avec l'officier observateur, détaché de la batterie avec laquelle on doit opérer, après une conférence détaillée du commandant de la batterie sur le but à atteindre dans la manœuvre de nuit.

Supposons que l'officier du génie commandant la section de projecteurs a examiné le secteur sans avoir tracé les croquis de repérage et ceux qui y sont adjoints, comme nous l'avons vu plus haut, mais tout simplement avec un croquis donnant les différents emplacements du secteur où l'on peut utilement placer un projecteur. Il se transportera à ces emplacements avec l'officier observateur qui, muni d'un tableau de tir, pourra indiquer quels sont, de ces emplacements, les points qui peuvent être battus par la batterie et ceux qui ne le sont pas. On cherchera à placer le projecteur et la batterie, l'un par rapport à l'autre, de façon que les plages battues simultanément par le projecteur et la batterie soient les plus grandes possibles. On voit ainsi combien est délicate la reconnaissance combinant les deux armes. Sauf dans le cas où le point à battre est un but précis, où l'emplacement du projecteur et celui de la batterie sont faciles à déterminer, dans tous les autres cas, le choix judicieux des emplacements sera fort délicat et exigera une grande pratique. On devra, dans le choix des postes de la batterie et du projecteur, veiller à ce qu'ils soient autant que possible défilés aux coups de l'ennemi. Voyons, dans le cas de l'artillerie, ce qu'il advient des croquis dressés pendant la reconnaissance.

CHOIX DES EMPLACEMENTS DE MANŒUVRE PAR L'OFFICIER DU GÉNIE.

Avant de se mettre en rapport avec le commandant de la batterie à laquelle son équipe est affectée, le chef de section, ou l'un de ses chefs d'équipe, fait la reconnaissance rapide du secteur. Pendant cette reconnaissance, qu'il fait muni de plusieurs exemplaires de la carte d'état-major du secteur, agrandie, il exécute le croquis rapide des points vus des différents emplacements où le projecteur peut opérer d'une façon pratique. Nous donnons ici un exemplaire de ces croquis. Ce croquis est d'ailleurs dressé très rapidement, en regardant le paysage et en traçant sur la carte les lignes de séparation des régions vues et des régions cachées. Supposons que, dans le secteur, on ait trouvé quatre emplacements susceptibles d'être occupés par le projecteur, on fera quatre croquis analogues à celui que nous indiquons. Muni de ces croquis, l'officier de projecteur pourra alors discuter avec le commandant de batterie sur la valeur de tel ou tel emplacement combiné avec la batterie. Connaissant très bien son canon, le commandant de batterie sait, en effet, quels sont, de l'emplacement qu'il a choisi, les points qu'il peut battre; il choisira donc, pour le projecteur, l'emplacement qui éclaire la plus grande étendue de son champ de tir. Si la batterie peut prendre divers emplacements, ayant différents champs de tir, il pourra chercher quels sont, au point de vue tactique, les deux emplacements de la batterie et du projecteur à choisir pour obtenir le meilleur rendement de nuit. Le plus souvent, avant de fixer un choix définitif, le commandant préférera désigner à l'officier observateur un certain nombre d'emplacements à examiner parmi ceux indiqués par le chef de la section de projecteur. L'officier observateur, muni des tables de tir, se rendra compte rapidement *de visu* de la valeur des emplacements du projecteur. Il profitera de la reconnaissance pour choisir son poste d'observation, l'officier projecteur lui indiquant approximativement la limite d'action du projecteur une fois le poste d'observation fixé. La reconnaissance faite, le commandant, ayant réuni tous les renseignements voulus, pourra alors décider d'une manière rationnelle le choix de l'emplacement de la batterie, celui du projecteur et enfin celui de l'observateur. On procédera alors à la confection de trois croquis :

1° *Le croquis donnant le champ d'action de la batterie*, c'est-à-dire l'ensemble des zones où la batterie peut diriger efficacement son tir;

2° *Le croquis donnant le champ de visibilité du poste d'observation choisi* (on admettra que l'observateur peut se déplacer, mais dans un secteur de 30 à 40 mètres de rayon tout au plus);

3° *Le croquis donnant le champ de tir du projecteur*, c'est-à-dire l'ensemble des points que l'on peut éclairer.

PROJECTEURS ÉLECTRIQUES A ARC.

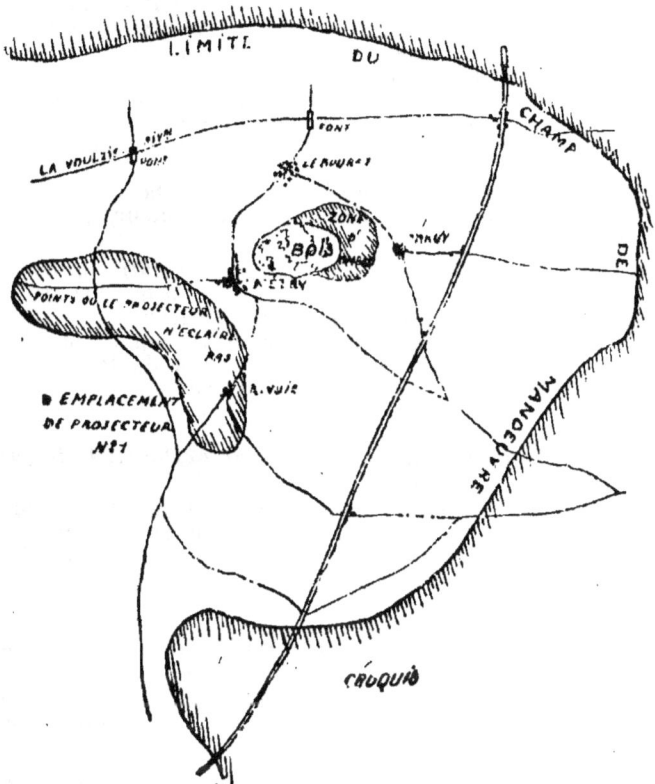

Fig. 194. — *Croquis du paysage vu de l'emplacement n° 1.*

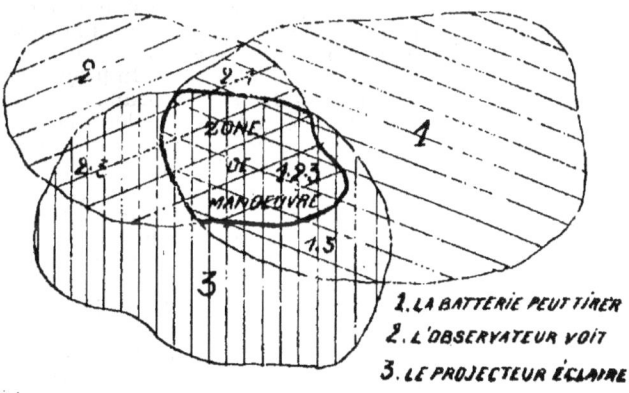

Fig. 195.

Supposons ces trois croquis faits sur papier calque. Les zones communes à ces trois croquis (agrandis de la carte d'état-major) seront des points où l'observateur peut voir l'action simultanée du projecteur et du canon. On peut alors dresser une carte définitive utilisable pour la manœuvre et ne contenant que ces zones. Afin de voir un modèle de la carte que je propose et qui doit être dans les mains du commandant de batterie, de l'électricien, du projecteur et de l'observateur, j'ai intercalé ici un exemple.

Je suppose évidemment qu'à la suite du choix des emplacements, on a exécuté le croquis de repérage du projecteur, qui est absolument indispensable.

L'observateur et le projecteur peuvent, en outre, utilement posséder le croquis dit d'exploration, qui comprendra la zone vue par l'observateur et pouvant être éclairée par le projecteur.

Ces deux croquis exécutés, la manœuvre simultanée de la batterie et du projecteur d'une part, et l'exploration du terrain d'autre part, peuvent être assurées. Voyons les deux cas.

1° *Le projecteur et l'observateur explorent le terrain.*

La manœuvre alors est très simple. Le sapeur projecteur dirige son appareil, le situe en hauteur, le démasque, puis l'occulte, suivant les indications de l'observateur qui le commande soit au téléphone, soit optiquement.

2° *La batterie, l'observateur et le projecteur combinent leur action.*

Tous les ordres viennent du commandement et, ne devant subir aucun retard, on a recours au téléphone. Une façon logique de procéder est la suivante :

Le commandant annonce un tir (progressif, par salves ou rafale, ou un tir de fauchage) sur tel but, à tant de mètres du projecteur, tant de dérive, tant de site. L'officier observateur répète le commandement ; lorsque le commandant, qui écoute, a entendu répéter l'ordre exactement, il répond à l'officier observateur et à l'électricien simultanément (puisque le téléphone de l'observateur est embroché sur celui allant du commandement à l'électricien du projecteur). L'électricien, qui a entendu deux fois l'ordre et l'assurance de son exactitude, répond dans l'appareil « Projecteur prêt » dès que le pointage de son appareil est fait. L'officier observateur répond une deuxième fois « Observateur prêt », affirmant par là que lui aussi est prêt. Le commandant commande « Feu » ; à ce moment, le projecteur se démasque sur le but et ne se referme qu'au commandement de l'officier observateur, qui annonce à l'appareil « Fermez ». Le premier tir effectué, l'observateur rend compte de ce qu'il a vu : ou bien le faisceau est tombé sur le but, ou bien il est tombé au voisinage, mais pas très exactement sur lui, et alors il indique la correction à faire par le projecteur.

Si le faisceau du projecteur a été dirigé de façon satisfaisante, il le dit et annonce au commandant les résultats du tir qu'il a pu constater (incendie d'un village bombardé, anéantissement d'un convoi passant sur une route, etc., etc.). Il annonce aussi les corrections à exécuter pour un nouveau tir (portée ou dérive, etc.).

La méthode que nous indiquons permettra à l'observateur de juger parfois de l'écart des coups transversalement, par l'étendue prise par ceux-ci dans celle du faisceau. Si la largeur du faisceau au point éclairé atteint 100 mètres, on jugera, par rapport à cette grandeur, de celle des points de chute de la trentaine de projectiles envoyés par la batterie dans un tir par rafale par exemple. La fumée est d'ailleurs très visible dans le faisceau.

La manœuvre intelligente du projecteur suppose donc s'non des connaissances techniques sérieuses au point de vue artillerie, au moins le minimum que nous avons cru devoir donner dans ce livre (en annexes).

Si l'on exécute un tir de fauchage, le projecteur saura qu'il a à éclairer une zone en portée de 200 mètres de part et d'autre du point moyen, et une zone, à droite et à gauche du point moyen, de 100 mètres de part et d'autre de celui-ci. Il se rendra compte, ainsi, qu'il devra bouger son appareil pendant la manœuvre, suivant une loi qui lui sera indiquée d'avance et qu'il traduira en millièmes ou en tours et demi-tours de volant.

La manœuvre doit encore tenir compte du rôle joué par les plans indiquant les postes de soutien, les positions de repli de la batterie aussi bien que du projecteur, les positions amies et les positions ennemies, dont tous les résultats sont indiqués sur le plan de manœuvre du commandant, de l'observateur et du projecteur.

Voyons un peu comment les projecteurs seront appelés à opérer avec l'artillerie. Plusieurs points de vue peuvent être considérés. On peut indiquer quels sont les divers cas où l'on est appelé à utiliser tel projecteur avec tel ou tel type de canon, ou bien encore indiquer comment le projecteur interviendra dans une lutte d'artillerie contre artillerie, d'artillerie contre infanterie, d'artillerie contre avions, ou mieux d'artillerie contre aéronefs. Nous verrons ces deux points de vue.

ARTILLERIE ET PROJECTEURS DE MONTAGNE.

Nous avons parlé, plus haut, de formations d'artillerie et de projecteurs de montagne. Ces formations, par la nature du mode de transport, seront appelées à opérer souvent ensemble. On aura donc souvent à grouper soit le 80 millimètres de montagne, soit le 65 millimètres avec le projecteur de 40 centimètres à dos de mulet.

Pour permettre de juger approximativement comment l'ensemble réalisera son tir, rapprochons les caractéristiques du canon de 80 millimètres et celles du projecteur de 40 centimètres.

Projecteurs.

Canon de 80 millimètres.

Poids des projectiles	Obus à balles............	6 kgr. 3.
	Obus explosif...........	6 kgr. 1 = 10 pétards de 135 gr. environ.
	Boîte à mitraille.........	5 kgr. 5.
Portée............	Maxima...............	4.000 mètres.
	Moyenne..............	3.100 mètres.
Angles limites de tir....	Au-dessus de l'horizon....	23°.
	Au-dessous de l'horizon..	12°30.
Vitesse initiale de l'obus..	257 mètres à la seconde.	

Projecteur de 40 centimètres.

		OBSERVATEUR EN O_1.	OBSERVATEUR EN O_2.
Maison ou groupe de maisons sur fond sombre...	à l'œil nu...	d_1 = 1 km. 500 à 1 km. 800	d_2 = 2 km. 000 à 2 km. 500
	à la jumelle.	d_1 = 2 km. 000 à 2 km. 500	d_2 = 2 km. 500 à 3 km. 000
Maison ou groupe de maisons sur fond clair.....	à l'œil nu...	d_1 = 1 km. 000 à 1 km. 200	d_2 = 1 km. 400 à 1 km. 800
	à la jumelle.	d_1 = 1 km. 200 à 1 km. 800	d_2 = 1 km. 500 à 2 km. 200
Troupe en masse en effets clairs sur fond sombre..	à l'œil nu...	d_1 = 800 mèt. à 1 kilomèt.	d_2 = 1 km. 000 à 1 km. 400
	à la jumelle.	d_1 = 1 km. 200 à 1 km. 500	d_2 = 1 km. 400 à 1 km. 800
Homme isolé en effets clairs sur fond sombre.......	à l'œil nu...	d_1 = 600 mètres environ.	d_2 = 700 mètres environ.
	à la jumelle.	d_1 = 800 mètres environ.	d_2 = 1 kilomètre environ.

La réunion de ces chiffres permet de situer intelligemment le projecteur par rapport à la pièce de canon. En étudiant un peu celle-ci on constate que la vitesse initiale de l'obus est assez faible (ce qui est une conséquence de la légèreté, donc du manque de grande résistance du canon); on conclut de là que la trajectoire de l'obus doit être assez infléchie, ce que nous montre en outre le grand angle de tir maxima : 23 degrés, permettant le tir plongeant de 15 à 23 degrés.

Si l'on exécute un tir à grande distance, l'obus tombe donc sur un

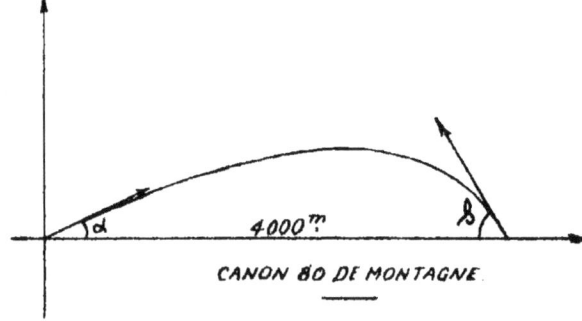

Fig. 196. — Canon 80ᵐᵐ de montagne.

plan horizontal avec un angle β assez grand. Le poids du projectile, quoique faible, produira une quantité de fumée assez condensée, grâce à l'angle de chute, et qui pourra être vue à une distance de 700 à 800 mètres avec une bonne jumelle et un bon éclairage du but. *On saisit ainsi approximativement quelles peuvent être normalement les distances respectives du canon, de l'observateur et du projecteur au but, à savoir, par exemple : le canon à 3 kilomètres du but; le projecteur à 1 kilomètre et l'observateur à 700 ou 800 mètres du but;* la position du projecteur et de l'observateur dépendant aussi du temps par lequel on opère.

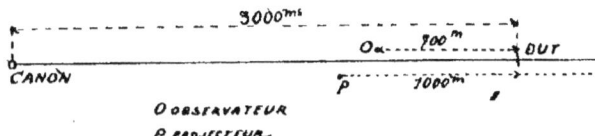

Fig. 197.

On voit ainsi immédiatement que LE SOIN D'ASSURER LA LIAISON DES ORGANES DOIT ÊTRE UN GROS SUJET DE PRÉOCCUPATION, l'installation, pour la commande par téléphone du projecteur, exigera environ $2^{km},500$ de pose de lignes. Quelquefois, l'observateur pourra commander optiquement; cette solution, ayant l'inconvénient de distraire l'électricien de sa manœuvre, qui consiste à donner le point très exactement et rapidement, fait que la commande optique ne doit être utilisée que si l'on ne peut établir une ligne téléphonique soit pour cause de manque de temps, soit que la construction en soit trop délicate.

ARTILLERIE LÉGÈRE DE CAMPAGNE. — CANON DE 75 MILLIMÈTRES ET PROJECTEUR DE 60 CENTIMÈTRES.

Ce qui caractérise la pièce de 75 millimètres, c'est : 1° la rapidité et la puissance de son tir ; 2° la possibilité de la faire agir par surprise.
Le projecteur qui fonctionnera avec une batterie d'artillerie devra donc être manœuvré rapidement et sûrement, par une équipe très exercée. Le réglage du tir du 75 millimètres peut être fait à l'aide de projectiles à forte charge intérieure, donnant au point d'éclatement un globe de fumée assez dense. Ce globe de fumée, très visible à l'aide du projecteur, peut gêner considérablement le tir de l'adversaire, sans que le tir des batteries amies définitivement repéré sur l'ennemi en soit ralenti. Au combat, les pièces étant en l'une des formations : 1° ordre de bataille, 2° ordre de bataille par pièces doublées, 3° ou en ordre de batterie, l'étendue du front occupé par les quatre pièces constituant la batterie est toujours de 50 mètres. Les pièces étant réglées de la même manière, à cause de la dispersion des coups, on aura, pour les points de chute, une répartition sur un rectangle de 50 à 200 mètres de profondeur, sur 50 à 100 mètres de large, admettant

comme centre sensiblement le point moyen. Ce rectangle montre que le projecteur devra être à une distance assez grande du but pour pouvoir l'éclairer tout entier. Le canon de 75 se remettant automatiquement en batterie, la succession des coups peut être assez rapide, par exemple de 12 à 15 coups à la minute en plein jour; de nuit, la vitesse doit être réduite de moitié, d'abord parce que les artilleurs n'y voient pas comme en plein jour, ensuite parce que le tir serait difficilement repérable dès qu'un certain nombre de coups aurait été tiré.

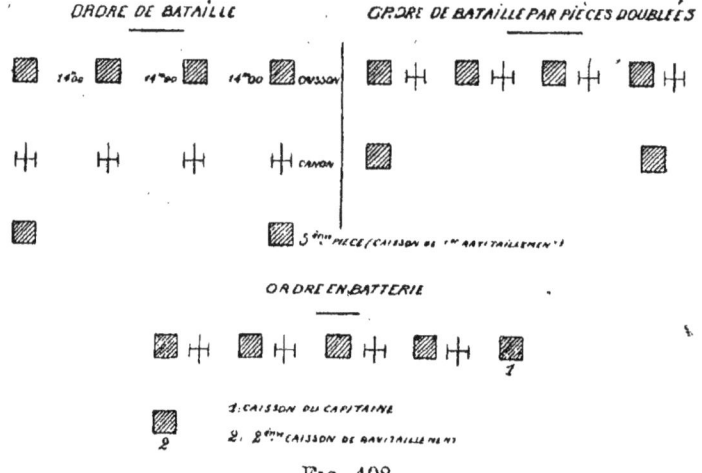

Fig. 198.

Le projecteur voit que la rapidité du tir sera :

En tir progressif, à huit coups par pièce : quarante secondes à une minute ;

En tir progressif avec fauchage, avec douze coups par pièce : une minute à une minute vingt secondes.

Dans le premier cas, chaque pièce tire deux coups sur la même hausse, faisant quatre tirs successifs.

Dans le second cas, chaque pièce tire trois coups sur la même hausse, en fauchant, c'est-à-dire tournant à chaque coup de 6/100° de la distance, soit, à 2 kilom. 500, d'environ 150 mètres.

L'électricien chargé du projecteur voit donc que l'espacement des séries de deux coups est de dix à quinze secondes pour le tir progressif. Pour le tir progressif avec fauchage, les séries de trois coups seront également espacées de vingt en vingt secondes.

On se rend ainsi compte que, dans un cas comme dans l'autre, on pourra procéder par alternative de démasquement et d'occultation, la durée de l'occultation étant relativement courte. Nous avons donné plus loin la vulnérabilité d'une troupe aux coups du tir progressif, puis du tir avec fauchage, puis du tir sur hausse unique; nous n'y reviendrons pas.

PROJECTEURS ÉLECTRIQUES A ARC.   289

Le tir avec fusant sur le personnel n'aura lieu que si celui-ci est en masse assez compacte et si son emplacement est bien repéré soit par l'observateur, soit par l'infanterie qui, placée en avant de l'observateur, avertit le commandement de la batterie avec laquelle elle opère en liaison.

Le tir au percutant se fera sur les maisons, sur les routes qui, quand elles sont éclairées, sont très visibles à cause de leur blancheur. Avec le tir au percutant, une batterie peut battre efficacement une zone d'obstacles de 25 mètres de largeur. Avec le tir fusant, la batterie peut battre à toutes les distances un front de troupes de 100 mètres sans fauchage, et de 200 mètres avec fauchage. On se rendra compte des effets du tir, grâce aux observateurs des tranchées, si l'observateur du projecteur ne peut constater les effets lui-même. Dans tous les cas, un tir ne sera répété sur un même but que si celui-ci a été utilisé par l'ennemi et si l'on est bien sûr du fait. Très souvent, des illusions d'optique entraînent l'observateur à faire diriger le feu sur des buts fictifs. POUR LE TIR D'ARTILLERIE, IL EST NÉCESSAIRE D'AVOIR D'EXCELLENTS OBSERVATEURS DE NUIT, CAR L'OBSERVATEUR D'ARTILLERIE EST SOUVENT APPELÉ A VOIR A DE GRANDES DISTANCES.

ARTILLERIE LOURDE DE CAMPAGNE ET PROJECTEURS DE 90.

Les projecteurs de 90, vu leur poids, ne peuvent être transportés à bras, on les a donc installés sur un petit chariot. Ces projecteurs, de grande puissance en tant que projecteurs de campagne, peuvent être avantageusement utilisés avec l'artillerie lourde de campagne, et notamment le 120 court ou le 155 court, dit Rimailho, dont les obus chargés : le 120 court, de 4 kgr. 120; le 155 court, de 12 kilogrammes d'explosifs (correspondant à 30 et 90 pétards d'explosifs du génie) sont susceptibles d'effets de destruction assez graves. Ces deux canons ont d'ailleurs, grâce à leur grand angle de tir, les facilités pour se défiler plus aisément derrière les crêtes. Tous deux peuvent, en effet, faire du tir vertical et produire, dans les bombardements, des effets d'écrasement. Le volume de fumées développé par l'explosion de l'obus explosif étant assez considérable et les coups assez espacés, on peut repérer très exactement le tir de nuit. Dans certains cas, on pourra repérer le tir très exactement, en visant la colonne de fumée avec le projecteur et en s'arrangeant pour que le cône du faisceau soit tangent au pied de la colonne de fumée. Soit β l'angle de site, $(\beta - \alpha)$ l'angle A O B. En cherchant de jour le point de site $(\beta - \alpha)$ sur le rayon répondant à O A, on trouvera A et par suite O A, la distance horizontale, qui sera approximativement la vraie, si l'angle de site est faible. Si l'angle de site est grand, on a, pour la distance du projecteur au but, O A_1, en prenant $A O A_1 = (\beta - \alpha)$, et $O A A_1 = 90°$.

Les canons tirant à 5.700 mètres (120 c.) et 6.400 mètres (155 c.) comme distances maxima, et à 3.200 mètres et 4.000 mètres en tir normal, et le projecteur de 90 pouvant éclairer des groupes de maisons à 4 kilomètres, on voit immédiatement comment pourront manœuvrer ensemble un projecteur de 90 et ces canons de moyen calibre.

290   LES PROJECTEURS DE CAMPAGNE.

L'installation dépendra du terrain; nous n'insisterons plus sur ce sujet.

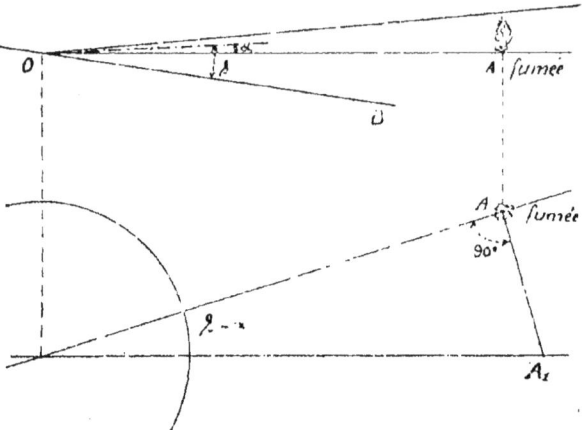

Fig. 199.

LUTTE D'ARTILLERIE CONTRE ARTILLERIE.

Dans tout combat, l'artillerie est l'auxiliaire indispensable de l'infanterie. Elle doit, pour agir efficacement, faire taire l'artillerie ennemie. De jour, le problème est délicat, en ce sens que les batteries sont toujours difficiles à repérer; de nuit, le repérage d'une batterie ennemie, si l'on ne distingue les lueurs dès sa mise en action, est impossible. L'artillerie ne peut donc bombarder l'artillerie adverse que si elle connaît son emplacement exact repéré de jour. Dans la plupart des cas, les résultats du bombardement ne pourront être constatés avec un projecteur; aussi ne nous étendrons-nous pas sur ce chapitre.

LUTTE D'ARTILLERIE CONTRE INFANTERIE.

L'artillerie peut détruire les convois, les troupes marchant en rangs serrés, bouleverser les tranchées de l'adversaire, préparer l'attaque d'un village par le bombardement. Dans tous ces cas, le projecteur sera un auxiliaire important de l'artilleur, et son emploi s'impose. Au moment d'un assaut d'une position ennemie, dès que les contacts des deux troupes ont lieu, le projecteur pourra éclairer le terrain de lutte, afin de troubler le tir de l'ennemi sans gêner la progression de ses troupes tournant le dos au projecteur, et distinguant l'ennemi nettement. Le projecteur, dans ce cas, est d'ailleurs supposé agir à grande distance, et seulement quand les corps à corps sont engagés, sans quoi l'ennemi, avec ses mitrailleuses, aurait des cibles bien visibles et réduirait les effets de l'attaque si le projecteur entrait en scène trop tôt.

LUTTE D'ARTILLERIE CONTRE AVIONS.

Nous parlerons sur ce chapitre quand nous verrons la tactique combinée entre avions et projecteurs.

LUTTE D'ARTILLERIE CONTRE MITRAILLEUSES.

L'artillerie détruit facilement les mitrailleuses, si elles sont repérées. La difficulté est d'exécuter le repérage. Si celui-ci a pu être fait, le projecteur entrera efficacement en action pour régler le tir des batteries.

Nous ne nous étendrons pas plus sur la tactique combinée de l'artillerie et du projecteur. Des quantités de combinaisons se présentent dans la pratique. Nous ne pouvons, évidemment, en envisager que quelques-unes. Ce sera au chef de section, en réunissant tous les renseignements nécessaires à la manœuvre, de réaliser intelligemment celle-ci d'une manière analogue à celles que nous avons données ici.

2° Manœuvre combinée de la mitrailleuse et du projecteur.

Nous avons, au sujet de l'artillerie, indiqué que le croquis de repérage devait être approprié à l'arme avec laquelle le projecteur opère. Dans le croquis pour mitrailleuse, ce qui intéresse particulièrement, c'est l'indication exacte des défilés, des cheminements, routes où peuvent passer les troupes. On se rend compte ainsi des raisons déterminantes du choix de l'emplacement du projecteur qui doit, par conséquent, voir le plus grand nombre de points stratégiques au point de vue passages de troupes; ces points devant être battus efficacement par le tir de la mitrailleuse et être vus distinctement par l'observateur de l'emplacement qu'il s'est choisi.

Nous verrons plus loin que, jusqu'à 1.300 mètres, la trajectoire de la mitrailleuse est très tendue; en terrain accidenté, jusqu'à cette distance, le champ de tir de la mitrailleuse sera donc le plus souvent de peu d'étendue, le moindre monticule créant des zones que la mitrailleuse ne bat pas. Il est vrai que, si l'on dispose d'un certain nombre de mitrailleuses accouplées intelligemment avec des projecteurs, la zone neutre de tir des mitrailleuses peut être réduite dans de notables proportions. On veillera alors à placer les mitrailleuses et les projecteurs de façon que chaque mitrailleuse serve d'appui à la voisine. Si la distance dépasse 1.300 mètres, la trajectoire s'incurve, et la mitrailleuse peut, si les pentes du mamelon sont très faibles, battre toute la zone de terrain en avant d'elle. Ce point est intéressant.

Supposons que le projecteur P_1 opère, en même temps qu'une mitrailleuse M_1, dans un pays très légèrement accidenté. Si un ennemi se voit éclairé par le projecteur, très souvent il se croira vu et cherchera à fuir le faisceau. D'instinct, le plus souvent, il ira vers les zones d'ombre. Si les mitrailleuses M_1 et M_2 font un tir d'arrosage dans ces zones d'ombre, elles créeront fort souvent à l'ennemi des pertes sérieuses. L'essentiel, dans une telle manœuvre, est de posséder un autre projecteur P_2, associé à M_2, flanquant celui P_1, qui opère avec la mitrailleuse M_1, de manière à pouvoir éclairer les zones d'ombre produites par P_1 pendant le tir convergent de M_1 et de M_2. Evidemment, une telle manœuvre ne réussira pas toujours, mais elle pourra être exécutée un certain nombre de fois. Elle mettra par la suite l'ennemi dans l'indécision, par crainte d'une feinte l'entraînant dans un traquenard.

Ce qui caractérise la mitrailleuse, c'est la rapidité du tir. Pour juger des effets, il faut, avec le projecteur, démasquer exactement au premier coup où l'on tire. La rapidité avec laquelle le projectile atteint le but à plus de 1.000 mètres est de quelques secondes. De

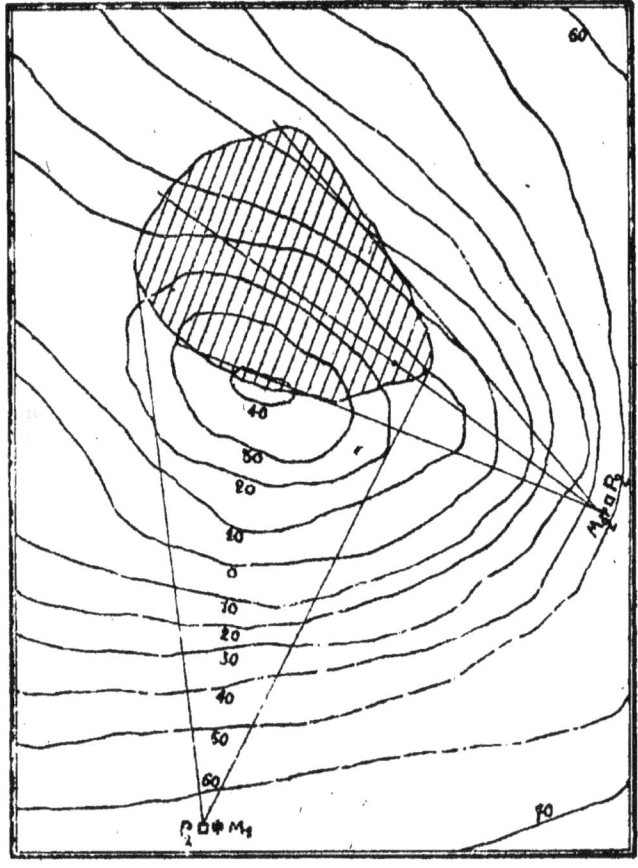

Fig. 200.

nuit, il est d'ailleurs très délicat de juger des effets du tir sur des groupes trop petits ou des isolés. Il faudrait, pour cela, avoir des observateurs près de l'ennemi. La mitrailleuse ayant liaison avec l'infanterie dont elle fait partie intégrante, peut précisément commander une certaine zone avantageusement, si elle a un certain nombre d'observateurs de tranchées lui donnant le résultat de ses tirs. Nous avons dit que la mitrailleuse peut sans danger tirer par-dessus les troupes auxquelles elle est affectée; ce fait prouve que la mitrailleuse peut être sérieusement en arrière des troupes qu'elle dessert. La mitrailleuse qui veut opérer de nuit avec le projecteur doit faire son repérage de jour sur tous les emplacements qu'elle a choisis pour

Fig. 201.

tirer. Tous les points importants doivent être indiqués très exactement, de façon à ce qu'il n'y ait aucune erreur possible au moment de l'exécution des tirs. Le repérage des points pour la mitrailleuse, doit être tel que, près de chaque point important figure la hausse qui correspond à ce point suivant la distance, l'angle de site et l'angle de dérive coté par rapport à une ligne de base, la ligne nord-sud par exemple. Le projecteur et la mitrailleuse doivent être installés à la chute du jour, de façon à bien situer les appareils pour ne pas avoir d'erreur de manœuvre. L'observateur possède les deux croquis de tir de la mitrailleuse et de repérage du projecteur. Il a toujours son poste téléphonique branché en embrochage sur la ligne réunissant la mitrailleuse à l'électricien. Le sergent mitrailleur étant à son emplacement, le projecteur allumé en position d'attente, l'observateur, après exploration du paysage avec le projecteur, découvre un convoi, il le situe et indique au projecteur et au mitrailleur l'emplacement du but. Ceux-ci, tour à tour, annoncent : « Mitrailleur prêt », « Projecteur prêt ». L'officier observateur annonce : « Projecteur, ouvrez »; il observe s'il est confirmé que l'ennemi est au but; il crie : « Mitrailleur, feu ! » Celui-ci cesse le feu quand il en a reçu l'ordre : (« Mitrailleur, cessez le feu »). De même, le projecteur éteint à l'ordre : « Projecteur, fermez ». Vu la rapidité avec laquelle se succèdent les balles, on ne tire guère plus de 150 à 200 balles par rafale, ce qui correspond, pour le projecteur, à un éclairage maximum d'une minute, temps pendant lequel le projecteur est assez difficilement repéré. Un chef d'équipe de projecteur qui veut opérer intelligemment avec une mitrailleuse doit se renseigner sur les caractéristiques de celle-ci. Il doit donner les indications utiles sur le fonctionnement de son projecteur.

La mitrailleuse étant très mobile vu sa légèreté, un projecteur manœuvrant avec elle devra être doué des mêmes qualités. Ainsi, la mitrailleuse de montagne peut s'associer facilement avec le projecteur à dos de mulet. Ces deux appareils pourront franchir les mêmes terrains et les mêmes rivières par les mêmes défilés. Ces petits détails ont, en manœuvre, une grosse importance. Si l'on opère en stationnement prolongé, on pourra accoupler les projecteurs de 60 avec des mitrailleuses; mais on aura soin de créer un soutien du projecteur dont le repliement exige un certain temps. Chaque chef d'équipe doit exercer ses hommes à mettre en batterie ou replier avec la plus grande célérité, ces manœuvres pouvant influer sérieusement sur le sort des appareils et sur la sécurité des hommes qui les desservent.

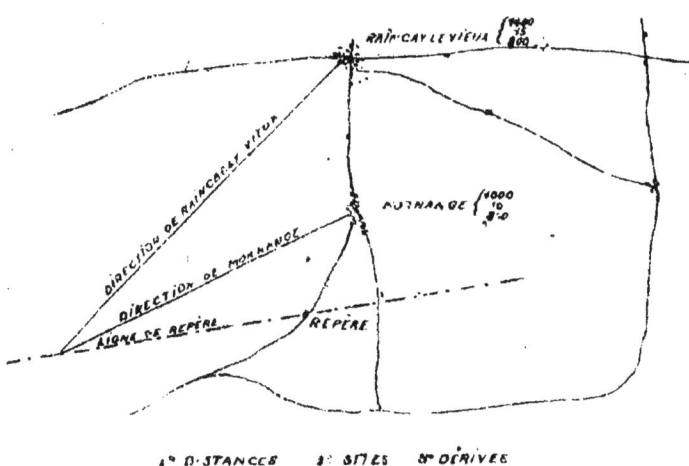

Fig. 202. — *Croquis de tir de mitrailleuse.*

Nous avons vu que la mitrailleuse, comme le canon, peut exécuter des tirs de fauchage. Suivant l'amplitude du mouvement de fauchage, le projecteur restera fixe ou balayera la zone battue. L'officier observateur, dans ce cas, indiquera au projecteur ce qu'il doit faire, à l'aide des commandements réglementaires. Pour ce qui est du choix des emplacements par rapport au but, on peut dire qu'il sera soumis, encore plus dans ce cas que dans le cas de l'artillerie, à la configuration du sol, vu la tension de la trajectoire de la mitrailleuse et la distance à laquelle son tir est efficace. On placera la mitrailleuse rarement à une distance supérieure à 1.500 mètres du but. Le projecteur, s'il est de 60 centimètres, pourra se placer à 1.500 mètres du but environ au maximum; s'il est de 40 centimètres, il se tiendra à 1 kilomètre environ. Quant à l'observateur, il pourra avantageusement se placer à 400 ou 500 mètres en avant du projecteur si possible. Toutes ces données ne sont pas fixes, mais peuvent servir de première approximation et d'exemple.

3° **Infanterie.**

Les théories sur la tactique de l'infanterie au combat ont été modifiées sérieusement par le caractère tout nouveau du combat dans la guerre actuelle. Le rôle joué par l'artillerie et sa puissance sont tels que l'infanterie s'est vue dans l'obligation de se terrer, de défendre le sol en se retranchant et se fortifiant sérieusement, créant des ouvrages d'art importants. Ces tranchées ont permis de réduire sensiblement les pertes et de résister à des tirs d'artillerie aussi intensifs que prolongés.

La guerre ayant pris un caractère de guerre de siège et non de mouvement, comme nous le prévoyions, l'infanterie a dû se plier à une nouvelle tactique, que nous allons essayer d'exposer brièvement.

GUERRE DE TRANCHÉE.

Partout où le sol se prête à l'exécution de tranchées, elles ont été faites, aussi bien dans le parti ennemi que dans le nôtre. La distance des tranchées est très variable, suivant la configuration du sol qui influe aussi sur leur tracé. Sur certains points du front, les tranchées adverses sont distantes de quelques dizaines de mètres, permettant la guerre de mines. Dans ces cas, on évite les dangers du bombardement par l'artillerie adverse qui pourrait, en exécutant un tir, bombarder aussi bien ses tranchées que les nôtres. Au point de vue de l'emploi du projecteur, il est à peu près inutile à des distances aussi réduites. Lorsque les tranchées sont à des distances atteignant 150 à 200 mètres, la guerre de mine, quoique possible, devient délicate; le tir de l'artillerie peut être exécuté, mais il est encore dangereux pour les tranchées qu'il défend, et la plus légère erreur de pointage peut être désastreuse. Par contre, le tir de la mitrailleuse peut être effectif et empêcher les soldats occupant la tranchée de lever la tête pour regarder les mouvements de troupe.

On pourra utiliser de fortes lanternes ou des projecteurs oxyacétyléniques, la nuit, pour exercer la surveillance des ouvrages accessoires de défense (réseaux de fil de fer, trous de loups, abatis, réseaux Brun, etc.); ces projecteurs pourront être combinés avec des mitrailleuses commandant la zone de terrain où sont installés les ouvrages accessoires de défense. Les gros projecteurs pourront avantageusement être utilisés pour indiquer l'emplacement des tranchées ennemies, si celles-ci sont à des distances suffisantes des tranchées amies, à condition, toutefois, que la distance à laquelle les tranchées ennemies sont du projecteur ne soit pas par trop considérable. Il faut veiller en outre à ce fait que si le faisceau du projecteur est rasant, une petite erreur de pointage peut entraîner l'éclairage des tranchées amies.

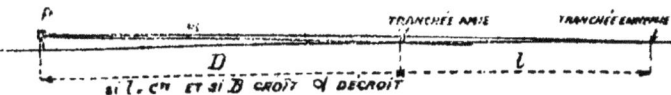

Fig. 203.

Quand on éclaire, il vaut donc toujours mieux prendre un angle de site trop grand qu'un trop petit, et descendre le faisceau vers le but pour l'amener exactement à l'emplacement voulu que de l'élever.

Le projecteur pourra servir utilement pour l'exécution des tirs de nuit, pour prévenir les troupes d'une attaque ennemie à la suite d'une exploration du terrain. Nous allons, ici, donner la marche à suivre pour l'exécution pratique des tirs de nuit.

Pour l'infanterie, le croquis perspectif peut être très avantageusement utilisé, comme nous l'avons vu. Ce croquis, exécuté dans les mêmes conditions que le croquis perspectif de l'artillerie, doit toutefois subir de profondes modifications résultant de ce que le paysage vu de jour n'est pas du tout identique à celui vu de nuit. C'est pourquoi on ne saurait trop recommander à MM. les officiers observateurs de s'exercer consciencieusement à se rendre compte des modifications apportées à la visibilité d'un paysage vu de jour, quand on le revoit la nuit dans le faisceau du projecteur. Nous avons longuement insisté sur ce sujet plus haut, nous n'y reviendrons donc pas.

Pour l'exécution du croquis perspectif, il faudra, par conséquent, négliger un certain nombre de détails, mais noter consciencieusement tous les points saillants de nuit (maisons sur fond sombre, masses foncées sur fond clair, routes, points de passage, etc.). Nous avons d'ailleurs donné, plus haut, le moyen de dresser le croquis perspectif. Nous allons, ici, donner surtout la manière de commander le projecteur, qui est la partie la plus délicate.

L'officier observateur d'infanterie, muni de son croquis perspectif, se place à son poste d'observation. Il est relié téléphoniquement avec l'électricien du projecteur d'une part, avec le commandement d'autre part, grâce au dispositif de poste embroché que nous indiquerons plus loin.

Supposons que l'on veuille exécuter une manœuvre. L'officier observateur commande l'exploration du terrain : « Site tant, dérive tant (1) — Projecteur, ouvrez — Projecteur, fermez. » Il demande ensuite autant de points qu'il le désire par ces mêmes commandements. Il peut même demander que le projecteur balaye une certaine zone, pas trop lentement, à condition que cette zone ne corresponde pas à de grands angles de rotation : 5 degrés au plus, et la durée de l'éclairage à plus de vingt secondes.

Cette méthode ne doit être pratiquée que très rarement, sans quoi l'ennemi, averti, se dérobe en se couchant sur le sol. Il vaut mieux procéder par alternatives de lumière et d'obscurité, en pointant pendant l'obscurité le projecteur vers des points à examiner, mais sans loi précise, car les résultats seraient aussi mauvais que de balayer l'horizon. L'ennemi se rendrait compte de la loi des coups de sonde, et pourrait se dissimuler en temps voulu.

Il commandera alors : « Site tant, dérive de tant à tant — Projecteur, ouvrez ». Le projecteur démasquera, puis son faisceau balayera lentement l'espace. Quand il sera arrivé à la dérive correspondant à sa fin de course, il n'éteindra pas de lui-même, à moins qu'il en ait reçu l'ordre. L'officier ordonnera alors : « Projecteur, fermez ». L'officier observateur notera ce qu'il a vu, puis recevra du commandement des

---

(1) Site (haut *n*, bas *n*); Dérive (droite *n*, gauche *n*).

renseignements sur ce qui a pu être remarqué. Il pourra ainsi juger s'il y a concordance entre ce qu'il a observé et ce que les sentinelles des tranchées ont vu. Si la présence de l'ennemi a été constatée en un certain point, on pourra exécuter des tirs. Pour cela, le commandement indique ce qu'il désire. L'officier observateur se charge de l'exécution. Il est évident que l'officier observateur doit avoir vu tous les postes de tir et doit connaître leur champ d'action, de façon à éclairer le paysage en conséquence.

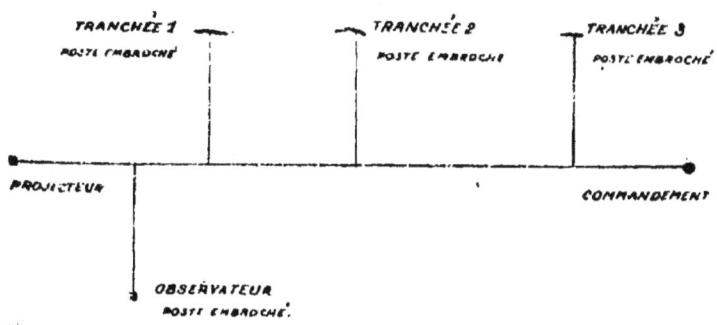

Fig. 204.

Le tir doit s'exécuter avec une grande rapidité; il faut donc avoir un réseau téléphonique très bien organisé. L'officier observateur, les chefs de section dans les tranchées sont embrochés sur la ligne 1, 2. Les postes 1, 2, 3, les postes 4, 5, 6 sont également émetteurs et récepteurs. L'officier observateur commande : « Exécution de tel tir, sur tel but ». A ce commandement, les chefs de tranchée donnent ces ordres à leurs hommes, et répondent : « Tranchée 1, prêt — tranchée 2, prêt — tranchée 3, prêt ». L'officier observateur commande : « Projecteur, site tant, dérive tant — ouvrez ». Le projecteur exécute. L'officier observateur commande : « Tranchées, joue », puis : « feu ». Pendant le feu, il observe; dans les tranchées, les officiers munis de jumelles peuvent également observer les effets de leur tir. L'observateur commande : « Tranchées, cessez le feu », puis, le tir achevé : « Projecteur, fermez ». A ce commandement seulement, le projecteur s'éteindra.

Ces manœuvres, pour être efficaces, doivent être exécutées avec une très grande célérité, condition de leur succès. D'ailleurs, le mécanisme en est si simple qu'une ou deux applications suffiront pour habituer les hommes et les cadres à cette manœuvre. Le commandement pourra ainsi garder en main toute sa troupe et la diriger comme il l'entendra, en donnant des ordres après chaque manœuvre qui sera dirigée par l'officier observateur d'après ses ordres.

Malheureusement, jusqu'ici aucune méthode n'a été indiquée pour coordonner les actions simultanées des différentes armes. L'usage du téléphone doit être très répandu, et sa protection assurée. La manœuvre doit être menée lentement, mais à coup sûr. La liaison entre l'électricien et le groupe générateur d'électricité peut être assurée optiquement ou téléphoniquement, à l'aide du téléphone des projecteurs de campagne. Tous les autres téléphones doivent être du type courant de téléphone de campagne. Quand la liaison téléphonique ne peut être réalisée, par suite du tir intensif de l'ennemi, on exécute optiquement tous les commandements à l'aide des signaux indiqués dans le cours de ce manuel.

L'ASSAUT.

A côté de la défensive se trouve l'offensive. L'offensive, aujourd'hui, se manifeste le plus souvent par l'assaut. Toute offensive doit être préalablement préparée par de l'artillerie et achevée par l'infanterie. *De nuit, le secours du projecteur est de grande importance*, puisqu'il doit aider à la fois l'artillerie puis l'infanterie. Nous allons essayer, ici, de donner une idée exacte de la façon de procéder. Nous indiquerons le moyen d'assurer toutes les liaisons, de façon à ce qu'aucune erreur de manœuvre n'ait lieu.

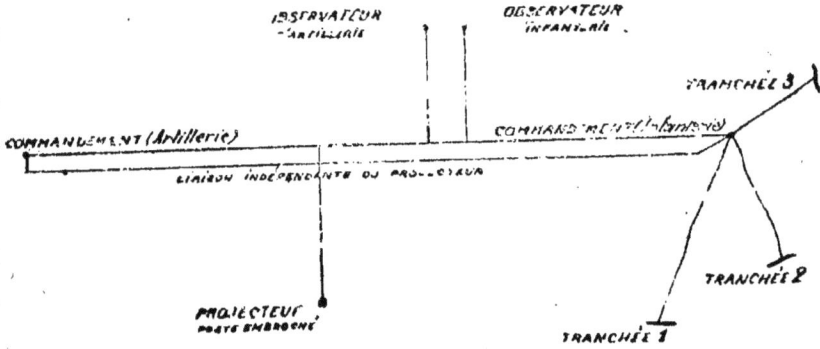

Fig. 205.

Le poste d'observation comporte deux observateurs : l'un pour l'artillerie, l'autre pour l'infanterie. L'artilleur et le fantassin sont tous deux munis de téléphones embrochés sur la même ligne réunissant le commandement artillerie et le commandement infanterie. Le projecteur (électricien) a aussi son téléphone embroché sur la même ligne. Avant l'action, les deux commandements indiquent rapidement le but de la manœuvre, les trois autres postes entendent. Muni de son croquis de repérage, le commandant de la batterie d'artillerie, l'officier observateur et le projecteur exécutent le tir dans les conditions exposées au paragraphe Tactique de l'artillerie. Ils écoutent, le tir achevé, les indications de l'observateur artilleur, puis celles de l'observateur d'infanterie. Les deux commandements reprennent alors la conversation et décident si un nouveau tir d'artillerie est nécessaire ou non. Si oui, on répète la même manœuvre, sinon, l'infanterie décide l'assaut et arrête le tir de l'artillerie. L'officier observateur d'infanterie exécute alors les commandements de la manœuvre du projecteur et de la troupe d'après les ordres qui lui sont donnés et la méthode indiquée plus haut. Sa liaison reste constante avec des postes d'observation T_1, T_2, T_3; elle lui donne tous les renseignements sur la situation tactique du moment et lui permet de communiquer avec le projecteur. L'artillerie est en même temps mise au courant de tout ce qui se passe dans son secteur, et peut secourir rapidement l'infanterie si c'est nécessaire.

Le projecteur, dans l'assaut, peut servir à guider les troupes vers le but. On lance vers celui-ci quelques coups de sonde, et l'on éclaire le but seulement au moment de l'abordage. On aveugle ainsi l'ennemi qui ne peut régler son tir avec précision et l'on permet à l'offensive de développer son action avantageusement.

L'assaut ne doit être ordonné que si l'on connaît bien la région à traverser, de façon à éviter les traquenards tendus par l'ennemi. Autant que possible, l'assaut devra être donné par surprise : l'infanterie, chargée de l'attaque finale, doit gagner par des cheminements défilés un couvert d'où elle s'élancera sur l'ennemi à courte distance, en mettant baïonnette au canon. La baïonnette ne doit être mise au canon qu'au dernier moment, car sa visibilité, sous le faisceau d'un projecteur ennemi, est considérable à de grandes distances, ainsi que les sabres, les liseurs de cartes à plaque de mica, etc., et tous les objets métalliques brillants. Les troupes d'assaut, échelonnées en profondeur dans les formations les plus souples et les moins vulnérables, se portent résolument, baïonnette au canon, à la hauteur des troupes engagées, augmentant l'intensité de leur charge au moment où le chef fait battre et sonner la charge. C'est précisément à ce moment que le projecteur pourra éclairer le but.

Après toute attaque réussie, si la marche offensive doit être poursuivie, le combat est repris par les troupes qui ont le moins souffert ou des troupes fraîches; les troupes ayant exécuté l'attaque se réorganisent. On a préconisé l'emploi du projecteur pour rallier les troupes après le combat; cette méthode ne semble pas être la meilleure; on peut toujours craindre, en se faisant voir, que les mitrailleurs ennemis déciment la troupe, et la largeur du faisceau ne permet pas, le plus souvent, de fixer un point précis.

Il serait de la plus grande utilité qu'une courte conférence soit faite aux soldats sur les propriétés des projecteurs, afin qu'ils se rendent compte du danger qu'ils courent à manœuvrer en les méconnaissant. Nous allons donner ici quelques indications sur l'exécution des tirs.

EXÉCUTION DES TIRS.

L'infanterie peut, dans des conditions normales, se trouver en avant des projecteurs à une distance pouvant aller jusqu'à 1.500 mètres; elle est alors susceptible d'exécuter des tirs efficaces sur des objectifs éclairés apparaissant à des distances entre 200 et 400 mètres, suivant que la troupe est plus ou moins éloignée des projecteurs et que la couleur des habits de la troupe est plus ou moins apparente sur le fond sur lequel cette troupe se détache.

En général, on emploie de préférence les projecteurs par groupes de deux, l'un pour rechercher les objectifs, l'autre pour les maintenir en lumière et permettre de diriger le tir contre eux. (Cette organisation est analogue à celle de la marine, qui a les feux de reconnaissance et les feux de tir.) On peut ainsi continuer à fouiller le terrain pendant que s'exécutent les tirs, de façon à éviter toute surprise, l'ennemi pouvant vous présenter un but pendant qu'il exécute un mouvement enveloppant soit à droite, soit à gauche. Le projecteur permettra de reconnaître les mouvements de l'ennemi et ses formations de marche.

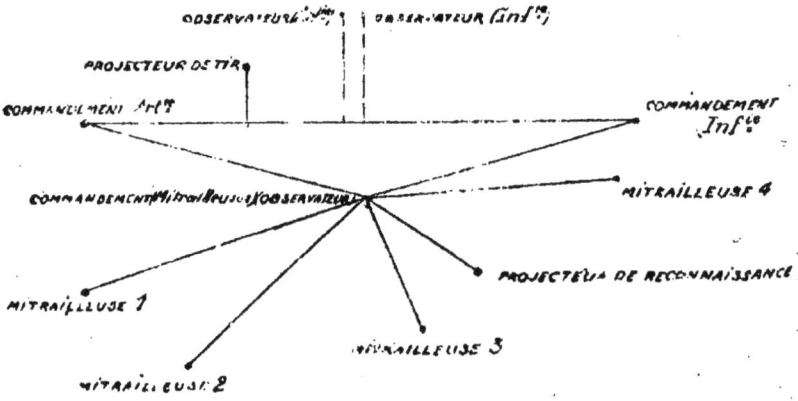

Fig. 206. — *Schéma des liaisons.*

L'exécution du tir de nuit est facilitée par ce fait que le guidon et le cran de mire du fusil se détachent nettement en noir sur le fond éclairé vers lequel on vise. De nuit, un tir ne doit s'exécuter sur l'isolé que s'il se trouve à une distance très réduite, 100 mètres environ. A des distances de plus de 400 mètres, on ne tire efficacement que sur des groupes. Les tirs doivent d'ailleurs être exécutés par rafales courtes, subites, violentes. A cet effet, le feu de salve bien commandé peut donner de très bons résultats, car il permet de tenir en main sa troupe et de coordonner plus aisément l'action du projecteur et de la troupe qu'il dessert.

Nous avons indiqué, plus haut, un mode de liaison de l'artillerie et de l'infanterie avec un projecteur. Souvent, l'infanterie pourra disposer d'une ou plusieurs sections de mitrailleuses destinées à battre tous les points de passage obligé, les lisières des bois, les débouchés de pont, de gué, les routes carrossables pour les convois. Ces mitrailleuses, reliées avec le secteur, pourront disposer avec fruit du projecteur de reconnaissance pendant que l'artillerie et l'infanterie disposent du projecteur de tir. On pourra alors avoir un système de liaisons analogue à celui que nous indiquons schématiquement ici. Le commandement des mitrailleuses pourra prévenir de tout danger les troupes d'infanterie et renseigner l'artillerie sur les mouvements de l'ennemi.

PROJECTEURS ÉLECTRIQUES A ARC.

Si, au cours d'un combat, le défenseur doit céder le terrain sous la pression de l'assaillant, il exécute sa retraite par échelons, le projecteur continuant à éclairer le terrain sur lequel s'avance l'ennemi, tout en évitant autant que possible d'éclairer le défenseur. *Un projecteur engagé ne doit se retirer, même sous une pression très menaçante de l'assaillant, que s'il en reçoit l'ordre du commandant de la troupe auquel il est affecté, son rôle naturel étant d'éclairer jusqu'au dernier moment.* Si le projecteur est repéré, il sera toutefois prudent de le déplacer, mais à condition de le faire de nouveau éclairer immédiatement.

Si le secteur dispose de plusieurs projecteurs, on sera parfois conduit à prévoir le retrait successif par échelons des projecteurs mis en jeu, les projecteurs avancés se retirant dès que ceux placés en arrière sont à même d'éclairer suffisamment l'ennemi. De tels cas sont exceptionnels, par exemple, pour la défense de positions avancées. Lorsqu'on a à craindre un tel mouvement, il est de toute utilité de créer en prévision un réseau de liaisons, de façon que les communications puissent être assurées très rapidement.

PROJECTEURS MIS AU SERVICE DE L'INFANTERIE.

Les projecteurs utilisés par l'infanterie sont surtout ceux de 35 (oxyacétyléniques et électriques), dont nous avons vu l'utilisation, dans la défensive, pour éclairer les abords immédiats du front d'action, et ceux de 40 et de 60 qui sont photo-électriques. La grande question, pour l'emploi de ces projecteurs, est celle de la mobilité. Les projecteurs de 40, portés à bras d'homme, à dos de mulet ou hippomobiles, sont susceptibles de passer à peu près partout où passe l'infanterie. Les projecteurs de 60 peuvent passer dans tous les terrains praticables à l'artillerie légère de campagne (canon de 75 millimètres). Ils ne peuvent franchir les passerelles, mais traversent à allure lente les ponts de petits pilots renforcés. On peut ainsi se rendre compte aisément si tous les mouvements de l'infanterie sont praticables pour les projecteurs.

Pour ce qui est des projecteurs automobiles, ils seront astreints à se déplacer sur route et garderont le plus souvent l'appareil sur la voiture-usine. Leur déplacement rapide pourra rendre leur repérage très délicat, mais leur emploi ne peut guère être utilisé pour une guerre de position, leur protection étant pour ainsi dire nulle, puisque le projecteur opère sur route en des points peu défilés. Ces points pourront toutefois être organisés avec des sacs à terre garantissant l'automobile du côté de l'ennemi.

Le projecteur automobile peut être avantageusement utilisé dans la guerre de mouvement. Sa tactique toute spéciale sera développée plus loin, au chapitre indiquant le rôle du sapeur projecteur.

4° Cavalerie.

La cavalerie, par sa tactique, ne peut être combinée que fort rarement avec les projecteurs. Son principal but étant d'effectuer la charge et d'assurer la sûreté immédiate des troupes avec lesquelles elle est en liaison, son action est plus effective de jour que de nuit. On pourra, toutefois, dans certains cas, pendant l'exploration du terrain par le projecteur, utiliser les cavaliers pour compléter la reconnaissance du terrain.

5° Aviation et navigation aérienne.

AVIATION.

Une nouvelle arme est apparue dans la guerre actuelle et y joue un rôle très important, c'est l'aviation. L'action des avions comme engins de bombardement et, d'autre part, le peu de vulnérabilité qu'ils présentent, font comprendre que l'action simultanée du projecteur et de l'avion, dans bien des cas, pourrait rendre les plus grands services.

Un pays à bombarder peut être facilement éclairé, à distance convenable, par un projecteur de 60. L'officier ou le sous-officier observateur placé dans l'avion pourra régler l'éclairage du but en commandant optiquement le projecteur. L'avion sera très difficilement visible de l'ennemi, s'il se tient à une hauteur suffisante au-dessus de ses projecteurs. Il est utile, à ce sujet, de rappeler aux aviateurs qu'ils se croiront souvent vus alors qu'ils ne le sont pas: nous en avons indiqué la raison plus haut, nous n'y reviendrons pas. Aussi, dans la majeure partie des cas, l'avion pourra-t-il bombarder à coup sûr la position éclairée. De même, il pourra avantageusement lancer ses fléchettes sur les tranchées ennemies. Ces idées, pour neuves qu'elles soient, sont d'une application très aisée et pourraient causer à l'adversaire des pertes sensibles.

On pourra encore se servir du projecteur pour diriger les avions à de grandes distances, la nuit, et leur permettre, à l'aide de signaux conventionnels variables chaque jour, de retrouver leur base d'appui de nuit. L'emploi du projecteur à la signalisation nous donne ainsi un moyen pratique de lier des avions à leur point d'attache. On pourrait par suite, au moment d'une attaque de nuit, commander des avions aisément, alors que ceux-ci, en arrière des lignes ennemies, bombarderaient les batteries ennemies, repérées grâce aux lueurs, et surveilleraient les routes ou défilés pour les troupes, empêchant l'action de l'artillerie ennemie et l'arrivée de renforts de s'exécuter.

L'avion pourra encore bombarder avantageusement ou mitrailler les détachements ennemis qu'il voit et dont il peut s'approcher suffisamment sans être vu. Il pourra, si le faisceau ne l'éclaire pas et éclaire la troupe même, descendre très bas, la troupe aveuglée ne pouvant le remarquer. On fera bien, à cette occasion, de recommander aux projecteurs opérant avec des avions amis de ne jamais élever le faisceau au delà d'un certain angle, de façon que l'avion ne soit pas obligé de rester à une distance par trop considérable du sol exploré: d'ailleurs, le plus souvent, le faisceau formera masque pour les troupes ennemies qui se trouvent dans le faisceau ou au-dessous de lui.

Dans la manœuvre contre les retranchements ennemis, l'avion peut craindre le tir de l'artillerie, de la mitrailleuse ou du fusil. Si l'avion n'est pas éclairé et vu, un tir dirigé dans l'espace n'aura, le plus souvent, pour lui, aucune influence funeste; de plus, comme nous le verrons, toutes les batteries d'artillerie et même les mitrailleuses ne sont pas nécessairement disposées pour faire du tir vertical.

Nous pouvons noter ici que les avions sont munis, le plus souvent, de projecteurs leur assurant la faculté d'atterrir sans inconvénients. Toutefois, un gros projecteur peut avantageusement éclairer le terrain où ils se reposeront sur les terrains d'atterrissage. Les avions peuvent, d'ailleurs, se servir de leurs projecteurs comme modes de liaison pour les tirs de nuit.

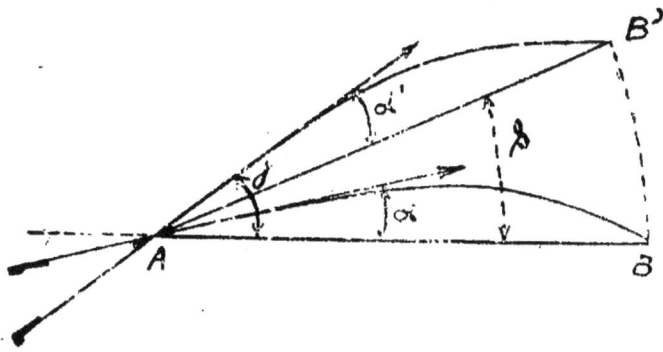

Fig. 207.

De jour, les avions pourront également se lier avec le commandement, à l'aide de projecteurs puissants dans le champ desquels il se trouveront constamment, par suite d'une manœuvre appropriée du projecteur portant une lunette parallèle à son axe optique.

TIR SUR AVIONS AVEC FUSIL ET MITRAILLEUSE.

A cet effet, nous donnons ici quelques renseignements pour le tir du fusil et de la mitrailleuse sur les avions, de jour comme de nuit. Nous savons, en effet, que le tir sur avions exige certaines corrections de la hausse, si l'on veut réellement atteindre le but. Le tir des artilleurs doit subir des modifications analogues. Supposons que, de A, on veuille lancer un projectile sur B, et admettons que A et B soient dans un même plan horizontal; l'angle fait par l'axe du canon du fusil avec le plan horizontal passant par A B sera *l'angle de tir*; il dépend de la vitesse initiale du projectile, de la résistance de l'air, de la forme du projectile, de la pesanteur, etc., etc. Supposons qu'au lieu de viser le point B, on veuille viser le point B', qui se trouve à une même distance du point A que le point B; le fusil prendra une nouvelle inclinaison définie par l'angle γ. L'angle formé par A B' avec un plan horizontal sera *l'angle de site*. L'angle de tir sera ici égal à $\gamma - \beta = \alpha'$.

On constate que, si l'on fait tourner le point B autour de A en l'élevant, l'angle de tir doit être modifié. On exécute cette opération en modifiant la hausse du fusil.

La hausse corrigée est donnée par la formule $x' = x \cos \beta$.

En fonction de la distance, la hausse x est exprimée en millièmes par le tableau suivant :

DISTANCE. A B.	α en millièmes.	DURÉE en secondes.	DISTANCE A B.	α en millièmes.	DURÉE en secondes.
250 mètres...	2,5	0,33	1.300 mètres...	26	2,6
400 — ...	5	0,60	1.400 — ...	30	2,9
600 — ...	8	0,90	1.500 — ...	34	3,2
800 — ...	12	1,30	1.600 — ...	38	3,5
900 — ...	14	1,50	1.700 — ...	43	3,9
1.000 — ...	17	1,70	1.800 — ...	48	4,3
1.100 — ...	20	2	1.900 — ...	54	4,7
1.200 — ...	23	2,30	2.000 — ...	60	5,1

Supposons, par exemple, que l'on ait repéré avec un télémètre ordinaire A B' = 800 mètres, et soit $\beta = 60°$.

On a : $\alpha = 12$ millièmes, et $\cos \beta = \dfrac{1}{2}$,

D'où, $\alpha' = \alpha \cos \beta = 6$ millièmes.

La hausse à employer est donc celle de 400 mètres.

Supposons que nous ayons A B' = 1.500 mètres, et $\beta = 45°$,

On a : $\alpha = 34$ millièmes, $\cos \beta = \dfrac{1.414}{2} = 0,707$,

D'ou, $\alpha' = \alpha \cos \beta = 34 \times 0.707 = 24$ millièmes.

La hausse à prendre est donc celle de 1.200 mètres.

Mais, l'avion ne restant pas stationnaire, on est obligé de viser en avant de lui d'une certaine quantité, si on veut l'atteindre.

Soit v la vitesse de l'avion (25 mètres à la seconde environ), variable avec les types d'avions et la manœuvre de l'aviateur, et t la durée de la course de la balle (indiquée en secondes au tableau précédent); il faut viser en avant de l'avion à la distance $d = vt$ du pilote.

Voyons un exemple :

Soit A B' = 800 mètres, $\beta = 60°$, $v = 25$ mètres à la seconde, $t = 1",3$.

On a $vt = 30$ mètres soit environ trois longueurs d'avion, représentant à cette distance un angle de 37 millièmes, à ajouter ou retrancher à l'angle de site, suivant que l'avion vient sur l'opérateur ou s'en éloigne.

Il est utile de dire qu'un tir de l'infanterie sur un avion ne peut avoir lieu que si ce tir s'exerce par groupe. La réfraction atmosphérique crée aussi une légère déviation, mais qui est négligeable à côté des erreurs du tir et sa probabilité d'atteindre le but.

De jour, l'avion est difficile à reconnaître. On recommande bien de ne tirer sur les avions que s'ils sont reconnus ou s'ils se livrent manifestement à des actes d'hostilité. De nuit, la reconnaissance de l'avion devient presque impossible, si l'on ne connaît pas très bien sa forme. On ne le reconnaîtra donc qu'à ses actes d'hostilité.

DIRIGEABLES.

Si le tir avec avions et projecteurs peut être intéressant, il est aussi possible de diriger une action de nuit avec des dirigeables; mais, dans ce cas, les précautions à prendre pour éviter d'éclairer le dirigeable doivent être très grandes. Des erreurs de ce genre ont été cause de la destruction d'unités aériennes qui furent éclairées par des projecteurs malencontreusement. Il faudra donc que le dirigeable se tienne toujours à une certaine hauteur et que le projecteur ait un angle limite de manœuvre. Le dirigeable pourra dès lors manœuvrer en sécurité.

Contre les dirigeables, on peut toujours utiliser avantageusement les projecteurs, pour diriger un tir d'artillerie le plus souvent. Le tir doit alors subir des corrections analogues à celles du fusil ou de la mitrailleuse, si le canon dont on se sert est un canon à tir de plein fouet (comme le canon de 75 millimètres). Dans ce cas, le canon pourra être placé au besoin sur affût spécial facilitant le tir sous de grands angles (jusqu'à 83°), et le dirigeable devra alors se tenir de 1.500 à 2.000 mètres de hauteur minimum, s'il ne veut pas être trop exposé.

Avec les tables de tir corrigées, on peut exécuter avec succès une action contre un dirigeable, à cause de la visibilité et de la dimension du but. Notamment, toutes les fois que cela peut se faire d'une façon permanente, comme dans les camps retranchés qui peuvent faire l'objet d'une attaque de zeppelins, il est utile, si l'on veut réussir l'action, de créer des postes d'observation voyant la longueur des coups tirés, de façon à modifier la hausse en conséquence. Ces postes devront voir les coups transversalement, donc dans un secteur limité, et le commandant de la batterie de tir se mettra en relation avec les uns ou les autres suivant ses besoins.

Dans l'exécution du tir, il ne devra jamais oublier de tenir compte de la vitesse propre du dirigeable. Si celui-ci fuit dans la direction du tir, il ne devra pas craindre de commencer par un tir trop long, de façon à créer rapidement une fourchette. S'il tire au delà du but, ce que lui dira son observateur, il a des chances de l'atteindre; l'observateur devra indiquer aussi si le ballon s'élève ou s'il descend de façon apparente; on modifiera l'angle de site en conséquence. Le tir qui seul peut être exécuté est le tir au fusant et obus fumigène facilement repérable à l'éclatement du faisceau, afin de ne pas bombarder la ville à défendre avec l'obus explosif.

Il est quelquefois dangereux de détruire un dirigeable au-dessus d'une localité, si celui-ci est chargé de bombes. Là où les dirigeables tombent, on peut craindre la destruction d'un quartier, ceux-ci pouvant porter jusqu'à 2 tonnes de bombes (zeppelin). La tâche de l'artilleur est donc une tâche très délicate.

Pour ce qui est du tir de la mitrailleuse ou des tirs au fusil, on ne peut en user que dans les circonstances très rares où le dirigeable se tient à une distance assez réduite pour avoir quelques chances d'atteindre la nacelle. On ne devra pas dépasser la distance de 1.500 mètres pour avoir un tir efficace et, pour produire un certain effet, on devra toujours exécuter des tirs de groupe. Tous ces tirs seront faits sous la responsabilité et le commandement d'un officier. La visibilité

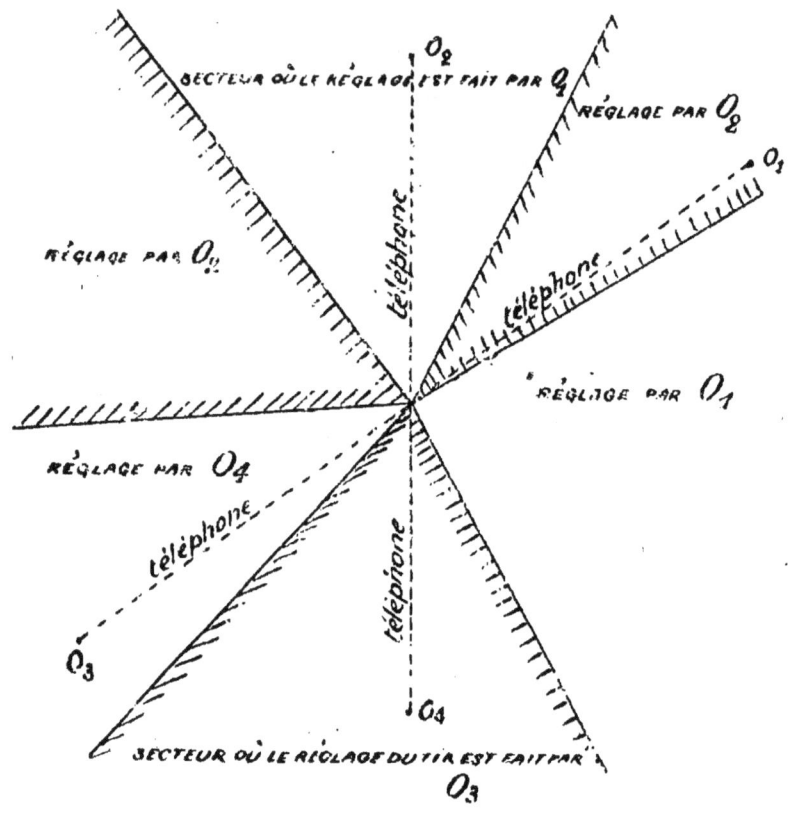

Fig. 208. — *Liaisons pour le réglage du tir.*

d'un dirigeable dans un faisceau est très bonne; il est utile de savoir apprécier la distance à laquelle il se trouve de la troupe, pour exécuter le tir du fusil. Ceci est délicat, ne pouvant, comme l'artillerie, situer les trajectoires du projectile par rapport au but (on voit, en effet, très bien les points d'éclatement des obus la nuit).

Emploi simultané du projecteur et du canon antiaérien dans les postes de défense contre aéronefs.

L'efficacité des tirs antiaériens sur aéronefs et sur avions ennemis dépend autant de la *rapidité* des manœuvres à exécuter que de leur précision. Ces engins ennemis se déplacent, en effet, avec une telle vitesse (100 à 160 kilomètres à l'heure) qu'ils sortent très rapidement du champ de tir des canons destinés à les chasser.

C'est dire tout l'intérêt qu'il y a à opérer dans le plus grand ordre et sans hésitation. A cet effet, nous pouvons dire que les projecteurs peuvent, de nuit, rendre les plus grands services aux postes de D. C. A., puisqu'ils permettent aux artilleurs non seulement de voir l'objectif, mais encore de trouver instantanément les caractéristiques de leur tir (angle de dérive, angle de site, hausse).

Cette méthode, très simple et toute nouvelle, pourra permettre aux artilleurs qui l'appliqueront avec méthode de tirer avec une certaine exactitude sur un aéronef et même dans un intervalle de temps très court (quelques secondes avec un personnel entraîné).

La méthode est basée sur les propriétés suivantes :

1° Lorsqu'on place un objectif au milieu du faisceau apparent d'un projecteur, en général, la distance D entre le milieu de l'objectif et l'axe optique du projecteur est d'ordre inférieur ou au plus égal à l'écart probable e dans le sens latéral du tir du canon avec lequel il opère : D est dû à des causes diverses, parmi lesquelles les plus importantes sont la réfraction atmosphérique, les erreurs d'observation, etc., etc. ; e est dû à l'échauffement de l'âme du canon, la variabilité des diamètres des projectiles, l'inégalité des charges propulsives, la température et la résistance de l'air, etc., etc. :

2° Pour les projecteurs électriques à grande portée, la divergence du faisceau (qui peut être mesurée) varie assez peu avec la distance et se maintient au voisinage de 35 à 40 millièmes.

Mesure des angles de dérive et de site.

Plaçons un projecteur et un canon sur une même plate-forme horizontale de façon :

1° Que leur distance soit très réduite (3 à 4 mètres par exemple);
2° Que leurs cercles des dérives soient parallèles et horizontaux ;
3° Que leurs plans origines des dérives soient confondus ;
4° Que les origines des angles de site des deux appareils soient deux plans horizontaux parallèles (ce qui a lieu par construction, dans la plupart des appareils, lorsque la deuxième condition est vérifiée).

Tout pointage du canon C et du projecteur P faisant passer leurs axes par un même point, donnera des angles de dérive et de site analogues pour C et P, si la distance du but à ce groupe est suffisamment grande (par exemple, 700 à 800 mètres), ce qui revient à dire que les axes des deux appareils seront *pratiquement parallèles.*

D'où la méthode de pointage du canon.

L'électricien ou pointeur du projecteur P braque son faisceau sur l'aéronef bien en son milieu, d'après les indications de l'observateur commun à P et à C, placé à 40 mètres au moins de ce groupe. L'électricien donne alors, à haute voix, au pointeur du canon qui les exécute, les angles de dérive et de site.

L'axe du canon étant parallèle à l'axe optique du projecteur est alors dirigé sur l'aéronef. Pour que le tir puisse s'exécuter, il ne reste plus à déterminer que la hausse. C'est l'observateur du projecteur et du canon qui la donnera à l'officier d'artillerie, qui la modifiera suivant les prescriptions énoncées plus loin.

Indication de la hausse.

Le calcul de la hausse est indépendant de la détermination des angles de dérive et de site, il peut donc se faire en même temps. Pour faire un bon artilleur sur objectifs mobiles, il faut juger instantanément quelle est la hausse à choisir. Cette opération, fort délicate sans projecteur, peut, lorsqu'on en possède, et avec un bon observateur, se solutionner aisément.

Le faisceau apparent ayant une divergence de 40 millièmes, cela veut dire que son étendue est de 40 mètres, approximativement, à 1.000 mètres ou 1 kilomètre, ou qu'il éclaire 80 mètres à 2 kilomètres, etc., etc.

Connaissant les types d'aéronefs ennemis, on sait leur longueur ou leur diamètre. Si l'on peut apprécier la longueur éclairée sur un zeppelin, on pourra juger très vite de sa distance assez exactement. Un dressage spécial de l'observateur sur des objectifs simulant la forme des zeppelins (tentures tendues à 1 kilomètre par exemple) l'habituera très vite à son rôle tout particulier.

Dans tous les cas, il transmettra la hausse telle qu'il la juge à l'officier d'artillerie, par l'intermédiaire de l'électricien du projecteur avec lequel il est en liaison constante.

L'officier d'artillerie fera deux corrections avec les tables de tir qu'il possède : 1° l'une, due à la grandeur de l'angle de site, qu'il pourra exécuter dès que cet angle aura été donné au pointeur du canon (analogue à celle de la mitrailleuse et du fusil indiquée plus haut); 2° l'autre, due à la vitesse propre du dirigeable et au temps que met le projectile pour atteindre le but (jusqu'à neuf secondes à 3.000 mètres). Le dirigeable peut être, en effet, visé à une longueur et demie ou deux longueurs en avant de lui pour être atteint.

Le plus souvent, lorsqu'un dirigeable est éclairé par un projecteur, il fuit, sa vulnérabilité étant assez grande, vu sa dimension. Il ne peut pas toujours, en effet, tourner brusquement. Il y a donc intérêt, dans la majeure partie des cas, à tirer long, de manière à maintenir le dirigeable le plus longtemps possible à portée de canon en lui barrant la route. Quand on dispose de plusieurs canons, on tire sur plusieurs hausses voisines de la hausse calculée; on a ainsi chance de suivre et d'atteindre le dirigeable.

La méthode exposée ici pourra être perfectionnée par la suite et appliquée aux différents cas de combat.

Protection contre les projecteurs combinés avec les différentes armes.

Nous nous sommes rendu compte de la manière dont le projecteur peut aider les différentes armes à exécuter leurs tirs. Voyons un peu comment on se protège contre une manœuvre combinée des projecteurs et des différentes armes ennemies.

1° Artillerie et projecteurs ennemis.

Si l'artillerie et un projecteur ennemis bombardent un pays occupé, l'évacuation devient nécessaire, à moins que le pays ne soit organisé défensivement contre le tir de l'artillerie adverse, auquel cas on pourra, à l'aide de ses propres projecteurs, former un rideau recoupant le faisceau ennemi, empêchant ainsi l'ennemi de régler son tir. Si l'on connaît l'emplacement de l'artillerie adverse, on pourra la contrebattre avec l'artillerie amie, si celle-ci est assez forte pour lui imposer silence.

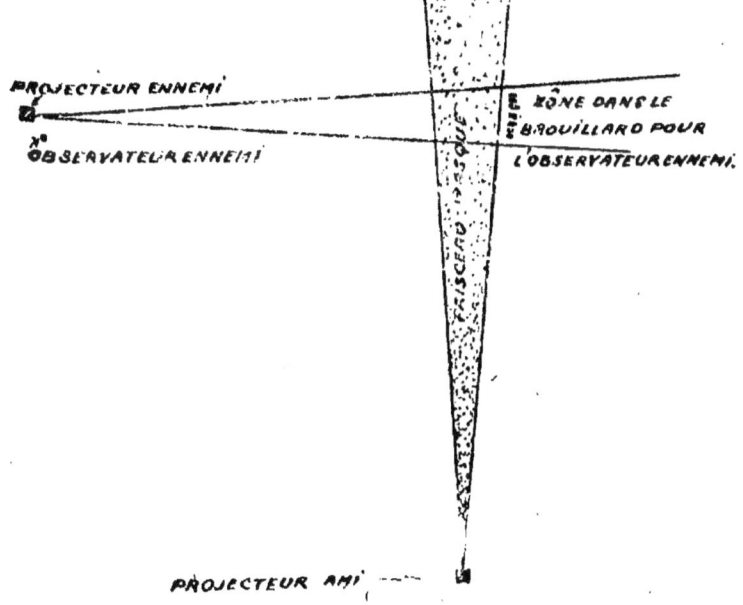

Fig. 203.

L'action du projecteur ami comme masque est d'autant plus grande que le faisceau ami est plus voisin du but et le projecteur ennemi plus éloigné.

Si l'artillerie ennemie a repéré une batterie et la couvre de ses feux de projecteurs, celle-ci pourra se déplacer, de façon à se trouver autant que possible dans une zone d'ombre, et continuer son tir.

Quand l'artillerie exécute son tir sur une colonne, celle-ci se déploie, de façon à diminuer autant que possible la vulnérabilité du tir. Chaque homme doit se coucher à l'apparition du projecteur ennemi et profiter du moindre abri pour s'y dissimuler, de façon à se protéger contre le tir de l'artillerie ennemie. Il est utile de rappeler aux hommes que l'on peut très souvent se croire vu, alors qu'on ne l'est pas. Si la troupe doit se rendre à un certain but, elle doit, si elle n'a pas été repérée, se diriger vers les zones d'ombre, que ne peut éclairer le projecteur, en rampant sur le sol. Afin de ne pas être repérée à l'aide des projecteurs ennemis, une troupe doit prendre les précautions suivantes :

Supprimer toute lumière ;
Faire disparaître les parties brillantes de l'équipement ;
Recouvrir de drap les objets métalliques ;
Laisser les chevaux dans les zones d'ombre, afin que la lumière du projecteur ne les affole pas, ce qui a lieu lorsqu'ils ne sont pas trop fatigués ;
Éviter, autant que possible, les crêtes et les espaces découverts ;
Suivre les lisières des bois, les haies, les cheminements défilés reconnus de jour ;
Profiter des moments où l'ennemi n'éclaire pas pour franchir rapidement les espaces découverts vus de la défense, qui ne seront franchis qu'en colonnes à front étroit (les compagnies en lignes de sections par deux ou par quatre) ;
Traverser, au contraire, en ligne les pentes descendant vers l'ennemi.

Il est utile de dire à cet effet, que l'uniforme bleu clair est d'une visibilité assez grande avec le projecteur ; c'est assez dire la nécessité, pour les troupes, de se cacher aux vues de l'ennemi autant que possible.

Le projecteur ami, au courant des mouvements de troupe, doit toujours les couvrir de son masque dès qu'il le peut, de façon à rendre le tir ennemi difficilement réglable.

Les convois repérés sur route devront, s'ils le peuvent, s'abriter contre l'artillerie en profitant de tous les replis de terrain. Ils devront porter des bâches noires ou très foncées, et choisir de jour toutes les routes carrossables comportant des haies, etc., rendant leur visibilité délicate. Tous les espaces découverts devront être franchis le plus rapidement possible.

Afin d'être très difficilement repéré, le projecteur agira par temps successifs d'éclairage et d'occultation, ceux-ci pouvant être très courts. Si les deux projecteurs d'une section opèrent en liaison, l'un pourra chercher à aveugler l'adversaire, tandis que l'autre formera masque et procédera de temps à autre, à la demande des troupes auxquelles il est affecté, à la reconnaissance du terrain. On peut ainsi se protéger efficacement et éviter toute attaque par surprise de l'ennemi.

Un projecteur ami, bombardé par l'artillerie ennemie, ne se retirera que s'il en reçoit l'ordre.

2° Mitrailleuse et projecteurs ennemis.

Nous avons indiqué que leur but est surtout de surveiller les points de passage. Toutes les troupes qui franchiront, de nuit, des ponts, gués, défilés, etc., devront donc toujours franchir ces points en accélérant l'allure autant que possible, à moins que des circonstances extérieures à la manœuvre ne s'y opposent. Ainsi, par exemple, la solidité du pont, la profondeur et le peu de consistance du fond du gué. Dans tous les cas on cherchera, autant que possible, à éviter d'être vu et, pour cela, on pourra utiliser avantageusement les projecteurs amis pour attirer l'attention de l'ennemi sur d'autres points.

La mitrailleuse ennemie peut exécuter des tirs sur les projecteurs amis, ainsi que l'artillerie ennemie. Mais il est en général assez difficile de repérer un projecteur au point de vue distance, ce qui fait qu'il est très difficile de déterminer une hausse convenable. D'ailleurs, par une suite de moments d'éclairage et d'obscurité, le projecteur ami échappera le plus souvent au repérage. Si la forme du sol est compliquée, il est rare que la mitrailleuse tire avantageusement sur un projecteur.

3° Infanterie et projecteurs ennemis.

L'infanterie ennemie, aidée de projecteurs, peut reconnaître aisément les troupes amies et les battre de ses feux. Aussi, dans un secteur ennemi muni de projecteurs, les troupes amies devront-elles ne jamais se mettre à découvert, les habits bleu ciel étant visibles de nuit. A ce sujet, nos équipements, de nuit, sont en état d'infériorité sur ceux de nos adversaires, dont le gris vert est peu visible, même à courte distance.

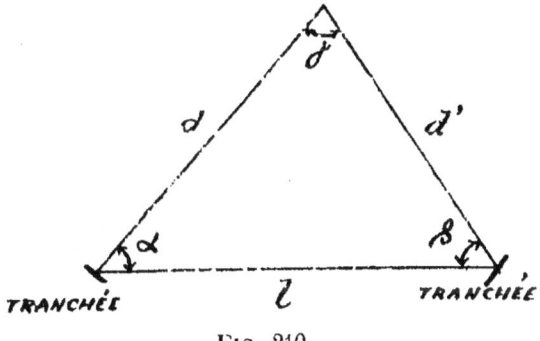

Fig. 210.

Toutefois, le nombre des projecteurs étant assez limité, on aurait tort d'exagérer l'importance d'un tel inconvénient. Pour les hommes chargés de missions importantes, il sera bon, néanmoins, de donner quelques effets de nuit de couleur sombre, ex. : agents de liaisons, sentinelles, patrouilles en mission dangereuse. Si l'infanterie ennemie peut vous apercevoir dans un faisceau de projecteur ennemi, se coucher aussi vite que possible; actionner immédiatement ses propres projecteurs, de façon à contrebattre les projecteurs ennemis et masquer ses troupes; si cela n'a lieu, se défiler le plus possible aux coups en profitant des replis du sol, et ne plus bouger. Dans tous les cas, pour faciliter le déploiement, ne jamais marcher en formations denses au voisinage de l'ennemi, et suivre les prescriptions indiquées plus haut pour tous les mouvements de troupes. Des troupes se tenant dans un faisceau sans bouger, lorsqu'elles sont à grandes distances, peuvent ne pas être vues.

Le plus souvent, l'infanterie étant très en avant, pourra, de ses tranchées, repérer les projecteurs ennemis, si bien que, si ceux-ci restent au même emplacement plusieurs jours de suite, on pourra les détruire presque à coup sûr en actionnant son artillerie en conséquence. On procédera par une méthode analogue à celle indiquée au tir de la mitrailleuse. On déterminera α et β connaissant l que l'on prendra suffisamment grande, d'où d et d', par un calcul trigonométrique rapide :

$$\frac{l}{\sin \gamma} = \frac{d}{\sin \beta} = \frac{d'}{\sin \alpha}$$

d'où :

$$d = \frac{l \sin \beta}{\sin \gamma} \text{ et } d' = \frac{l \sin \alpha}{\sin \gamma}.$$

En ayant une table des sinus, on calculera la distance. Il suffira de repérer rapidement la direction du projecteur au moment où il éclairera les deux tranchées successivement. Pour déterminer α et β, il suffit d'un appareil à circulaire graduée et vernier avec lunette pouvant roter autour d'un axe vertical quand le cercle gradué est horizontal. On fera une plate-forme horizontale en tranchée pour la visée.

4° Avions et projecteurs ennemis.

Nous avons vu ce que peuvent faire nos avions. Nous avons à craindre les mêmes manœuvres de l'ennemi. Nous avons omis, toutefois, de dire que l'avion peut aisément repérer un projecteur et le détruire en lançant des fléchettes et des bombes. Un projecteur devra donc toujours craindre l'avion; toutefois, il ne devra jamais se retirer sans en avoir reçu l'ordre. Le projecteur pourra craindre les mêmes attaques de la part de dirigeables qui pourront diriger sur lui le feu de leurs canons s'ils en sont pourvus.

Tout ce que nous donnons ici sur l'exécution et la protection contre les tirs d'artillerie, de mitrailleuse, d'infanterie, d'avions ou de dirigeables est excessivement condensé et élémentaire; du moins permettra-t-il aux officiers observateurs et aux troupes combattantes en général de comprendre l'utilisation du projecteur au combat. Les exemples donnés permettront d'en imaginer d'autres analogues et assureront la manœuvre combinée dans un secteur déterminé. Tous les renseignements sur ce qui peut être fait dans l'esprit que j'indique pourront m'être transmis s'ils peuvent modifier quelques points de détail et donner des méthodes ingénieuses d'utilisation du projecteur non prévues au cours de cet ouvrage.

II. — RECONNAISSANCE DES MOUVEMENTS DE L'ENNEMI PENDANT LA NUIT.

Le projecteur peut être utilisé uniquement comme engin d'exploration du terrain, permettant de donner au commandement tous les renseignements qui lui sont utiles de nuit.

On met alors à la disposition du projecteur un ou plusieurs observateurs, dont l'un commandera le projecteur. Celui-ci fouillera le terrain, principalement les points du terrain où des mouvements de troupes ennemies sont à craindre. Le projecteur doit agir par coups de sonde brusques, de façon que l'ennemi, surpris, n'ait pas le temps de se dissimuler.

Les coups de sonde devront avoir lieu dans les différentes directions, sans loi précise, par exemple un coup de sonde à droite suivi de deux à gauche, puis deux à droite, puis un à gauche, un à droite. etc., de façon que l'ennemi ou ne se dérobe pas ou soit immobilisé dans tout le secteur. Toutefois, les coups de sonde devront se recouvrir sur leurs bords, de façon à voir tout le paysage pendant la reconnaissance.

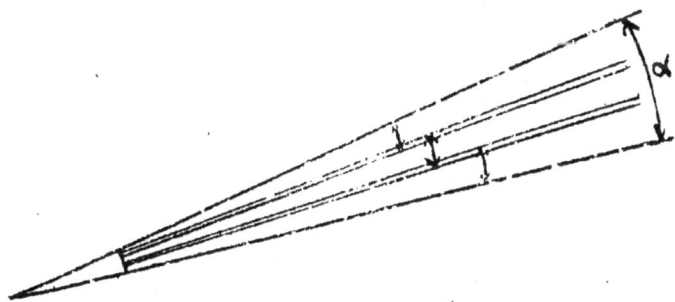

P projecteur.
3 coups de sonde explorant le terrain dans l'angle α.

Fig. 211.

Les liaisons doivent être assurées de façon que le commandement soit immédiatement averti de ce qu'a été vu. Celui-ci pourra d'ailleurs avantageusement suivre aussi la manœuvre d'exploration; les observateurs, très en avant du projecteur, pourront le plus souvent lui donner des renseignements plus complets que ceux qu'il a recueillis.

Au cours d'une reconnaissance, il pourra maintenir dans le faisceau — avec alternatives de sombre et de clarté — un objectif ennemi, de façon à forcer l'ennemi à se retirer ou à cesser ses travaux par crainte d'être bombardé.

Le commandement pourra avantageusement utiliser des patrouilles et des éclaireurs cavaliers. Ceux-ci pourront se porter aux points où l'exploration est facile, et feront retour à un signal convenu, rendant compte au commandement du résultat de leur mission.

Il résulte de cette exploration du terrain un gage de sécurité qui jouera un rôle moral important sur les troupes desservies par le projecteur.

Nous devons indiquer que la reconnaissance d'un secteur se fait assez aisément si le terrain est dépourvu d'arbustes. Dans les pays trop accidentés ou trop boisés, l'exploration devient impossible, l'ennemi pouvant toujours se dissimuler. Dans ces cas, le projecteur se contente d'observer un certain nombre de points importants, de façon à gêner l'ennemi et à lui en interdire le passage. On devra alors avoir disposé un certain nombre de mitrailleuses ou de l'artillerie susceptible de tirer sur ces points si la nécessité s'en fait sentir.

A moins d'avoir des renseignements très précis sur la position de l'ennemi, la reconnaissance est toujours préliminaire à l'attaque, sans pour cela qu'elle s'ensuive. Si l'attaque doit avoir lieu, les troupes chargées de l'assaut pourront reconnaître le terrain en avant d'elles et diriger leur action avec plus de sûreté et de méthode. Du reste, là comme partout ailleurs, il faut laisser l'ennemi dans le doute, c'est-à-dire dans l'impossibilité de savoir s'il y aura attaque ou non, en produisant celle-ci au moment le plus imprévu, et en ne recherchant aucune loi de succession dans les diverses manœuvres.

Pendant les reconnaissances des projecteurs ennemis, les projecteurs amis pourront former masque, surtout en terrain plat, où la zone trouble sera très grande, mais ce masque devra éviter d'éclairer des positions amies; ils contrebattront les projecteurs adverses.

III. — AVEUGLEMENT DE L'ENNEMI.

Nous avons, dans l'exposition du paragraphe relatif au faisceau d'aveuglement, indiqué que la zone d'aveuglement d'un faisceau était beaucoup plus considérable que celle du faisceau pratiquement utilisable. *Ainsi, arrivera-t-il souvent qu'une troupe qui n'est pas vue croira l'être et, de ce fait, modifiera sa manœuvre*; qu'un avion ou un dirigeable s'écartera à tort de sa route directe. On voit toute l'importance d'une telle propriété des faisceaux. Elle se comprend en ce que l'aveuglement est dû à ce qu'une trop grande quantité de lumière directe, venant du projecteur et tombant dans l'œil de l'ennemi, lui réduit la visibilité des objets extérieurs au faisceau, par suite de la contraction de la pupille, d'une part, et par contraste, d'autre part.

Si l'aveuglement a lieu pour une distance plus petite que la longueur maximum du faisceau apparent, on pourra non seulement aveugler l'ennemi, mais encore tirer ou charger avantageusement sur lui, puisqu'il sera éclairé de façon suffisante. Nous avons indiqué ce cas pour l'assaut. Au delà de cette distance maximum, on peut encore gêner un tir de l'ennemi en braquant sur lui le feu d'un projecteur. Il serait utile, à cet effet, de savoir pour chaque projecteur quelle est la grandeur du faisceau d'aveuglement, de façon à paralyser le tir de l'ennemi dans des tranchées repérées préalablement.

Il est impossible à une troupe atteinte de face par le faisceau d'un projecteur de 60^{ms} placé à une distance inférieure à 2.500 mètres, de distinguer quoi que ce soit dans la direction même du projecteur ou dans les directions voisines.

Un autre effet de l'aveuglement est de provoquer l'affolement d'une troupe si celle-ci est déjà en déroute ou surexcitée : l'homme se croit perdu et agit sous l'influence de réflexes qui le poussent le plus souvent, à sa perte, le rendant incapable d'effort et d'obéir à un commandement.

L'aveuglement, surtout lorsqu'il est dû à une suite de coups de sonde, provoque aussi le désordre dans les colonnes de cavalerie dont il effraye quelquefois les chevaux.

Les effets de l'aveuglement sont tels qu'une troupe peut s'approcher suffisamment de l'adversaire pour charger sur lui à la baïonnette, sans que celui-ci ait pu discerner son approche à droite ou à gauche du faisceau qui l'éclaire.

IV. — PROJECTEUR DESTINÉ A CONTREBATTRE LES PROJECTEURS ENNEMIS.

Le projecteur peut annihiler l'effet du projecteur ennemi s'il est suffisamment puissant, soit en aveuglant l'adversaire qui tire, soit en formant masque. Nous avons indiqué plus haut comment le projecteur peut être utilisé à cet effet.

Mais si le faisceau lumineux interposé entre les troupes amies et ennemies peut former un barrage à la vue, il faut se rappeler qu'il serait dangereux d'envoyer ce faisceau en arrière des troupes amies. Celles-ci, en effet, se peindraient sur le faisceau lumineux sous forme d'ombres noires très visibles, même de loin.

V. — ÉCLAIRAGE DU TERRAIN POUR DIRIGER UNE COLONNE OU UN AVION.

L'emploi du projecteur peut encore se faire pour diriger une colonne marchant au voisinage du faisceau à sa droite ou à sa gauche. On pourra aisément faire des mouvements de troupe derrière un faisceau formant masque, sans que l'ennemi s'en aperçoive, même s'il fait agir ses projecteurs, à moins que ceux-ci soient très puissants et la distance du projecteur aux troupes amies moindre que celle du faisceau qui les protège. Souvent, on dirige une colonne en éclairant de temps à autre le but à atteindre ainsi que d'autres absolument quelconques, de façon à tromper l'ennemi. Afin de ne pas avoir d'erreur, on use de signes conventionnels. Toutefois, cette méthode a l'inconvénient d'attirer l'attention de l'ennemi et de diminuer les effets de surprise.

Nous avons indiqué plus haut que le projecteur pouvait servir à diriger un avion ou un dirigeable et lui permettre de bombarder sans erreur un cantonnement ennemi, une gare, etc.

VI. — ÉCLAIRAGE DES TRAVAUX DE NUIT.

Ceci n'est applicable qu'à une distance assez considérable de l'ennemi et quand la lueur des projecteurs ne peut pas être nuisible. Il serait dangereux, par exemple, d'éclairer un terrain pendant l'ouverture de la tranchée, celle-ci devant avoir lieu dans le plus grand silence et en dévoilant le moins possible sa présence.

On ne peut guère, pour les travaux de nuit de ce genre, employer que des projecteurs assez faibles et portatifs (le 35 oxyacétylénique par exemple). On peut encore éclairer des travaux pour lesquels l'obscurité n'est pas nécessaire (travaux importants d'organisation de place forte à exécuter par des équipes se relayant de jour et de nuit. On peut encore se servir du projecteur pour l'éclairage des parcs, des centres de ravitaillement, des chemins et des passages difficiles, des bivouacs; les embarquements de nuit, les atterrissages de ballons et d'aéroplanes.

Le projecteur électrique a pu servir fréquemment, comme source génératrice de courant continu, à charger des batteries d'accumulateurs destinées à éclairer les cantonnements occupés par les quartiers généraux. On peut même organiser un service d'éclairage de nuit dans un cantonnement avec la dynamo d'un projecteur photo-électrique de 60. Nous avons vu que celle-ci fournissait 3.600 watts pour le groupe Harlé. Sachant qu'une lampe de 16 bougies consomme de 1 watt à 1 watt 1/2 par bougie, on voit que l'on peut, en tenant compte des pertes en ligne, éclairer néanmoins un cantonnement important ayant facilement 200 lampes.

Nous signalons ici que le projecteur photo-électrique pouvant fournir de l'énergie électrique au secteur pourra, dans certains cas, permettre l'installation de batteries d'accus destinés à fournir l'électricité pour l'explosion de fourneaux de mines, etc., etc., ou à l'éclairage d'abris souterrains. La charge d'accus pour éclairage aura lieu de jour, l'appareil fonctionnant de nuit.

VII. — SIGNALISATION ET TÉLÉGRAPHIE OPTIQUES.

Le projecteur de 35 est un appareil de télégraphie optique; il semble donc tout désigné à cet effet. De nuit, son rayon d'action est assez considérable.

Nous avons vu que le faisceau télégraphique comportait une zone de télégraphie optique directe, et nous avons montré que son étendue est considérable. Des expériences faites entre Saint-Vincent et le Ballon d'Alsace ont montré que le projecteur électrique de faible puissance pouvait signaler de 20 à 100 kilomètres suivant sa force et la pureté de l'atmosphère. Ces expériences furent faites en lumière directe. Avec des appareils électriques puissants, la portée est sensiblement augmentée.

Un autre procédé de signalisation consiste à ne pas opérer en lumière directe, mais indirectement sur les nuages. On voit ainsi sa trace de très loin (70 et même 80 kilomètres). (Expériences faites entre Toul, Epinal et Verdun).

On donne, la nuit, les distances suivantes en lumière indirecte :

Projecteur oxyacétylénique de 35 : 15 kilomètres ;
Projecteur électrique de 60 : 50 kilomètres ;
Projecteur électrique de 90 : 100 kilomètres.

Si l'ennemi peut percevoir la transmission, on est obligé de la faire en langage chiffré, sous peine d'être intercepté. On a donné à ce mode de signalisation la dénomination de télégraphie indirecte.

Si, de nuit, le projecteur est visible à de grandes distances, il en est de même de jour, où son emploi pourrait être de grande utilité pour la signalisation ou la télégraphie optique. Il semble que cet emploi du projecteur — que rien ne peut déceler, le faisceau, de jour, étant invisible pour l'ennemi — pourrait rendre quelques services.

VIII. — FEINTES.

La feinte a pour but de semer le doute dans l'esprit de l'ennemi. Souvent, on peut éclairer sur un point avec intention d'attaquer sur un autre. La ruse, si elle réussit quelquefois, est exposée, par contre, dans certains cas à un piteux échec, si l'ennemi, avec ses projecteurs, découvre les zones où s'opèrent les manœuvres. Même sans cela, il se trouve mis en éveil par l'action du projecteur dont le rayon d'action est limité, et l'attaque ne pourra avoir lieu aisément par surprise.

Le projecteur peut encore avoir une foule d'utilisations, pour la recherche des blessés, par exemple, ou encore pour éclairer les passages d'unités aux gués ou sur ponts d'équipages ou de pilots, loin de l'ennemi. C'est à l'initiative du chef de section de faire rendre par son appareil le maximum de services possibles à la troupe à laquelle il est affecté.

D) Essais des projecteurs.

Essais des charbons. — Essais du miroir. — Essai des appareils de manœuvre. — Essais sur les caractéristiques du faisceau. — Essais de vitesse de pose de téléphones. — Essai des organes de transport.

COMMENT ON ESSAYE UN PROJECTEUR DE CAMPAGNE.

Pour utiliser intelligemment un projecteur de campagne, il faut d'abord le bien connaître. Or, ce n'est pas connaître un appareil que de l'allumer, régler son faisceau et éclairer un objectif. L'essai d'un projecteur, dans ce cas, serait fort simple et pourrait être confié à un néophyte sans inconvénient. Essayer un projecteur consiste, au contraire, à exécuter un certain nombre d'opérations très complexes, très délicates et aussi assez longues. Les quelques notions d'optique que j'ai développées dans mon cours nous guideront dans nos recherches.

PROJECTEURS ÉLECTRIQUES.

Le projecteur électrique doit être soumis à de nombreux essais, de façon à se rendre compte des meilleures conditions de fonctionnement. J'indiquerai ici succinctement les plus importants.

ESSAIS COMMUNS A TOUS LES APPAREILS.

Essai des charbons. — Essais physiques.

Ce sont les seuls que l'on peut faire hors d'un laboratoire, les essais chimiques exigeant un outillage spécial dans l'étude duquel nous n'entrerons pas ici.

1° Mesurer le calibre du crayon sur toute sa longueur.

2° S'assurer que le crayon est bien rectiligne.

3° Le casser et examiner la cassure, qui ne doit pas être grenue, mais de texture bien homogène et légèrement brillante.

4° Mesure de la conductibilité des baguettes en mesurant le courant à l'ampèremètre, la tension aux bornes du générateur correspondant à celle à laquelle débite normalement l'arc.

Faisons court-circuit sans introduire les charbons et la lampe.

Soit E le voltage aux bornes du générateur et R la résistance extérieure au générateur, due au câble.

On a $E = IR$; connaissant E et I, on a R.

Introduisons les charbons, on a une résistance ρ et une intensité I' telle que $E = I'(R + \rho)$.

Or, on connaît E, I', R, d'où l'on tire $\rho = \dfrac{E - I'R}{I'}$.

On peut mesurer la conductibilité de chaque baguette en l'introduisant successivement dans le circuit. On peut aussi mesurer la conductibilité de l'ensemble arc + charbons quand on écarte les charbons; on trouvera des formes de courbes analogues à celles indiquées dans ce manuel pour la variation de l'intensité de courant qui ira en diminuant avec l'écart des charbons. On déduira de ces courbes très rapidement la conductibilité de l'arc ou mieux sa résistance.

5° Essai au son et à la dureté.

6° Essai d'usure à régime normal. On mesurera le nombre de centimètres dont s'usent les deux charbons en une heure, ou le nombre d'heures qui répond à l'usure complète. On en déduira la nature des crayons tendres ou durs et on sera fixé approximativement sur le rendement lumineux. On pourra mesurer le poids de cendres résultant de la combustion des deux crayons; si ce poids est important, les charbons sont de mauvaise qualité et mélangés à des impuretés.

7° Essai de la détermination de la courbe des intensités lumineuses à l'aide de photomètres appropriés, avec verres noircis, aux différents écarts de charbons et déterminer le meilleur rendement en notant l'écart correspondant.

8° Analyse spectroscopique de la lumière, afin de se rendre compte approximativement de la proportion relative d'une radiation lumineuse par rapport aux autres dans la flamme.

9° Essayer le régulateur et noter les écarts de voltage qu'il produit *au voltmètre de l'arc*, à chaque allongement et à chaque rapprochement de l'arc; juger en même temps *au voltmètre qui sert à régler l'arc* si la lumière donne des éclats.

Comme chiffres normaux pour les projecteurs de campagne, nous donnerons :

Projecteurs de 40 : 46 volts sous 25 ampères;
Projecteurs de 60 : 48 volts sous 60 ampères, ou 50 volts sous 75 ampères;
Projecteurs de 90 : 51 volts sous 100 ampères;
Projecteurs de 120 : 56 volts sous 150 ampères;
Projecteurs de 150 : 62 volts sous 200 ampères.

10° Etudier attentivement le fonctionnement de l'arc et déterminer une fois pour toutes la position relative des charbons pour avoir un arc qui ne flambe ni ne siffle, et tel que l'usure des charbons soit très régulière sur le positif, qui doit toujours avoir son axe confondu avec l'axe optique du projecteur.

On réglera la lampe par les méthodes indiquées plus haut. (A cause de la direction de la circulation d'air dans le boisseau du projecteur, la position relative des charbons + et − varie avec les divers types d'appareils; elle dépend, en outre, de leur composition et de la force électromotrice aux bornes de l'arc · l'étude pratique de l'arc est très importante et doit attirer particulièrement l'attention du chef d'équipe.)

Essais du miroir.

1° Essais de portée avec le miroir propre puis le miroir sale (de jour et de nuit, avec temps variables).

2° Essais de rendement lumineux du projecteur (90 à 60 p. 100).

3° Essais indiquant la perfection plus ou moins grande de la lumière de l'arc et du miroir parabolique, comprenant :

a) La mesure de la distance focale du miroir, qui devra correspondre à celle calculée mathématiquement;

b) La forme de la caustique, dans le cas où la source est le soleil. De là, on tirera la position approximative où l'on doit placer la source lumineuse pour avoir le meilleur rendement; le charbon + doit couvrir presque intégralement la caustique obtenue avec le soleil, celui-ci étant dans la direction de l'axe optique du miroir;

c) La mesure approximative de la distorsion et du parallélisme des rayons du faisceau en plaçant un écran à une certaine distance en avant du miroir qui projette, après réflexion de la lumière de la source, l'ombre d'un quadrillage sur cet écran distant du quadrillage de quelques mètres. On pourra chercher quelle est la distance D minimum approximative qui existe entre l'écran et le quadrillage en fil d'acier pour que son ombre sur l'écran cesse d'être nette. Plus cette distance est grande, plus le parallélisme des rayons lumineux est accentué.

Si l'on remarque, dans l'image du faisceau sur l'écran, des points sombres, c'est que, dans le miroir, il y a des petites parties en creux; des points brillants indiquent, au contraire, sur le miroir, des petites plages du miroir en saillie. Les gens exercés savent d'ailleurs corriger ces défauts et les retrouver rapidement.

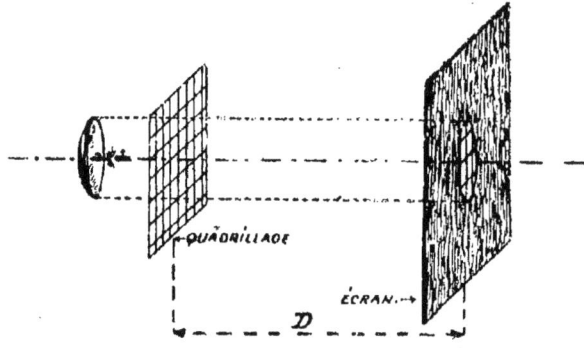

Fig. 212.

4° Essai de durée (ternissage du miroir argenté; usure du miroir doré et du miroir en verre). Cet essai suppose évidemment que le miroir n'a pas reçu d'avaries, par exemple reçu des balles ou des éclats d'obus; qu'il ne s'est pas brisé dans le transport (miroir en verre) ou déformé (miroirs métalliques).

Essai des appareils de manœuvre.

1° On traduira le tour de volant en millièmes et le millième en fraction de tour de volant.

2° On veillera à ce que les organes de commande fonctionnent dès qu'on tourne le volant et non après avoir tourné d'un certain angle, variable avec les divers appareils que l'on a aujourd'hui. Si ce réglage est impossible, on devra opérer les lectures sur les cercles gradués, grâce à l'index qui est en regard.

3° On vérifiera la solidité des chaînes de manœuvre, au cas où l'on actionne l'appareil du fond d'une tranchée.

4° On vérifiera la manœuvre des volets d'occultation, qui devra être très douce et silencieuse.

5° On essaiera le projecteur avec et sans volets d'occultation, de façon à se rendre compte de la lumière perdue par ce mode de fermeture du projecteur.

6° Essais de durée des volets d'occultation et de leurs joints, qui ne doivent jamais laisser filtrer la lumière.

Essais sur les caractéristiques du faisceau.

1° La lampe fonctionnant sur la marche automatique, mesure des divergences des faisceaux du projecteur, l'arc oscillant légèrement de part et d'autre du foyer du miroir.
2° Essais sur la densité lumineuse du faisceau en ses divers points et détermination de la zone d'éclairement constant dans un plan perpendiculaire à l'axe du projecteur.
3° Essais de portée confondus avec ceux du miroir.
4° Études spectroscopiques de la lumière réfléchie par le miroir et couleur du faisceau; déduction à faire pour l'emploi des divers charbons.
5° Études sur les faisceaux obtenus avec glaces divergentes.

Essais de vitesse de pose de téléphones.

Essais variables avec les appareils.

ESSAI DES ORGANES DE TRANSPORT.

1° Appareils à bras.

1° Essais sur les commodités de transport en tranchée, en sol accidenté, et sur la rapidité du transport.
2° Essais sur la durée approximative du montage et du démontage de l'appareil et de sa mise en batterie.
3° Étude des abris, suivant les divers terrains, et leur durée d'exécution.
4° Étude sur la destruction de l'appareil en cas de retraite précipitée.

2° Appareils à dos de mulet.

1° Transports en terrains accidentés et étude de la résistance des mulets.
2° Études hippologiques relatives aux mulets par les sapeurs des sections de montagne et connaissance de la charge maximum que peut porter un mulet.
3° Essais de vitesse pour bâter et débâter les mulets et entraînement progressif au port de la charge.
4° Essais de vitesse de mise en batterie et de repliement du projecteur, avec montage et démontage des diverses pièces du projecteur.
5° Constitution des abris spéciaux aux mulets et au projecteur. Leur durée d'exécution.

6º Etudes sur la destruction de l'appareil en cas de retraite précipitée.

7º Détermination des passerelles que l'on peut franchir et du mode de franchissement (le mulet seul, le mulet chargé, etc.).

3º **Appareils hippomobiles.**

1º Essais de transport de l'appareil avec quatre chevaux en terrain accidenté, et de vitesse du déplacement, la voiture ayant son chargement.

2º Détermination du nombre minimum de chevaux pouvant traîner la voiture sur route normale et de la charge maximum qu'elle peut porter.

3º Essais de vitesse de mise en batterie et de repliement du projecteur, celui-ci se trouvant à 50, 100 ou 200 mètres de la voiture électrogène.

4º Constitution d'abris spéciaux à la voiture et au projecteur. Leu durée d'exécution.

6º Etudes sur la destruction de l'appareil en cas de retraite précipitée.

7º Détermination des ponts que l'on peut franchir avec la voiture hippomobile et sa charge.

4º **Automobiles.**

1º Essais de vitesse à allure moyenne sur routes bonnes et mauvaises, accidentées ou plates, en côtes ou en palier et à des vitesses variables.

2º Essais avec différentes charges.

3º Détermination du nombre de chevaux pouvant remorquer le véhicule et à quelle vitesse.

4º Essais de vitesse de mise en batterie et de repliement du projecteur celui-ci étant à des distances variables de la voiture comprises entre zéro et 200 mètres suivant les cas.

5º Constitution d'abris spéciaux pour la voiture et son projecteur et temps pour les exécuter.

6º Etudes sur la destruction de l'automobile et son projecteur au cas où celle-ci ne pouvant être remorquée, il faut l'abandonner.

7º Détermination des ponts que l'on peut franchir avec l'automobile et sa charge.

Voitures de ravitaillement.

a) *Fourgons.*

1º Essais de charge, de vitesse maximum et détermination du nombre minimum de chevaux pouvant les traîner à une vitesse donnée.

2º Etude du mode de destruction du fourgon dans le cas où il tomberait aux mains de l'ennemi.

3º Ponts franchis par le fourgon chargé au maximum.

b) *Autos de ravitaillement.*

1° Essais de vitesse, analogues à ceux des autos-projecteurs.
2° Essais relatifs à la charge.
3° Détermination du nombre minimum de chevaux pouvant traîner le véhicule et à quelle vitesse.
4° Études sur la destruction de l'automobile.
5° Ponts que l'automobile peut franchir et à quelle allure.

Tous ces essais, faits par le chef de section ou le chef d'équipe, permettront de se rendre compte très rapidement de la valeur de leur matériel et de l'emploi tactique qui peut en être fait. Ils exigent évidemment un certain temps, mais sont presque indispensables; d'ailleurs, la majeure partie peut être exécutée de jour.

TROISIÈME PARTIE.
C) ANNEXES.

Notes sur : 1° *le sapeur projecteur* ; 2° *le chef d'équipe* ; 3° *le chef de section* ; 4° *l'artillerie* ; 5° *les mitrailleuses* ; 6° *la vision*.

LE SAPEUR PROJECTEUR.

L'instruction du sapeur varie suivant la destination de celui-ci. A cet effet, il y a lieu de distinguer les sapeurs manœuvrant :
1° Les appareils oxyacétyléniques ou électriques de 35 centimètres ;
2° Les appareils électriques à arc.

On peut même diviser ceux-ci en trois classes :
   a) Les appareils à dos de mulet ;
   b) Les appareils hippomobiles ;
   c) Les appareils automobiles.

1° APPAREILS OXYACÉTYLÉNIQUES ET ÉLECTRIQUES DE 35 CENTIMÈTRES.

a) Appareils oxyacétyléniques.

Le sapeur commence son instruction technique par la nomenclature détaillée de son appareil et l'étude de son fonctionnement :
1° Le projecteur proprement dit ;
2° Le générateur à oxygène et son mano-détendeur ;
3° Le générateur à acétylène ;
4° Les ingrédients et leur distribution dans les diverses cases des boîtes servant au transport de l'appareil et dont les poids, si elles sont chargées, sont approximativement : boîte du boisseau, 50 kilogrammes ; boîte des générateurs, 90 kilogrammes. Des notices spéciales sont distribuées aux sapeurs à cet effet.

La nomenclature et le fonctionnement de l'appareil connus, on habitue, pendant les exercices de nuit, le sapeur à voir les objectifs. Pour cela, on l'entraîne à découvrir ceux-ci, qui se présentent d'abord debout, puis à genoux, puis couchés. Les essais seront faits avec des effets de différentes couleurs, de façon que l'homme se rende compte de la plus ou moins grande visibilité de chacune d'elles.

La première manœuvre sera faite avec un seul appareil, les suivantes pourront être poursuivies en en combinant plusieurs, comme il a été indiqué au paragraphe relatif à l'emploi des projecteurs oxyacétyléniques.

Un des emplois du sapeur affecté aux oxyacétyléniques est celui de *signaleur*. L'officier observateur d'un photo-électrique pourra s'en adjoindre un ou deux pour assurer sa liaison dans certains cas.

Le sapeur doit donc connaître d'une façon parfaite la signalisation : c'est dire qu'il doit connaître intégralement tout ce que nous avons consacré aux liaisons. Il peut ainsi rendre les plus grands services de nuit comme de jour. L'infanterie pourra trouver parmi les sapeurs des sections de projecteurs, les agents de liaison qui lui manquent, à condition toutefois de ne pas les exposer inconsidérément, ces sapeurs pouvant lui servir avantageusement, avec leurs appareils, pour la protéger de nuit contre toute attaque par surprise.

Avant toute manœuvre, le sapeur devra vérifier le fonctionnement de son appareil et l'importance de ses approvisionnements. Les essais du carbure et de l'oxygénite qu'il aura faits lui donneront une idée de la consommation qu'il peut faire pendant la nuit et de l'importance des approvisionnements qu'il doit posséder.

b) **Appareils électriques de 35 centimètres à lampe à incandescence.**

L'instruction du sapeur porte également sur la nomenclature des appareils et l'étude de leur fonctionnement :

1º Le projecteur proprement dit ;
2º Le générateur d'électricité qui, suivant les cas, est une batterie d'accumulateurs, une dynamo ou une magnéto.
3º Le matériel de rechange.

L'emploi du projecteur est alors fait dans les mêmes conditions que celui du projecteur oxyacétylénique.

2· APPAREILS ÉLECTRIQUES.

Nous distinguerons :
a) Les projecteurs à dos de mulet ;
b) Les projecteurs hippomobiles ;
c) Les projecteurs automobiles.

a) **Appareils à dos de mulet.**

En outre de l'instruction spéciale relative aux soins à donner aux mulets en campagne, l'instruction générale est la même pour tous les projecteurs électriques. En conséquence, les sapeurs des sections de projecteurs à dos de mulet étudieront la nomenclature du matériel comprenant :

I. — Le moteur à quatre temps :
   1º Circuit essence ;
   2º Circuit huile ;
   3º Circuit électrique ;
   4· Circuit eau.

II. — La dynamo :
   1° Inducteur ;
   2° Induit ;
   3° Collecteur ;
   4° Balais.

III. — Etude du projecteur :
   1° Etude de la source lumineuse ;
   2° Miroir et ses accessoires ;
   3° Le cylindre et ses accessoires ;
   4° Les mécanismes de commande du projecteur, et, en un mot, tout ce que nous avons décrit ici.

L'instruction du sapeur projecteur sera complétée par un entraînement à exécuter les petites réparations pouvant parer à une avarie de son moteur.

C'est alors qu'il pourra commencer à manœuvrer son appareil de nuit et étudier l'utilisation du faisceau. Il se pénétrera rapidement de cette idée qu'il n'a aucun rôle tactique, mais purement mécanique ; en effet, très souvent il ne verra pas l'objectif qu'il éclaire et que seul l'observateur regarde avec profit. Toutefois, il serait très regrettable de s'imaginer que le sapeur n'a pas dans la tactique un rôle important et qu'il ne doit pas comprendre les ordres qui lui sont donnés mais simplement les exécuter.

Ainsi, si un projecteur est affecté à une batterie d'artillerie, il est absolument nécessaire que le sapeur sache exactement quels sont les différentes formes de tir de la batterie. Il comprendra ainsi très rapidement ce que l'officier observateur exige de lui et la manœuvre se fera sans à-coups.

Il devra pouvoir compter indifféremment par site et dérive, ou par droite et gauche, en partant d'un repère donné. Il devra donc connaître tous les commandements des projecteurs donnés plus haut dans le paragraphe relatif à l'officier observateur. Il sera en outre entraîné au choix des repères et à l'exécution des croquis de repérage et du croquis perspectif, ainsi que des croquis accessoires de la reconnaissance, de façon à pouvoir remplacer, le cas échéant, le chef d'équipe.

D'ailleurs, dans une équipe, au bout d'un certain temps, les hommes doivent être interchangeables.

Le sapeur projecteur doit, en outre, connaître le fonctionnement et la pose du téléphone et tout ce qui est relatif aux liaisons, en un mot, tout ce qui a été traité au cours de ce volume. Il doit savoir constituer un abri et défiler son appareil aux vues de l'ennemi.

A cet effet il doit prendre les précautions suivantes :

1° Eviter de placer l'appareil au voisinage d'un mur — surtout si celui-ci est blanc — ou d'un arbre qui renverront de la lumière diffuse ; éviter d'éclairer le sol, qui devra être de couleur aussi sombre que possible ;

2° Eviter toutes les filtrations de lumière par les volets d'occultation ou les œilletons de vérification du cratère, ou encore, sur la voiture hippomobile ou automobile, par les portes fermant la case du tableau (voltmètre, ampèremètre, lampe baladeuse, etc.). On évitera aussi les filtrations dues à la lampe éclairant le voltmètre de l'arc ou les cercles gradués du projecteur.

Pour ce qui est de la manœuvre, le sapeur devra se conformer au règlement de manœuvre des projecteurs de campagne.

Un bon sapeur sera caractérisé par la rapidité d'exécution de la manœuvre et le rendement obtenu avec son appareil. Il devra donc s'appliquer à le régler et, à ce sujet, il devra connaître à fond toutes les causes de pannes du moteur, de la dynamo et de la lampe et les moyens d'y remédier. Une longue étude de son appareil lui permettra de savoir quel est le régime de régularité le plus parfait et de rendement lumineux maximum. Le sapeur devra en outre exécuter très rapidement les commandements qui lui sont faits, et cela avec douceur, sans détériorer le matériel. Le rôle du sapeur projecteur, pour les appareils électriques, n'est donc pas un rôle facile s'il est parfaitement rempli.

Les sapeurs affectés aux sections de montagne devront procéder aux essais indiqués pour les appareils à dos de mulet. Ils se rendront compte ainsi de la durée des manœuvres et des divers incidents qu'elles peuvent entraîner.

b) Appareils hippomobiles proprement dits.

Ces appareils seront étudiés en détail par les sapeurs, au point de vue de la répartition du matériel et des ingrédients dans les diverses parties de la voiture. Les sapeurs pourront ensuite effectuer les essais que nous avons indiqués pour ces appareils.

L'instruction au point de vue mécanique et électrique sera analogue à celle que nous venons de décrire.

c) Appareils automobiles.

Les sapeurs étudieront aussi la disposition générale de la voiture et la répartition du matériel et des rechanges. Ceci fait, ils pourront effectuer les essais de la voiture indiqués plus haut. Les sapeurs ne sachant pas conduire devront apprendre la conduite sous la surveillance et la responsabilité des chefs d'équipe ou des sapeurs brevetés chauffeurs, préposés à la conduite normale de la voiture.

La tactique des projecteurs automobiles étant un peu différente de celle du projecteur hippomobile, l'instruction du sapeur doit être complétée par les notions suivantes :

L'automobile ne peut se déplacer que sur route et celle-ci doit être plus ou moins dure suivant le type de projecteur considéré (40, 60, 90). La reconnaissance devra donc indiquer nettement toutes les routes carrossables d'un secteur et les emplacements sur route susceptibles d'être utilisés comme points de stationnement. En ces points, les sapeurs pourront organiser un parapet sur l'accotement de la route du côté où se trouve l'ennemi, de façon à protéger la voiture. Les points de stationnement seront ceux où les zones éclairées par le projecteur seront les plus grandes possibles. Ils devront être tels que l'automobile puisse facilement s'en éloigner sans se trouver sous le tir de l'artillerie ennemie.

Afin d'éviter le repérage, on peut donner à l'auto-projecteur son maximum de mobilité en gardant toujours le projecteur sur l'auto

PROJECTEURS ÉLECTRIQUES A ARC.

sans dérouler le câble et en passant d'un point de stationnement à un autre. Dans ce cas, on pourra utilement grouper les autos-projecteurs avec les autos-mitrailleuses et les autos-canons.

A l'aide de croquis élémentaires et des équipes bien entraînées, on peut exécuter des manœuvres ayant un effet meurtrier très puissant. Les deux autos *étant très voisines*, on peut, en dirigeant le faisceau sur le but placé bien au milieu du faisceau, faire des tableaux de correspondance entre les dérives et les sites du canon ou de la mitrailleuse et ceux du projecteur. Pour la distance, le canon et la mitrailleuse n'auront plus qu'à ajouter l'angle de tir, c'est-à-dire la hausse nécessaire. A cet effet, le canon ou la mitrailleuse et le projecteur prendront comme origines de leurs dérives deux lignes parallèles, ou mieux amèneront leurs lignes origines à être parallèles ; puis les deux appareils se placeront sur un même plan horizontal pour avoir les mêmes angles de site.

Si on a déterminé un certain nombre de repères permettant d'apprécier approximativement la distance du but dans le faisceau, par comparaison, on voit que le canon et le projecteur pourront être facilement liés l'un à l'autre (méthode développée plus haut).

Nous allons ici indiquer une méthode qui pourrait être appliquée pour la mesure des distances des objectifs dans les faisceaux, le but se trouvant supposé au milieu du faisceau à chaque observation.

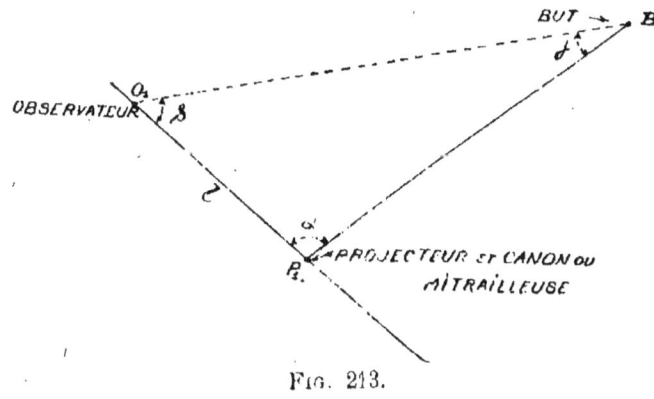

Fig. 243.

Supposons l'observateur muni d'un théodolite dont l'origine du circulaire horizontal se trouve, ainsi que son centre, sur la ligne $O_1 P_1$. De même, supposons la ligne 0/320 du projecteur confondue avec $O_1 P_1$. On pourra aisément déterminer α et β ainsi que la longueur $O_1 P_1$.

On aura :

$$\gamma = [180° - (\alpha + \beta)] \text{ et } \frac{O_1 B}{\sin \alpha} = \frac{P_1 B}{\sin \beta} = \frac{l}{\sin [\pi - (\alpha + \beta)]}$$

ou :

$$O_1 B = \frac{l \sin \alpha}{\sin (\alpha + \beta)} \qquad P_1 B = \frac{l \sin \beta}{\sin (\alpha + \beta)}$$

Des tables constituées à l'avance permettraient d'exécuter les tirs avec le maximum de chances d'atteinte.

Les postes d'observation tels que O_1 pourraient être réunis avec le projecteur et le canon par téléphone et pourraient donner la distance de tir très rapidement, d'où la hausse à prendre pour le canon ou la mitrailleuse. Le poste O_1 ne donnera évidemment de bons résultats que si α n'est pas trop petit, c'est-à-dire l'observateur trop voisin du projecteur; il faudra donc choisir sciemment ses postes d'observation suivant que la zone éclairée par le projecteur est orientée de telle ou telle manière et de telle ou telle étendue. Si l'on dispose de plusieurs postes d'observation, le mode de liaison de l'auto-projecteur avec ces postes devra être ordonné avant la manœuvre, de façon à ce que les postes prennent les résultats tels que β (dans un secteur déterminé pour chacun d'eux) et les transmettent au projecteur qui pourra les traduire en distances de but à projecteur et canon.

Le commandement devra définir très nettement le but à atteindre par les autos-projecteurs, qui pourront rester en liaison avec lui au moyen de signaux optiques convenablement disposés pour n'être pas vus de l'ennemi. A cet effet, nous avons donné quelques renseignements importants.

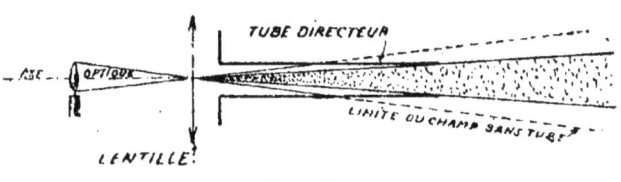

Fig. 214.

Nous avons vu que, pour les appareils de télégraphie optique, le champ de l'appareil était de 1/25 ou de 1/100 de la distance. On peut réduire ce champ dans de notables proportions, de façon que la transmission optique ne puisse être vue que des points de stationnement de l'auto projecteur, à l'aide d'un tube directeur placé devant l'appareil. On peut ainsi réduire le champ jusqu'à 1/200 de la distance. On aura alors peu de chance que l'ennemi surprenne les signaux. On pourra encore aménager des lignes téléphoniques allant au point de stationnement et où il suffise de fixer l'appareil téléphonique mobile.

Les sapeurs devront donc être habitués à assurer leurs liaisons d'une manière aussi parfaite que possible.

LE CHEF D'ÉQUIPE.

Le rôle du chef d'équipe est d'abord d'instruire sa section, puis de la diriger de ses avis à la manœuvre. Il est responsable devant le chef de section de l'état du matériel qui lui est confié et de l'instruction de ses hommes. A ce sujet, s'il commande une équipe d'appareils oxyacétyléniques, il enseignera à ses hommes tout ce qui est contenu ici à ce sujet. Pour les appareils électriques, le chef d'équipe enseignera tout ce que nous avons jugé nécessaire au sapeur affecté à l'une des formations à dos de mulet, hippomobile ou automobile. Il enseignera à ses hommes tout ce que nous avons donné comme renseignements sur la tactique des différentes armes, de façon à ce que ses hommes puissent opérer intelligemment avec n'importe quelle formation au combat.

En tant que responsable du matériel, il devra en faire des visites très fréquentes. Afin que la vérification soit facile, il habitue ses hommes à exécuter le démontage pièce par pièce des différents organes qu'il fera souvent nettoyer et graisser si c'est nécessaire. Il doit veiller, comme nous l'avons indiqué plus haut, à ce que tous les hommes de son équipe sachent exécuter au moins les réparations faciles, de façon à pouvoir parer aisément à toute éventualité dans le fonctionnement des appareils.

Par des exercices fréquents de manœuvres de l'appareil, il arrivera à exécuter celles-ci avec une grande rapidité ; afin de se rendre compte de la valeur de son équipe, il pourra créer des pannes du moteur et obliger ses équipiers à trouver la cause de celles-ci.

Le chef d'équipe assistera le plus souvent aux reconnaissances de terrain, il pourra ainsi se rendre compte très aisément de la manœuvre à exécuter, et celle-ci s'en trouvera grandement facilitée. Il expliquera clairement à l'électricien chargé du pointage de l'appareil la signification du croquis de repérage et du croquis perspectif que lui remettra l'officier observateur ou le chef de section. S'il n'assiste pas à la reconnaissance, il est conduit par le chef de section à l'emplacement qu'occupera son appareil ; celui-ci le présentera à l'officier observateur qui pourra lui demander tous les renseignements techniques qui lui manquent et auquel il obéira ponctuellement pendant toute la manœuvre de nuit.

Le chef d'équipe organise son chantier en créant les abris s'ils n'existent déjà ; à cet effet, il peut demander des auxiliaires d'infanterie si les travaux sont un peu importants. Il sera utile, lorsque le chantier sera aménagé, que tous les hommes examinent de jour le paysage, afin que la disparition d'un d'entre eux n'empêche pas la manœuvre si celle-ci est absolument nécessaire. A cet effet, le chef d'équipe doit dresser ses hommes de façon à ce qu'ils comprennent bien ce qu'un paysage vu de jour devient la nuit. Les hommes éduqués retrouveront ainsi aisément les repères qui leur seront désignés de nuit.

Pour ce qui est de la manœuvre proprement dite, le règlement des projecteurs donne tous les renseignements nécessaires que voici :

Projecteurs hippomobiles.

« Si le projecteur vient chaque soir occuper son emplacement, le chef d'équipe le vérifie avant le départ du cantonnement.

» Cette vérification doit comporter en particulier le contrôle :

» Du remplissage du réservoir d'essence et du radiateur ;
» Du graissage des machines ;
» Du fonctionnement du groupe électrogène ;

» De la propreté et du réglage de la lampe;
» De l'état des charbons.
» Elle aura lieu au moins deux heures avant le départ du cantonnement.
» Si le projecteur est établi à poste fixe, le chef d'équipe fait procéder à cette vérification sur le terrain dès son arrivée.
» Il fait ensuite pointer le projecteur installé suivant la direction du repère origine.
» Si, au moment de manœuvrer ou en cours de manœuvre, il constate une avarie et si cette avarie est réparable immédiatement, il effectue la réparation; dans le cas contraire, il prend ses dispositions pour faire enlever le projecteur et le ramener au cantonnement. Dans les deux cas, il rend compte à l'observateur ou, à son défaut, au commandement; il ne fait enlever le projecteur que sur ordre. Dès son arrivée au poste, il vérifie la ligne téléphonique, dans les parties de nuit où le projecteur n'est pas utilisé, il s'assure au moins deux fois par heure que la ligne n'est pas coupée. Si les appels restent sans réponse, il envoie le mécanicien auxiliaire prévenir l'officier observateur qui rend compte au commandement.
» Dès que le projecteur est en batterie, prêt à fonctionner, le chef d'équipe en avise téléphoniquement l'observateur.
» Un homme sera en permanence de garde au téléphone, il aura sur la tête le casque téléphonique; la garde sera prise par tour. Le chef d'équipe fixera la durée de ces tours.
» Dès que l'ordre d'éclairer arrive, l'homme de garde prévient le chef d'équipe et lui passe l'écouteur; le chef d'équipe prend les ordres et les répète.
» Le chef d'équipe remet l'écouteur au pointeur qui, dans la suite de la manœuvre, garde le casque téléphonique sur la tête.
» S'il y a lieu de recourir à la transmission optique des ordres, les dispositions sont prises autant que possible pour que le pointeur perçoive directement les signaux. En cas d'impossibilité de réception directe par le pointeur, les signaux reçus par un poste intermédiaire sont transmis à la voix ou au moyen du téléphone du pointeur. Si le projecteur est relié téléphoniquement au groupe électrogène, les communications « projecteur-groupe électrogène » et « projecteur-observateur » sont séparées.
» Durant le service, le chef d'équipe veille à l'accomplissement ponctuel du rôle de chacun des servants et au bon fonctionnement des appareils. A cet effet, il se porte là où sa présence est utile.
» Il surveille particulièrement le réglage de la concentration du faisceau. Le pointeur exécute les ordres relatifs à la manœuvre du projecteur; il transmet les autres au chef d'équipe ou les lui fait transmettre par le mécanicien auxiliaire qui l'assiste.
» Si, en cours de marche, le projecteur ou le moteur subit une avarie, le chef d'équipe en rend compte immédiatement à l'observateur. Celui-ci avise le commandement, qui prévient le chef de la section de projecteurs. Cet officier prend ses dispositions pour faire enlever et remplacer le plus tôt possible le matériel avarié.
» En cas de coupure des lignes téléphoniques, le chef d'équipe en rend compte à l'officier observateur; la liaison entre le projecteur et l'observateur est alors assurée optiquement ou par des agents de liaison.

» Quand le service de nuit est terminé, l'équipe visite et nettoie le projecteur et le moteur, complète s'il y a lieu la provision d'essence, change les charbons s'ils sont usés, relève le câble.

» Les lignes téléphoniques sont laissées en place. Lorsque le projecteur change d'emplacement, le chef de la section fait relever la ligne téléphonique. »

Auto-projecteurs.

« L'auto-projecteur est vérifié deux heures au moins avant son départ du cantonnement.

» A son arrivée au garage, le chef d'équipe fait vérifier les lignes téléphoniques joignant les différentes stations aux postes de commandement.

» Dès que l'ordre d'éclairer arrive, les hommes montent sur la voiture sur l'ordre du chef d'équipe; le chauffeur met la voiture en route.

» Le chef d'équipe fait arrêter l'auto-projecteur à la station désignée par l'officier observateur. Le chauffeur reste à son poste sur la voiture, les autres sapeurs descendent. Le chef d'équipe fait mettre le projecteur en action et la manœuvre continue comme dans le cas précédent. »

Projecteurs à petite portée.

« Les projecteurs de 35 sont généralement laissés à poste fixe. Ils sont servis par deux hommes, dont l'un (chef d'équipe) est responsable, vis-à-vis de l'officier de la section de projecteurs, du bon état du matériel. Dès son arrivée, le chef d'équipe procède à l'examen des générateurs à gaz, vérifiant préalablement s'il est nécessaire les robinets à pointeau des bouteilles d'oxygène, les générateurs à acétylène et les briquets des projecteurs oxyacétyléniques, ainsi que les accumulateurs des projecteurs électriques.

» Dans le cas où les générateurs à oxygène et à acétylène sont vides ou à pression insuffisante, il les fait immédiatement recharger. Pour les batteries d'accumulateurs, il vérifie le potentiel aux bornes, qui ne doit jamais descendre, comme nous l'avons vu, au-dessous de $1^v, 85$.

» Pour les appareils oxyacétyléniques, le chef d'équipe s'assure non seulement que : 1° le robinet à pointeau de la bouteille d'oxygène ne perd pas, 2° le briquet fonctionne régulièrement; mais il a toujours sous la main le matériel nécessaire au rechargement des appareils, c'est-à-dire :

» Une charge de carbure;
» Une charge d'oxygénite;
» Deux ou trois boîtes de poudre d'allumage;
» Deux ou trois boîtes d'allumettes.

» Quand le service de nuit est achevé, démonter l'appareil, remettre le projecteur dans sa caisse et prendre la pression d'oxygène. »

De jour, le chef d'équipe peut, dans certains cas, être encore utilisé pour assurer les liaisons, avec les hommes qui n'ont pas manœuvré de nuit, en formant des réseaux de postes (postes simples, centraux, centraux généraux) analogues à ceux de la télégraphie militaire. Les sapeurs pourront ainsi, à l'aide de fanions ou d'appareils (téléphoniques, optiques, etc.), assurer la transmission de renseignements ou d'ordres dont l'importance n'est pas très considérable et dont la vitesse peut être réduite.

LE CHEF DE SECTION.

Le rôle du chef de section est un rôle très important. Il est chargé de l'instruction de ses hommes; il est responsable du matériel de sa section, de l'administration et de la discipline de celle-ci. Quoiqu'il ne joue, en principe, aucun rôle tactique, il doit posséder celle-ci de façon parfaite, car, mis en rapport avec les divers commandements et les officiers observateurs, il devra non seulement leur fournir les renseignements techniques qui lui sont demandés, mais encore être capable de discuter avec eux sur le choix des emplacements des projecteurs. Il devra donc connaître tout ce que nous avons dit des diverses armes et tout ce qui a rapport aux propriétés de son appareil, au croquis de repérage ou croquis de reconnaissance.

Le chef de section a d'ailleurs son rôle défini par le règlement de manœuvre des projecteurs, et dont voici le texte :

« En ce qui concerne le personnel :

» Le chef de section s'assure que l'instruction détaillée du matériel est connue de tous et que les équipes sont capables de remédier rapidement aux incidents du fonctionnement.

» Les chefs d'équipe doivent être en état de suppléer, le cas échéant, le chef de section, notamment dans l'exécution des croquis de reconnaissance.

» Le chef de la section entretient, par des exercices fréquents, la connaissance des signaux Morse et la manœuvre rapide des projecteurs oxyacétyléniques.

» Il exerce les sapeurs à la pose et au repliement rapides des lignes téléphoniques ainsi qu'à la réparation des accidents survenant le plus souvent dans leur exploitation.

» En ce qui concerne le matériel :

» Pendant la saison froide, il s'assure tous les jours de la vidange des radiateurs qui seraient remplis d'eau non mélangée à de la glycérine.

» Chaque jour, il fait fonctionner les moteurs et s'assure de la propreté et du réglage des lampes des appareils restant au cantonnement. Les robinets à pointeau et les joints de bouteille à oxygène des projecteurs oxyacétyléniques et les batteries d'accumulateurs de projecteurs électriques de 35 non en service sont vérifiés tous les huit jours.

» Le chef de la section de projecteurs se tient constamment en relations avec le commandement pour être au courant de la situation et provoquer des ordres avant la nuit. Si le commandement affecte des projecteurs photo-électriques à une unité, le chef de la section opère

PROJECTEURS ÉLECTRIQUES A ARC. 335

comme nous avons exposé au chapitre relatif à la reconnaissance du terrain, à savoir :

» Se présenter au commandant de l'unité et prendre ses ordres.

» Effectuer, de concert avec l'officier observateur, une reconnaissance au cours de laquelle sont déterminés :

» 1º Les emplacements des projecteurs ;
» 2º Les chemins d'accès ;
» 3º Le point de stationnement des chevaux et des avant-trains dans le cas des projecteurs ;
» 4º Le garage, dans le cas des autos-projecteurs.

» Fixer l'emplacement et la nature des abris pour le personnel et le matériel, et déterminer le nombre d'auxiliaires nécessaires à leur établissement.

» Arrêter le tracé des lignes téléphoniques et les points où elles doivent être enterrées.

» Donner à l'officier observateur les indications techniques nécessaires au choix de l'emplacement du poste d'observation du projecteur.

» Collaborer à l'exécution du croquis perspectif du terrain et au repérage des directions principales.

» S'assurer que le chef d'équipe et tous les sapeurs sans exception connaissent le secteur et sont capables d'en retrouver rapidement les directions principales.

» Rendre compte au commandement de la fin des travaux d'installation, soumettre à son approbation la consigne réglant les détails du service, et faire avancer le matériel assez tôt sur le front, afin de pouvoir l'installer sans retard.

» Si le commandement affecte à une unité des projecteurs à petite portée, le chef de la section donne au commandant de cette unité les indications techniques nécessaires au placement de ces projecteurs.

» Les emplacements étant déterminés par le commandant de l'unité, le chef de la section assure :

» La protection du personnel et du matériel ;
» L'installation et l'entretien du matériel.

» Lorsque les projecteurs sont placés et le service organisé, le chef de la section de projecteurs, par des inspections fréquentes, vérifie l'état du matériel et s'assure que le service fonctionne régulièrement sans s'immiscer dans les détails de l'emploi.

» Lorsque les circonstances mêmes du combat rendent impossible le repliement du projecteur, le chef de la section de projecteurs (ou à son défaut le chef d'équipe) fait enlever les organes essentiels, afin de le rendre inutilisable par l'ennemi.

» Il doit, en particulier, dégrader le miroir, enlever la lampe, mettre hors de service l'induit de la dynamo. »

On pourra même utilement détériorer le moteur avec deux ou trois pétards de mélinite de 135 grammes ou des cartouches de 100 grammes, disposés soit sur les cylindres, soit sur les paliers. On rendra la voiture inutilisable en disposant aussi quelques pétards sur les essieux. Les sapeurs étant habitués à la destruction des ouvrages métalliques ont reçu dans leurs dépôts l'instruction relative à l'amorçage des pétards ou cartouches de mélinite.

Toutes les fois qu'on le pourra, on retirera la magnéto du moteur. Afin de faciliter la destruction du projecteur, on pourra disposer sur l'appareil des bagues destinées à recevoir immédiatement les pétards ou cartouches de mélinite nécessaires.

Toutes les indications relatives au chef d'équipe et au chef de section sortent du cadre du traité de tactique que nous avons fait, mais elles permettent à l'officier observateur d'avoir une idée du fonctionnement d'une section et des responsabilités de ses divers organes; c'est à ce titre que nous avons donné ici, dans ces deux derniers paragraphes des extraits du règlement des projecteurs de campagne.

ARTILLERIE.

Pour bien comprendre comment on réalise la liaison, il est nécessaire de donner quelques détails sur la tactique de l'artillerie. Nous nous contenterons d'ailleurs de notions rudimentaires, qui permettront le plus souvent aux chefs d'équipe de comprendre ce que l'on demande d'eux (1).

Généralités.

On englobe sous le nom d'artillerie l'ensemble de pièces à feu non portatives lançant des projectiles de gros calibre. Toute pièce d'artillerie est caractérisée par sa puissance et sa mobilité. La puissance d'une pièce d'artillerie est fonction de la vitesse du projectile au point de chute, de la portée maximum, c'est-à-dire de la distance séparant la pièce du point de chute et enfin de la rapidité de son tir. On constate que la puissance d'une pièce croît avec le calibre des projectiles qu'elle est appelée à tirer. Donc, quand le calibre croît, le poids de la pièce augmente dans de notables proportions, et celle-ci devient moins mobile. Suivant le but à atteindre, on cherche à réaliser des pièces très puissantes et peu mobiles ou, au contraire, des pièces très mobiles mais moins puissantes.

Les systèmes d'artillerie ont été classés en cinq sections dépendant de la mobilité des pièces qu'elles comprennent :

1° Artillerie de montagne;
2° Artillerie de campagne;
3° Artillerie de siège et de place;
4° Artillerie de côte;
5° Artillerie de marine.

A ces systèmes il convient d'ajouter l'artillerie de tranchée et l'artillerie lourde à grande puissance (A. L. G. P.) où se classe l'artillerie lourde sur voie ferrée (A. L. V. F.).

Nous n'envisagerons ici que les deux premières catégories, qui seules sont appelées à opérer avec les projecteurs de campagne d'une façon courante.

---

(1) Extraits des travaux remarquables de MM. le chef de bataillon du génie Chambeau et le capitaine du génie Havy, Instructeurs à l'École nationale des Ponts et Chaussées.

PROJECTEURS ÉLECTRIQUES A ARC. 337

Divers genres de tir.

Le tir de l'artillerie est caractérisé par la tension plus ou moins grande de la trajectoire, ou encore par le mode d'éclatement du projectile.

I. — Sous le rapport de la trajectoire, on distingue :

a) Le *tir de plein fouet*, où la trajectoire a le maximum de tension que permet la bouche à feu. *Il est employé contre les objectifs découverts*. L'angle de chute, et par suite celui de tir, est généralement inférieur à 15 degrés.

b) Le *tir plongeant* et le *tir vertical*, exécutés avec des charges réduites et dont la trajectoire à courbure prononcée permet d'atteindre des *objectifs abrités* derrière une masse couvrante ou de produire des effets d'écrasement ou de pénétration exigeant une grande vitesse verticale restante. Le tir est plongeant si l'angle de tir est compris entre 15 et 27 degrés; il est vertical s'il est supérieur à 27 degrés.

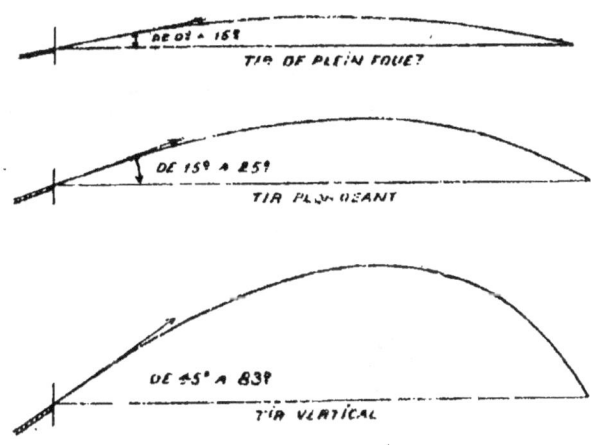

Fig. 215.

II. — Si l'on envisage le mode d'éclatement du projectile, on distingue :

a) Le *tir percutant*, dans lequel le projectile éclate au choc ;
b) Le *tir fusant*, dans lequel le projectile éclate au-dessus du sol, après une durée de trajet déterminée.

Types de bouches à feu.

Les canons à tir de plein fouet sont à grande vitesse initiale, donc à forte charge. Aussi leurs enveloppes sont épaisses et à longueur d'âme très grande, afin que la pression des gaz agisse pendant un temps assez long. Les canons à tir plongeant ou vertical, qui tirent à charge réduite donc à pression plus faible, n'ont besoin d'être ni à parois épaisses, ni à grande longueur d'âme.

D'où trois types de canons :

1° Les *canons longs*, pour le tir de plein fouet ;
2° Les *canons courts*, pour le tir plongeant ;
3° Les *mortiers*, pour le tir vertical.

Voyons ce que comporte l'artillerie de campagne avec laquelle peuvent opérer les appareils de 60 et 90 des projecteurs de campagne.

ARTILLERIE DE CAMPAGNE.

L'artillerie de campagne est ainsi nommée parce qu'elle est susceptible de suivre les troupes auxquelles elle est affectée. Elle comprend :

a) ARTILLERIE DE MONTAGNE.

Cette artillerie est transportée à dos de mulet et ne comporte que des éléments dont le poids ne dépasse pas 120 kilogrammes, charge maximum que peut supporter cet animal. On obtient la légèreté en réduisant la puissance et en diminuant la vitesse initiale. C'est ce qui a lieu dans le canon de 80 *millimètres* de montagne. Toutefois, pour la rapidité du tir, on a diminué le calibre en conservant à la pièce une puissance suffisante avec le nouveau canon de 65 *millimètres*.

b) ARTILLERIE DE CAVALERIE.

Elle agit contre des troupes découvertes et très mobiles. La pièce doit donc être très légère et à tir rapide, susceptible de passer dans toutes les terres. On se sert, dans ce cas, du 75 *millimètres*, allégé de ses boucliers et de ses freins de roues.

c) ARTILLERIE DE DIVISIONS D'INFANTERIE.

Utilisable contre les troupes à découvert. Elle comporte un canon à tir rapide et zone dangereuse assez forte, susceptible d'aller dans tous les terrains, traîné à six chevaux et atteignant 1.800 kilogrammes. Dans le matériel actuel de 75 *millimètres*, la vitesse du tir peut atteindre 15 coups à la minute.

d) ARTILLERIE LOURDE DE CAMPAGNE.

Le canon de 75 *millimètres* étant impuissant contre les obstacles de quelque valeur, et ne pouvant exécuter un tir plongeant efficace, on a prévu de l'artillerie lourde qui produit ces résultats.

On a, par suite :

Le *canon de* 105 *millimètres*, tout nouveau ;
Le *canon court de* 120 *millimètres*, du poids de 2.335 kilogrammes, dont la vitesse est *un peu supérieure à* 1 *coup à la minute;*
Le *canon de* 155 *millimètres court*, pesant 3.910 kilogrammes, 1 *coup toutes les quatre minutes;*
Le *canon de* 155 *millimètres court et tir rapide*, pesant 3.200 kilogrammes, pouvant tirer de 4 à 5 *coups à la minute;*
L'*artillerie lourde à grande puissance* peut être classée dans cette catégorie.

Nous ne décrirons pas ici tous les types de canons employés dans l'artillerie, ainsi que les modes de pointage, mais nous allons donner quelques notions sur les projectiles.

Projectiles.

La valeur d'une artillerie dépend dans une large mesure de la valeur des projectiles et des charges qu'elle emploie.
On distingue, dans les projectiles, les *boulets* ou projectiles pleins, les *obus* ou projectiles creux contenant une charge explosive. Dans tous les cas, le projectile doit : 1° assurer son mouvement dans l'âme du canon et dans l'air; 2° produire au but un effet maximum. A cet effet, l'obus est de beaucoup supérieur au boulet.

L'obus tiré par les pièces rayées est muni d'un mouvement de rotation en même temps que celui de translation. On constate d'ailleurs que le projectile léger est avantageux aux petites distances, et le projectile lourd aux grandes distances, à cause de la résistance de l'air qui est relativement plus grande sur un petit projectile lancé à grande vitesse initiale, que sur un gros projectile lancé à vitesse réduite. L'obus a une longueur, variant de 2 calibres pour les obus courts à 4 calibres et demi pour les obus longs; on ne doit pas la dépasser, si l'on veut garder l'obus stable sur sa trajectoire.

Ces obus peuvent être divisés en deux catégories, suivant leur mode d'action : 1° les projectiles agissant contre les obstacles, 2° les projectiles agissant contre le personnel. Les obstacles peuvent être constitués par du matériel, de la maçonnerie, des terrassements, etc., contre lesquels on utilisera des obus explosifs, également employés d'ailleurs contre le personnel; parmi ces obus explosifs, on pourra utiliser particulièrement les obus allongés à grande capacité intérieure et enveloppe de 1/10 à 1/15 de l'épaisseur, où la charge constitue de 20 à 30 p. 100 du poids de l'obus, dit obus torpille, à cause de sa longueur qui est de 3 à 4 calibres et demi. Le personnel à atteindre est constitué par des troupes en marche ou en station. Les projectiles contre le personnel doivent avoir une action efficace étendue et régulière, que ne donnent pas les obus explosifs qui se brisent en fragments irréguliers et de poids très variable. C'est le cas des shrapnels, ou obus à balles. Ces obus comportent une enveloppe assez résistante et un nombre variable de balles en plomb durci, contenant un dixième d'antimoine. Ces balles, immobilisées dans l'obus, sont lancées avec des effets meurtriers assez considérables. D'ailleurs, presque tous les obus sont à charge arrière, ce qui a pour but d'augmenter la vitesse du projectile au but.

L'obus de 75 millimètres est dit à charge mélangée. La poudre, mélangée aux balles, est comprimée à 10 kilogrammes par millimètre carré, pour mieux maintenir celle-ci. L'inflammation de la charge se fait par le bas, afin d'assurer la combustion totale de la charge, une planchette d'inflammation portant quatre brins de mèche à étoupille traverse le tube central percé de trous à la partie inférieure. La partie supérieure est recouverte d'une couche de salpêtre comprimé. Cet obus fait canon et lance ses 240 balles de 12 grammes avec une vitesse supplémentaire de celle de l'obus de 90 mètres environ.

Nous ne parlerons pas, ici, de ce qui est relatif aux charges destinées à lancer le projectile, et nous donnerons quelques détails sur les fusées.

Fusées.

Les fusées sont des dispositifs destinés à enflammer la charge intérieure du projectile. On distingue deux sortes de fusées : les *fusées percutantes*, dont le fonctionnement est déterminé par le choc de l'obus à l'arrivée au but; les *fusées fusantes*, dont l'action est fonction du temps écoulé depuis le départ du coup. Les premières sont généralement employées avec les obus explosifs. On a encore des fusées à double effet percutant et fusant.

Notions sur les effets des projectiles.

Les obus, nous l'avons dit, peuvent être percutants ou fusants suivant la nature de leur fusée. Pour les obus fusants, le projectile éclate au-dessus du sol, à une hauteur nommée *hauteur d'éclatement* et à une distance horizontale du but appelée *intervalle d'éclatement*. Au moment de l'explosion, les éclats se séparent sous l'action de trois vitesses : 1° la vitesse de translation du projectile ; 2° sa vitesse de rotation, variable pour chaque éclat du projectile, et d'autant plus grande que l'éclat est plus loin de l'axe de l'obus; 3° la vitesse d'éclatement de l'obus due à sa charge d'éclatement.

Les éclats et les balles forment, par suite, un faisceau de trajectoires qu'on appelle *gerbe*, ayant sensiblement la forme d'un cône de révolution dont l'axe est la tangente à la trajectoire au point d'éclatement et dont l'ouverture de la gerbe est caractérisée par l'angle au sommet de ce cône. L'ouverture du cône augmente avec la distance variant de 14 à 18 degrés environ et atteint même de 20 à 30 degrés avec l'obus à mitraille de 155. Les obus à charge mélangée, comme celui du 75, ont une gerbe un peu plus ouverte que les obus à charge arrière. Dans les obus à gerbe étroite, les balles ont une plus grande vitesse et leur action sur le personnel est plus meurtrière.

PROJECTEURS ÉLECTRIQUES A ARC.

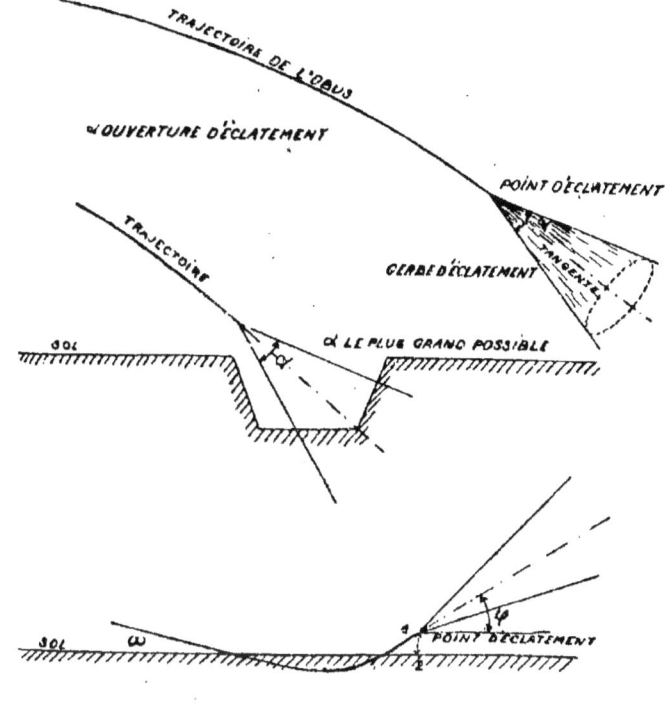

Fig. 216.

GERBES OUVERTES.

Contre les troupes abritées, les obus à gerbe ouverte sont les plus avantageux. On le voit facilement par la figure ci-dessus.

GERBE DES OBUS PERCUTANTS.

Le projectile frappe le sol, y creuse un sillon, se relève, puis éclate à une certaine hauteur (0m.50 environ), donnant une gerbe dont l'axe est dirigé de bas en haut. Si ω est trop grand, le projectile s'enfonce dans le sol et forme fougasse. Sinon l'objectif est atteint par les parties ascendantes de la gerbe d'éclatement. Si l'angle φ est trop grand, une grande partie des éclats passeront au-dessus du but. C'est donc à petite distance que le percutant doit être tiré sur le personnel. D'ailleurs, la nature du sol et la forme du terrain jouent un grand rôle sur les effets du tir. En général, *le tir fusant sera de règle contre le personnel, le tir percutant contre les obstacles*, à moins que l'on soit à petite distance. Voici quelques caractéristiques des obus à balle et à mitraille de l'artillerie française :

Canon de 75 modèle 1897.
   Poids de l'obus : 7 kg. 240.
      Obus à balles à charge mélangée : 290 balles de 12 grammes.

Canon de 90.
   Poids de l'obus : 8 kg. 685.
      Obus à mitraille : 160 balles de 15 grammes, 77 éclats de 26 grammes.

Canon de 95.
   Poids de l'obus : 12 kg. 300.
      Obus à mitraille : 160 balles de 22 grammes, 90 éclats de 32 grammes.

Canons de 120.
   1° Poids de l'obus : 19 kg. 200.
      Obus à mitraille : 280 balles de 20 grammes, 135 éclats de 15 grammes.
   2° Poids de l'obus : 20 kg. 350.
      Obus à balles, chargé arrière, spécial au 120 court : 630 balles de 12 grammes.

Canon de 155.
   Poids de l'obus : 40 kg. 800.
      Obus à mitraille : 416 balles de 25 grammes, 288 éclats de 43 grammes.

Etude spéciale du canon de 75 millimètres.

L'obus à balles de 75 éclatant à bonne hauteur ($3/1000^{es}$ de la distance) bat une zone de 150 à 200 mètres en avant du point d'éclatement.

La batterie de quatre pièces de 75 peut exécuter trois genres de tir : 1° le tir progressif, 2° le tir sur hausse unique, 3° le tir par salves ou par rafales sur le commandement du capitaine. La *salve* est la succession des coups d'une batterie sur une même hausse dans un ordre déterminé, à raison d'un coup par pièce; la *rafale* est l'ensemble de coups tirés sur une même hausse sans ordre déterminé, à raison d'un ou plusieurs coups par pièce.

Lorsque la largeur de l'objectif est trop grande pour qu'il soit entièrement battu sans changer le pointage en direction, on emploie le *fauchage*. Ce procédé consiste à tirer trois coups sur la même hausse, en faisant varier la direction après chaque coup d'une quantité correspondante à $6/1000^{es}$ de la distance (6 mètres pour 1.000 mètres).

Le tir de fauchage est toujours fusant; toutefois, dans le bombardement d'un village, on peut le faire percutant.

ZONES BATTUES.

Une batterie de quatre pièces peut, avec le tir percutant, battre efficacement une largeur d'obstacle de 25 mètres; avec le tir fusant et à toutes les distances, la batterie peut battre un front de 100 mètres sans fauchage et un front de 200 mètres avec fauchage.

Le tir progressif, toujours fusant, consiste à tirer deux coups par pièce sur quatre hausses successives échelonnées de 100 en 100 mètres à partir de la plus courte, soit trente-deux coups par batterie. S'il est exécuté avec fauchage (trois coups par pièce sur chaque hausse), le nombre des coups est de quarante-huit.

La profondeur de la zone battue par un tir progressif est de 400 mètres. Le tir progressif avec fauchage bat, à la distance de 2 km. 500, un rectangle de 200 mètres de front sur 400 mètres de profondeur, avec 48 projectiles donnant environ 15.000 balles ou éclats. Le tir progressif par salve et rafale s'emploie uniquement contre le personnel. Le tir sur hausse unique s'emploie contre les obstacles.

VITESSE DU TIR.

La durée des différentes phases du tir est la suivante :

Pointage initial avec abatage, 1 minute.
Tir de réglage, 1 à 4 minutes.
Tir progressif simple (32 coups par batterie), 20 à 30 secondes.
Tir progressif avec fauchage (48 coups par batterie), 30 à 40 secondes.

EFFICACITÉ DU TIR.

Le tableau ci-joint donne le pour cent des tirs effectués par batterie de quatre pièces sur l'infanterie dans différentes positions. L'efficacité du tir fusant est maximum quand la hauteur d'éclatement est voisine de 3/1000 de la distance; c'est la *hauteur-type*.

GENRES DE TIR.	FRONT de TIR.	1.500	2.000	2.500	3.000	3.500	4.000	4.500	5.000
Tir progressif.									
Infanterie debout............	100ᵐ	50,2	45,3	41,0	33,4	26,8	20,8	16,6	14,0
Infanterie couchée sac au dos.	100ᵐ	13,4	11,4	9,8	8,0	6,0	4,5	3,8	3,2
Infanterie couchée sans sac...	100ᵐ	18,8	16,9	15,6	13,3	10,8	8,5	7,6	6,8
Tir progressif (avec fauchage).									
Infanterie debout............	200ᵐ	44,3	40,0	35,9	29,2	23,1	17,6	14,4	11,9
Tir sur hausse unique par deux.									
Infanterie debout............	100ᵐ	32,8	31,3	29,7	25,0	20,9	16,3	13,8	11,8

La pente du terrain modifie d'ailleurs l'efficacité du tir; le canon ne peut battre efficacement un terrain dont la pente est supérieure à l'angle de chute du projectile α. Quant aux formations serrées, elles permettent au tir de rendre son maximum d'effet par la concentration des feux sur le but; une trop grande dispersion, d'ailleurs, ne donne pas non plus de très bons résultats; une troupe doit être divisée en petits paquets obligeant les batteries à étaler leur feu. Ainsi, avec 96 hommes en 6 paquets de 16 hommes à 15 mètres d'intervalle, la perte sera de 14,9 p. 100.

Les mêmes, en 3 paquets de 32 hommes, sur 8 rangs à 40 mètres d'intervalle, auront une perte de 9,2 p. 100.

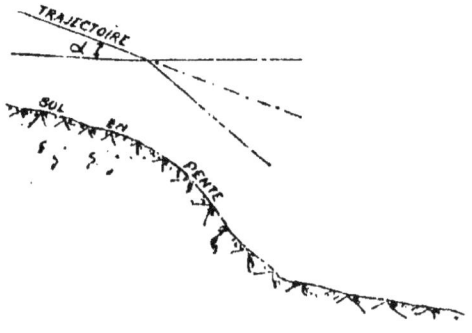

Fig. 217.

Les mêmes, en deux colonnes de 12 rangs de 4, à 90 mètres d'intervalle, subiront une perte de 7.2 p. 100.

Mais si l'artillerie concentre son feu sur l'une des colonnes, la perte s'élèvera à 12 p. 100.

Pour qu'un obus produise un effet sur des troupes abritées derrière des murs, il faut tirer percutant, l'obus traversant la muraille et éclatant derrière.

Mode d'éclatement de l'obus explosif.

Ces obus peuvent recevoir un retard à l'explosion après avoir percuté ou fusé (rarement fusant) qui atteint 1/4 de seconde. Leur explosion produit un nuage de fumée généralement noire, permettant l'observation des coups ; elle donne lieu à un nombre très restreint d'éclats gros et moyens et à des milliers de petits éclats. On répartit les éclats en trois groupes, le plus important provient des parois latérales et donne, avec le 90, environ 2.000 éclats. Les éclats d'ogive donnent une nappe conique très peu dense et dont la partie centrale (80° environ) ne contient presque aucun éclat. Enfin, la gerbe de culot se tient dans un angle de 110 degrés et contient assez peu d'éclats.

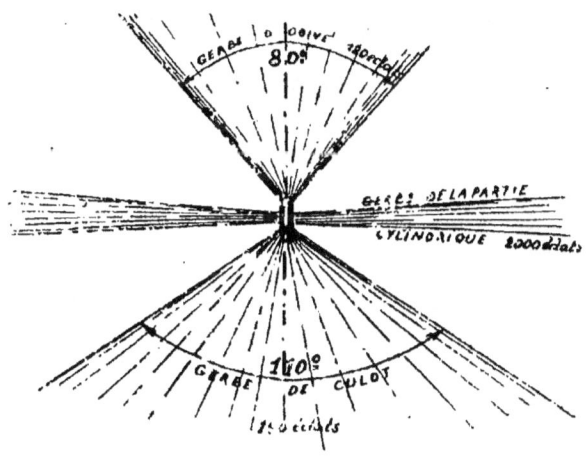

Fig. 218.

Les effets de l'obus à explosif sont réduits sur le personnel découvert, à moins qu'ils n'éclatent très près du but. Ces obus sont, par contre, très efficaces contre le matériel, les murs de clôture, les maisons, les maçonneries. Leur action est réduite aussi dans les terres molles, mais cet obus a un grand effet sur le sol durci et rocheux. La guerre actuelle a montré qu'avec des obus de gros calibre, on détruit tout ouvrage maçonné et cuirassé.

Nous pouvons donner ici un tableau indiquant les charges des divers canons pouvant opérer avec les projecteurs (charges converties en nombre de pétards de 135 grammes du génie).

DÉSIGNATION DES PIÈCES.	TYPE DES OBUS.	POIDS.	POIDS DE MÉLINITE.		RAPPORT DU POIDS de mélinite au poids de l'obus.
Canon de 75 m/m...	allongé.............	5 k. 375	0 k. 825	6 pétards de mélinite	17 %
— de 90 m/m...	ordinaire............	8 k. 200	0 k. 400	3 pétards.	»
	allongé.............	8 k. 430	1 k. 680	12 pétards.	20 %
— de 95 m/m...	ordinaire............	11 k. 200	0 k. 500	4 pétards.	»
	allongé.............	12 k. 090	2 k. 000	14 pétards.	16,5 %
— de 120 m/m...	ordinaire............	18 k. 700	1 k. 100	8 pétards.	»
	allongé.............	20 k. 350	4 k. 120	29 pétards.	20,5 %
— de 155 m/m...	ordinaire............	41 k. 300	2 k. 400	17 pétards.	»
	allongé.............	43 k. 000	10 k. 200	76 pétards.	24 %
	allongé à 4 calibres 1/2.	43 k. 700	12 k. 000	90 pétards.	27 %

Principes du réglage du tir.

Quel que soit le genre de tir à effectuer, il y a lieu de procéder aux deux opérations suivantes :

1° Déterminer les éléments initiaux du tir pour tirer le premier coup dans les conditions présumées les meilleures d'après les renseignements, les mesures ou les documents dont on dispose.

2° Réglage du tir permettant, d'après l'observation des coups, la correction des données premières due à l'influence des causes perturbatrices et des erreurs sur l'appréciation des distances. Le tir réglé, on effectue le tir d'efficacité, qui a pour but de faire rendre à la pièce les résultats les plus satisfaisants suivant les circonstances et le but qu'on se propose.

Nécessité du réglage.

Les données premières du tir ne sont applicables que dans les conditions identiques à leur établissement, température, air calme, même charge de poudre, etc.; donc, même si l'on connaît exactement l'emplacement du but par rapport à la batterie, le réglage du tir s'imposerait encore, parce que l'on ne se trouve pas nécessairement dans les conditions des tables de tir. Il y a donc lieu de faire subir à l'angle de tir, qui modifie la portée, et à l'orientation de la pièce, qui influe sur la direction des corrections dont l'observation des points de chute démontre l'utilité. Le réglage ne saurait d'ailleurs avoir pour effet de modifier les écarts dus à la dispersion naturelle des coups.

Loi de la dispersion.

Supposons que l'on tire un très grand nombre de coups dans des conditions aussi identiques que possible de charge, de pointage et d'état atmosphérique. Les points de chute des projectiles ne coïncideront pas, en raison des causes d'irrégularité dues à l'imperfection de l'arme : constitution différente des projectiles, état extérieur variable, charges, modes de chargement, pointage, etc., différant plus ou moins d'un coup à l'autre. On a alors dispersion des coups. On a à la fois la dispersion des coups en portée et en direction. Supposons qu'avec une pièce on tire un certain nombre de coups dans les mêmes conditions. Les projectiles tomberont tous au voisinage d'un certain point dont la distance à la pièce s'appelle la *portée moyenne*. Soit M ce point. Si on trace par une courbe la répartition des coups en fonction des écarts à droite et à gauche de ce point, on aura une courbe de la forme ci-dessous, donnant une idée très nette de la proportionnalité des écarts suivant leur grandeur. On a deux courbes différentes pour les écarts en portée et les écarts en direction. On déduit de là que l'on a à faire méthodiquement les réglages en portée et direction.

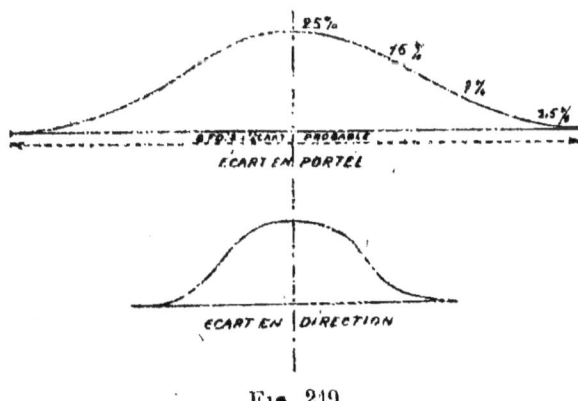

Fig. 219.

Le but du réglage est de faire coïncider le point moyen M avec le but à atteindre. Il y aura toujours un certain écart entre le point moyen et le but, cet écart sera l'écart de réglage; mais la densité des points de chute étant maximum au point moyen, on aura grande chance d'atteindre le but en visant ce point avec un certain nombre de projectiles. Il suit de là que l'on doit fixer à un écart probable la limite supérieure de l'écart de réglage pouvant être toléré ; mais cette règle n'est pas absolue, elle varie avec le genre de tir, parce qu'il y a lieu de tenir compte des dimensions du but réel et de la zone d'efficacité du projectile.

Le réglage peut se faire par deux méthodes : soit par l'observation de la grandeur des écarts, soit par celle du sens de ces écarts. En général, le réglage en direction est facile, à cause de l'appréciation des écarts ; il n'en est pas de même pour le réglage en portée. On a souvent recours, dans ce dernier cas, à la méthode de la fourchette. On tire sur une première hausse arbitraire : supposons le coup court, on tirera une série de coups en progression arithmétique de raison a_1 que l'on nomme *bond*. Il arrivera un moment où le but sera encadré par un coup court suivi d'un coup long. Les deux hausses correspondantes formeront alors ce que l'on nomme une *fourchette*. On forme alors entre les deux coups répondant à la fourchette une autre progression arithmétique de raison a_2, et l'on trouve ainsi une seconde fourchette. Lorsque la raison de la progression arithmétique est assez faible, on se contente de la précision du tir effectué. Nous ne discuterons pas sur la valeur de la fourchette. Le réglage peut se faire au percutant ou au fusant. Au percutant on voit aisément le point d'éclatement par le nuage de fumée que produit l'explosion de la charge intérieure que l'on situe par rapport au but. Si la fumée cache le but celui-ci est trop court ; si le but se détache sur la fumée, le coup est long. Ce réglage est surtout utilisé avec le 75 millimètres. Le réglage des obus fusants, outre qu'il permet le réglage simultané en direction, en portée et en hauteur d'éclatement, rend l'observation des coups indépendante des formes et des couverts du terrain. Le réglage en obus percutant est avantageusement employé lorsque le tir d'efficacité doit être exécuté avec des obus percutants et que les conditions de distance de l'objectif, de la nature du sol, etc., ne laissent aucun doute sur la visibilité des points de chute. Il est utile d'y recourir si le but doit être encadré dans une fourchette étroite.

Réglage du tir fusant.

Pour le tir fusant, on doit régler la hauteur d'éclatement de l'obus au-dessus du sol. Il est nécessaire, pour bien régler le tir, de s'entraîner à se mettre dans l'œil la *hauteur type*. On peut alors avantageusement faire une comparaison avec un repère mesuré préalablement.

Voici un tableau donnant les caractéristiques des différentes bouches à feu de campagne, de siège et de place :

Artillerie de campagne.

ÉLÉMENTS DES PIÈCES.		CANONS DE			
		75 m/m.	80 m/m de montagne.	120 C.	155 C. modèle 1890.
Poids en kilogr. de la pièce.	Pièce seule............	464 k.	105 k.	690 k.	1.000 k.
	Pièce avant-train chargé.	1.870	265	2.365	3.910
	Charge...............	0,78 s. p.	0,125 b.c.n.l.	0,65 à 0,55	0,9 à 1,1 b. c.
Poids en kilogr. des projectiles.	Obus peint en blanc : balles ou mitraille....	7,24 (a)	6,3 (a)	18 (b)	40,8 (a)
	Obus peint en rouge : charge arrière........	7,25 (c)	»	20,33 (c)	»
	Obus peint en jaune : explosif.............	5.3 (d)	6,1	20,35	43
Boîte à mitraille.................		»	5,5	»	»
Portée en mètres.	Maximum............	8.500 m	4.000 m	5.700 m	6.400 m
	Moyenne............	2.500	3.100	3.200	4.000
Vitesse initiale en mètres à la seconde.		430	257	285	300
Angles limites de tir	au-dessus de l'horizon...	»	23°	44°	50°
	au-dessous de l'horizon..	»	12°30	12°	50'

(a) A mitraille.
(b) Ordinaire.
(c) A balles.
(d) Allongé.

Projecteurs.

MITRAILLEUSE.

Comme nous l'avons fait pour l'artillerie, donnons ici quelques notions sur la tactique des mitrailleuses.

Avant la guerre, chaque section de mitrailleuses comportait deux pièces. Les sections étaient réparties à raison de deux ou trois par régiment d'infanterie et d'une à chaque bataillon de chasseurs ou chaque brigade de cavalerie.

Si la mitrailleuse opère avec la cavalerie, les pièces sont sur voitures et le personnel est monté. Si elle opère avec de l'infanterie, elle est sur bât et le personnel à pied. L'allure de la mitrailleuse est donc celle de la troupe à laquelle elle est affectée.

Quel que soit le mode de transport, le matériel sera toujours déchargé sur le terrain pour être utilisé. Le transport de la pièce à son emplacement définitif devant se faire à bras, on est obligé de fractionner la pièce en plusieurs parties ne dépassant pas 18 à 20 kilogrammes. Toute grosse fatigue doit être épargnée aux mitrailleurs si l'on veut un tir efficace. Ceux-ci doivent pouvoir monter la pièce et être prêts à tirer en moins d'une minute. Ils doivent replier l'appareil dans le même temps.

Pour réaliser un bon tir, on a assuré la fixité de l'affût-trépied qui, par sa légèreté, est certainement le meilleur système, mais qui exige un tir préalable de calage et des dispositions spéciales. Un gros inconvénient est dû à la complication de la culasse qui entraîne les enrayages. On y remédie en changeant la culasse entière. Un autre défaut est celui de l'échauffement du canon et son usure; on y pare au moyen de canons de rechange. Pour que la mitrailleuse donne de bons résultats, il faut que la distance de l'objectif à l'arme soit exactement repérée; on peut l'avoir à l'aide d'un télémètre portatif, ne se déréglant pas et peu visible, placé sur la mitrailleuse.

Conditions du tir.

La mitrailleuse est un fusil et tire sa cartouche. Les caractéristiques du tir, trajectoire, effets des balles, etc., sont identiques à celles du fusil : mais la précision est celle du tir sur appui. Cette qualité est due à la fixité de l'affût et à l'état moral du mitrailleur, qui est occupé par sa pièce comme un artilleur à son canon. Avec un canon neuf, à 1.200 mètres, tout le groupement tient dans une profondeur de 40 mètres; à 1.500 mètres, il tient dans une profondeur de 30 mètres. En direction, la précision est très grande. Si la hausse est bien prise, les résultats du tir sont énormes, sinon ils tombent à rien. Si la distance n'est pas très exactement connue, on sera obligé souvent de recourir à un arrosage systématique en profondeur et à un fauchage en largeur; en ce cas la surface battue le sera uniformément et régulièrement.

Sur un objectif dense, les effets de la mitrailleuse seront écrasants; sur un objectif discontinu, les chances d'atteinte sont rigoureusement proportionnelles à la surface vulnérable.

Le fauchage de la mitrailleuse se faisant horizontalement, il en résulte pour la mitrailleuse une très grande difficulté de battre un versant. Il est également difficile à une mitrailleuse de faucher sur un dispositif échelonné.

Avec un canon neuf, la précision est très grande; avec un canon usagé, la profondeur du groupement devient rapidement double, sa précision moitié moindre. Avec la balle D, grâce à sa rasance, la profondeur du terrain battu est sensiblement doublée, sans que la précision soit diminuée. Un autre gros avantage de la précision du tir et de la fixité de l'affût, c'est la possibilité, pour la mitrailleuse, de tirer par-dessus des troupes amies sans avoir de grand commandement ou très près de la direction suivie par elles.

La vitesse du tir de la mitrailleuse peut atteindre 600 coups à la minute, équivalant à une section de tirailleurs. En pratique, on n'atteint pas cette vitesse sans enrayages; d'autre part, la pièce crache lorsque le canon est très chaud, et la balle tombe près de la pièce. Dans la mitrailleuse, les coups sont tirés les uns après les autres; aussi une troupe, en se couchant instantanément, diminue-t-elle beaucoup l'efficacité du tir de la mitrailleuse. A cet effet, la mitrailleuse est inférieure au fusil pour produire un effet de surprise. Il faut en général, une minute pour décharger et mettre la pièce en batterie sur un objectif déterminé. La rasance de la trajectoire et la précision font que le moindre bourrelet de terrain crée une zone où on est en sûreté absolue contre le tir de la mitrailleuse. Il n'y a, en effet, aucun coup long de hasard ni de ricochets à craindre.

La tension de la trajectoire est telle que l'on ne peut espérer atteindre un but abrité qu'au delà de 1.300 mètres, mais l'efficacité est certaine si la hausse est bien calculée et le terrain rasable à l'arrivée. Les effets de la mitrailleuse sont à peu près nuls si l'on est abrité derrière un mur. Le tir indirect de derrière une crête ne peut être fait que sur un débouché repéré préalablement, ex. : un pont, etc. Il est très difficile d'observer les points de chute du tir de jour; c'est totalement impossible de nuit.

Distances de tir.

La mitrailleuse peut faucher un objectif dense jusqu'à 700 mètres. A de plus grandes distances, les résultats du tir sont supérieurs à ceux du fusil. Ce tir à grande distance est avantageux et admissible sur les points de passage forcés ou des objectifs qui en valent la peine.

Tir de nuit.

On peut, de jour, repérer les divers points d'une zone dans une direction déterminée, de manière à assurer un flanquement de troupes qui pourront se reposer de nuit. On peut encore employer la mitrailleuse pour renforcer les avant-postes et contribuer à la défense d'un cantonnement. Avec les projecteurs, on pourra utilement s'en servir pour surveiller les débouchés par lesquels l'ennemi compte prendre d'assaut les positions amies, dans une guerre de tranchées.

Emploi des mitrailleuses dans l'infanterie.

Le but de la mitrailleuse, dans l'infanterie, est de protéger celle-ci dans l'attaque contre un retour offensif de l'ennemi. On ne doit jamais abuser de l'emploi de la mitrailleuse, et l'on doit la réserver pour les cas très graves ; on évite ainsi un gaspillage de munitions et l'usure du matériel. Dans l'attaque contre une tranchée ennemie, la mitrailleuse ne peut rien au point de vue pertes, mais elle réduit cette troupe à l'immobilisation en l'empêchant de lever la tête. Les mitrailleuses peuvent être à 300 ou 400 mètres de la tranchée de l'infanterie amie ; c'est surtout sur les ailes qu'elles pourront rendre de grands services en cherchant à enfiler la ligne ennemie. Dans la poursuite ou désordre, la mitrailleuse peut produire de grands effets, surtout si l'ennemi est en formation dense.

Les mitrailleuses obligent l'ennemi à se disperser pour réduire ses pertes ; elles brisent le plus souvent son assaut par leur feu, l'assaut exigeant des formations denses. On utilisera aussi les mitrailleuses contre les mouvements tournants, et à la préparation des contre-attaques.

Emploi avec la cavalerie.

Les mitrailleuses servent surtout dans le combat à pied de la cavalerie, car elles augmentent la puissance de leur feu proportionnellement bien plus que dans l'infanterie. Les mitrailleuses sont surtout précieuses dans la défense et l'attaque des défilés, des localités, soit au cours de l'exploration stratégique, soit dans le service de sûreté de première ligne. Elles sont aussi utiles pour assurer la sécurité d'un cantonnement et d'un bivouac. Elles interviennent utilement à grande portée par une action de flanc sur des colonnes en marche ou des points de passage obligés, ou encore contre les ailes et les derrières de l'ennemi engagé contre un autre adversaire concurremment avec l'artillerie à cheval et les carabines.

Dans le combat à cheval, le tir des mitrailleuses est facilité par suite de la hauteur et du volume des objectifs de cavalerie. Les mitrailleuses pourront rendre de grands services sur le flanc des troupes : elles obligeront l'ennemi à se déployer ou attireront l'ennemi dans un traquenard. Dans tous les cas il y a intérêt à mettre les mitrailleuses à terre.

La mitrailleuse est encore utile pour rompre une poursuite ; son utilité est surtout marquée dans la lutte d'infanterie.

Combat des mitrailleuses.

1° Il faut éviter les combats de mitrailleuses entre elles ;
2° Il ne peut y avoir de lutte de mitrailleuses contre l'artillerie, celle-ci les détruit d'ailleurs aisément dès qu'elles sont repérées ;
3° La lutte de la mitrailleuse contre l'infanterie ne peut avoir lieu

avantageusement pour cette arme-ci que si les hommes se tiennent en ordre dispersé, à cinq ou six pas les uns des autres et disposés en plusieurs échelons en profondeur, nécessitant pour la mitrailleuse l'emploi de hausses différentes. Dans la défense, la mitrailleuse pourra opérer avantageusement dans une tranchée constituée à cet effet.

LA VISION.

Il ne suffit pas de bien éclairer un but avec un projecteur pour avoir un bon rendement avec cet appareil; il faut encore avoir à sa disposition de bons observateurs.

Cette condition nous amène incidemment à parler du rôle de la vision dans l'emploi des projecteurs de campagne, et nous verrons que l'ignorance de ce mécanisme de la vision peut être la cause de fausses manœuvres dont la conséquence peut être très lourde si elles sont fréquemment renouvelées. Cette ignorance a, d'ailleurs, en plus d'un cas, été cause d'erreurs grossières sur lesquelles nous attirons tout spécialement l'attention des chefs de section au cours de cet ouvrage. On y fait voir que, si tout le monde est apte à observer dans un faisceau des objets voisins de lui, il faut sélectionner ses observateurs dès que l'on opère sur de très grandes distances, l'observation devenant un art très délicat et même très pénible. Nous avons exposé plus haut, le plus clairement possible, les notions d'éclairement apparent, opposées à celles d'éclairement intrinsèque, et nous avons indiqué comment l'éclairement minimum de vision distincte sert à délimiter le champ d'action d'un projecteur de campagne.

GÉNÉRALITÉS.

L'œil est l'organe qui nous permet de percevoir, aussi bien au point de vue qualitatif que quantitatif, les sensations lumineuses. Il juge les sources lumineuses soit par leur éclat, leur dimension, leur forme et aussi leur couleur, grâce à un certain nombre d'éléments sensoriels, plus ou moins développés suivant les individus. Ceux-ci enregistrent d'une manière automatique toutes les sensations et sont protégés contre les accidents de toute nature par une série d'organes commandés par des muscles.

Nous décrirons ici l'œil au point de vue anatomique, dans la juste limite où il nous aidera à la compréhension du fonctionnement de l'œil en tant qu'appareil optique.

L'œil ne perçoit d'ailleurs pas toutes les vibrations lumineuses. Il faut qu'elles ne soient ni trop lentes, ni trop rapides, jamais inférieures à 435 milliards, jamais supérieures à 764 milliards, à la seconde, ces deux chiffres correspondant exactement au rouge sombre et à l'extrême violet. Cette limite à la perception des mouvements vibratoires n'est d'ailleurs pas spéciale à la vue, puisque, pour le son, l'ouïe ne perçoit pas de son au-dessous de 16 vibrations à la seconde.

ÉTUDE ANATOMIQUE DE L'ŒIL.

L'œil est logé dans une cavité osseuse en forme de pyramide quadrangulaire, percée d'un trou en son sommet pour le passage du nerf

PROJECTEURS ÉLECTRIQUES A ARC.

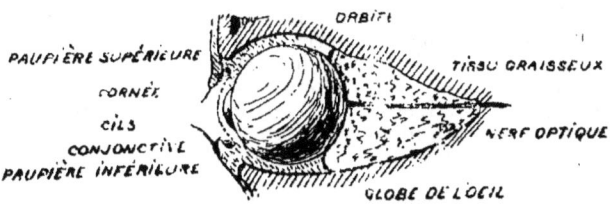

Fig. 220. — Coupe de l'œil.

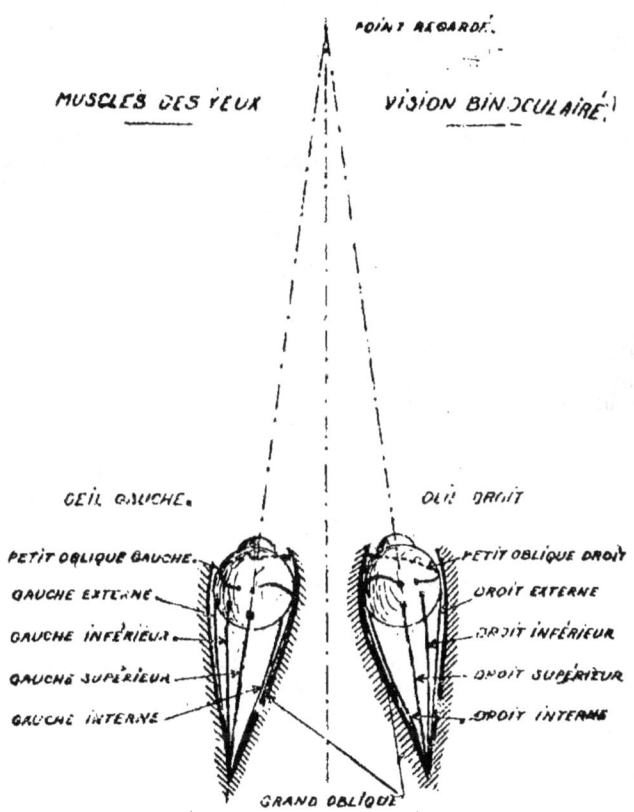

Fig. 221. — Vision binoculaire.

optique. Ce trou est dit : trou optique, et la cavité : orbite. Cet orbite est tapissé d'un tissu graisseux entourant le globe de l'œil à la partie postérieure, et porte les paupières, armées de cils, à la partie antérieure. Au-dessus de l'orbite et des paupières, se trouvent les sourcils. Les paupières et les cils s'opposent à l'introduction des poussières et des corps étrangers dans l'œil, les sourcils s'opposent à l'introduction de la sueur tombant du front. Quand l'œil est au repos, les paupières se ferment, de façon à le protéger des accidents de toute nature.

L'œil, pour se mouvoir dans tous les sens, est pourvu de muscles insérés d'une part à la partie externe de l'œil (sclérotique), de l'autre à la paroi interne de l'orbite. Ils sont au nombre de six ; à savoir, en allant de haut en bas, et en considérant l'œil droit seulement :

1° Le *muscle grand oblique*, faisant tourner l'œil droit dans le sens des aiguilles d'une montre et s'insérant obliquement sur le globe de l'œil et au fond de l'orbite après avoir traversé, à la partie antérieure de l'œil, un anneau fibreux fixé à l'orbite ;

2° Le *muscle droit supérieur*, dont la contraction fait relever l'œil en haut ;

3° Le *muscle droit interne*, qui fait regarder l'œil en dedans ;

4° Le *muscle droit externe*, qui fait regarder l'œil en dehors ;

5° Le *muscle droit inférieur*, qui permet de regarder vers le bas ;

6° Le *muscle petit oblique*, qui s'attache à la face inférieure de l'œil et dans l'angle interne et inférieur de l'orbite, agissant en sens inverse du grand oblique.

Tous les muscles de même nom fonctionnent en même temps pour les deux yeux, de façon à ce qu'ils concentrent leur action sur un même but. Si ceci n'a pas lieu, c'est que l'individu est atteint de strabisme.

En outre des muscles, l'œil possède des glandes secrétrices fournissant les larmes. Ces glandes, ou glandes lacrymales, secrètent un liquide légèrement salé humectant la conjonctive et la partie antérieure du globe de l'œil, facilitant ainsi le glissement des paupières sur le globe de l'œil et maintenant la transparence de la conjonctive. Cette *membrane conjonctive est très délicate ; elle est attaquée par les rayons ultra-violets émis par l'arc, qu'il ne faut pas regarder d'une façon prolongée sous peine d'une conjonctivite grave.*

Globe de l'œil proprement dit.

L'œil a la forme sensiblement sphérique et un diamètre de $2^{cms},2$ environ. Il se divise en un certain nombre de milieux transparents que nous allons décrire en allant d'avant en arrière.

1° La *sclérotique*, blanche, fibreuse et résistante sur la majeure partie de son étendue (blanc de l'œil), transparente, est bombée dans la partie antérieure du globe de l'œil pour former la cornée transparente. Elle est traversée à sa partie postérieure, de part en part, par le nerf optique qui va se rendre au centre nerveux : le cerveau.

2° L'*humeur aqueuse*, ou liquide transparent, contenu dans l'espace compris entre la cornée et l'iris et formant la chambre antérieure de l'œil.

3° La *choroïde*, ou membrane conjonctive riche en pigments noirs et en vaisseaux sanguins, sur laquelle se trouve fixée la rétine. Les pigments noirs transforment l'œil en une chambre noire absorbant les rayons lumineux tombant dans le globe de l'œil, au lieu de les réfléchir ou de les diffuser comme cela aurait lieu avec les pigments blancs ou colorés. Cette membrane, très mince, est renflée à sa partie antérieure et se divise en deux couches formant le muscle et les procès ciliaires, qui entourent les bords du cristallin.

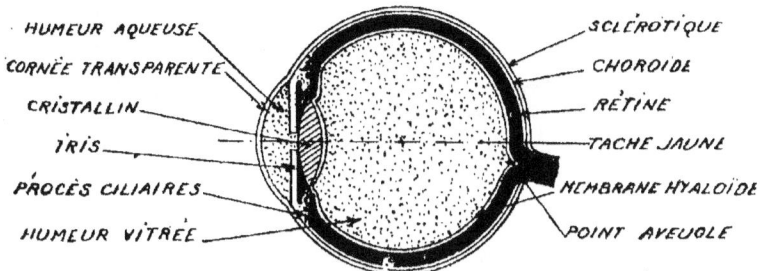

Fig. 222. — *Coupe théorique de l'œil.*

Le muscle ciliaire se compose de fibres longitudinales en forme d'anneau à la partie externe, et de fibres circulaires à la partie interne.

Les procès ciliaires, formant environ 80 plis circulaires, encadrent le cristallin et rayonnent autour de lui, se gonflant plus ou moins suivant l'afflux de sang.

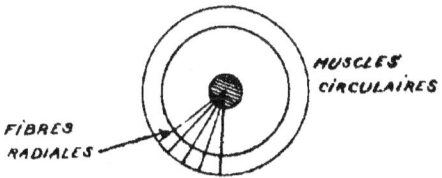

Fig. 223. — *Iris.*

La choroïde se prolonge en avant par l'*iris*, diversement coloré suivant les personnes. Cet iris est percé d'un orifice appelé *pupille*, au travers duquel on voit la choroïde et la rétine, d'où la couleur noire de la pupille. Le diamètre de la pupille est réglé comme un diaphragme par les muscles de l'iris qui se divisent en deux catégories : les fibres lisses radiales et les fibres lisses circulaires. Les premières tendent à dilater la pupille, les secondes à la contracter. Elles règlent à chaque instant la quantité de lumière à recevoir dans l'œil, suivant la source lumineuse regardée.

4° Le *cristallin*, en forme de lentille biconvexe dont l'axe se confond avec l'axe antéro-postérieur de l'œil, maintenu par un ligament suspenseur entre l'iris et le corps vitré. Ce cristallin est tapissé antérieurement par une membrane transparente, ou épithelium, très mince, dont les cellules allongées en forme de fibres sont disposées en étoile à trois branches.

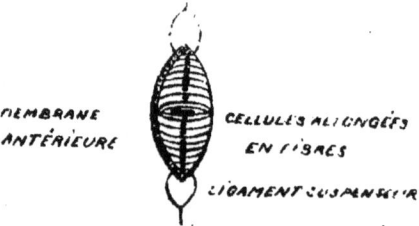

Fig. 224. — *Cristallin*.

On constate aisément la présence de ces fibres en jetant un cristallin dans l'eau bouillante : il se fendille suivant la direction des fibres.

Dans certains cas, le cristallin peut devenir translucide et même opaque (cataracte). On est alors obligé d'opérer l'individu atteint de cette affection. On retire le cristallin, que l'on remplace par un verre très bombé placé en avant de l'œil.

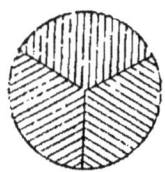

Fig. 225. — *Fibres du cristallin vus par la face antérieure*.

5° Le *corps vitré* ou *l'humeur vitrée*, qui remplit toute la cavité postérieure du globe de l'œil entre le cristallin et la rétine. C'est une substance gélatineuse comprise dans la membrane hyaloïde.

6° La *rétine*. C'est l'organe sensoriel de l'œil. Elle tapisse la choroïde et résulte de l'épanouissement du nerf optique s'étendant du fond de l'œil jusqu'à la région ciliaire. Tous les points de cette membrane n'ont pas la même sensibilité. Deux points de la rétine jouissent de propriétés remarquables, ce sont :

a) Le *punctum cœcum*, ou point aveugle, ainsi nommé parce que son insensibilité est complète. Il se trouve au point où le nerf optique, ayant traversé la sclérotique, s'épanouit pour former la rétine.

b) La tache jaune où la sensibilité de la rétine, au contraire, atteint le maximum. On peut se rendre compte de la présence du point aveugle par une expérience très simple due à Mariotte, et qui consiste à constater l'invisibilité, à un moment donné — en regardant, avec l'œil droit une tache noire — d'une petite croix placée à une certaine distance de la tache, 4 centimètres par exemple, quand on déplace la feuille sur laquelle elles sont tracées toutes deux par rapport à l'œil. On ne voit plus la croix quand son image a lieu sur le *punctum cæcum*.

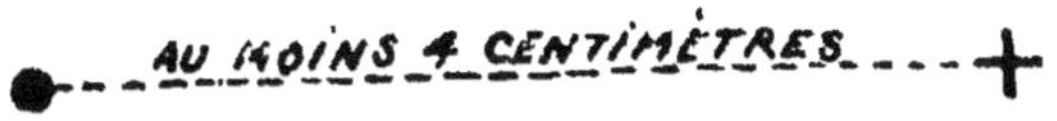

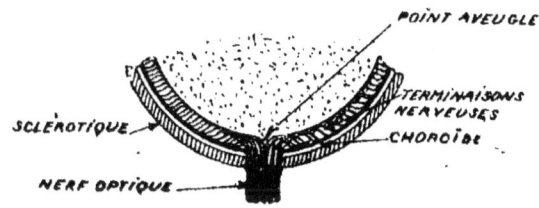

Fig. 226. — *Expérience de Mariotte.*

Si l'on suit l'une des fibres nerveuses du nerf optique, on constate qu'elle pénètre dans l'œil en un point voisin du point aveugle, puis elle traverse la rétine dans son épaisseur, pour revenir se terminer sur la face antérieure de la rétine à la couche pigmentaire.

Fig. 227. — *Epanouissement du nerf optique.*

Sur le trajet d'une fibre, on trouve un certain nombre de cellules, multipolaires, bipolaires, visuelles; elle s'achève par des prolongements en forme de cônes ou de bâtonnets, évaluant plus aisément les petits détails et les couleurs si ce sont des cônes; l'intensité de la source lumineuse éclairant l'œil, si ce sont des bâtonnets.

Fig. 228. — *Coupe de la rétine.*

La tache jaune est caractérisée par un nombre considérable de cônes et peu ou pas de bâtonnets. Ceux-ci, très sensibles à l'action de la lumière, le doivent à une substance dite le pourpre rétinien.

Toutes les fibres nerveuses sont réunies longitudinalement par des cellules d'association, et transversalement à la rétine par des cellules de soutien. Grâce à ces associations de fibres, on peut saisir les notions d'ensemble et de forme des objets regardés.

PHYSIOLOGIE DE L'ŒIL.

Nous allons donner ici une idée du mécanisme de la vision. Dans ce but, il y a lieu de considérer l'œil à un double point de vue : 1° l'œil appareil optique; 2° l'œil appareil de sensation.

1° Œil appareil optique.

Il se compose :

a) De milieux réfringents (cornée et cristallin) alternant avec :
b) Des milieux transparents de transmission (humeur aqueuse et humeur vitrée);
c) D'une chambre noire dont la choroïde pigmentée forme l'enveloppe ;
d) D'un écran récepteur tapissant la choroïde : la rétine, qui est aussi l'appareil de sensation.

Dans son ensemble, l'œil se comporte comme une lentille biconvexe dont le centre optique serait voisin de la face postérieure du cristallin. Cette lentille, à distance focale variable est telle que, quelle que soit la position de l'objet par rapport à l'œil, l'image de l'objet donnée par l'œil soit toujours sur la rétine, sauf si la distance de l'objet est plus petite que la distance minimum de vision distincte.

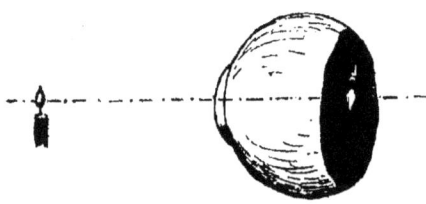

Fig. 229. — Œil de bœuf.

L'image produite par la lentille assimilable à l'œil est toujours une image renversée de l'objet regardé. On peut s'en rendre compte aisément à l'aide d'un œil de bœuf dont on retire la sclérotique, ne laissant que la choroïde.

La sensation perçue par l'observateur est néanmoins celle d'un objet droit, et cette sensation, due à la formation sur la rétine de l'image de l'objet, sera d'autant plus nette que les milieux réfringents de l'œil seront plus purs et la membrane rétinienne plus sensible. Il faut, en outre, que l'accommodation de l'individu examiné soit normale.

ACCOMMODATION.

La convergence de l'œil varie avec chacune des distances auxquelles on regarde. Dans tous les cas, cette convergence de l'œil normal est telle que l'image de l'objet soit sur la rétine, cette faculté est dite : accommodation. Les milieux réfringents subissent de ce fait quelques légères modifications réflexes, dont la principale est le bombement de la face antérieure du cristallin. On montre aisément le fait par l'expérience suivante :

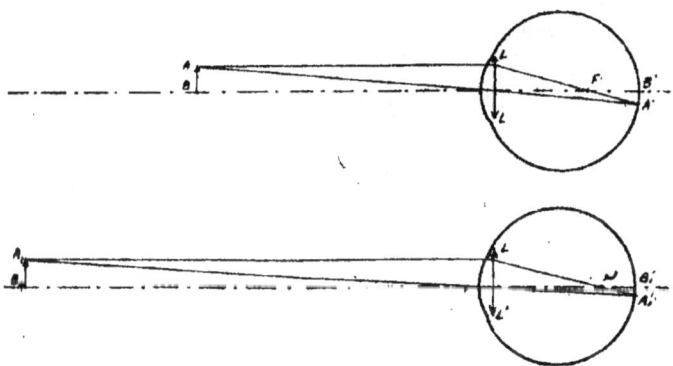

Fig. 230. — *Accommodation.*

Plaçons devant l'œil une bougie. Si l'on regarde cet œil, on constate la présence de trois images, dont deux sont droites et l'autre renversée. Les deux images droites sont données l'une par la cornée transparente, l'autre par la face antérieure du cristallin, analogues toutes deux à des miroirs convexes. La troisième image est due à la face postérieure du cristallin, jouant le rôle de miroir concave.

Si l'œil examiné regarde un autre point, on constate, pour l'une des images droites, une variation de grandeur due à ce que la face antérieure du cristallin a subi une modification et forme un nouveau miroir convexe à courbure plus ou moins accentuée que dans l'expérience précédente, et ceci suivant que l'on regarde, dans le second cas, un objet plus près ou plus éloigné. Les deux autres images dues à la cornée transparente et à la face postérieure du cristallin ne subissent pas de modifications appréciables (*fig.* 231).

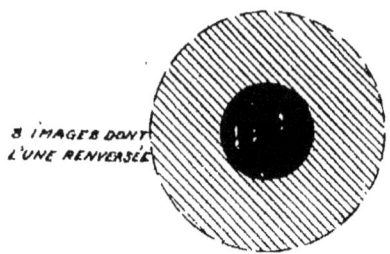

Fig. 231. — *Iris et pupille.*

Plusieurs hypothèses ont été émises sur l'accommodation. Celle adoptée comme la plus vraisemblable est due à Tscherning. Les bords du cristallin, d'après ce savant, sont constitués par des cellules facilement déformables alors que le milieu du cristallin forme un noyau très dur et presque indéformable. Il en résulte que le ligament suspenseur aplatit les bords du cristallin dès qu'il se trouve tiré, obligeant ainsi la partie molle du cristallin à épouser la forme du noyau central, de façon à donner une courbure plus accentuée des faces du cristallin.

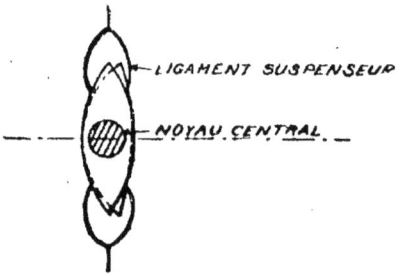

Fig. 232. — *Accommodation.*

L'accommodation est surtout très prononcée aux courtes distances entre la distance minimum de vision distincte et une distance comprise entre 50 et 60 mètres, suivant les individus. Au delà, l'accommodation n'est plus nécessaire pour avoir une vision nette des objets, et l'on peut très rapidement passer d'un point à un autre, alors qu'il faut un certain temps pour accommoder aux courtes distances.

VISION BINOCULAIRE.

L'accommodation et la diaphragmation de l'iris sont consécutives d'un mouvement simultané des deux yeux dans leur orbite, de manière que l'axe optique de chacun d'eux soit dirigé vers l'objet que l'on vise. La vision avec un seul œil donnerait très imparfaitement la notion de forme des objets, qui s'apprécie mieux avec une vision binoculaire. Ce fait s'explique aisément, les nerfs optiques concentrant au cerveau deux images du même objet observé, mais sous deux aspects différents dus aux positions relatives des yeux et de l'objet. Cette concentration des deux images aboutit à leur confusion, par suite d'une éducation spéciale de l'individu, qui constate par l'observation la présence d'un seul objet et non de deux.

Toutefois, les deux images produites, une dans chaque œil, ne sont confondues en une seule que si elles se produisent en des points correspondants des deux yeux. Ainsi, regardons une feuille de papier blanc et interposons un bâton entre cette feuille et les yeux. Chaque œil donnera une image indistincte du bâton et l'on aura conscience de la formation de ces deux images produites en des points ne se correspondant pas, ces deux images apparaîtront séparées par une zone blanche.

ŒIL NORMAL ET VUES DÉFECTUEUSES.

Pour un œil normal ou emmétrope, l'accommodation n'a lieu que si l'objet regardé est à une distance plus petite que 65 mètres. C'est pourquoi l'on a pu dire que l'œil emmétrope est celui qui, regardant un objet à l'infini ou à plus de 65 mètres, a son foyer sur la rétine.

Si l'objet se rapproche en deçà de 65 mètres, l'accommodation se produit, tendant à ramener l'image de l'objet visé sur la rétine. Cette

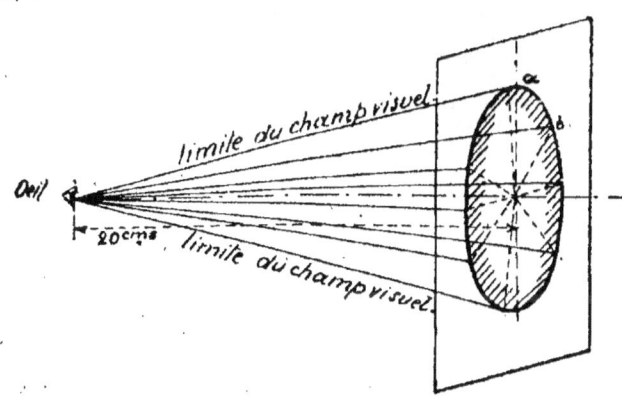

Fig. 233.

accommodation se fait jusqu'à une certaine distance de l'œil, qui varie avec l'âge et qui est de 7 centimètres chez l'enfant, 14 à 15 centimètres chez l'homme de 30 ans, 25 centimètres à 40 ans, et atteint parfois 1 mètre à 60 ans. Le point de l'axe optique de l'œil correspondant à cette distance minimum de vision distincte s'appelle le *punctum proximum*.

PRESBYTIE.

Quand l'accommodation est défectueuse par suite de l'inaction du ligament suspenseur ou le ramollissement du cristallin, on a un *punctum proximum* très éloigné de l'œil. On est presbyte. C'est ce qui se produit fréquemment chez les vieillards. Cette maladie oblige celui qui en est affecté, à porter à une grande distance de ses yeux l'objet qu'il veut voir nettement, ou encore à porter des lentilles biconvexes destinées à augmenter la convergence de l'œil. Mais, avec des verres convergents, l'individu ne pourra plus voir à l'infini et seulement à une distance limitée.

MYOPIE ET HYPERMÉTROPIE

La myopie et l'hypermétropie sont des infirmités existant le plus souvent dès la naissance et tenant à un allongement ou à un raccourcissement du globe de l'œil. L'œil du myope est trop long, celui de l'hypermétrope est trop court. Autrement dit, quand un myope regarde à l'infini, le foyer de son œil est en avant de la rétine; si un hypermétrope regarde aussi à l'infini l'image du point regardé sera en arrière de la rétine. Dans les deux cas, on n'aura pas de sensation nette, sauf si, pour l'œil hypermétrope, il y a encore accommodation pour l'infini. Pour transformer ces vues en vues normales, il suffit d'ajouter à l'œil myope un verre divergent, à l'hypermétrope un verre convergent. On doit, avec ces verres, pouvoir distinguer nettement un objet placé à la distance du *punctum proximum* d'une vue normale pour un individu du même âge. Si, ceci ayant lieu, on peut, dans les deux cas, voir avec les verres des objets à l'infini, c'est que l'accommodation des yeux est normale. Si, pour l'œil myope ou hypermétrope, on ne voit pas à l'infini, c'est que l'accommodation de l'œil se fait mal et que l'œil est en outre presbyte.

Sans verre, on a pour l'œil myope une distance maximum de vision distincte, cette distance est le *punctum remotum*. Pour l'œil normal ce *punctum remotum* est à l'infini.

L'œil, organe de sensation, a fait l'objet de notre étude spéciale au paragraphe concernant le mécanisme de la vision.

TABLE DES MATIÈRES.

PROJECTEURS MILITAIRES.

GÉNÉRALITÉS.

	Pages.
Définitions et considérations générales; court aperçu historique et diverses classifications des projecteurs militaires..........	5

I. — APPAREILS DE SIGNALISATION ET DE TÉLÉGRAPHIE OPTIQUES.

a) Appareils de signalisation.

1º Appareils de signalisation de 14 centimètres...............	13
Mode d'emploi..	13
Réglage et entretien..	14
2º Appareils de signalisation de 24 centimètres.................	15
Description..	15
Etude du champ d'action du projecteur.....................	16
Emploi des signaux...	17
Signaux alphabétiques.................................	17
Signaux conventionnels................................	18
Personnel utilisé.....................................	18
Matériel de signalisation.............................	18
Instruction...	19
Règles de service.....................................	19
Diagramme de Perçin..................................	21
Alphabet Morse.......................................	22
Ponctuation......................................	22
Chiffres...	23
Signaux de service...............................	23
Signaux conventionnels...........................	24
Moyens mnémotechniques facilitant l'étude de l'alphabet Morse...	24
Abréviations pour télégrammes militaires..............	25

b) Appareils de télégraphie optique.

a) APPAREILS DE CAMPAGNE.

Principe...	27
Description sommaire d'un appareil............................	28
Réglage d'un appareil...	29

b) Appareils de forteresse.

	Pages.
Appareils télescopiques...................................	30
Caractéristiques des appareils utilisés..................	31
Étude des sources lumineuses............................	32
Mode d'emploi de la télégraphie optique................	34
Avantages et inconvénients de la télégraphie optique......	34
Lampe portative de signalisation des officiers observateurs des projecteurs de campagne........................	35

II. — APPAREILS OXYACÉTYLÉNIQUES DE 35 CENTIMÈTRES ET APPAREILS ÉLECTRIQUES DE 35 CENTIMÈTRES.

Projecteurs oxyacétyléniques de 35 centimètres..........	39
Description...	39
a) Projecteur et ses accessoires.......................	41
b) Groupe oxyacétylénique..............................	41
Générateur à oxygène.................................	41
Générateur à acétylène...............................	44
c) Accessoires de l'appareil...........................	44
Mode de fonctionnement du projecteur....................	44
1° Production de l'oxygène.............................	44
Précautions pour éviter les fuites ou les accidents....	46
2° Production de l'acétylène...........................	46
Précautions pour éviter les fuites de gaz et l'entrée directe de l'eau dans la cloche....................	49
Précautions contre le gel de l'eau du générateur à acétylène.	49
3° Fonctionnement du chalumeau et formation de la pastille de terres rares.................................	49
Fonctionnement de l'appareil.........................	49
Etude de la source oxyacétylénique en tant que source optique..	50
Etude du miroir au point de vue optique...............	52
Essais relatifs aux projecteurs oxyacétyléniques........	53
Essais de l'oxygénite et du mano-détendeur............	53
Mise en pression.....................................	56
Consommation de l'appareil...........................	56
Examen des courbes de pression.......................	56
Essais sur la portée du projecteur...................	57
Projecteurs électriques de 35 centimètres...............	57
Description...	58
a) Projecteur et ses accessoires.......................	58

	Pages.
Premier cas..	58
Deuxième cas...	58
Troisième cas...	60
b) Générateurs d'électricité.................................	61
1° Batteries d'accumulateurs. Description.............	61
Utilisation du matériel.............................	62
Entretien du matériel.............................	63
2° Dynamo et magnéto.................................	63
c) Trépied et perche démontable........................	65
Fonctionnement du projecteur en courant continu...........	65
Mode d'emploi des projecteurs oxyacétyléniques et des projecteurs électriques de 35 centimètres........................	65
1° Projecteur proprement dit.............................	65
2° Projecteur appareil de signalisation et de télégraphie optiques..	67
Appareils de transport des projecteurs oxyacétyléniques et électriques de 35 centimètres.............................	68
Abris pour projecteurs de 35 centimètres...................	68

III. — PROJECTEURS ÉLECTRIQUES A ARC.

PROJECTEURS ÉLECTRIQUES A ARC........................	73

Première partie. — PARTIE DESCRIPTIVE.

Matériel d'un projecteur électrique à arc.

A) LA SOURCE LUMINEUSE ET SES ACCESSOIRES............	74
Notions élémentaires sur l'arc électrique à courant continu.	74
Historique de l'arc électrique.............................	74
Charbons pour arc en courant continu.....................	75
Fabrication des charbons.............................	75
Qualités des charbons.................................	76
Formes des charbons.................................	76
a) Charbons positifs.................................	76
b) Charbons négatifs.................................	78
Essais d'un charbon.................................	79
Diamètre des charbons.............................	80
Arc électrique proprement dit........................	80
Sifflement de l'arc.................................	82
Flambement de l'arc.................................	82
Effets de la longueur de l'arc........................	82
Effets de l'intensité du courant........................	83
Effets de la différence de potentiel aux charbons de l'arc..	85
Stabilité de l'arc.................................	85
Distribution lumineuse autour de l'arc à courant continu.	88

LES PROJECTEURS DE CAMPAGNE.

	Pages.
La lampe et ses accessoires	91
Notions théoriques	91
Réglage à main	91
Réglage automatique	92
Principe des régulateurs	92
Appareils photo-électriques de 60 et de 90 centimètres	94
Lampe Harlé. — Schéma du régulateur et son fonctionnement	94
Lampe Bréguet. — Schéma du régulateur et son fonctionnement	96
Lampe Barbier-Benard-Turenne. — Schéma du régulateur et son fonctionnement	98
Description des organes des diverses lampes :	
Système Harlé	101
Système Bréguet	105
Système Barbier-Benard-Turenne	108
Câble d'alimentation et ses accessoires	109
Câble du projecteur de 60 centimètres	109
Conjoncteurs	110
Interrupteur de la lampe	111
Tableau de distribution de la dynamo	112
Voltmètres et ampèremètres	112
Rhéostats	114
Fusibles	115
Interrupteur bipolaire et disjoncteur unipolaire	116
Le groupe électrogène	116
Dynamo	117
a) Description	117
Inducteurs	117
Divers modes d'excitation des dynamos	118
a) Excitation indépendante	118
b) Excitation en série	119
c) Excitation shunt ou en dérivation	119
d) Excitation compound ou composée	121
Induit	122
Théorie des courants induits des dynamos	122
Collecteur	125
Balais et porte-balais	126
b) Entretien de la dynamo	127
Au repos	127
Pendant la marche	128
c) Incidents de fonctionnement et moyens d'y remédier	128
1° La dynamo ne s'amorce pas	128
2° La dynamo chauffe	130
3° La dynamo donne des étincelles	131
4° La dynamo produit un bruit exagéré	132
Le moteur à explosion	132

TABLE DES MATIÈRES.

	Pages.
I. — Principe du moteur à explosion....	133
1° Le circuit essence et air.......	134
2° Le circuit électrique.......	135
3° Le circuit eau	135
4° Le circuit huile.......	135
II. — Entretien du moteur.......	135
III. — Incidents de fonctionnement et moyens d'y remédier.	136
a) Le moteur ne démarre pas.......	136
b) Le moteur a des ratés.......	137
c) Le moteur s'arrête.......	137
d) Le moteur faiblit.......	138
e) Le moteur s'emballe.......	138
f) Le moteur cogne.......	138
g) Le moteur chauffe.......	139
Mise en marche des projecteurs.......	140
Mise en marche du projecteur Harlé.......	140
Caractéristiques du groupe Harlé (projecteur de 60).......	140
Mise en marche du projecteur Bréguet.......	142
Caractéristiques du groupe Bréguet (projecteur de 60)......	143
Mise en marche du projecteur Barbier-Benard.......	146
B) LE MIROIR, LE CYLINDRE ET LEURS ACCESSOIRES.......	147
Miroirs.......	147
Principe du miroir parabolique.......	147
Principe du miroir Mangin.......	151
Miroirs paraboliques des projecteurs de campagne.......	152
1° Miroirs paraboliques métalliques dorés.......	152
2° Miroirs paraboliques métalliques argentés.......	154
3° Miroirs paraboliques en métal blanc.......	154
4° Miroirs paraboliques en verre argenté.......	155
Mode de réglage des faisceaux des projecteurs.......	155
Cylindres des projecteurs.......	156
Niveaux.......	158
Viseurs.......	159
Ventilation.......	162
Corps de support du cylindre.......	163
Glaces planes et glaces divergentes.......	166
Glaces planes.......	166
Glaces divergentes.......	167
C) ORGANES DE COMMANDE DU PROJECTEUR.......	169
Mécanismes de pointage.......	169
a) Pointage en direction.......	169
Cercles gradués du pointage en direction.......	170
Mécanisme de rotation du pointage en direction.......	171
b) Pointage en hauteur.......	171
Secteur de pointage vertical.......	173
Mécanismes de pointage en hauteur.......	174

	Pages.
Unités d'angles adoptées pour les pointages d'un projecteur.	174
Mécanismes d'occultation	175
Volets d'occultation	175
a) Systèmes à persiennes	175
b) Systèmes à rideaux	179
c) Systèmes à diaphragme	179
D) Modes de transport	181
1° Projecteurs transportés à bras ou à dos d'hommes	181
2° Projecteurs transportés a dos de mulets	182
3° Projecteurs hippomobiles	182
4° Projecteurs automobiles	183
5° Voitures de ravitaillement	183
Photographies de projecteurs .... 184 à	187

Deuxième partie. — PARTIE THÉORIQUE ET TACTIQUE.

Utilisation des projecteurs.

Tactique — Définitions	188
I. — Connaissances techniques indispensables pour la direction d'une manœuvre	189
II. — Connaissances psychologiques indispensables	189
III. — Qualités de décision et de clairvoyance	189
IV. — Qualités de sang-froid et d'opiniâtreté	189
A) Mécanisme de l'observation dans les faisceaux	190
1° *Mécanisme de la vision et son rapport avec l'observation*...	190
1° Propriétés de l'œil, organe optique, et leurs conséquences.	190
a) Diaphragmation de l'iris	190
b) Champ visuel	193
2° Propriétés de l'œil, organe de sensation, et leurs conséquences	197
a) Le sens lumineux	198
Théorie des éclairements	198
Champ lumineux pratiquement utilisable	200
b) L'acuité visuelle	202
Variations de l'acuité visuelle avec :	
1° L'éclairement de l'objet regardé	202
2° La couleur des objets, du fond et de la source éclairante	204
3° La distance de l'observateur et de l'objet	205
4° La durée d'examen	205
5° L'ambiance dans laquelle on observe	205
6° La pureté des milieux réfringents et la perfection de la rétine	205
7° La mobilité des objets regardés	206

TABLE DES MATIÈRES.

	Pages.
c) La portée	206
d) L'éducation de la vue	206
REMARQUES. — Mesure du sens lumineux et de l'acuité visuelle	207
Mesure de l'éclairement minimum perceptible	207
Éclairement minimum pratiquement utilisable	208
Acuité normale	208
Echelles pour la mesure de l'acuité	209
Conventions pour la notation de l'acuité visuelle	210
2° *Transparence atmosphérique*	211
Milieux optiques. — Transparence atmosphérique	211
3° *Loi des contrastes*	213
4° *Rôle de l'officier observateur*	214
L'officier observateur	214
Connaissances techniques de l'officier observateur	215
Instruction à donner à l'officier observateur	216
Études techniques et tactiques	216
a) Projecteur proprement dit	216
b) Artillerie, infanterie, aviation	221
Connaissances psychologiques et physiologiques de l'officier observateur	222
REMARQUES	223
B) THÉORIE DES FAISCEAUX DES PROJECTEURS DE LUMIÈRE	225
Notions sur la portée et les propriétés des faisceaux	225
1° Influence de l'intensité lumineuse	226
2° Influence de l'état hygrométrique de l'air et des poussières	227
3° Influence de la température	228
4° Influence de la position relative du projecteur et de l'observateur	229
5° Influence des qualités visuelles de l'observateur et de sa jumelle	233
6° Influence du calibre du projecteur et de sa surface réfléchissante	234
7° Influence des radiations de la lumière émise par les charbons utilisés	235
Propriétés des faisceaux de projecteurs	235
Définition du faisceau	236
a) Faisceau pratiquement utilisable pour l'éclairage des objectifs	236
b) Faisceau apparent	238
c) Faisceau d'aveuglement	238
d) Faisceau télégraphique	239
e) Faisceau réel	240
Étude du faisceau pratiquement utilisable	241
Action de l'atmosphère sur un faisceau	241
Densité d'un faisceau	241

	Pages.
Coloration d'un faisceau.................................	246
Opacité d'un faisceau...........	246
Combinaison des faisceaux.................................	247
Trace des faisceaux sur le sol.	251
Distances auxquelles on peut observer les divers objectifs dans un faisceau...................................	252
Effets de la luminosité de l'atmosphère sur la portée des faisceaux (lune et étoiles).......................	253
Dénominations des faisceaux pratiquement utilisables des projecteurs...	254
Variations de la divergence d'un faisceau cylindrique...	255
Faisceau divergent.......................................	255
Emission et occultation d'un faisceau....................	256
Etude des divers faisceaux................................	256
C) Utilisation des projecteurs électriques au combat......	257
Emploi des projecteurs électriques de campagne...............	257
Projecteurs électriques....................................	257
Reconnaissance du terrain de manœuvre....................	258
Choix d'un emplacement de projecteur.....	259
Choix d'un emplacement d'observateur......	261
Exécution des divers croquis pendant la reconnaissance........	262
1° *Croquis de manœuvre*...................................	262
a) Croquis de repérage...................................	262
Projecteur..	262
Observateur.........	267
b) Croquis perspectif....................................	267
Exécution du croquis perspectif......................	267
But du croquis perspectif. Exécution..................	269
Particularités du croquis perspectif utilisé pour la manœuvre d'un projecteur...........................	271
Choix des repères.....................................	272
2° *Croquis de types d'abris pour projecteurs de campagne*...	273
1° Défilement de l'ouvrage aux vues de l'ennemi..........	273
2° Défilement de l'ouvrage aux coups..............	276
3° Résistance de l'ouvrage...............................	277
4° Stationnement prolongé possible.......................	277
5° Commandement d'une zone de terrain...................	277
6° Communication facile avec une position de repli.......	277
7° Evitement des inconvénients dus aux agents atmosphériques..	278
3° *Plan indiquant les positions des postes de manœuvre et des postes d'observation*...............................	278
4° *Postes de soutien*..	279
5° *Position de repli et cheminement pour s'y rendre*...........	280
6° *Plan indiquant les positions des troupes amies*............	280
7° *Plan indiquant la position des troupes ennemies avec la répartition des armes*...................................	280

TABLE DES MATIÈRES.   373

	Pages.
I. — *Recherche des objectifs ennemis pour les tirs de nuit*......	281

1° Manœuvre combinée de l'artillerie et du projecteur...... 281
    Choix des emplacements de manœuvre par l'officier du génie... 282
    Artillerie et projecteurs de montagne........................... 285
    Artillerie légère de campagne. — Canon de 75 millimètres et projecteur de 60 centimètres............................. 287
    Artillerie lourde de campagne et projecteurs de 90....... 289
    Lutte d'artillerie contre artillerie............................ 290
    Lutte d'artillerie contre infanterie.......................... 290
    Lutte d'artillerie contre avions............................. 291
    Lutte d'artillerie contre mitrailleuse....................... 291

2° Manœuvre combinée de la mitrailleuse et du projecteur.. 291
3° Infanterie.. 295
    Guerre de tranchée... 295
    L'assaut... 298
    Exécution des tirs... 299
    Projecteurs mis au service de l'infanterie................. 301
4° Cavalerie.. 301
5° Aviation et navigation aérienne.................................. 302
    Aviation.. 302
    Tir sur avions avec fusil et mitrailleuse................... 303
    Dirigeables.. 305

Emploi simultané du projecteur et du canon antiaérien dans les postes de défense contre aéronefs........................... 307
Protection contre les projecteurs combinés avec les différentes armes... 309
    1° Artillerie et projecteurs ennemis........................... 309
    2° Mitrailleuse et projecteurs ennemis....................... 311
    3° Infanterie et projecteurs ennemis.......................... 311
    4° Avions et projecteurs ennemis.............................. 312

II. — *Reconnaissance des mouvements de l'ennemi pendant la nuit*.. 313
III. — *Aveuglement de l'ennemi*..................................... 314
IV. — *Projecteur destiné à contrebattre les projecteurs ennemis.* 315
V. — *Eclairage du terrain pour diriger une colonne ou un avion*... 315
VI. — *Eclairage des travaux de nuit*............................... 316
VII. — *Signalisation et télégraphie optiques*.................... 316
VIII. — *Feintes*... 317

D) Essais des projecteurs... 317
Comment on essaye un projecteur de campagne............... 317
  Essais communs à tous les appareils............................ 318
    Essais des charbons. Essais physiques....................... 318
    Essais du miroir... 319
    Essai des appareils de manœuvre............................. 320

374 LES PROJECTEURS DE CAMPAGNE.

	Pages.
Essai sur les caractéristiques du faisceau	321
Essai de vitesse de pose de téléphone	321

Essais des organes de transport 321

  1° Appareils à bras 321
  2° Appareils à dos de mulet 321
  3° Appareils hippomobiles 322
  4° Automobiles 322

  Voitures de ravitaillement 322

    a) Fourgon 322
    b) Autos de ravitaillement 323

Troisième partie. — ANNEXES.

LE SAPEUR PROJECTEUR 325

  1° *Appareils oxyacétyléniques et électriques de 35 centimètres* .. 325

    a) Appareils oxyacétyléniques 325
    b) Appareils électriques de 35^{cms} à lampe à incandescence ... 326

  2° *Appareils électriques à arc* 326

    a) Appareils à dos de mulet 326
    b) Appareils hippomobiles 328
    c) Appareils automobiles 328

LE CHEF D'ÉQUIPE 330

  Projecteurs hippomobiles 331
  Auto-projecteurs 333
  Projecteurs à petite portée 333

LE CHEF DE SECTION 334

ARTILLERIE 336

  Généralités 336
  Divers genres de tir 337
  Types de bouches à feu 337

Artillerie de campagne 338

  Projectiles 339
  Fusées 340
  Notions sur les effets des projectiles 340
  Étude spéciale du canon de 75 $^m/_m$ 342
  Mode d'éclatement de l'obus explosif 345
  Principe du réglage du tir 346
  Nécessité du réglage 346
  Loi de la dispersion 347
  Réglage du tir fusant 348

MITRAILLEUSE 350

  Conditions de tir 350
  Distances de tir 351
  Tir de nuit 351

TABLE DES MATIÈRES.

	Pages.
Emploi des mitrailleuses dans l'infanterie	352
Emploi avec la cavalerie	352
Combat des mitrailleuses	352
LA VISION	354
Généralités	354
Étude anatomique de l'œil	354
Globe de l'œil proprement dit	356
Physiologie de l'œil	360
1º Œil appareil optique	360
Accommodation	361
Vision binoculaire	363
Œil normal et vues défectueuses	363
Presbytie	364
Myopie et hypermétropie	364
2º Œil, organe de sensation	364
TABLE DES MATIÈRES	365

Paris et Limoges. — Imprimerie et librairie militaires CHARLES-LAVAUZELLE.

www.ingramcontent.com/pod-product-compliance
Lightning Source LLC
Chambersburg PA
CBHW050542170426
43201CB00011B/1531